五術學院 03

大師教你36天學會

八字學

陳哲毅◎著

學習五術的最佳實用教材

五術是中國特有的一項文化，自三國時代開始，就將術士稱為「陰陽家」，並欽定四庫全書，正式將「山」、「醫」、「命」、「相」、「卜」歸納為五術，研究這門學問的稱為「五術家」或「術士」。

所謂『山』就是透過食餌、築基、玄典、拳法、符咒等方術來修練肉體與精神，以達成完滿身心的一種學問，謂之山。

所謂『醫』就是利用方劑、緘灸、靈治等三種方法，以達保持健康、治療疾病的一種學問。

所謂『命』就是透過紫微斗數、子平八字推命術、星平會海等方式來瞭解人生，以窮達自然法則，進而改善人命運的一種學問。

所謂『卜』包括占卜、選吉、測局三種，其目的在於預測及處理事情，其中占卜的種類又可分為「周易占卜〔文王卦〕」及「六壬神課」。

所謂『相』一般包括：印相、名相、人相、宅相、墓相等五種，是觀察存在於現象界形象的一種法術。

學五術沒有一定的準則，如果您沒有數十萬新台幣求名師指導，那麼多看古書是最直接有效的途徑，如果能將這些艱澀的古書融會貫通，再吸收各個派別的長處，就能夠精進自我的五術知識。然而古書艱澀難懂，常常讓人不知如何著手，而坊間的五術書籍又派別眾多，互有牴觸，常讓初學者無所適從。

知青頻道為宏揚傳統固有的五術文化，多年來致力於五術叢書的出版，與許多學有專精的命理界老師共同辛勤耕耘，在內容上跳脫一般五術書籍的艱澀難懂，在編輯印刷上力求創新，深獲各五術團體與五術愛好者的肯定與好評。

為了更進一步讓五術初學者也能有入門的優質參考教材，我們特別規劃編輯本書系，邀請國內五術界的前輩大師執筆；這套書是五術大師的研究精華，也是各大五術團體授課的入門教材，更是五術初學者、愛好者不可或缺的最佳讀本。如果你想要真正走入五術的深奧殿堂，這套書就是你的開門寶典。

紅螞蟻圖書公司總經理　李錫東

關聖帝君賜序

普化警善堂正主席　關聖帝　君　降文：

時間：九十六年　農曆六月廿九日

國曆　八月十一日

(星期六)　夜九點卅六分

基隆普化警善堂　正主席　關聖帝君降：

詩曰：創新求變撰新書　開端理念用工夫
　　通曉訣竅妙中引　拓展視野德不孤
　　突破簡化循漸進　打通鑽研出迷糊
　　層次分明述精義　井然有序出狹幅

今喜

哲毅：慧敏好學、素擅姓名命學、推算屢驗、博覽群籍、竭智窮慮、治學嚴謹、求真務實、撰述命學、不尚空談、縝密整理、至為廣博運用姓名智慧哲學，兼配合姓名文字藝術用字領域，又精參姓名文字玄機涵義，考究整體姓名學之精義，循序漸進、把握癥結、靈活精通變化、脈絡貫通、前呼後應、證諸事實、刪除妄偽、突破創新、闡述命學真諦。

其治學之精神、札記之精要、哲毅能夠實事求是、哲毅知曉精業求精、哲毅深悟分門別類、哲毅妙引撰著成書、反覆思考、針對時弊、由淺入深、由易入難、文筆溝通、字句精練、要訣揭示、觸類旁通、不拘泥、不呆板、不墨守成規、不刻舟求劍、風格獨創、層次分明、小心印證、大膽求知、並著重於理論與實地印證之互配。

其內容之豐富並富有教學之經驗，隨時應機舉例講解，有條不紊、測覽精義、點醒迷津、學以致用、打通鑽研、不斷章取義、理論井然、尤其對先賢之各種學說，知其嫻淑變通，痛下工夫深刻剖析，通曉訣竅、發掘問題、驗證、演繹、拓展視野、超越古老荒誕氾濫舊例之異論，刪述不合時宜之怪誕雜詞、不揑造謬論，其所述著之文章典雅確具心得，運用現代化教學方式參以實際經驗，絳帳傳授、推命神驗、吉凶徵兆、無不應驗如響、並能於一分鐘內精準、快速、完全依據姓名五行陰陽造化之變數，述闡姓名疑難並提供最佳之導引方法、佳評如潮湧，以饗讀者，使其後學者更能嘉惠其心，實非淺顯。

欣喜

哲毅：有其獨到之見解，舉凡撰述著書，無不殫精竭慮，誠能兼籌細顧，有計畫、有組織、考究姓命文字之特徵性向，尤能把握癥結、有步驟、有系統、體悟姓名文字生剋制化、兼參易數靈動玄機相輔相成、體用精義、實踐法則、揣摩累積經驗傳承擴大智識，不侷限在狹窄的框框裡。

更喜

哲毅；能知其重點，耐心撰述命書，論理精闢，尤其對姓名文字命學之種種雜格，能重新通盤的檢討，改進發明、加強求變、求知、求新，其理論之完整，雖非至絕對的階段，然就印證對命學其取材之審慎、蒐集廣泛、研判正確、不計毀譽、拾遺補闕、溫故知新、更開擴姓名文字，合參文字命名之動靜，剛柔字理、字義與配合天文、易卦數理、五行卦象、天機生成、靈動易數、喜沖、八字、音韻、五行、刑沖、會合之玄異、深入瞭解互動關係、日日、時時、刻刻、伏櫪宅室、埋首窗下、撰述繕寫命學，獨挑大樑。

從中深刻體悟、自我磨練、匯集古今姓名、文字、命學、交互為用，將命學姓名文字之實務運作，匠心精選、審慎處理、去蕪存菁、文詞之淺顯、言簡之意明。

哲毅窮究看命論命推命之法則，哲毅精義註解、哲毅精闢探討、哲毅實例說明、哲毅精彩的字理論點、深入姓名文字箇中的三昧，並再灌入重新揭櫫、調劑、致用、拿捏開闢姓名文字的啓蒙。

哲毅取用研習命學的新途徑、研究實驗、分析統計、不海底撈針、深解命學的概念與心得，把握主題涵義，配合現代適應潮流，以博學之、審問之、慎思之、明辨之、詳推變化、排除障礙、打通管道、覓尋命學真髓精義與經驗，貫徹始終為命學奠幟，突破創新命學理論原理與法則，持之以恆、通變達用、以求證萬事、萬物生化之跡象。

欣喜新書《大師教你36天學會八字學》付梓行世，深感用心真摯，能再以精闢的姓名學兼配融合四柱八字命學之真義深刻剖析。當在人生的生命大限旅程中，姓名文字與四柱八字面臨坎坷頻臨又身處逆境，又運背顛沛流離，又運逢官殺，剋洩交加，又災禍層出，又歲運不濟，又蹇澀難通，又事端多纏，又氣勢枯倫，當命、運、歲三位一體，太歲、流年、刑沖、小逢失和、交會沖擊生刑，剋、煞、刃、死、病、絕、死墓、敗地，又無法逃避得失之掛慮，是悲？抑是喜？而且更能分別介述：四柱八字之格局取定原則探討、四柱八字之格局與用神喜忌探詩、四柱八字之運程吉凶推斷探討。

尤能深入精研姓名文字學之最高文字藝術境界，取用配合四柱八字、天干、地支，與歲運循環之關係、大運流年、禍福、吉凶徵兆之啓示，以及姓名文字命名與四柱八字、富貴、貧賤、吉凶、壽、夭、六神、六親、喜用之要旨、忌神之影響、生剋扶抑之主應。

其見解之高超撰述主題宏觀前瞻，神思超然，編排先後呼應不亂，闡理始終、脈絡分明、匠心獨具、使學者能於知曉姓名配合八字之「病藥」、「扶抑」、「調候」、「通關」並逐一舉例說明眉目可尋，彌足珍貴，是書之作，出版面世，遠勝廣讀所有命理書籍，既省時間又切入實用，必能廣增智識，必能嘉惠大眾、必能造福人群。今之付梓行世，其必為姓名文字命理大放異彩，指日可望，謹述所感，點綴數言以資為序！

25位理事長聯合推薦

以前民間所傳下來的東西，最有其價值的文化資產，應該就是中國的傳統五術，也就是山、醫、命、相、卜。雖然現在的時代，一切講求科學證據，但所謂的「天有不測風雲、人有旦夕禍福」，有很多的事情與現象，還是沒有辦法輕易就事前得知，但若是透過五術的演算，居然能加以預測與掌握，也許僅是蛛絲馬跡而已，但若跟未來一切不可知來比較，能有些微的預感，已經算相當不錯的。

而今陳哲毅大師，有心發揚中國傳統五術學説，著作出版「36天學會五術系列」，希望各方老師的參與支持，要把過往的八字、風水、姓名、卜卦、紫微斗數等等，希望做個有系統的資料彙整，集合名家的心力心血，呈現出最完整的五術學説，讓大家能夠有目共睹，領略傳統五術的奧秘與奧妙之處，這是讀者的福氣。而陳哲毅大師，近年不辭辛勞、焚膏繼晷，寫出了一系列的五術著作，有姓名、八字、陽宅、風水等等，涉獵非常的廣泛，其著作也深入淺出，適合初學者來入門。

社會的腳步變得迅速，如今已經是全球網路時代，很多讀者不一定只從書籍來得到知識，大部分是透過網路搜尋，因此熟悉網站的功能，是相當重要的一件事，藉此才能夠把傳統五術推展分享出去。所以陳哲毅大師，近年投入網站的經營，成果相當的豐碩，除了個人的五術學院網站，也加入占卜大觀園，成為駐站的老師之一，也受邀請在蕃薯藤天空部落格開版，成為風水達人的專欄執筆，人氣點閱逐漸攀升，是當紅的風水老師。

中華五術聯合總會會長
中華民國易經陽宅設計協會理事長
臺灣省堪輿命理協會理事長
中華民國易經陽宅設計協會理事長
臺灣省堪輿命理協會理事長
中國道教靈寶法師會理事長　盧崑永
中華民國地理師協會第五屆理事長
中華現代生活空間應用協會理事長　鄒明揚
中華民國儒教協會常務理事
中國河洛理數易經協會榮譽理事長
基隆普化警善堂堂主
中華民國儒教協會常務理事
中國擇日師協會榮譽理事長　簡火土
中國堪輿推展協會創會會長　林進來
中華五術預測協會理事長　劉瑞發
中國河洛理數易經協會創會會長
中國擇日師協會創會會長　吳明修
中國河洛理數易經協會第五、六屆理事長
桃園縣星相卜卦堪輿工會創會會長　翁秀花
中國河洛理數易經協會第七屆理事長　楊宗祐

中國擇日師協會第三屆理事長　陳永慶
中國擇日師協會第六屆理事長　康飛西
中國擇日師協會第七屆理事長　馮祖定
臺北縣星相卜卦堪輿工會會長　謝宗護
新竹市星相卜卦堪輿工會會長　陳清輝
高雄市星相卜卦堪輿工會榮譽會長　陳啓銓
中國命相協會創會長會長　李魁斗
中華民國地理師協會第六屆理事長　紫雲居士
中華民國星相協會理事長　陳元隆
桃園縣龜山鄉北靈宮宮主　潘金碧師尊
中國占驗道教會創會理事長　邱天相
高雄縣星相卜卦堪輿工會會長　柯武村
南投縣竹山鎮振原堂堂主　李春松
華人全球占卜大觀園負責人　嚴立行
高雄縣星相卜卦堪輿工會常務理事　許水訪
玄真園厝宅風水堪輿研究所所長　康佑爲
高雄市達觀命理學會理事長　蔣小剛

自序

在五術山、醫、命、相、卜當中，命學是很重要的部分，常見的有子平八字跟紫微斗數兩者，其中八字有命學之王的稱號，是最具有準確性，也最具實用價值的學術。而且傳統民間以來，嬰兒出生時都會先看八字，好讓父母預先知道未來，並且配合八字來取姓名，因此八字的重要性由此可見。

所謂八字學，又俗稱四柱八字，就是指人出生的年月日時，年為年柱、月為月柱、日為日柱、時為時柱，各用天干地支來表示，加上用月柱來取大運，就知道人生的吉凶禍福、富貴貧賤。一般來說，八字分為原局，也就是命局，以及大運，也就是運局。在評論八字的時候，命局若好，運局也好，基本上大富大貴、人生平步青雲，若命局好，運局差，人生先盛後衰，奔波辛勞，若命局差、運局好，人生奮鬥有成，後來居上，若是命局差、運局也差，哪麼人生數十寒暑，只能庸庸碌碌度過，毫無作為可言。因此命運的起伏好壞，這些從八字就可以得知，而且是相當的準確。

八字既然這麼神奇，要如何學習八字呢？相信許多人會遇到困難，因為坊間的八字書籍，除了繁瑣的資料要記憶，還要背誦幾百種格局，讓人家還沒有入門，就先望文生畏，而不敢加以接觸，不然就是遭遇瓶頸、半途而廢，終究只學成半調子，無法得心應手的運用，在自己或他人分析八字格局時，似懂非懂的解說，影響自己還不打緊，就怕會誤他人前途。會有這種現象的原因，除了八字的理論，多半來自古書記載及抄寫，內容難免有些深奧，文辭意思不好理解，而且時空環境的差異，古今論命大不相同，像是重男輕女的觀念，現在就不太能適用，所以讀者要學習八字，往往是相當的困難。

現在《大師教你36天學會八字學》，將八字理論有計畫的編排，讓讀者能按步就班學習，從天干地支、陰陽五行、干支的刑沖合化、到八字的排列、大運的起法，要如何取出十神，十神（變通星）的性質，以及十神（變通星）的相互關係，八字格局強弱的判定，有無得令、有無得地、有無得勢等，和八字命局的好壞優劣、八字大運的好壞優劣，以及要如何來分析八字等等，做一個簡單而詳細的介紹，很快就能夠上手。而且更重要的是，傳統八字學的分析論斷，方法會比較繁複，沒辦法簡單扼要，現在特別採用十神（變通星）論斷，讓人家一看便清楚知道，不需要記憶公式，或背誦繁瑣的格局。而且會提供實際例子，加以分析說明，好讓讀者即時演練、加深印象，保證三十六天內學會上手，除了能窺探八字的神奇奧秘，還能變成人人稱羨的大師。

最後筆者要感謝相關人士的提拔，才得以有今日的成就，像早年投入五術的研究領域，就追隨著吳明修老師學習，十幾年的涵養累積之下，讓我在五術學問上，奠定良好的基礎，還承蒙關懷照顧，提拔哲穀當中國擇日師協會的理事長，來發揚傳統五術的精萃。

而本人所學，特別是在姓名學方面，在有所領悟之餘，更創造出直斷式姓名學，使姓名學理論更上一層樓，讓姓名學部分能充分發揮，補足先天八字的宿命缺憾，吉者能夠更吉、凶者能夠趨吉，使大事化小、小事化無，每個人能安居樂業、知足常樂，達到知命造命的五術之用。

除此之外，不久前出版姓名學、面相學的時候，基隆善化堂的簡火土道長的幫忙，能夠彼此交換心得感想，特別是「關聖帝君恩師」親自降筆賜序，對於哲毅的姓名學讚譽有加，並且點明開破不少人生道理，讓哲毅對於姓名學有更深刻的了解認識，在掌握判斷人性方面，會顯得更加小心細膩，並且認真的研讀學習。

而最後要感謝的是，「進源出版社」林進源總經理、「紅螞蟻圖書公司」李錫東總經理、「占卜大觀園」嚴立行總經理，在經濟情況這麼不景氣的時候，願意在背後大力支持贊助，並且加以推動叮嚀照顧，讓哲毅的著作能夠順利出版，從姓名學延伸到面相學領域來，而個人的網站也在今年如期成立，呈現出多樣化的面貌，使得「亞洲最大真人影音命理資料庫」的願望能夠實現，並且不斷的在成長茁壯當中，哲毅實在是非常感動欣慰，也希望能夠繼續奮鬥打拼，讓傳統五術能夠宏揚世界，不辜負大家的期待盼望。

個人五術命理資料庫網址：http://www.eproname.com/

天空部落格《住宅達人、風水專欄主筆》：http://blog.yam.com/user/eproname

目錄

序言
關聖帝君賜序
推薦序
自序
邁向八字大師之路的第一天 20
了解八字學的基礎
八字學是什麼?
八字命理基本認識
談天干地支
談二十四節氣
邁向八字大師之路的第二天 43
如何排列八字命局
排四柱八字及大運
排年柱
排月柱
排日柱
排時柱
排列流年及大運
起大運歲數
邁向八字大師之路的第三天 60
用日主安十神排六親
邁向八字大師之路的第四天 67
如何分析八字命局
四柱的表徵
一、年柱
二、月柱
三、日柱
四、時柱
邁向八字大師之路的第五天 72
十神性情分析
一、比肩
二、劫財
三、食神
四、傷官
五、正財
六、偏財
七、正官
八、七殺

目錄

九、正印
十、偏印
八字六親分析
壹、六親論斷
貳、論祖上福德
參、論父母
肆、丈夫論斷
伍、論妻妾
陸、論兄弟
柒、論子息
附註：論子女有多少的要訣
十二太歲星君流年對照表
命宮十二星君看法
邁向八字大師之路的第六天 117
八字天干的合化
壹、比肩、劫財逢合化
貳、正財、偏財逢合化
參、正官、七殺逢合化
肆、正印逢合化
伍、身強偏印逢合化
陸、身弱正印逢合化
柒、身弱偏印逢合化
地支四正、四生、四庫
邁向八字大師之路的第七天 134
十二長生運排列與意義
十二長生的意義
十二長生案例演練
邁向八字大師之路的第八天 140
五行的聯想
陰陽的特質
五行的特質
支藏人元與十二月司令表
邁向八字大師之路的第九天 149
八字強弱與喜忌神判斷
八字的強弱旺衰判斷
一、得令
二、得地
三、得勢
四、喜用原則

目錄

邁向八字大師之路的第十天 169
八字喜忌神原則及用法
扶抑法
通關法
調候法
用神跟喜神的差別
八字神煞的用法
邁向八字大師之路的第十一天 178
八字神煞介紹
八字神煞介紹
一、天德貴人
二、月德貴人
三、天乙貴人
四、文昌貴人
五、天醫
六、空亡
七、羊刃
八、魁罡
九、紅艷煞
十、桃花
十一、驛馬
十二、劫煞
十三、亡神
十四、孤辰、寡宿
邁向八字大師之路的第十二天 212
分析變通星性質
分析變通星性質
壹、比肩星
貳、劫財星
邁向八字大師之路的第十三天 241
參、食神星
肆、傷官星
邁向八字大師之路的第十四天 272
伍、正財星
陸、偏財星
邁向八字大師之路的第十五天 304
柒、正官星

目錄

捌、七殺星

邁向八字大師之路的第十六天 335

玖、正印星

拾、偏印星

邁向八字大師之路的第十七天 360

八字天干生剋制化

八字天干生剋制化

壹、喜神生忌神

貳、忌神生喜神

參、忌神生忌神

肆、兩神相同

伍、天干相剋斷法

陸、天干制化的論斷

邁向八字大師之路的第十八天 372

八字強弱配合變通星運勢分析

壹、八字身強，正印、偏印秉令

貳、八字身弱，正印、偏印秉令

參、八字身強，正印、偏印看事業

肆、八字身弱，正印、偏印看事業

伍、八字身強，正印、偏印看六親

陸、八字身弱，正印、偏印看六親

柒、八字身強，正印、偏印看健康

捌、八字身弱，正印、偏印看健康

邁向八字大師之路的第十九天 384

壹、八字身強，比肩、劫財秉令

貳、八字身弱，比肩、劫財秉令

參、八字身強，比肩、劫財看事業

肆、八字身弱，比肩、劫財看事業

伍、八字身強，比肩、劫財看六親

陸、八字身弱，比肩、劫財看六親

柒、八字身強，比肩、劫財看健康

捌、八字身弱，比肩、劫財看健康

邁向八字大師之路的第二十天 404

壹、八字身強，食神、傷官秉令

貳、八字身弱，食神、傷官秉令

參、八字身強，食神、傷官看事業

肆、八字身弱，食神、傷官看事業

伍、八字身強，食神、傷官看六親
陸、八字身弱，食神、傷官看六親
柒、八字身強，食神、傷官看健康
捌、八字身弱，食神、傷官看健康

邁向八字大師之路的第二十一天 423
壹、八字身強，正財、偏財秉令
貳、八字身弱，正財、偏財秉令
參、八字身強，正財、偏財看事業
肆、八字身弱，正財、偏財看事業
伍、八字身強、正財、偏財看六親
陸、八字身弱、正財、偏財看六親
柒、八字身強、正財、偏財看健康
捌、八字身弱、正財、偏財看健康

邁向八字大師之路的第二十二天 437
壹、八字身強，正官、七殺秉令
貳、八字身弱，正官、七殺秉令
參、八字身強，正官、七殺看事業
肆、八字身弱、正官、七殺看事業
伍、八字身強，正官、七殺看六親
陸、八字身弱，正官、七殺看六親
柒、八字身強，正官、七殺看健康
捌、八字身弱，正官、七殺看健康

邁向八字大師之路的第二十三天 452

判斷八字格局吉凶

判斷八字格局吉凶

八字凶格、災厄臨身
壹、兩神相違
貳、假從格
參、四柱反吟
肆、四柱伏吟
伍、局無喜神
十神推算妻財子祿吉凶
壹、走財運喜神
貳、走名聲喜神
參、走讀書喜神
肆、走事業喜神
伍、走轉行喜神
陸、走姻緣喜神

目錄

柒、走生育喜神
捌、走財運忌神
玖、走名聲忌神
拾、走官殺忌神
邁向八字大師之路的第二十四天　478
判斷大運流年吉凶
八字大運流年看法
壹、大運流年吉凶簡易推論法
貳、大運流年精細推論法
邁向八字大師之路的第二十五天　489
八字實例演練
男命八字身強格
案例一：男命八字身強
案例二：男命八字身強
案例三：男命八字身強
邁向八字大師之路的第二十六天　501
女命八字身強格
案例一：女命八字身強
案例二：女命八字身強
案例三：女命八字身強
邁向八字大師之路的第二十七天　511
男命八字身弱格
案例一：男命八字身弱格
案例二：男命八字身弱格
案例三：男命八字身弱格
邁向八字大師之路的第二十八天　521
女命八字身弱格
案例一：女命八字身弱格
案例二：女命八字身弱格
案例三：女命八字身弱格
邁向八字大師之路的第二十九天　532
男命八字專旺格
案例一：男命八字專旺格
案例二：男命八字專旺格
案例三：男命八字專旺格
邁向八字大師之路的第三十天　542
女命八字專旺格

案例一：女命八字專旺格
案例二：女命八字專旺格
案例三：女命八字專旺格

邁向八字大師之路的第三十一天 554
男命八字假專旺格
案例一：男命八字假專旺格
案例二：男命八字假專旺格
案例三：男命八字假專旺格

邁向八字大師之路的第三十二天 565
女命八字假專旺格
案例一：女命八字假專旺格
案例二：女命八字假專旺格
案例三：女命八字假專旺格

邁向八字大師之路的第三十三天 575
男命八字從勢格
案例一：男命八字從勢格
案例二：男命八字從勢格
案例三：男命八字從勢格

邁向八字大師之路的第三十四天 588
女命八字從勢格
案例一：女命八字從勢格
案例二：女命八字從勢格
案例三：女命八字從勢格

邁向八字大師之路的第三十五天 600
男命八字假從勢格
案例一：男命八字假從勢格
案例二：男命八字假從勢格
案例三：男命八字假從勢格

邁向八字大師之路的第三十六天 610
女命八字假從勢格
案例一：女命八字假從勢格
案例二：女命八字假從勢格
案例三：女命八字假從勢格

邁向八字大師之路的第一天

第一天主要是認識八字的由來與結構，結構就是四柱八字，有年柱、月柱、日柱、時柱，這些都是天干、地支的組成。在介紹八字的簡易原理，也就是天干生剋合化，地支的合沖刑會。瞭解之後，接著是探討十天干、十二地支的性質，並配合十二生肖、十二星座、二十四節氣解說，帶入到八字當中，讓初學者更清楚八字的組成內容。

八字學是什麼？

什麼是八字學呢？一般人稱八字學叫做「四柱八字」或者「子平八字」，我們從名稱裡面就可以瞭解八字學的意義。

所謂的「四柱八字」，就是指八字的結構，是由年柱、月柱、日柱、時柱，四個部分所組成的，也就是黃帝時代留下來，十天干跟十二地支的排列配合，以六十甲子爲一個循環，用來記錄曆法推算時間。而四柱八字就是指人的出生時間，換算成年月日時的天干地支，例如：一個民國九十四年十月二十日中午十二時出生的人，透過萬年曆轉換成農曆便是八字的結構，八字就是乙酉年、丙戌月、丁未日、丙午時。年柱是乙酉，月柱是丙戌，日柱是丁未，時柱是丙午。由於有年月日時四柱，天干地支共八個字，所以就叫做「四柱八字」。

所謂的「子平八字」，其原因是因為相傳「天開於子」，子乃五行屬水的地方，也是地支的首位，是一切根源的開始，又水的形體不固定，在坎坷的地面會流竄，遇到平坦的地方才會停止，這就是子的特性；而平的意思，就像秤一樣，是用來衡量輕重，然後取其平衡的意思，所以這也就是子平八字的意義。八字學的演變到唐朝時，大多是以年柱為主要依據，當成是人的本命，然後配合六十甲子納音，推算出人的命運。

而唐朝的李虛中，對於八字學深入研究，用年為主要依據，取出年月日時四柱，幫人解答疑惑，推算禍福得失，非常的準確，被命理界視為開山祖師。而到了五代徐居易（字子平），更將八字學發揚光大，用日柱天干為主要依據，當成是人的本命，配合五行的理論，明白四柱的生剋制化，得出合沖刑害的結果，來推算命運的起伏，具有相當的應驗，所以被視為八字學始祖，所以八字學又叫做「子平八字」。

將出生人的年月日換算成天干地支，也就是「排八字」的動作，又可說是「起四柱」，所得出的四柱八字，一般通稱為「命造」，代表四柱八字的簡稱。

八字命理基本認識

八字的基礎就是五行的生剋制化，帶入「天干地支」以及「月份節氣」當中，所產生的變化結果，就可以用來推算命運。

1.五行相生：就是木生火、火生土、土生金、金生水、水生木

2.五行相剋：就是木剋土、土剋水、水剋火、火剋金、金剋木

3.五行比和：就是木比和木、火比和火、土比和土、金比和金、水比和水

4.十天干：就是甲、乙、丙、丁、戊、己、庚、辛、壬、癸

5.十二地支：就是子、丑、寅、卯、辰、巳、午、未、申、酉、戌、亥

6.天干的陰陽五行：陽天干就是甲陽木、丙陽火、戊陽土、庚陽金、壬陽水，陰天干就是乙陰木、丁陰火、己陰土、辛陰金、癸陰水

7.地支的陰陽五行：陽地支就是亥陽水、寅陽木、辰陽土、巳陽火、申陽金、戌陽土，陰地支就是子陰水、丑陰土、卯陰木、午陰火、未陰土、酉陰金

8.天干方位配合四季：東方春季甲乙木、南方夏季丙丁火、西方秋季庚辛金、北方冬季壬癸水、中央四季戊己土

9.地支方位配合四季：東方寅卯木、南方巳午火、西方申酉金、北方亥子水

10.地支生肖：子屬鼠、丑屬牛、寅屬虎、卯屬兔、辰屬龍、巳屬蛇、午屬馬、未屬羊、申屬猴、酉屬雞、戌屬狗、亥屬豬

11.天干合化：甲己合化土、乙庚合金、丙辛合水、丁壬合木、戊癸合火
12.天干相剋：甲庚相剋、乙辛相剋、丙壬相剋、丁癸相剋、戊己居中無剋
13.地支三會：寅卯辰會東方木、巳午未會南方火、申酉戌會西方金、亥子丑會北方水
14.地支三合：亥卯未合木、寅午戌合火、巳酉丑合金、申子辰合水
15.地支六合：子丑合土、寅亥合木、卯戌合火、辰酉合金、巳申合水、午未合火
16.地支相沖：子午相沖、丑未相沖、寅申相沖、卯酉相沖、辰戌相沖、巳亥相沖
17.地支相刑：寅巳刑、巳申刑、申巳刑，爲恃勢之刑，丑未刑、未戌刑、戌丑刑，爲無恩之刑，子卯刑，爲無禮之刑，辰辰、午午、酉酉、亥亥，爲自刑
18.地支相害：子未害、丑午害、寅巳害、卯辰害、申亥害、酉戌害
19.地支相破：子酉破、寅亥破、辰丑破、午卯破、申巳破、戌未破
20.四季五行的旺相休囚死：

春季木旺、火相、水休、金囚、土死，夏季火旺、土相、木休、水囚、金死

秋季金旺、水相、土休、火囚、木死，東季木旺、火相、水休、金囚、土死

四季：土旺、金相、火休、木囚、水死

甲乙寅卯木、旺於春季（立春之後），丙丁巳午火、旺於夏季（立夏之後）

庚辛申酉金、旺於秋季（立秋之後），壬癸亥子水、旺於冬季（立冬之後）

戊己辰戌丑未土、旺於四季（立春、立夏、立秋、立冬前十八日為旺期）

21. 十二月建二十四節氣：

正月建寅月：立春經雨水到驚蟄為止、二月建卯月：驚蟄經春分到清明為止

三月建辰月：清明經穀雨到立夏為止、四月建巳月：立夏經小滿到芒種為止

五月建午月：芒種經夏至到小暑為止、六月建未月：小暑經大暑到立秋為止

七月建申月：立秋經處暑到白露為止、八月建酉月：白露經秋分到寒露為止

九月建戌月：寒露經霜降到立冬為止、十月建亥月：立冬經小雪到大雪為止

十一月建子月：大雪經冬至到小寒為止、十二月建丑月：小寒經大寒到立春為止

22. 六十甲子天干配地支：

甲子、乙丑、丙寅、丁卯、戊辰、己巳、庚午、辛未、壬申、癸酉

甲戌、乙亥、丙子、丁丑、戊寅、己卯、庚辰、辛巳、壬午、癸未

甲申、乙酉、丙戌、丁亥、戊子、己丑、庚寅、辛卯、壬辰、癸巳

甲午、乙未、丙申、丁酉、戊戌、己亥、庚子、辛丑、壬寅、癸卯

甲辰、乙巳、丙午、丁未、戊申、己酉、庚戌、辛亥、壬子、癸丑

甲寅、乙卯、丙辰、丁巳、戊午、己未、庚申、辛酉、壬戌、癸亥

23.六十甲子納音

甲子乙丑海中金、丙寅丁卯爐中火、戊辰己巳大林木，庚午辛未路傍土、壬申癸酉劍鋒金

甲戌乙亥山頭火、丙子丁丑澗下水、戊寅己卯城頭土、庚辰辛巳白臘金、壬午癸未楊柳木

甲申乙酉泉中水、丙戌丁亥屋上土、戊子己丑霹靂火、庚寅辛卯松柏木、壬辰癸巳長流水

甲午乙未沙中金、丙申丁酉山下火、戊戌己亥平地木、庚子辛丑壁上土、壬寅癸卯金箔金

甲辰乙巳覆燈火、丙午丁未天河水、戊申己酉大驛土、庚戌辛亥釵釧金、壬子癸丑桑拓木

甲寅乙卯大溪水、丙辰丁巳沙中土、戊午己未天上火、庚申辛酉石榴木、壬戌癸亥大海水

談天干地支

相傳天干地支是天皇氏所作，到了黃帝時代，就利用天干地支計算曆法，起初是紀日，後來就變成紀年、紀月、紀時。而皇極經世說：「十干，天也，十二地支，地也，干支配天地之用也。」後人的說法是，干支是依照天地的運行，而規劃成的度數，天爲十度、地爲十二度，又說：「干者幹也，支者枝也。」干支的配合，是一種主幹與分支的組織系統。另外有一種說法，說干支是由古代兵器衍生而來，是後人用作等級、次序的代號。

天干共有十個，就是甲、乙、丙、丁、戊、己、庚、辛、壬、癸。

甲的性質：就是陽木、棟樑之木，巨樹大木、森林之木，代表奮鬥、活潑、直線成長、上進、樂觀。

乙的性質：就是陰木、花草之木、小草、小木、盆栽、植物出土之後，柔軟彎曲的成長，代表婉轉、延伸、柔軟。

丙的性質：就是陽火、太陽之火、大火、熱能量、光量，代表散發、放射、向上、上升、快速。

丁的性質：就是陰火、燈火、燭火、小火、微弱之火，代表孕育、緩慢溶解、協調、緩緩上升。

戊的性質：就是陽土、高山、山脈、大的土、城牆、堤防、大地、萬物枝葉茂盛，代表厚重、鎮定、內聚、內向。

己的性質：就是陰土、田園之土、濕泥、小土堆、萬物生機旺盛，代表低濕、雜處、內向、緩緩腐蝕。

庚的性質：就是陽金、重金屬、鋼鐵、刀斧之金、萬物新陳代謝，代表尖銳、肅殺、破壞、聚集、剛強。

辛的性質：就是陰金、首飾之金、珠玉、小塊金、碎金、萬物更新狀態，代表圓潤、秀清、清透。

壬的性質：就是陽水、江海之水、大河水、萬物吸取土中養分，孕育出新生命，代表就下、包容、閉藏、自由、流動。

癸的性質：就是陰水、雨露、霧霜、潮濕、小水溝、萬物於土中培養，代表保守、平靜、和緩、浸蝕、容納。

地支有十二個，就是子、丑、寅、卯、辰、巳、午、未、申、酉、戌、亥。

子的性質：就是陰水，滋也，草木滋生於土下孕育，陰極而陽生。生肖屬鼠，八卦爲坎卦，星座是水瓶座，又叫做「神后」。

丑的性質：就是陰土，紐也，草木從土中出芽，彎曲將冒出地面。生肖屬牛，八卦爲艮卦，星座爲魔羯座，又叫做「大吉」。

寅的性質：就是陽木，演也，津也，寒土中植物，遇到溫陽而伸出地面。生肖屬虎，八卦屬艮卦，星座是射手座，又叫做「功曹」。

卯的性質：就是陰木，茂也、冒也，日照東方，萬物茂盛。生肖屬兔，八卦爲震卦，星座是天蠍座，又叫做「太衝」。

辰的性質：就是陽土、震也，萬物震起生長，陽氣已經過半。生肖屬龍，八卦爲巽卦，星座是天秤座，別名是「天罡」、「天羅」，北斗第一星魁星指向辰。

巳的性質：就是陽火，起也，萬物生長旺盛而起，正陽而無陰。生肖屬蛇，八卦爲巽卦，星座是處女座，又叫做「太乙」。

午的性質：就是陰火，長也，大也，陰陽相交分歧點，萬物豐滿長大，陽極而陰生。生肖屬馬，八卦爲離卦，星座是獅子座，又叫做「勝光」。

未的性質：就是陰土，味也，萬物果實成熟而有滋味。生肖屬羊，八卦爲坤卦，星座是巨蟹座，又叫做「小吉」。

申的性質：就是陽金，身也，萬物果實已經成熟。生肖屬猴，八卦爲坤卦，星座是雙子座，又叫做「傳送」。

酉的性質：就是陰金，猶也，萬物退縮收斂，植物果實熟透落下。生肖屬雞，八卦屬兌卦，星座是金牛座，又叫做「從魁」。

戌的性質：就是陽土，滅也，萬物凋零衰滅復歸泥土。生肖屬狗，八卦爲乾卦，星座是牡羊座，又叫做「河魁」、「地網」。北斗第七星杓星指向戌。

亥的性質：就是陽水，刻也。陰氣刻殺萬物至此爲極點，植物種子藏於土中等待來春。生肖屬豬，八卦爲乾卦，星座是雙魚座，又叫做「登明」。

而干支中的十二地支，我國則有用動物來配合時間，用作代號的方式，那就是子屬鼠、丑屬牛、寅屬虎、卯屬兔、辰屬龍、巳屬蛇、午屬馬、未屬羊、申屬猴、酉屬雞、戌屬狗、亥屬豬。其他古老民族，如印度、埃及，也有這種方式，而且配的動物都大同小異，而現在流行的西洋星座，也同樣有十二星座，稱作十二宮，每一個宮位跟時間月份的配合，也跟我國曆法中，二十四節氣的十二節時間吻合。因此吉普賽人創立的十二宮，也是透過天文學觀察而來。兩者的對照表如下：

一、水瓶座：國曆一月二十一日至二月十九日，大約是立春前後
二、雙魚座：國曆二月二十日至三月二十日，大約是驚蟄前後
三、牡羊座：國曆三月二十一日至四月二十日，大約是清明前後
四、金牛座：國曆四月二十一日至五月二十一日，大約是立夏前後
五、雙子座：國曆五月二十二日至六月二十一日，大約是芒種前後
六、巨蟹座：國曆六月二十二日至七月二十三日，大約是小暑前後
七、獅子座：國曆七月二十四日至八月二十三日，大約是立秋前後
八、處女座：國曆八月二十四日至十月二十三日，大約是白露前後

九、天秤座：國曆九月二十四日至十月二十三日，大約是寒露前後

十、天蠍座：國曆十月二十四日至十一月二十二日，大約是立冬前後

十一、射手座：國曆十一月二十三日至十二月二十二，大約是大雪前後

十二、魔羯座：國曆十二月二十三日至一月二十日，大約是小雪前後

由此看來無論是鼠、牛、虎、兔……的十二生肖，或是西洋的十二星座，都只是時間的代名詞，並不是說某年月日時出生的人，就是具備哪種動物的習性或功用，如鼠年出生的人，不一定跟老鼠一樣，龍年出生的人不一定就有龍的本領。

談二十四節氣

二十四節氣是我國傳統的曆法，大約是在黃帝時期創立，根據地球繞行太陽的角度計算，將一年的日子劃分清楚，用來記錄四季的變遷、氣候的變化，是中華民族獨一無二的方式。二十四節氣分別是立春、雨水、驚蟄、春分、清明、穀雨、立夏、小滿、芒種、夏至、小暑、大暑、立秋、處暑、白露、秋分、寒露、霜降、立冬、小雪、大雪、冬至、小寒、大寒。

一、立春

立春是二十四節氣的開始，具有相當的重要性，就好像過新年一樣，甚至於更加重要。原因

是因為我國自古以農立國，農業是國家的經濟命脈，而當春分來臨的時候，就代表耕種季節開始，是農民下田播種，從事生產的日子。所以古代的君王官員，到了春分的時候，就必須要登壇祭祀，迎接春天，感謝上蒼，接著就是天子跟官員親自下田去犁田開墾，天子是走三步，推犁三下，三公是推五步，推犁五下，其他官員是走九步，推犁九下，表示率先領導人民，進行耕種的動作，又叫做「勸農」，希望大家努力生產，並且設春宴、吃春餅慶祝，希望有好的開始。再者，春分當天最好是放晴，因為諺語說「春分晴、收成好」，又說「立春晴一日、農家笑盈盈」，表示今年將五穀豐收，是風調雨順的好年。反之，如果是雨下不停，如諺語所說「立春下雨到清明，一日落雨一季晴」，則表示春分當天若下雨，到清明之前都會多雨，日照的時間縮短，對農作物生長就有妨礙。

二、雨水

《呂氏春秋》上說：「仲春，其祀戶、祭先脾，始雨水。」就是說冬天的冰雪，到了這個時候已經溶解，農田的土壤也變得濕軟鬆動，正適合進行犁田耕種。不過應注意的是，節氣的變化，是因地方不同而有差異，例如：中國南方的長江與珠江流域，這裡會先受到陽光照射，在寅月中旬的時候，就會有上述這種現象，冰雪融化、土壤鬆動、開始有些許降雨，但是在黃河附近的地方，要等到卯月才會有這種現象，這是因地制宜的關係，並不是節氣有了差錯。

三、驚蟄

凡是立冬以後，所有的蟲類、蛇類、兩棲類等等，就會進入冬眠狀態，就叫做「蟄伏」，躲在地底下的洞穴，不進食、不活動，等到了驚蟄這一天，春雷響起的時候，就會把冰雪融化，降下雨水之後，泥土產生了鬆動，這些蟄蟲就會被驚醒，所以這個日子就叫「驚蟄」。既然蟲蛇都開始活動，人們為了預防蟲害，便有許多的習俗，像是在住家四周環境撒上石灰粉，用來驅趕害蟲，而且準備芝麻油炸過的點心，又叫做「薰出」，因為芝麻油是香油，性甘微寒，若在當天加以食用，可以有驅蟲的效果。

四、春分

春分跟太陽的日照有關係。太陽日光照射地球，形成的運行軌道，就叫做「黃道」，在一年的冬至以後，太陽日光照射到南邊的南回歸線後，又開始向北方來移動，等到春分的時候，剛好太陽直射到赤道，也是南北半球的分界，這時候白天跟晚上的時間，是晝夜均分的，在陰陽上來說，是位居於陽之中。春分前後的日子，溫度跟溼度往往相差很大，會有劇烈的變化，對於身體虛弱、抵抗力差的人，就很容易生病，或者是舊疾復發，因此要特別注意。

五、清明

清明不僅是節氣，也是掃墓的日子，這是孝道的表現，是很有意義的活動，也象徵倫理道德。在古代的時候，由於「以孝治天下」，天子在春秋兩季，都會舉行祭祀儀式，用來祭祀上天，而一般百姓則到郊外祭祖墳，剛好就在清明時節，而草木生長旺盛，必須要加以清理掃除，是慎終追遠的表現。傳統在清明祭祖當中，有一樣點心少不了，那就是艾草跟米做的「艾米粿」，除了可以飽食，也可以用來驅蟲治病。

六、穀雨

穀雨這個節氣的由來，是順應農事的關係，在季春三月的時候，五穀剛好都在播種、插秧，正需要雨水的滋潤，而每年這個時候，就會降下綿綿的細雨，所以三月中就叫做穀雨，也有美好之雨的意思，因為這時候桃花也已經開放，有人也稱作桃花雨。從穀雨以後，就開始農事繁忙。

七、立夏

立夏的時候，正是萬物欣欣向榮，努力開始生長的時候。所以以前的民俗，都是在這一天量體重，看看比去年胖還是瘦，當作是健康的標準。而在五嶺南北，在立夏的時候，多半會在家設宴，來迎接立夏的到來，其中會有兩樣食物，白頭包，就是用韭菜、米粉、肉類攪拌，搓成球形來蒸食。根據中醫的說法，韭菜能散血生肌，治療胸脾刺痛、肺氣喘急，甚至安胎生產，而另一道食物就是淮山磨成粉末，代替米粉來蒸爲食物，淮山味甘，能固脾胃、潤皮毛、化痰止瀉、益腎強陰。再者，立夏又稱作「春盡日」，騷人墨客都會有感而發，利用立夏來抒發心情，緬懷春天的場景，因此有許多佳作產生。

八、小滿

小滿一到的時候，農家就會非常忙碌，一般叫做「小滿動三車」，那就是絲車、油車、田車。絲車是指養蠶的人家，將蠶繭給煮好，正啓動絲車，日夜不停的抽絲。油車就是郊外的油菜花，已經結滿了果實，必須要採下送至油坊，啓動榨油車的輪子，開始進行榨油。田車就是田地的秧苗，正需要水來灌溉，要在溪邊踩著水車，把水送到田裡面。因此在全國各地，都呈現忙碌的狀態，在農業社會中，這樣忙碌的日子，當然除了工作外，其他都不重要了。

九、芒種

在周禮地官中的「稻人」一節提到：「澤草所生，種之芒種。」用現在的話來講，就是指在有澤草生長的土地上，就可以種植芒種。爲什麼能種芒種，是因爲若土地或水中含有鹽分，那麼澤草就無法生長，若是淡水的地方，那麼芒種也才能生長，而芒種指的就是稻跟麥兩種，因爲它們具有纖毛，纖毛就叫做芒，會長出芒針，因此命名爲芒種，代表即將豐收的意思。芒種到來時，就是梅雨季節的開始，爲期大概三十天，通常會綿綿細雨，而且剛好是梅子成熟的時候，可以採收來享用，又這時候的雨水品質最佳，古代詩人都會利用來泡茶，並且吟詠詩詞。

十、夏至

夏至這一天的時候，太陽照射地球的角度，剛好在北半球九十度的地方，也就是北回歸線上，所以是北半球白天最長、夜間最短的日子，過了這一天以後，太陽照射就會往南移，所以叫做夏至。

在我國傳統社會中，陽氣旺盛到了極點，也就代表萬物生長到了極致，呈現出飽和的狀態，依照「持盈保泰」的人生哲學，這一天必須要注意，凡事不可以妄爲，才能夠保住持有，否則將會失去，例如：生理上要禁慾，不能過度操勞，精神上要清心寡慾，飲食上要盡量清淡，患病的人更要保養。而以前在長江地區，都會在夏至吃豌豆，以預防中暑，精神會很充足，胃口也會大開。

十一、小暑

周禮天官凌人篇說：「夏頒冰掌事。」也就是說小暑的時候，由於天氣已經炎熱，古代皇家會將所藏的天然冰，頒給大臣們享用，而該項職責是由「凌人」的官員來處理。在我國北方的地方，情況更是明顯，燕都雜詠的詩中說：「磕磕敲銅盞，街頭廳賣冰，浮瓜沉李脆，三伏絕炎蒸。」因此在夏季賣冰的國家，恐怕是我國最早了。

夏至以後是一陰生，也就是產生了陰氣，潛藏在地殼當中，慢慢的往上推移，逼陽氣向外放射，所以人體的感受上，會覺得更加炎熱。但是還算是夏季，所以萬物不停生長，這時候更要注意飲食，因爲細菌也正在滋長中，又容易流汗，衛生千萬要做好，也要多補充水分。

十二、大暑

一年當中以大暑最爲炎熱，如果不是的話，那就是氣候不正常。因爲這時候已經進入「伏天」，所謂伏天就是小暑後第一個庚日算起，就是大暑之前第一個庚日爲初伏，大暑後第二個庚日爲中伏，第三個庚日爲尾伏，立秋後第四個庚日就叫出伏，以前常講「三伏帶秋」，就是這個道理，這三十天伏秋，就是一年最熱的日子。

爲什麼叫做伏日呢？因爲根據中國五行的說法，五行相生相剋，相生是木生火、火生土、土生金、金生水、水生木，相剋是木剋土、土剋水、水剋火、火剋金、金剋木。若配合四時的五行，就是木爲春季、火爲夏季、金爲秋季、水爲冬季，土爲長夏。如此的推論之下，四時交替本來都是相生，只有在夏季換秋季的時候，變成是火剋金，兩者爲相剋，因此夏至大暑的時候，金氣一定伏藏起來，連續一個月的時間，這就叫做「三伏天」。

十三、立秋

俗話說：「落葉知秋。」在立秋的時候，一定會有樹葉掉落，代表秋天的來臨，也是秋天的寫照。但是立秋的習俗很少，在宋朝的時候，根據錢塘吳自牧寫的夢粱錄，描述開封府的風俗提到，由太史局委任的官員，在禁宮之後種植梧桐樹，等到立秋的時候，若有樹葉飄落下來，就必須穿戴整齊，趕緊去通報皇帝，表示報秋的意思。而京城內外，滿街都有叫賣野桐葉的人，婦女和小孩都會買回去，剪裁成各種花卉的形狀，做成裝飾品來順應立秋節日。

十四、處暑

蘇東坡在逍遙堂對於處暑，曾有一首七言絕句，他說：「秋來東閣涼如水，客至山公醉若泥，困臥北窗乎不醒，風吹松竹冷淒淒。」這就是處暑的情況，沒有夏天的炎熱，只有感覺秋天的涼爽，處暑是立秋後第十五天，這時候北斗星的斗柄，指向申方（西南西方），炎熱的暑氣開始就隱藏退去，開始在潛伏，所以就叫做處暑。

十五、白露

白露的時節，就是陰氣上升，露水受陰寒而變白，所以叫做白露。這一天最不喜歡下雨，將會是一個避諱，因爲民俗裡面認爲白露下雨，雨無論下在哪裡，那麼那裡就會受苦。因爲農作物被雨淋濕後，吸收了陰寒的氣，水分不容易揮發，就會造成農作物損害，特別是黃河以北的地方，白露後若下雨，秋收就無法順利，麥子將會有損害，所以有「白露前是雨、白露後是鬼」的說法。

十六、秋分

自夏至以後太陽照射往南移，一直到秋分的時候，才又回到赤道跟黃道的交會點，剛好是秋季的一半，所以叫做秋分。在這一天裡面，白天跟晚上的時間均等，跟春分是一樣的情況。

在農業社會裡，農家開始要秋收，又叫做「開禾門」。只要是秋收的稻子，都會先用來祭祀天地與祖先，然後才自己食用，這叫做「嚐新」。在一縣當中最早收割的一家，必須送一份到縣府，而全國最早收割的縣，必須送一份到京城皇家，叫做「獻新」。

十七、寒露

我國的醫藥理論，在寒露這一天到來，就取井中的水來浸造藥酒或藥丸，據說能補心、肝、脾、肺、腎等五臟，以及治療痰水積聚的功效，跟雪水有同樣的效果。而一般人家也多半在這一天，汲取井水開始釀酒，準備儲存到過年，到時候用來祭祀、宴客，這叫做「釀新酒」。漢武帝的時候，還造了一座百粱台，上面豎起一根金柱，柱上裝了一個仙人掌，掌上放著一個玉杯承接露水，用來調和玉屑喝下去，以延年益壽。

寒露的名稱，就是天氣漸寒，地球表面附著的水分，不容易揮發，會有因為寒冷而凝結成細小水珠，停留在草木上，這水珠就叫做寒露。我國文化認為，「夜氣為露，陰之凝也」，露只有在夜間才會形成，而秋分之後，白天較短、夜晚較長，是陰長於陽，白露為易經的風地觀卦，由下卦上升的陰氣到了上卦的初爻，出現在地面之上，這就是寒露了。

十八、霜降

露結變成霜，霜覆蓋在草木土石上，就叫做「霜打」，若蔬菜經過霜覆蓋之後，吃起來味道更為鮮美，以前的醬菜或醬汁是用土法釀造，不像現在是用化學方法，使用大量防腐劑、色素、人工甘味，會影響人體健康。在霜降的時候，如果沒有下雨，夜間會把醬缸給打開，放置在露天當中，讓缸中的醬打上霜，這種醬叫做「霜降醬」，做為新年食品的調味。

以前古代的習俗，在霜降有吃兔肉的習慣，在燕京的富貴人家，多半在此節氣前後，設兔肉宴來款待，叫做「迎霜宴」，兔肉就叫「迎霜兔」，在南方也有這種習俗，因為據說兔肉是最細緻的，而且很有營養，中醫認為兔子在秋冬之間，吃樹木的皮，得到金氣的精華，所以肉質結實、味道鮮美，可以補中氣、益血、解熱毒、利大腸、止渴、健脾。在陸放翁的小飲詩說：「迎霜新美兔。」又說：「十月新霜兔正肥。」就是指這種習俗。

十九、立冬

立冬這一天，北斗星的斗柄已經指向西北，而冬有終的意思，表示這一年萬物已經終成，而一般人也開始有進補的習慣。明朝詩人王柏谷，有描寫立冬的詩句，他說：「秋風吹盡舊庭柯，黃葉丹楓客裡過，一點殘燈半輪月，今霄寒較昨霄多。」出門在外的遊子，應該會有所感觸吧！

二十、小雪

杭州有關於「小雪」的諺語，內容說：「遍地徽州，鑽天龍游，紹興人趕在前頭。」這是說南宋杭州的繁榮，遍地徽州是說徽州在此時候，製造並點放滿地紅的爆竹，龍游地方的人從小雪後，就做各種祭祀用的紙馬，而紹興的習俗則是於小雪日釀造酒，名稱爲「小雪酒」，藏到第二年再飲用，因爲水質清澈，跟雪水一樣，味道非常的好，是紹興人在立冬前製作的「冬酒」。農諺語也談到：「小雪不見雪，便把來年長工歇。」意思是說到了小雪，如果還沒有看見大雪紛飛，在北方冬麥無法過冬，來年的氣候將會缺水，並且會有蟲害，農作物生長不佳，就不用請長工幫忙。

二十一、大雪

積陰而爲雪，大雪就是下雪最大的時候，在北方的地區，河流非常堅硬，人車可以渡河，而植物被雪給掩蓋，幾乎沒有一點生氣，宋朝楊萬里於大雪之日，以絕望的心情題詩說：「月是小春春未生，節名大雪雪何曾，夕陽不管西山暗，只照東山八九稜。」

二十二、冬至

北斗指著子方位就是冬至，爲陰的極致，陽氣也開始復甦，這天剛好日照南回歸線，北半球白天最短，晚上最長，而日影今天也最長，所以又叫做「長至」。古代以陽氣生爲君道長，由剝卦變成復卦，是整頓亂象的時機，所以漢朝以後，都在這天舉行慶賀禮儀。到了宋元兩朝代，冬至前一日叫小冬，冬至日叫大冬，冬至後一日叫至復，在這三天當中，百官爭相慶賀，君王不聽朝政，店肆關門休市，徒生放假避寒，諺語叫做：「冬至大似年。」以前過冬至節，習俗跟過年差不多，婦孺都穿上新衣，祭祀天地祖先，或是上墳掃墓，皇帝就到郊外祭天，爲百姓祈福，典禮非常隆重。而「冬令進補」爲近代盛行的風俗，多爲滋陰補陽的食物或者藥品。

二十三、小寒

古代諺語描寫小寒說：「小寒、大寒、凍作一團。」又說：「街上走走，金錢丟手。」在過去的社會裡面，農事一旦收成完，就是等著過年休息，每一戶人家都開始辦年貨，準備要過新年了，在中原地帶、黃河兩岸，已經大雪紛飛，河水結成了冰，農村的人將收成的餘糧，裝載上車渡河，到城鄉市集販賣，換取金錢來買食物、衣飾、日用品，所以街上特別的熱鬧。

二十四、大寒

大寒顧名思義，就是一年當中最冷的時候，也是二十四節氣裡，最後的一個節氣，也是暮冬的時節。對於農業方面來說，最希望這天下個大雪，尤其是中原地帶，希望這天前後下三場大雪，又叫做「見三白」。所以在中原一帶的大寒諺語，經常說到：「大寒三白定豐年。」又說「大寒早三白，農人衣食足。」北方諺語也說：「要宜麥，見三白。」就是說大寒下雪以後，蟄伏在泥土下面冬眠的蟲或蟲卵都會被凍死，次年的蟲害就比較少，農作物就可以豐收。因此有「江南三尺雪、人道十豐年」的諺語。

邁向八字大師之路的第二天

第二天主要是教你如何排八字，利用萬年曆的節氣，來準確排出年柱、月柱，並利用日柱來排出時柱。會排八字的四柱後，接著就是流年大運的排法，特別是大運的排法，隨著出生年的陽干、陰干不同，而男命、女命就有差別，大運有順也有逆，千萬不能夠弄錯，否則八字將不準確。

排四柱八字及大運

學八字最基本的功夫，就是要先排出四柱八字以及大運，所謂四柱就是年柱、月柱、日柱、時柱，也就是一個人的出生時辰，如果不懂得排出正確的八字以及大運，那麼就會影響到運勢分析，也就無法獲得客觀的推論，因此就不能趨吉避凶、逢凶化吉，讓人生朝向好的一面發展。因此看似簡單的步驟，其實是相當重要的一環，是初學者不可以疏忽的。一般來說，現在要排四柱八字，會有電腦軟體輔助，所以非常的便利，但若手邊沒電腦時，還是得靠萬年曆的工具書來推算，就必須知道如何排列，才能知道準確的結果。以下就介紹如何排列四柱八字。

排年柱

四柱八字的第一柱，也就是年柱的部分，經常會讓很多人搞混，因爲若用西元年來看的話，時間是相同而沒有誤差的，但若用傳統農曆年來看，就會出現兩個不同年份，譬如以西元二〇〇六年，也就是民國九十五年，農曆丙戌年是屬狗，過年初一剛好是一月二十九日。若用一般的觀念來看，若是過年前出生的，也就是一月二十九日前，生肖就是屬雞的，而過年後也就是一月二十九日的，生肖就是屬狗，這樣來說是沒有問題。但若是要排八字的話，這樣可就大有問題，因爲八字是以節氣在計算，也就是以立春的時間爲主，而不是用過年的日期來看，因此雖然是過完年出生，但若是時間沒有過立春節氣，那麼就是算之前的生肖，也就變成上一個節氣，而不是以當月的節氣來看。

舉例來說，民國九十五年二月三日卯時（農曆正月初七）出生的人，該年過年時間是九十五年一月二十九日，用傳統過年的觀念來看，生肖應該是屬狗，所以年干支應該是「丙戌」年，但翻閱萬年曆來查看，會發現該年「立春」的時間，卻是在農曆正月初七辰時，因此尙未超過立春時間，所以不能算是新年開始，反而要算是上一個年份干支，也就是屬雞的「乙酉」年，也就是說丙戌過年後農曆初一到初七辰時內出生的人，排八字時並不能用屬狗的干支，反而要用屬雞的干支才是。而「立春」的節氣時間，也就是排年柱要注意的地方，若是該年尙未超過立春時間出生的話，就算上一個年份生肖出生，而超過該年立春時間出生的話，則才可以算是該年的生肖出生。

排月柱

排月柱是八字較複雜的部分，因為會涉及到月令節氣，所以初學者不好理解，但只要明白其中道理，其實也滿容易懂的。二十四節氣的起法，以立春為開始，而以大寒為結束，立春開始叫做「節」，下一個雨水叫做「氣」，又下一個驚蟄叫做「節」，下一個春分叫做「氣」……，如此共有十二個節、十二個氣的形成節氣的循環，每一個月包含一個節、一個氣。

節氣起始

正月（寅）：以「立春」為起點，中間經過「雨水」，到「驚蟄」開始就結束。
二月（卯）：以「驚蟄」為起點，中間經過「春分」，到「清明」開始就結束。
三月（辰）：以「清明」為起點，中間經過「穀雨」，到「立夏」開始就結束。
四月（巳）：以「立夏」為起點，中間經過「小滿」，到「芒種」開始就結束。
五月（午）：以「芒種」為起點，中間經過「夏至」，到「小暑」開始就結束。
六月（未）：以「小暑」為起點，中間經過「大暑」，到「立秋」開始就結束。
七月（申）：以「立秋」為起點，中間經過「處暑」，到「白露」開始就結束。

八月（酉）：以「白露」爲起點，中間經過「秋分」，到「寒露」開始就結束。
九月（戌）：以「寒露」爲起點，中間經過「霜降」，到「立冬」開始就結束。
十月（亥）：以「立冬」爲起點，中間經過「小雪」，到「大雪」開始就結束。
十一月（子）：以「大雪」爲起點，中間經過「冬至」，到「小寒」開始就結束。
十二月（丑）：以「小寒」爲起點，中間經過「大寒」，到「立春」開始就結束。

因此排八字的月柱，眞正的月柱干支，是要以萬年曆上面，節氣起始的範圍爲依據，而不是農曆幾月份出生，就當成是該月份來看。例如民國九十五年三月五日出生的人，用農曆來看是丙戌年二月初六，表面上應該是算是二月，也就是萬年曆上面寫的「辛卯月」，但是用萬年曆查閱該月節氣的起始日期，由驚蟄到春分至清明，卻是農曆二月初七到三月初八結束，也就是國曆三月六日到四月五日結束，因此在這個範圍內出生的人，才算是農曆二月份出生，月柱才是「辛卯」，而國曆三月五日，農曆二月初六的人，就算是前一月份出生，也就是「庚寅」月出生，因此八字月柱必須寫成「庚寅」才對，而不是依照出生農曆二月份的「辛卯」。

而每月節令的交替，有一定的規則可尋，若手邊剛好沒有萬年曆，也可以依此來類推。

節令交替日期

交立春：國曆二月四日或五日

交驚蟄：國曆三月六日或七日
交清明：國曆四月五日或六日
交立夏：國曆五月六日或七日
交芒種：國曆六月六日或七日
交小暑：國曆七月七日或八日
交立秋：國曆八月八日或九日
交白露：國曆九月八日或九日
交寒露：國曆十月八日或九日
交立冬：國曆十一月七日或八日
交大雪：國曆十二月七日或八日
交小寒：國曆一月六日或七日

而排月柱的時候，若知道是哪一月份出生，但是卻不知道天干的部分，也可以利用五虎遁歌訣來推算，不一定需要依靠萬年曆，但是要注意節氣的部分，才不會產生誤差。

五虎遁口訣

「甲己之年丙做首、乙庚之歲戊爲頭、丙辛歲首尋庚起、丁壬壬位順行流、若言戊癸何方發、甲寅之上好追求」

這歌訣的白話意思是，若是年干爲甲年或己年，那麼正月也就是寅月時，天干就是從丙開始排列，依序是丙寅、丁卯、戊辰……以此類推。若是年干爲乙年或庚年，那麼正月也就是寅月時，天干就是從戊開始排列，依序是戊寅、己卯、庚辰……以此類推。若是年干爲丙年或辛年，那麼正月也就是寅月時，天干就是從庚開始排列，依序是庚寅、辛卯、壬辰……以此類推。若是年干爲丁年或壬年，那麼正月也就是寅月時，天干就是從壬開始排列，依序是壬寅、癸卯、甲辰……以此類推。若是年干爲戊年或癸年，那麼正月也就是寅月時，天干就是從甲開始排列，依序是甲寅、乙卯、丙辰……以此類推。

舉例來說，若是民國九十五年二月一日出生的人，農曆是丙戌年正月初四，經查萬年曆後發現，原本應該是「寅月」出生，對照口訣「丙辛尋庚起」，所以應該是庚寅月才對，但是排八字月柱要特別注意節氣，若是時間尚未過「立春」（正月初七辰時），就不可以用「庚寅」來作爲月柱，而是要用農曆乙酉年十二月來看，因此月柱就變成「己丑」，而不是庚寅。反之，若是民國九十五年二月十二日出生的人，農曆是丙戌年正月十五，時間已經過了「立春」，就可以利用五虎遁，求出八字的月柱，結果就會是「庚寅」。

排日柱

排日柱是最簡單的，可以用萬年曆直接得知，就是先知道自己的出生年月日，無論是國曆的生日，或是農曆的生日都可以，只要日期不要弄錯就好。然後翻開萬年曆，上面會有國曆跟農曆的對照表，通常上面直的排列是國曆日期，而橫的是農曆對照表，找到自己的生日後，查閱兩者的交會點，就會有一個六十甲子干支，那個就是自己八字的「日柱」。

舉例來說，民國九十五年國曆三月一日出生的人，也就是農曆丙戌年二月二日出生，那麼經過查萬年曆後，就會發現該日是「己丑」干支，那麼這天出生的人，八字日柱就是「己丑」。若是九十五年四月一日出生的人，也就是農曆丙戌年三月初四，經過查萬年曆後，就會發現該日是「庚申」干支，那麼這天出生的人，八字日柱就是「庚申」。

排時柱

若要排八字的時柱，首先要懂八字對時間的計算方式，是以出生「時辰」來計算，一天有二十四小時，但八字只有十二時辰，因此一個時辰就代表兩小時。

時辰對照表

子時	夜子：晚上十一點到十二點 早子：晚上十二點到凌晨一點

丑時	凌晨一點到三點
寅時	凌晨三點到五點
卯時	早上五點到七點
辰時	早上七點到九點
巳時	早上九點到十一點
午時	中午十一點到一點
未時	下午一點到三點
申時	下午三點到五點
酉時	下午五點到七點
戌時	晚上七點到九點
亥時	晚上九點到十一點

由時辰對照表的表格來看，相信應該不難理解，但值得注意的地方，就是子時的部分，有分爲早子時跟夜子時，讓很多人會有些疑惑，是需要加以說明的。

舉例來說，若是有人在民國九十五年二月二十八日凌晨一點三十分出生，那麼就是早子時出生，查閱當日的日柱，發現是「戊子」干支，所以日柱就是戊子，而另外有人是前一個小時出生，也就是民國九十五年二月二十七日晚上十一點三十分出生，用二十四小時制來看，雖然算是前一天日期，但用八字時辰來看，仍然算做同一天（晚上十一點到凌晨一點爲子時），因此就是夜子時出生，八字日柱就要用「戊子」計算。

而排八字時柱的干支，是用日柱來決定的，也就是日柱天干爲何，就知道時柱的天干是什麼？以下有起時柱的口訣。

五鼠遁口訣

「甲己還加甲、乙庚丙做初、丙辛從戊起、丁壬庚子屬、戊癸何方發、壬子是眞途」

五鼠遁跟五虎遁不一樣，是因爲起始的時間不同，五虎遁是計算月柱，月份從寅月（正月）算起，所以叫做五虎遁，而五鼠遁是計算時柱，時間從子時開始，所以叫做五鼠遁。

五鼠遁的用法，舉例來說的話，若是日柱是「甲」或「己」天干，也就是甲子日、甲寅日……己丑日、己卯日……那麼時柱子時地支，就從甲天干開始配起，也就是甲子、乙丑、丙寅……壬戌、癸亥。

五鼠遁對照表

時辰／日天干	甲、己	乙、庚	丙、辛	丁、壬	戊、癸
子時	甲子	丙子	戊子	庚子	戊子
丑時	乙丑	丁丑	己丑	辛丑	己丑

時辰／日天干	甲、己	乙、庚	丙、辛	丁、壬	戊、癸
寅時	丙寅	戊寅	庚寅	壬寅	庚寅
卯時	丁卯	己卯	辛卯	癸卯	辛卯
辰時	戊辰	庚辰	壬辰	甲辰	壬辰
巳時	己巳	辛巳	癸巳	乙巳	癸巳
午時	庚午	壬午	甲午	丙午	甲午
未時	辛未	癸未	乙未	丁未	乙未
申時	壬申	甲申	丙申	戊申	丙申
酉時	癸酉	乙酉	丁酉	己酉	丁酉
戌時	甲戌	丙戌	戊戌	庚戌	戊戌
亥時	乙亥	丁亥	己亥	辛亥	己亥

經過萬年曆的查詢，將出生年月日轉換成四柱八字，就可以開始推論運勢，預測人生的吉凶禍福、功名富貴、六親榮枯、健康疾厄等等。而排列四柱八字的順序，通常由左而右，分別是年柱、月柱、日柱、時柱，上面是天干部分，下面是地支部分。

年柱：○○（年干、年支）

月柱：○○（月干、月支）

日柱：〇〇（日干、月支）

時柱：〇〇（時干、時支）

範例：民國九十五年五月十日中午十二點／農曆丙戌年四月十三日午時

步驟一：查閱萬年曆定年柱，檢查時間有無過「立春」點，得出年柱爲「丙戌」。

步驟二：查閱萬年曆定月柱，檢查時間有無過「立夏」點，得出月柱爲「癸巳」。

步驟三：查閱萬年曆定日柱，檢查國曆與農曆交會日期，得出日柱爲「己亥」。

步驟四：查閱萬年曆定時柱，用日柱起五鼠遁，得出時柱爲「庚午」。

四柱八字結果

年柱：丙戌

月柱：癸巳

日柱：己亥

時柱：庚午

排列流年及大運

將正確的四柱八字排好之後，接著就是來排列流年大運，特別是大運的排列，因爲出生年及男女不同的關係，起始方法會有些差異，所以最好是能夠熟記。而且大運的影響甚鉅，對於人的行運來說，有著決定性的力量，是研究八字的關鍵所在，所以不可以隨便輕忽，才能正確判斷運勢好壞。

一般來說，所謂「大運」就是掌管十年運勢的干支，而流年的話，就是掌管一年運勢的干支，就掌管的時間來看，大運自然比流年時間要長，所以當然就比較重要。而大運的排列方式，是以八字的月柱六十甲子干支爲基礎，往前順推或往後逆推干支，通常會排列八組左右。而值得注意的是，陽年干出生的男性及陰年干出生的女性，大運是八字的月柱順推得來，陰年干出生的男性及陽年干出生的女性，大運是八字的月柱逆推得來。

陽年干：甲、丙、戊、庚、壬

陰年干：乙、丁、己、辛、癸

範例一：丙戌年庚寅月出生的男性（順推）

年柱：丙戌

月柱：庚寅（庚順推是辛、寅順推是卯）

大運：第一大運「辛卯」

第二大運「壬辰」

第三大運「癸巳」

以此類推……

範例二：丙戌年庚寅月出生的女性（逆推）

年柱：丙戌

月柱：庚寅（庚逆推是己、寅逆推是丑）

大運：第一大運「己丑」

第二大運「戊子」

第三大運「丁亥」

以此類推……

範例三：乙酉年己丑月出生的男性（逆推）

年柱：乙酉

月柱：己丑（己逆推是戊、丑逆推是子）

大運：第一大運「戊子」

第二大運「丁亥」

第三大運「丙戌」

以此類推……

範例四：乙酉年己丑月出生的女性（順推）

年柱：乙酉

月柱：己丑（己順推是庚、丑順推是寅）

大運：第一大運「庚寅」

第二大運「辛卯」

第三大運「壬辰」

以此類推……

知道大運的起法後，接著是定起大運的歲數，這也是相當重要的，一旦有所錯誤的話，推論的運勢好壞起伏，時間上將不太準確，而無法達到「知命造命、趨吉避凶」的效果。而大運歲數的起法，同樣也分為兩組，就是陽年干男性與陰年干女性一組（簡稱陽男陰女），陰年干男性與陽年干女性一組（簡稱陰男陽女）。

起大運歲數

步驟一：先判斷是「陽男陰女」這組還是「陰男陽女」這組。

步驟二：若是陽男陰女的話，就必須以出生日爲起點，順推下一個「節」的時間，然後看相差幾天幾小時。若是陰男陽女的話，就必須以出生日爲起點，逆推上一個「節」的時間，然後看相差幾天幾小時。

步驟三：通常大運的時間換算，一個月當作十年，三天當作一年，一天當作四個月，一個時辰當作十天。以此來換算推演時間（通常只以天爲單位）。

步驟四：若是順推或逆推的時間爲三天，那麼就是一年，也就是一歲起大運，若是六天，就是兩歲起大運、九天就是三歲起大運、十二天就是四歲起大運、十五天就是五歲起大運、十八天就是六歲起大運、二十一天就是七歲起大運、二十四天就是八歲起大運、二十七天就是九歲起大運，若不足一歲的時間，通常以四捨五入計算，也就是超過六個月則算一歲，未滿六個月則不算一歲。

範例：男性九十五年五月一號十二時出生／農曆丙戌年四月初四日午時

步驟一：先排列四柱八字

年柱：丙戌（丙年干爲陽男）

月柱：壬辰（未過立夏節氣）

日柱：庚寅

時柱：壬午（以日柱五鼠遁得來）

步驟二：排列八字大運

月柱：壬辰（壬順推爲，辰順推爲巳）

第一大運：癸巳　　第五大運：丁酉

第二大運：甲午　　第六大運：戊戌

第三大運：乙未　　第七大運：己亥

第四大運：丙申　　第八大運：庚子

步驟三：起八字大運歲數

查閱萬年曆之後，順推至最近的「節」，爲立夏農曆五月初九。初四到初九的時間，一共是五天，換算大運時間是一年又八個月，所以是兩歲起大運（四捨五入）。

步驟四：寫出完整的四柱八字及大運歲數

命造：陽男　農曆丙戌年四月初四日午時

年柱：丙戌　第一大運：癸巳 2～12歲　　第五大運：丁酉 42～52歲

月柱：壬辰　第二大運：甲午 12～22歲　　第六大運：戊戌 52～62歲

日柱：庚寅　第三大運：乙未 22～32歲　第七大運：己亥 62～72歲

時柱：壬午　第四大運：丙申 32～42歲　第八大運：庚子 72～82歲

雖然一個大運管十年，但是因爲是天干地支組成，所以有天干管五年，地支管五年的說法，而天干部分是管前五年，地支部分是管後五年。所以也可以寫成另一種方式來看。

第一大運：癸 2～7歲　巳 7～12歲

第二大運：甲 12～17歲　午 17～22歲

第三大運：乙 22～27歲　未 27～32歲

第四大運：丙 32～37歲　申 37～42歲

以此類推……

而流年的部分，跟大運非常類似，不過是以一年爲主，所以該年的甲子干支爲何，就是該八字的流年運勢，之後在論八字的合沖刑會時，會有較詳細的介紹。

邁向八字大師之路的第三天

排好八字之後，就是安上十神星（變通星），藉此來判斷格局的強或弱，專旺或從勢。首先要學會地支的支藏人元，也就是瞭解地支主氣與餘氣為何。瞭解十神星之後，就是認識六親關係，不同的天干日主，對應關係都不同，要能夠牢記背熟，才方便日後推算。

支藏人元，也就是地支內暗藏的天干屬性，通常會有一個到三個，平常不會直接使用，大多是為了八字強弱，藉十神多寡的運算，判斷格局的好壞，才會有需要用到，是八字應該背誦的基本資料。

寅木	己火	申金
甲60% 丙25% 戊15%	丙60% 庚25% 戊15%	庚60% 壬25% 戊15%
卯木	午火	酉金
乙100%	丁70% 己30%	辛100%
辰土	未土	戌土
戊60% 乙25% 癸15%	己60% 丁25% 乙15%	戊60% 辛25% 丁15%

亥水
壬70% 甲30%
子水
癸100%
丑土
己60% 癸25% 辛15%

用日主安十神排六親

八字中除了日主，也就是日干外，其他的七個字，都可以依與日主的五行陰陽生剋關係，排出十神六親出來。以五行來說，若是比合日主的五行，就是比肩、劫財，與日主同屬性爲比肩，不同屬性爲劫財。若是日主的五行所生，就是食神、傷官，與日主同屬性爲食神，不同屬性爲傷官。若是日主的五行所剋，就是正財、偏財，與日主同屬性爲偏財，不同屬性爲正財。若是剋制日主的五行，就是正官、七殺，與日主同屬性爲七殺，不同屬性爲正官。若是生助日主的五行，就是正印、偏印，與日主同屬性爲偏印，不同屬性爲正印。一共有同我、我生、我剋、剋我、生我等五種關係。

甲日生人十神星

甲子日、甲寅日、甲辰日、甲午日、甲申日、甲戌日

甲	比肩	兄弟
乙	劫財	姊妹
丙	食神	女命 女兒
丁	傷官	女命 兒子
戊	偏財	父親
己	正財	妻星
庚	七殺	男命 兒子
辛	正官	夫星 男命 女兒
壬	偏印	
癸	正印	母親

乙日生人十神星

乙丑日、乙卯日、乙巳日、乙未日、乙酉日、乙亥日

甲	劫財	姊妹
乙	比肩	兄弟
丙	傷官	女命 兒子
丁	食神	女命 女兒
戊	正財	妻星
己	偏財	父親
庚	正官	夫星 男命 女兒
辛	七殺	男命 兒子
壬	正印	母親
癸	偏印	

丙日生人十神星

丙子日、丙寅日、丙辰日、丙午日、丙申日、丙戌日

天干	十神	六親
甲	偏印	
乙	正印	母親
丙	比肩	兄弟
丁	劫財	姊妹
戊	食神	女命 女兒
己	傷官	女命 兒子
庚	偏財	父親
辛	正財	妻星
壬	七殺	男命 兒子
癸	正官	夫星 男命 女兒

丁日生人十神星

丁丑日、丁卯日、丁巳日、丁未日、丁酉日、丁亥日

天干	十神	六親
甲	正印	母親
乙	偏印	
丙	劫財	姊妹
丁	比肩	兄弟
戊	傷官	女命 兒子
己	食神	女命 女兒
庚	正財	妻星
辛	偏財	父親
壬	正官	夫星 男命 女兒
癸	七殺	男命 兒子

戊日生人十神星

戊子日、戊寅日
戊辰日、戊午日
戊申日、戊戌日

天干	十神	六親
甲	七殺	男命兒子
乙	正官	夫星 男命女兒
丙	偏印	
丁	正印	母親
戊	比肩	兄弟
己	劫財	姊妹
庚	食神	女命女兒
辛	傷官	女命兒子
壬	偏財	父親
癸	正財	妻星

己日生人十神星

己丑日、己卯日
己巳日、己未日
己酉日、己亥日

天干	十神	六親
甲	正官	夫星 男命女兒
乙	七殺	男命兒子
丙	正印	母親
丁	偏印	
戊	劫財	姊妹
己	比肩	兄弟
庚	傷官	女命兒子
辛	食神	女命女兒
壬	正財	妻星
癸	偏財	父親

庚日生人十神星

庚子日、庚寅日
庚辰日、庚午日
庚申日、庚戌日

天干	十神	六親
甲	偏財	父親
乙	正財	妻星
丙	七殺	男命兒子
丁	正官	夫星 男命女兒
戊	偏印	
己	正印	母親
庚	比肩	兄弟
辛	劫財	姊妹
壬	食神	女命女兒
癸	傷官	女命兒子

辛日生人十神星

辛丑日、辛卯日
辛巳日、辛未日
辛酉日、辛亥日

天干	十神	六親
甲	正財	妻星
乙	偏印	父親
丙	正官	夫星 男命女兒
丁	七殺	男命兒子
戊	正印	母親
己	偏印	
庚	劫財	姊妹
辛	比肩	兄弟
壬	傷官	女命兒子
癸	食神	女命女兒

壬日生人十神星

壬子日、壬寅日、壬辰日、壬午日、壬申日、壬戌日

甲	食神	女命 女兒
乙	傷官	女命 兒子
丙	偏財	父親
丁	正財	妻星
戊	七殺	男命 兒子
己	正官	夫星 男命 女兒
庚	偏印	
辛	正印	母親
壬	比肩	兄弟
癸	劫財	姊妹

癸日生人十神星

癸丑日、癸卯日、癸巳日、癸未日、癸酉日、癸亥日

甲	傷官	女命 兒子
乙	食神	女命 女兒
丙	正財	妻星
丁	偏財	父親
戊	正官	夫星 男命 女兒
己	七殺	男命 兒子
庚	正印	母親
辛	偏印	
壬	劫財	姊妹
癸	比肩	兄弟

教你如何分析八字的格局，先以四柱為切入點，年柱、月柱、日柱、時柱，就是根、苗、花、果的概念。年柱就是長上，月柱是父母，日柱是自己與配偶，時柱是子女、人際，各有不同的代表、作用，可做為八字推算的依據。

四柱的表徵

一、年柱

古人將年柱比喻爲樹木的根部，象徵樹木之成長是先有根然後才有苗、花、果。這也說明一個人出生的八字亦先見年柱，再來才是月柱，故喻年柱爲根部，爲個人根基，年柱又代表祖上的福德根基。故若年柱的干支都是八字命中的喜用神者，表示祖上或祖父輩事業上、功業上有成就，依出現於年干之十神可以知道祖上是較富有還是較貧困。年柱干支皆爲喜神者，表示自己能獲得祖上遺留的產業或是留下來的庇蔭，但必須參閱在年干的十神，才知道祖上之福蔭能否長久保存下來。通常年干爲正官、正財、正印、食神，且爲喜用者，容易出生於環境優渥的富貴人家，且祖上餘蔭都能庇佑及命造個人，而年干是七殺、偏印、傷官、劫財，雖爲喜神，但未必能出身於環境優渥的家庭，或祖上雖然有些許富貴，但命造本人未必能得到祖先留下的福蔭，這個看法有滿高的可靠性。年柱干支中，通常以年干代表祖父、以年支代表祖母，如果年干是喜用神而年支是忌神時，則表示祖父比祖母健康長壽，自己與祖父較有緣分，見面接觸機會較多，與祖母較無緣分，相處或接近機會少，或者是說自己較得祖父的疼惜愛護，而祖母較不喜歡自己。反之，則與祖母有緣分，與祖父無緣分。如果八字是身強喜財而年干現財星有力而不被剋破者，大都出身於富貴人家，如果年柱現財、月柱現官，則不僅祖上大富大貴，父輩既有財富又有官貴。若身強喜財而年干做忌神而年支現財星者，則表示祖父雖發達但不久，祖基不穩，本人出身時家庭環境不是很理想，但後來慢慢會好轉發達。若年支爲財星爲喜神，但逢年干比劫蓋頂者，表示祖業難以保持，如果不是祖輩破敗，即是自己無法保住祖業，或中途有破財之徵兆。如果年柱干支皆是忌神，則出身家世背景較低落，沒有獲得祖上的餘蔭，與祖父母較無緣分，見面機會少之又少，或沒獲得祖父母之疼愛與助益，或者本人出世時，祖父母已不在人世。年干是正官者，身爲長子或必須繼承香火者較多。

二、月柱

古人將月柱比喻爲樹的莖苗，就是樹幹部分，植物在經過播種之後，在生根盤固於地下之後，根基穩健了，就開始長苗冒出地面，展現於大地之上，象徵面臨各種新環境的種種考驗，可以說開始了新的生涯旅程。月柱是影響人生命運很大的重點之柱，不僅十年行運的干支從月柱算起，同時月柱對於吾人的心性、個性、人生觀等都具有絕對的影響，月柱上的十神類似紫微斗數的福德宮，由此可以看出個人內心的精神狀態，有否享受人生的快樂，樂觀或悲觀。自己的個性、才華展現、價值觀、處事方針、待人原則、處事態度等等，都可以從月柱干支看出一二，可見月柱的重要性。古人將月柱表示福德宮、父母宮及兄弟宮，當自己月柱干支都是喜用神時，若年柱是忌神，則表示出生時家境較差，祖上無助力，但自己步入青年期時，家境隨著事業而漸漸發達，兄弟姊妹之間感情變良好，月柱是喜用神之人，跟家族間的凝聚力較強，手足間容易團結，如果比劫星又是喜用神，則手足更是有情有義，能互相扶持幫助。手足能否有助益，通常都以比劫星之喜忌來做判斷依據，但月柱干支皆爲喜用者，除非原局有比劫破壞用神之情形，否則手足間大都能和睦相處，至少沒有害處。由於月柱是福德宮，故當大運或流年來沖剋月支時，自己容易有心神不寧，或思想悲觀、個性轉變、心態偏激等變化，充滿著改變與不安。

三、日柱

古人將日柱比喻爲樹木的花朵，象徵著植物在盤根、長苗，及經過培育、灌溉，甚至經歷狂風暴雨的環境歷練之後，已經亭亭玉立，茁壯堅強，就像人的年齡在三、四十歲階段，已經思想成熟、處事果斷，能獨當一面之時。日干代表自己的元神，故日干為命宮，日支是夫妻宮，另外，日柱亦是疾厄宮。我們能從日干性質、五行性質、日支所坐十二運等，測出這個人的個性為何、出外的待人處事態度等等。而日支是夫妻宮，故可用日支所坐十神、所坐的神煞，與月支、時支的關係等等，得知家庭婚姻是否幸福美滿，配偶的個性為何、相貌裝扮、家境背景、有助力或無助益等等。自己的日支若是喜用神，則代表配偶的家境背景或才華能力不比自己差，容易得配偶的幫助，夫妻感情比較融洽。反之，若自己的日支是忌神，則配偶之能力或條件比自己還差，夫妻感情較不親密，容易發生爭執吵鬧，若其他柱配置不當，則夫妻甚至會離婚分居。當大運或流年走到與日柱產生沖剋時，容易發生健康疾病、意外災害、感情不順、情侶分手等事件。

四、時柱

古人將時柱比喻為樹木的果實，植物歷經成長茁壯、開花孕育之後，終於要結成果實，也表示是收成的時節到來。對於自己來看，時柱象徵自己晚年，大概是五、六十歲的時候，也許是蓋棺論定評價一生的時候，表示人死了之後評價其一生的所作所為，可以看出時柱之重要性。何以要在人死後才評價呢？因為人死後再也無法有作為，評價才較客觀，若於中年就評價個人，說不定晚年之所作所為，與以前大不相同。如姜子牙到八十歲晚年才拜相封侯，所以在死前是不易客觀正確的評價人生的。時柱的重要性，在於時柱是掌管歸宿、總結、收藏的地方。時柱不僅象徵晚年，同時也是子女宮、事業宮、奴僕宮、疾厄宮等宮位，看子女賢孝好壞，以時柱的干支來論斷，配合行運來參考，可以看出事業發展的潛力在哪，也可用時柱干支，配合行運及用神情況來判斷，看看自己事業上能否得到有力部屬，或與朋友的交往情形等等，這可從時柱干支獲得相當的驗證。然後個人體質好壞、身體變化也看時柱，當大運或流年的干支與時柱干支發生刑、沖、合、會時，往往有工作、職業、事業、職位發生變動的可能，也就是經常發生體質變化或與部屬朋友有關的事情發生。由於時柱是歸宿、總結之處，故不喜歡出現破壞格局的用神之物，若有忌神則容易有敗家子出現，或受子女的拖累，產生破財耗損等事情發生，子女不賢孝不奉養自己。如果時柱干支有喜用神，不僅表示晚景榮發，且自己在工作能力上獲得他人肯定，工作能力非常強，能獨當一面行事，事業運平順，事業發展潛力雄厚，行運若好的話，容易自行創業當老闆，部屬傑出優秀，子女能賢孝自己。

邁向八字大師之路的第五天

分析十神星（變通星）的性質，像是優點、缺點，以及相關的代表事物。接者就是分析六親的性質，像是父母、配偶、子女、事業、朋友等等。並簡單分析八字格局所出現十神星種類將會產生什麼影響，以及天干日主的十二長生運，藉以得知各天干對應地支的生旺衰弱情況。

十神性情分析

在瞭解一個人的個性，除了從八字的日干、月支外，主要還必須考慮八字中十神的強弱，什麼十神比較強、那麼那種性情就比較突出，特別是有透干跟沒透干，有透干者比沒透干者情況明顯，因爲天干表示外顯，地支則表示內藏，要依八字狀況來衡量。

一、比肩

五行同我者爲比劫，陰對陰、陽對陽爲比肩。代表與自己陰陽屬性相同的個體，可表示同性朋友，及思想相近，或有共同生活圈的兄弟姊妹。在性格上可表示一個人的自我意識，八字中比肩多者，通常是自尊心強，不服輸，有幹勁，個性較爲自負，具有活力跟毅力的人，主動積極追求自己理想的人，有獨立自主的精神，不想要依靠他人，個性非常的固執，有自戀的傾向，運動細胞強，肌肉操作能力佳，運動家或體育系此星特別多，另外也可以表示修行或意識的增加與淨化。

二、劫財

五行同我者爲比劫，陽對陰、陰對陽爲劫財。代表與自己同質，陰陽屬性不同的個體，可以表示爲異姓的兄弟姊妹或朋友。在個性上也可看做雙重性格，爲人反應靈敏，應變能力強，不過情緒起伏及變化較大，有強烈的操作慾望，喜歡去控制事物發展。人際關係上，口才良好，說服力強，社交手腕靈活，能帶動氣氛，較具有衝勁，以行動來解決事情，不願意輕易妥協、認輸，有疑神疑鬼的情況，對人較不能信任，平常交友廣闊，外表開朗樂觀，內心卻苦惱且堅持己見，容易交到朋友，卻也容易失去朋友，錢財守不住，較沒有定性，偏重現實主義、重實際。物質上豪氣、易浪費，精神上反反覆覆，不安定，願意修行，運動細胞也不錯，凡事重親身經驗，能動也能靜。

三、食神

五行我生者爲食傷，陽對陽、陰對陰爲食神，代表自己出生或展現出的東西，像汗水、眼淚、口才、歌聲、表情、思想，也可以象徵文采、藝術、口福，就女性而言，也代表子女。在個性方面，表示文靜賢淑、心思細膩，理性的付出，有遠見，善精打細算，有藝術細胞，喜歡吃零食，爲人溫和，通情達理，感性強，理想高遠，具有鑑賞能力，或是有蒐集嗜好，像藝術品、繪畫等等，能投入藝術活動、舞蹈、表演、美術等，人際上，具有熱心服務的精神，喜歡與人家溝通。

四、傷官

五行我生者爲傷官，陰對陽、陽對陰爲傷官，代表自己出生或展現出的東西，像汗水、眼淚、口才、歌聲、表情、思想，也可以象徵文采、藝術、口福，就女性而言，也代表子女。在個性上較強勢，領悟性強，具有巧思創意，通常令人意想不到，不喜歡約束，有反權威、反理性的傾向，作風叛逆大膽，喜歡嘗試新奇、改革事物，遇到困難不輕易認輸，非要爭到底不可。人際上，說話大膽，愛出風頭，喜歡名聲，重視他人對自己的看法，成就感非常重，不愛被人指指點點、管教，會依自己的原則行事，帶有任性、容易粗心、表現野心勃勃。愛好爬山、游泳、舞蹈、演藝，可以當學者或公益人員。

五、正財

五行我剋者為正財，陽對陰、陰對陽，代表自己能控制的財物，可以動用的關係，表示實際的物質，像是金錢、薪水、產業穩定的收入、佔有慾望。在個性上較保守，不主動出頭，不太會爭取什麼，表現沉穩，重視信用，做事情按部就班，有計畫的實行，有問題過失便會斤斤計較，得失心非常重。人際上，得失心非常重，對不喜歡的人、事、物，便會展現嫉惡如仇的心態。事業上，勤儉努力，善於理財投資，不喜歡旁門左道，不存投機取巧的心，但行事不懂變通，會比較呆板，但支配慾強，執著看不開，私心比較重。

六、偏財

五行我剋者為正財，陽對陰、陰對陽，代表自己能控制的財物，可以動用的關係，表示實際的物質，像是金錢、薪水、大眾財物、意外收入，或公家財產、不穩定的財源。個性上較活潑外向，多才多藝、活動力旺盛，喜歡交朋友，擅長人際關係，講義氣，重視誠信，對財物較不重視，願意分享給朋友，人緣相當的不錯，喜歡出外工作，容易白手起家。異姓緣佳，具有相當吸引力，好動、大方，會投機取巧達到目的。事業上，處世圓滑、精明幹練，對金錢沒概念，容易奢侈浪費，生活經驗較多，運勢不容易穩定下來，喜歡隨波逐流。

七、正官

五行剋我者爲官殺，陽對陰、陰對陽爲正官，代表約束與管教的力量，如法律、紀律、長輩、上司、政府、學制、職業、計劃、目標、屬於合理的規範、管理法則，或是公家機關的制度。個性上爲人端莊，行事正直，外表較嚴肅，讓人感覺敬重，會願意去信任，對人講信用誠信，行事作風較溫和，喜歡緩慢進行，安於本位，不會隨便擅離職守，重視精神生活。事業上，具有領導管理能力，官運亨通，經常管理衆人之事，參與公益活動，有時過於保守及優柔寡斷，以致於臨事猶豫不決，常錯失良機。

八、七殺

五行剋我者爲官殺，陽對陽、陰對陰爲七殺，代表約束與管教的力量，非正當合理的管教與約束，強制性的壓迫與統治，讓人產生反感，會加以排斥，或是突如其來的打擊、意外災害，屬於外在環境的變故。個性上，因爲經歷磨難，顯得獨立堅強，不輕易妥協認輸，有勇氣承擔責任，喜歡去改革創新，爭取自己的權益，或是合理的報酬。人際上，有領導能力，對人猜忌不信任，脾氣修養較差，容易起衝突口角，特別是侵犯自己的人，有嚴重的嫉惡如仇傾向，朋友交往直來直往，不加以掩飾，重視交心。事業上，具有冒險犯難的精神，有魄力、肯果決，能突破困境，也容易樹立敵人，而經常保持孤僻。

九、正印

五行生我者爲印，陽對陰、陰對陽爲正印，代表生我、生機、保護、庇蔭我的人、事、物，像宗教、神佛、房子、母親、長輩、貴人等等。個性上比較溫和、待人和氣，具有包容心，可以揚善隱惡，對生活要求不多，很容易自我滿足，顯示知足常樂的心態。人際關係上，重視名譽，愛惜羽毛，不跟人家計較，沒有仇恨心，凡事講求人情，不喜歡走極端。重視精神生活，易接近心理、宗教，能享受現成福氣，較有依賴性，缺乏獨立自主的精神，重視內涵，不愛煩惱，思想保持單純，心性堅定而保守。事業上，適合走公務人員，或朝服務業發展。

十、偏印

五行生我者爲印，陽對陰、陰對陽爲正印，代表生我、生機、保護、庇蔭我的人、事、物，像宗教、神佛、房子、母親、較疏遠的長輩、意外出現貴人等等。個性上思想敏銳，想法反應快速，領悟力特別強，充滿鬥志，喜歡計較，善於思考觀察，行事老練，喜歡學技藝，表現不凡的手法。人際上，做事三心二意，喜歡鑽牛角尖，不愛參加群居或社團生活，經常保持神秘、孤僻，與人接觸不多，感覺相當敏銳，愛獨自鑽研學問，並且有特殊成就。事業上，適合走研究領域，或是技術人員。

八字六親分析

壹、六親論斷

一、父親：

在八字當中，要論斷「父親」的吉凶旺衰，其代表星是爲「偏財」，八字中若沒有偏財，有「正財」，則可以用正財來看，若正、偏財都有，那就還是以「正財」爲主。

二、母親：

在八字當中，要論斷「母親」的吉凶旺衰，其代表星是爲「正印」，八字中若沒有正印，有「偏印」，則可以用偏印來看，若正、偏印都有，那就還是以「正印」爲主。

三、妻子：

在八字當中，要論斷「妻子」的吉凶旺衰，其代表星是爲「正財」，八字中若沒有正財，有「偏財」，則可以用偏財來看，若正、偏財都有，那就還是以「正財」爲主。

四、丈夫：

在八字當中，要論斷「丈夫」的吉凶旺衰，其代表星是爲「正官」，八字中若沒有正官，有「七殺」，則可以用七殺來看，若正官、七殺都有，那就還是以「正官」爲主。

五、兄弟姊妹：

在八字當中，要論斷「兄弟姊妹」的吉凶旺衰，其代表星是爲「比肩」或「劫財」，劫財表示關係較親密的兄弟姊妹，細分的話可以說是「男性的姊姊或妹妹」，或爲「女性的哥哥或弟弟」。比肩表示關係較不親密的兄弟姊妹，細分的話可以說是「男性的哥哥或弟弟」，或是「女性的姊姊或妹妹」。

六、男性子女：

在八字當中，要論斷「男性子女」的吉凶旺衰，其代表星是爲「正官」跟「七殺」，正官爲「女兒」，七殺爲「兒子」。

七、女性子女：

在八字當中，要論斷「女性子女」的吉凶旺衰，其代表星是爲「食神」跟「傷官」，食神爲「女兒」，傷官爲「兒子」。

貳、論祖上福德

喜用神

一、喜神：在整體八字或大運當中，能幫助我運勢的五行。

二、用神：在整體八字或大運當中，對我運勢最有利的五行。

三、忌神：在整體八字或大運當中，對我運勢最不利的五行。

四、仇神：在整體八字或大運當中，會阻礙我運勢的五行。

五、閒神：在整體八字或大運當中，對我運勢沒有影響的五行。

論斷要訣

一、如果年干出現喜神或是仇神，表示自己與祖父母較有緣分，而且祖父母滿長壽健康的。

二、年干坐長生，表示祖父母之一會長壽。

三、七殺、羊刃、劫財、梟神、傷官於年柱出現，表示祖上較為貧困清寒，沒有什麼祖業能留與後人。

四、年干坐絕或逢沖剋，表示祖上產業衰敗，財富逐漸損失，祖父母恐怕不長壽。

五、正財、正官、正印出現年柱，表示貴人祿神居於年上，祖業興盛隆發，富貴有餘，若日干為喜用神，能得到祖上的栽培，或是因為祖上的關係而受到重用提拔。

六、年干代表祖父，年支代表祖母，假設年干與年支相剋，如年柱甲申，被剋是甲年干，則代表祖父可能早亡。反之，如年柱甲戌，被剋的是年支，則代表祖母可能早亡。若八字原局中有其他天干來剋年干，代表祖父可能會先亡。

七、年干為用神，表示受祖上福德庇蔭。年支為用神，則祖母撫育自己，疼愛有加。只為喜神的話，則表示跟祖父母較有情分，有話題可聊，但無實質益處。

參、論父母

一、月柱是喜用神，表示父母親富足寬裕，財產豐盈，尤其喜用神在月支，表示自己成功機會更大。而月干是喜用神，父母親能享受富貴。

二、月干是喜用神，而月支是忌神，只有月干好，沒辦法輕易獲得父母親的財產。

三、喜用神出現月柱的話，表示跟父母親緣分深厚，能獲得幫助與支持。

四、忌仇神出現月柱的話，表示自己跟父母親無緣，沒辦法獲得資助。

五、月干或正印得長生，而無破壞者，表示父母親能長壽並且安享天年。

六、月上或正印逢月德，天德者，表示雙親慈眉善目，能獲得父母的疼愛跟栽培。

七、月支為祿神，或月干得貴人，或臨祿而為八字喜用者，表示父母親富足寬裕。

八、印旺坐長生者，表示母親賢慧持家而又長壽。

九、七殺、羊刃都在月柱，印星不顯的話，母親恐怕不能長壽。偏財逢強力食傷星，即助旺星多者，表示父親長壽，但若比劫過多，表示跟父親的關係較無緣分。

十、印破用神的話，父母會讓自己勞累辛苦，印衰弱，而財貼近又特別多的話，表示父母之一可能早亡，財星太多而印弱者，表示自己跟母親的關係較無緣分。

年、月、日、時的四柱關係

一、年月柱官印相生，日時財傷不犯，表示獲得祖上庇蔭，子孫榮發。

二、年月柱官印相生，日時刑傷沖犯，表示會被祖上拖累，家業衰敗。

三、年官月印，或是月官年印，表示祖上清高貴顯。

四、日主喜官，時柱或日柱逢財，或日主喜印、時日逢官，表示能青出於藍、光耀門楣。

五、日主喜官，時日逢傷，或日主喜印、時日逢財，表示敗光家業、顏面掃地。

六、年柱有財，月柱見印，加上時柱或日柱逢官印的話，表示能幫助父親興家。

七、年柱傷官，月柱佩印，加上時柱或日柱逢官的話，表示父母是白手創業起家。

八、年柱見印，月柱帶財，加上時柱逢官的話，表示父母親破財損失，時日逢印者，表示自己能創業興家。

九、月上干支坐病神，而柱中乏印的話，表示年幼時父母早亡，離鄉背井，倍嚐艱辛。

十、月上干支坐吉神，而柱中有正印的話，表示年幼時父母運勢轉衰，日漸走下坡，自己沒有得到良好照顧，多半是要承接家中的重擔。

十一、年柱正官，月柱佩印，日主喜官，加上時柱或日柱逢財的話，表示出身富貴人家，能守成的命格。

十二、年柱傷官，月柱劫財，日主喜財的話，若時日逢財或傷官，表示出身低微但能創業的命格。

十三、年柱劫財，月柱帶財，加上日主喜財的話，表示能獲得豐富遺產，但日主喜劫的話，表示貧苦清寒，但有志節。

肆、丈夫論斷

一、平常八字論斷女子跟丈夫的關係，都以正官爲夫星，七殺爲偏夫。

二、八字如果官星太旺，沒有比肩、劫財的話，就以印星爲夫星。

三、八字有比肩、劫財，而沒有正印的話，以食神或傷官爲夫星。

四、古人云：「不孝翁姑，只以財輕劫重。不敬丈夫，只爲官弱身強。」

五、八字官星太弱而有傷官，就以財爲夫星。

六、無財星而比劫旺者，以食神或傷官爲夫星。
七、八字日主旺，食傷多，或官星清，印星重，或格局滿印星而無官殺者，都以財來參看丈夫。
八、八字官星微弱，無財星的話，日主強而印星重，女子跟丈夫的關係不佳，跟丈夫相處上溝通有問題。
九、官星微弱，無財星的話，日主強而傷官重，女子跟丈夫的關係不佳，緣分淺薄。
十、八字中比劫旺而無官，印旺而缺財，女子跟丈夫的關係不佳，緣分淺薄。

伍、論妻妾

一、八字日支坐財星而爲喜用者，表示配偶能幹，可以因爲配偶而幫助自己事業有成，而日柱有天德者，表示妻子心性慈祥、慷慨好施。
二、八字日支坐正印，表示男性能獲得賢慧的妻子來幫助，但八字身弱者，情況更佳。
三、八字日支坐財星、將星的話，男性能娶得出身富貴名流的妻子。日主坐財的話，而財又爲喜用者，能因爲妻子而得到財富。
四、八字日主喜財的話，而財合閒神化財的話，或日支合他神而化成財者，能夠得到配偶的幫助。

五、八字日支坐比肩，日主弱者，表示妻子能幹對自己有幫助，比祿者會更好。

六、八字日支坐傷官的話，表示配偶容顏美麗。身旺財淺者，表示自己能得到財富。忌傷官者，表示因爲妻子破財或被拖累。

七、八字財星得祿者，表示妻子身體強壯，性情賢淑溫柔。

八、八字日主忌財者，而財合閒神者，表示夫妻雙方感情不和睦。日主忌財，而日支與別柱地支化成財者，夫妻感情不和諧。

九、八字日主喜財，而日支雖是財，但卻又合別支而化成忌神者，表示因爲妻子生病而勞碌，或因故破產損失金錢。

十、八字日支是忌神，會因爲妻子的關係而招惹禍端或損失信譽。

十一、命中的財星是忌神，表示妻子不賢淑，若是又走到弱運的話，夫妻可能會有分離、糾紛、官司、破財等等。

十二、如命中財太弱，行運逢比劫，嚴重的話，妻子會有災禍或是生病。

十三、八字日主坐財，財爲喜用者，會因爲妻子而得財。八字日主喜財，財合閒神者而化財者，能獲得妻子的幫助。

十四、八字日主喜財，財合閒神者而化忌神者，表示妻子容易有婚外情，或防礙自己事業的發展。日主忌財，財合閒神者而化忌神者，表示自己跟妻子感情不好有爭吵。

十五、八字財星得貴人，或坐下貴人的話，表示妻子外貌秀氣、性情溫和，妻子出生富貴之家。八字財得長生者，表示妻子長壽健康。

十六、八字殺重身輕，財星黨殺，或官多用印，財星壞印、傷官配印，財星得局，表示妻子不賢慧，或因為妻子而招惹禍端。

十七、八字日主旺盛，羊刃坐日支者，表示妻子脾氣凶悍，喜歡逞強，可能會因為妻子的緣故而被連累，不是損失錢財，就是因為妻子身體不好而操勞。

十八、八字財星得氣而印多者，表示能取到賢慧的妻子，或者是妻子帶來財富。

十九、八字格局裡面有正財者可以用來推論妻子，沒有的話，只得用日支來參考。

二十、八字食神坐日支，而被梟神剋奪的話，表示妻子體弱多病，或是自己妨礙老婆。

二十一、以財來論斷妻，財星輕的話，表示妻子賢淑，喜神就是財星，妻子不會爭奪嫉妒。財星濁的話，表示妻子脾氣暴躁，財又旺的話則破壞印，妻子就會爭奪嫉妒。

二十二、八字日主旺，加上羊刃坐地支的話，表示妻子不賢淑，善爭鬥，好花費，自己跟妻子的關係不好。財星薄弱者，自己會妨礙妻子。

二十三、八字財星輕而無官殺，比劫又多，表示自己刑剋妻子，財星重而身弱，無比劫的話，也算是刑剋妻子。

二十四、八字官殺旺而用神爲印，遇見財星，表示妻子面貌醜陋。官殺旺而身旺者，遇見財星遭比劫，表示妻子面貌美麗，但被刑剋。

二十五、八字日主弱，正印臨日支者，表示妻子會美麗賢淑，能夠幫助自己。但身旺或忌印者，表示自己沒辦法獲得妻子實質的資助。

二十六、八字七殺坐日支者，表示妻子個性剛強，彼此相處不愉快，或表示自己妨礙妻子。日支逢沖者，表示結婚後妻子多病痛，無沖有制者可避免。無沖有制或更逢合者反吉。七殺爲用神，能得到妻子強而有力的支持。

二十七、八字財星得墓、絕位置的話，是忌神則表示妨礙妻子，喜神反爲吉祥。

二十八、八字財多身弱，表示自己沒辦法獲得妻子的幫助，妻子的身體多病。

二十九、八字日柱出現羊刃，時柱出現梟神，表示妻子可能難產。日支七殺帶梟神，表示妻子容易流產，身體虛弱、氣血不順。

三十、八字官殺重而財星又顯，表示妻子個性強悍，不容易妥協。財官雙美的格局，爲人較懼怕妻子。

三十一、八字日支坐財而逢驛馬的話，表示娶異鄉的女性爲妻子，或表示妻子將來會客死異鄉。

三十二、八字日支或財星坐華蓋的話，表示自己妻子頭腦聰明，但個性較孤僻。日支或財星坐桃花的話，表示是自由戀愛而結婚，妻子能幹且有才情。

三十三、八字劫刃重，財星輕，有食傷通關，遇見梟印，表示妻子可能遭到意外不測。

三十四、八字財星輕、官殺重，無食傷有印星的話，表示妻子從小體弱多病。

三十五、八字裡面劫刃重而無財，有食傷的話，若妻子長的美貌如花，則彼此容易有刑剋，若沒有的話，關係會較和諧。八字裡面劫刃重而財輕，有食傷的話，妻子若樣貌醜陋的話，則彼此容易有刑剋，若美麗的話，關係會較和諧。

三十六、八字日支坐正官，表示妻子相貌端莊、溫柔賢淑，自己能獲得妻子資助。

三十七、八字日支坐食神而不見偏印，或坐祿者，表示妻子心地善良、體態豐盈。

三十八、八字本命不剋妻，而大運流年剋妻的話，如中運或老運與日支相沖，或地支財星逢沖，或命中財弱，行運遇比劫，或日支官弱，行運見傷官，或日支食神，行運見梟神，表示妻子可能會有災禍重病的危險。

三十九、八字財坐桃花、沐浴者，或財被合化爲忌神者，需要注意妻子婚外情，與人談情說愛而出軌。

四十、八字殺重身輕，或財多破弱印，或身弱而財得局，皆因妻招禍。

四十一、八字官殺弱遇食傷，原格局有財星的話，表示妻子賢慧。官星輕而食傷重，有正印的話，再遇見財星，妻子樣貌醜陋但彼此沒有刑剋。

四十二、八字身強殺淺、財星滋殺，或官輕傷重、財星化傷，或正印重疊、財星得氣者，表示自己妻子樣貌美麗，而且賢淑能幹，不然就是能得到妻子的金錢資助。財多身弱者，日支坐羊刃，表示能得到妻子的幫助。

四十三、八字殺重身弱而見財，表示自己被妻子刑剋，沒辦法獲得資助，或因此損失錢財。劫刃太重而財太輕，有食傷逢梟神印來制的話，恐怕跟妻子生離死別。

四十四、八字日支正官，被四柱食神傷官所剋，或日支正官逢沖，表示妻子多病痛，自己恐怕晚婚，或有重婚再娶的現象。

四十五、八字日支合太多，妻緣恐生變。多羊刃者，夫妻中途離別。多比肩者，男女均晚婚之象。

四十六、八字男命正偏財交集者，表示夫妻間感情不和，丈夫多風流韻事。

四十七、八字日支坐財而為喜用，必得妻財。若又見將星必錦上添花，表示能娶到出身富貴名門的女子。財強身旺者，富貴多妻妾。

四十八、八字日主弱坐比肩，配偶是賢妻良母。日弱坐殺，妻子凶悍且愚昧。

四十九、血刃坐日支或財星的話，表示自己的妻子容易有病痛，多半跟產病、肺病、婦女病有關。

五十、八字財星得刃者，表示妻子不賢淑，夫妻間相處不愉快有摩擦。

五十一、八字正財強而偏財弱者，或有正財而無偏財的話，表示夫妻感情不和，容易有糾紛。比劫多而財星輕者，最好晚婚或搭配得宜，不然感情婚姻恐怕不順利。

五十二、八字喪門弔客坐日支或財星者，表示自己跟妻子有刑剋，關係不理想。孤辰寡宿坐日支或財星者，表示妻子跟六親無緣，彼此很少有聯絡來往，不能得到六親的實質幫助。

五十三、八字日主旺，日支坐比肩的話，表示妻子喜奢侈愛花費，出外容易與人口角衝突，而連累到自己身上，尤其是旺財身弱的格局最爲明顯。

陸、論兄弟

一、八字中的用神或喜神，大破格局裡的比劫星的話，表示自己能飛黃騰達，但是兄弟卻日漸衰微。

二、八字中多比劫，表示兄弟衆多。如果日主得令而比劫又多見，反是自己孤單寂寞，手足多夭損。如日主失令，而不見比劫者，以印星的多寡做爲參考兄弟多寡的依據。

三、八字日主雖衰而印旺在月提，兄弟成群。身旺逢多梟，沒有兄弟。

四、八字比劫坐臨將星者，表示兄弟手足富貴，能得到財富跟實質幫助。比劫坐臨天德、月德者，表示兄弟手足心地善良、忠厚老實。比劫得長生者，表示兄弟手足衆多，很健康長壽。比劫得墓絕者，表示自己跟兄弟手足的關係不好。但日主太旺的話，反而能得到幫助。

五、八字殺旺無食，或者殺重無印，得劫財合殺者，表示能夠得到弟弟的幫助。如果是殺旺食輕，印弱逢財，得比肩敵殺，表示能得到哥哥的幫助。

六、八字官輕而傷官重，比劫又生傷官，變成傷官太過，或比劫助重食，成制殺太過，表示會遭受到兄弟手足的拖累。如果又見印來生比劫，兼制傷官的話，表示會因爲兄弟的事情煩惱。

七、八字日主弱，四柱中無正印，只用比劫幫身者，表示沒辦法獲得雙親的資助，需要依賴同胞手足才能成家立業。

八、八字日主旺，比劫少，表示適合中年或晚年刑比劫大運的時候，跟兄弟手足容易爭吵，或出外犯小人，招惹口舌是非。

九、八字日主弱，遇到比劫大運，表示能得到朋友或貴人的幫助而進步。

十、八字四柱比劫重臨地，表示自己兄弟手足敗家產，尤其是日主健旺者。祿多者，表示跟兄弟手足一同興家，尤其是日主柔弱者。

十一、比肩坐祿而爲日元所喜者，或得地支的祿神、貴人幫助，表示自己手足榮華富貴，能得到實質幫助。

十二、八字日主旺，比劫坐羊刃者，表示手足之間感情不和睦，彼此少來往。自己容易犯小人口舌。嚴重的話，兄弟手足會打官司訴訟。但日主柔弱的話，自己反而能得到幫助。

十三、八字比劫逢沖的話，表示跟手足較無緣，兄弟體弱多病，或彼此有嫌隙。

十四、八字比劫坐臨桃花者，表示自己風流瀟灑。比劫坐臨華蓋者，表示少兄弟手足，不過爲人聰明機智，但較爲孤單。

十五、八字日主弱，四柱無比劫及正印的話，但幼運行比劫，表示自己沒有兄弟，是由手足或朋友撫養成人。

十六、八字比劫是喜用者，表示容易受兄弟姊妹的幫助，如果比劫是仇病者，容易受兄弟姊妹的拖累。

十七、八字日干弱者喜比劫，日干旺者不喜比劫，日干弱而四柱不見印星，只用比劫幫身者，表示自己得不到雙親的資助，是依靠兄弟姊妹的幫助而成長或創業成功。日干太旺，而中年後行比劫的運勢，表示兄弟相互爭鬥、訴訟，或因爲朋友而破財，有口舌是非。

十八、八字四柱中有比劫，又是命中用神者，表示自己跟兄弟都能富貴豐隆。命喜比劫者，不靠兄弟，也需要朋友的幫助。

十九、八字官旺印輕，財星得氣，能得到兄長的疼愛，但弟弟卻一事無成。

二十、八字比劫逢沖者，表示無兄弟手足，或兄弟手足早年夭折，或彼此感情不和諧。

二十一、八字日主弱而原局比劫興旺，又無破殺，表示兄弟興旺，自己需要靠兄弟的幫助。

二十二、八字日主弱，不見比劫星，而官殺遍佔提綱，又行七殺的流年，兄弟恐怕有牢獄之災。

二十三、八字殺旺印伏，比肩無氣，能獲得弟弟的尊重，但是兄長的運勢會漸漸衰敗。

二十四、八字比劫坐臨驛馬的話，表示跟兄弟姊妹分離。兼坐祿神者，表示兄弟姊妹能在遠方異鄉顯達榮發。兼逢羊刃或逢沖者，表示兄弟姊妹遠方失利，或客死異鄉。

二十五、八字比劫坐喪門、弔客者，表示兄弟間有刑剋。比劫破用神者不利，表示自己運勢

二十六、八字用神破比劫者大吉，表示自己富貴，而兄弟衰敗。四柱不見比劫星，表示兄弟衰敗，而兄弟較容易發達。

二十七、八字比劫皆現，只以比肩論兄弟多寡。日主弱衰，但支有印之庫地，支在見刃，兄弟會較爲發達。

無成或沒助力。但若見比劫而有得令的話，兄弟很多。

柒、論子息

一、八字日主旺而喜食傷，有食傷，卻看不見印來橫剋的話，或比劫多，無見印，或日干得令，局內身旺有見食傷者，生育子女會很多。

二、八字食傷遭同性的無情沖剋，或七殺過重而無制，或財官過旺，或印多食少，表示跟子女較無緣分，生育較少子女，或子女早夭。

三、八字日旺印重，有財又有食，表示子女衆多而且個個賢明。

四、八字男命四柱干支，全部陽或陰的話爲孤獨命，表示沒辦法有子女，因爲陰陽失調而過於偏激。

五、八字七殺在時柱，局中見食傷，表示子女多而顯貴，這是因爲七殺有制反而多的緣故。

六、八字時支或傷官坐長生，表示子女多而長壽。時支或食傷坐臨天德、月德者，表示子女慈善且孝順。

七、時上或食傷位居喪門、弔客者，表示跟子女有刑剋。

八、八字偏印臨時辰者，表示子女性情不良，如為忌神者，輕則刑剋少子女，重則無子嗣。但若為喜用的話，表示能獲得子女的助力。

九、八字時辰坐財星者，表示子女成家立業，孝順體貼。時辰坐正官者，表示子女相貌敦厚，性情溫和，忠厚老實。時辰坐食神或祿神者，表示子女體格強健，誠實聰慧。時辰坐正印者，表示子女孝順，能夠創業有成，尤其是身弱者特別適合。

十、八字劫財坐食神或比肩，表示子女多敗家，身強財淺的話，那更是明顯。

十一、八字日主衰弱，但時生比劫，表示能得到子女的照顧跟幫助。

十二、八字七殺坐時辰，沒有食神的話，表示子女性情暴戾，不聽父母教訓。若有制或為喜用者，子女能凸顯貴氣而有幫助。

十三、八字羊刃坐時辰者，表示子女身體強健，但忤逆不孝，或彼此感情不親密。

十四、八字食傷得貴人，表示子女面貌清秀，而且富貴。

十五、八字晚運佳，但子女星不得力者，表示子女稀少，自己需要操心勞碌。晚運壞而子女星為喜用者，子女孝順但無力供養。晚運跟子女星皆佳者，子孫昌盛而賢孝，自己能因此獲得享福。

十六、八字日主旺，時辰或食傷均無損傷者，表示子孫多且早得，還帶有貴氣。

十七、八字食傷或時支逢沖者，表示跟子女無緣，生育子女較少。大運逢沖，對子女有刑剋。

十八、八字食傷臨驛馬者，表示子女生在外地，或子女離開遠行。

十九、八字食傷或時干臨墓絕之位者，表示子女身體虛弱多疾病。但若日主太旺，居臨墓絕的話，反倒吉祥。

二十、八字食神、梟神都出現，或食輕印重的話，或傷重印輕，都表示對子女有刑剋。食傷弱而運又逢梟神或印者，表示對子女有刑剋。

二十一、八字日主弱，四柱有食傷者，而行運不逢印比，表示子女多病，或與子女無緣，或妻子難產。

二十二、八字日主弱，印又輕，食傷重者，生育子女較少，容易獨子。

二十三、八字日主旺，印又重，食傷輕者，生育子女較少，容易獨子。

二十四、八字日主旺，見印，但無財的話，生育子女較少，容易獨子。

二十五、八字食傷輕，印多又貼近刑剋，生育子女較少，容易獨子。

二十六、八字日主旺，印星重，食傷輕，有財星，生育子女較多，而且賢明。
二十七、八字日主旺，印又多，無食傷者，有財星的話，生育子女較多，而且有才能。
二十八、八字日主旺，印星重，官殺輕，有財星，跟子女有刑剋。
二十九、八字日主弱，有印星，無食傷者，或日主旺，比劫多，無印的話，遇財星，或日主旺，食傷輕，逢印星，遇財星，這都表示生育子女衆多。
三十、八字日主弱，印又輕，食傷輕者，或日主旺，印星重，食傷輕者，表示生育子女較少。
三十一、八字日主弱，食傷也弱，有印星，遇財星，或日主弱，官殺卻旺，有印星，遇財星，表示雖然有子女，但不賢孝，而且多忤逆反叛。
三十二、八字日主弱，印又輕，有財星，或日主弱，食傷重，無印星，或日主弱官殺重，無印比，都表示跟子女無緣，可能沒有子嗣。
三十三、八字日主弱，官殺重，印星輕，些許伏財，或日主弱，食傷也輕，逢印星，遇財星，有比劫，表示生育女多於男。
三十四、八字食傷為用神而無損傷者，表示子女能成家立業，忠厚老實，自己得享子女的福分。

三十五、八字時支或食傷坐華蓋者，表示子女聰明而孤獨，多生女兒而沒有兒子。

三十六、八字時支或食傷坐桃花者，表示子女風流好色。

三十七、八字時支或食傷坐孤辰寡宿者，表示子女稀少。

三十八、八字食神、梟神兩見，而梟神多又旺，食神些微的話，表示妻子難產，或刑剋子女。

三十九、八字日主弱，四柱食傷過多，而無印以制者，表示妻子流產，或因爲子女而惹上麻煩災禍。

四十、八字日主很衰，而行運不得助身者，若是男性表示無子女，若爲女性的話，容易流產或不能生育。

四十一、八字日主弱喜見印星，而無食傷來盜氣者，表示生育子女衆多。

四十二、八字喜用均出現時柱上，表示能生個富貴的子女。若食傷又爲喜用者，表示子女忠孝賢明。

四十四、八字食傷是用神而沒有沖破的話，表示子女富貴，能享受到子女的福分。

四十五、八字食傷或時支逢沖剋者，表示沒有子女的緣分，跟子女有刑剋。

四十六、八字官強財旺，身太弱的話，表示子孫衆多且繁榮。

四十七、八字日主旺，印又重，又沒有食傷或財星，或日主弱，食傷過旺，或食傷受扶太過，或受制太過，或水泛木漂，火炎土燥，金寒水冷者，或滿盤遍佈食傷者，這都表示沒有子嗣。

四十八、八字日主旺，印少不透干者，子女必多。

四十九、八字日主旺，傷官輕，有印星，因財得局，表示子女衆多且富貴發達。

五十、八字日主旺，傷官旺最喜，不見印、財的話，表示子女衆多且強勢。

附註：論子女有多少的要訣

一、長生要訣

長生要訣乃是以八字中所屬的子息星，以十二長生的方法從時支算起來論斷。

長生口訣：

長生四子中旬半、沐浴一雙保吉祥、冠帶臨官三子位、帝旺五子自成行

衰中二子病中一、死中至老沒兒郎、絕中領取他人子、入墓之時命夭亡

受氣絕地一個子、胎中頭女是姑娘、養中三子只留一、男女宮中仔細祥

二、納音要訣

納音要訣是以八字中時柱對照六十甲子納音，推出時柱所屬納音爲何，再依河圖中水一、火

二、木三、金四、土五，再用時柱所得數字，看子息星有氣乘旺者，則數倍計算。弱衰者則減半計算。以五十歲之前爲主。

甲日生人十神星

甲子日、甲寅日 甲辰日、甲午日 甲申日、甲戌日		
甲	比肩	兄弟
乙	劫財	姊妹
丙	食神	女命 女兒
丁	傷官	女命 兒子
戊	偏財	父親
己	正財	妻星
庚	七殺	男命 兒子
辛	正官	夫星 男命 女兒
壬	偏印	
癸	正印	母親

甲日干十二長生運

子	正印	沐浴	
丑	正財	冠帶	陰貴人
寅	比肩	臨官	祿元
卯	劫財	帝旺	羊刃
辰	偏財	衰	金輿
巳	食神	病	文昌
午	傷官	死	
未	正財	墓	陽貴人
申	七殺	絕	
酉	正官	胎	飛刃 流霞
戌	偏財	養	
亥	偏印	長生	學堂

乙日生人十神星

乙丑日、乙卯日 乙巳日、乙未日 乙酉日、乙亥日		
甲	劫財	姊妹
乙	比肩	兄弟
丙	傷官	女命 兒子
丁	食神	女命 女兒
戊	正財	妻星
己	偏財	父親
庚	正官	夫星 男命 女兒
辛	七殺	男命 兒子
壬	正印	母親
癸	偏印	

乙日干十二長生運

子	偏印	病	陰貴人
丑	偏財	衰	
寅	劫財	帝旺	
卯	比肩	臨官	祿元
辰	正財	冠帶	羊刃
巳	傷官	沐浴	金輿
午	食神	長生	文昌 學堂
未	偏財	養	
申	正官	胎	陽貴人
酉	七殺	絕	
戌	正財	墓	飛刃 流霞
亥	正印	死	

丙日生人十神星

丙子日、丙寅日、丙辰日、丙午日、丙申日、丙戌日

天干	十神	六親
甲	偏印	
乙	正印	母親
丙	比肩	兄弟
丁	劫財	姊妹
戊	食神	女命 女兒
己	傷官	女命 兒子
庚	偏財	父親
辛	正財	妻星
壬	七殺	男命 兒子
癸	正官	夫星 男命 女兒

丙日干十二長生運

子	正官	胎	
丑	傷官	養	陰貴人
寅	偏印	長生	祿元
卯	正印	沐浴	羊刃
辰	食神	冠帶	金輿
巳	比肩	臨官	文昌
午	劫財	帝旺	
未	傷官	衰	陽貴人
申	偏財	病	
酉	正財	死	飛刃 流霞
戌	食神	墓	
亥	七殺	絕	學堂

丁日生人十神星

丁丑日、丁卯日、丁巳日、丁未日、丁酉日、丁亥日

甲	正印	母親
乙	偏印	
丙	劫財	姊妹
丁	比肩	兄弟
戊	傷官	女命 兒子
己	食神	女命 女兒
庚	正財	妻星
辛	偏財	父親
壬	正官	夫星 男命 女兒
癸	七殺	男命 兒子

丁日干十二長生運

子	七殺	絕	
丑	食神	墓	飛刃
寅	正印	死	
卯	偏印	病	
辰	傷官	衰	
巳	劫財	帝旺	
午	比肩	臨官	祿元
未	食神	冠帶	羊刃
申	正財	沐浴	流霞 金輿
酉	偏印	長生	文昌 學堂 陰貴人
戌	傷官	養	
亥	正官	胎	陽貴人

戊日生人十神星

戊子日、戊寅日、戊辰日、戊午日、戊申日、戊戌日

甲	七殺	男命兒子
乙	正官	夫星 男命女兒
丙	偏印	
丁	正印	母親
戊	比肩	兄弟
己	劫財	姊妹
庚	食神	女命女兒
辛	傷官	女命兒子
壬	偏財	父親
癸	正財	妻星

戊日干十二長生運

子	正財	胎	飛刃
丑	劫財	養	陽貴人
寅	七殺	長生	學堂
卯	正官	沐浴	
辰	比肩	冠帶	
巳	偏印	臨官	祿元 流霞
午	正印	帝旺	羊刃
未	劫財	衰	金輿 陰貴人
申	食神	病	文昌
酉	傷官	死	
戌	比肩	墓	
亥	偏財	絕	

己日生人十神星

己丑日、己卯日 己巳日、己未日 己酉日、己亥日		
甲	正官	夫星 男命女兒
乙	七殺	男命兒子
丙	正印	母親
丁	偏印	
戊	劫財	姊妹
己	比肩	兄弟
庚	傷官	女命兒子
辛	食神	女命女兒
壬	正財	妻星
癸	偏財	父親

己日干十二長生運

子	偏財	絕	陽貴人
丑	比肩	墓	飛刃
寅	正官	死	
卯	七殺	病	
辰	劫財	衰	
巳	正印	帝旺	
午	偏印	臨官	祿元 流霞
未	比肩	冠帶	羊刃
申	傷官	沐浴	金輿 陰貴人
酉	食神	長生	文昌 學堂
戌	劫財	養	
亥	正財	胎	

庚日生人十神星

庚子日、庚寅日、庚辰日、庚午日、庚申日、庚戌日

甲	偏財	父親
乙	正財	妻星
丙	七殺	男命 兒子
丁	正官	夫星 男命 女兒
戊	偏印	
己	正印	母親
庚	比肩	兄弟
辛	劫財	姊妹
壬	食神	女命 女兒
癸	傷官	女命 兒子

庚日干十二長生運

子	傷官	死	
丑	正印	墓	陽貴人
寅	偏財	絕	
卯	正財	胎	飛刃
辰	偏印	養	流霞
巳	七殺	長生	學堂
午	正官	沐浴	
未	正印	冠帶	陰貴人
申	比肩	臨官	祿元
酉	劫財	帝旺	羊刃
戌	偏印	衰	金輿
亥	食神	病	文昌

辛日生人十神星

辛丑日、辛卯日 辛巳日、辛未日 辛酉日、辛亥日		
甲	正財	妻星
乙	偏印	父親
丙	正官	夫星 男命 女兒
丁	七殺	男命 兒子
戊	正印	母親
己	偏印	
庚	劫財	姊妹
辛	比肩	兄弟
壬	傷官	女命 兒子
癸	食神	女命 女兒

辛日干十二長生運

子	食神	長生	文昌學堂
丑	偏印	養	
寅	正財	胎	陽貴人
卯	偏財	絕	流霞
辰	正印	墓	飛刃
巳	正官	死	
午	七殺	病	陰貴人
未	偏印	衰	
申	劫財	帝旺	
酉	比肩	臨官	祿元
戌	正印	冠帶	羊刃
亥	傷官	沐浴	金輿

壬日生人十神星

壬子日、壬寅日 壬辰日、壬午日 壬申日、壬戌日		
甲	食神	女命女兒
乙	傷官	女命兒子
丙	偏財	父親
丁	正財	妻星
戊	七殺	男命兒子
己	正官	夫星 男命女兒
庚	偏印	
辛	正印	母親
壬	比肩	兄弟
癸	劫財	姊妹

壬日干十二長生運

子	劫財	帝旺	羊刃
丑	正官	衰	金輿
寅	食神	病	文昌
卯	傷官	死	陽貴人
辰	七殺	墓	
巳	偏財	絕	陰貴人
午	正財	胎	飛刃
未	正官	養	
申	偏印	長生	學堂
酉	正印	沐浴	
戌	七殺	冠帶	
亥	比肩	臨官	祿元 流霞

癸日生人十神星

癸丑日、癸卯日
癸巳日、癸未日
癸酉日、癸亥日

甲	傷官	女命 兒子
乙	食神	女命 女兒
丙	正財	妻星
丁	偏財	父親
戊	正官	夫星 男命 女兒
己	七殺	男命 兒子
庚	正印	母親
辛	偏印	
壬	劫財	姊妹
癸	比肩	兄弟

癸日干十二長生運

子	比肩	臨官	祿元
丑	七殺	冠帶	羊刃
寅	傷官	沐浴	金輿 流霞
卯	食神	長生	文昌 學堂 陰貴人
辰	正官	養	
巳	正財	胎	陽貴人
午	偏財	絕	
未	七殺	墓	飛刃
申	正印	死	
酉	偏印	病	
戌	正官	衰	
亥	劫財	帝旺	

十二太歲星君流年對照表

民間一般信仰習俗當中，用來推算命運的簡易方法，可以當作一定程度的參考。其方法是太歲星放置生年地支的位置，起一歲，順時針推十二支位，做爲個人運勢的變化。

一、**太歲、擎天、鋒劍**（1、13、25、37、49、61、73**歲**）

太歲當頭坐，無災必有禍，此年正月當中，用紅紙條標寫當年太歲星君，安奉以保平安吉祥。

二、**太陽、天空、劫殺**（2、14、26、38、50、62、74**歲**）

天空占星，休管他人閒事，莫爭口舌是非，就能免去破財官非等事情，女人此流年愼防色情外遇、夫妻反目，爲免出外損失財力，最好安奉太陽星君。

三、**喪門、地劫、地喪**（3、15、27、39、51、63、75**歲**）

喪門入宮，不利探病，送喪出殯休看，以免受災禍，發生不幸事端，閃避者吉祥也，凡事可保無憂，宜制凶殺星，以保平安。

四、**太陰、勾絞、羊刃**（4、16、28、40、52、64、76**歲**）

勾絞入宮，事事生煩惱，莫道一碗水，能興百丈風波，男方多犯桃花之害，或受暗中之箭，此年當中，宜安奉太陰星君，以保平安吉祥，有喜無災。無喜百事來，宜制空亡。

五、五鬼、官符、三台（5、17、29、41、53、65、77**歲**）

五鬼占宮，提防災禍，人事無故生變，產生煩惱，此年當中宜制五鬼，運財逢吉，無改者平地生風波也。

六、死符、小耗、月德（6、18、30、42、54、66、78**歲**）

小耗入度，謂賊神入宮，不利與人合夥經商，防周遭小人偷盜財物，勿探病人，災禍恐無中生有，制化劫財星及改脫凶煞星宜吉。

七、歲破、大耗、月空（7、19、31、43、55、67、79**歲**）

歲犯大耗，事業不順遂，恐有災禍發生，有破財的可能，凡事忍耐自可無憂，忌動土或完婚，如有結婚者，恐離婚或半途無緣，或缺乏子息。

八、龍德、天厄、紫微（8、20、32、44、56、68、80**歲**）

紫微星入宮，喜事重重，此年有喜為貴，無喜事端來，此年正月十五或八月十五，宜求龍德星君，事事順利。

九、**白虎、天雄、地殺**（9、21、33、45、57、69、81**歲**）

白虎入宮爲害，恐傷人口，血光病痛或外傷，孝服及其他不測凶事，女人有喜即吉，無喜無憂，此年中夜間，宜制化白虎凶星以保吉祥。

十、**福德、卷舌、天德**（10、22、34、46、58、70、82**歲**）

福德星值星，萬事吉祥，如有不足事，每月初一或十五早晚敬拜福德正神、招財童子、進寶童子，求福降臨。

十一、**天狗、八座、吊客**（11、23、35、47、59、71、83**歲**）

天狗星入宮，事多有不如意，多煩惱不開心，或病痛之憂慮，宜防小人，忌看日月食，免逢凶災，或生不測禍源，此年夜中間，宜改祭化吉。

十二、**病符、凶神、阡越**（12、24、36、48、60、72、84**歲**）

凶神入宮，此年生病恐加重或不測，勿食喪家飲食，謀事恐不順利，宜制化凶神保平安，能事事如意，身體健康。

命宮十二星君看法

一、太歲、鋒劍（運勢普通）

太歲當頭坐，無災必有禍，此年正月當中，用紅紙條標寫當年太歲星君，安奉以保平安吉祥。

二、太陽、天空（運勢吉祥）

天空占星，高處不勝寒，職位地位安定切莫高求，休管他人閒事，莫爭口舌是非，就能免去破財官非等事情，女人愼防男人起事端，注意色情外遇、夫妻反目，爲免出外損失財力，最好安奉太陽星君保平安。

三、喪門、三煞（運勢普通）

喪門入宮，不利探病，送喪出殯休看，以免受災禍，發生不幸事端，閃避者吉祥也，本年切莫修造房屋或住家改建，購屋租賃，家中裝潢等事，恐有意外損傷，事緩則吉。

四、太陰、勾絞（運勢普通）

勾絞入宮，因女人事而惹是非，或女人強勢欺壓，或小事不在意以致於拖累成大事，莫道一碗水，能興百丈風波，男方多犯桃花之害，或受暗中之箭，此年當中，宜安奉太陰星君，以保平安吉祥，有喜無災。人宜忍耐，和氣生財。

五、五鬼、官符（運勢不利）

五鬼占宮，提防小人設計陷害，違警處罰與官方來往，或有官司纏身，人事無故生變，產生煩惱，我不擾人、別人惹我，此年當中祭改送走五鬼，否則將起風波。

六、死符、小耗（運勢不利）

小耗入度，謂賊神入宮，不利與人合夥經商，防周遭小人偷盜財物，勿探病人，災禍恐無中生有，制化劫財星及改脫凶煞星宜吉。

七、歲破、大耗、月空（運勢不利）

歲犯大耗，事業不順遂，恐有火災或憂煩之事發生，事業不順遂，有破財的可能，凡事忍耐自可無憂，忌動土或完婚，如有結婚者，恐離婚或半途無緣，或缺乏子息。

八、龍德、天厄（運勢吉祥）

紫微星入宮，喜事重重，此年有喜爲貴，無喜事端來，此年正月十五或八月十五，宜求龍德星君，事事順利，但慎防大意而造成災禍損財。

九、白虎、地殺（運勢不利）

白虎入宮爲害，恐傷人口，血光病痛或外傷，孝服及其他不測凶事，女人有喜即吉，無喜無憂，此年中夜間，宜制化白虎凶星以保吉祥。

十、福德、卷舌（運勢吉祥）

福德星値星，萬事吉祥，如有不足事，每月初一或十五早晚敬拜福德正神、招財童子、進寶童子，求福降臨。但切忌得意忘形，否則將招致口舌或爭訟。

十一、天狗、吊客（運勢不利）

天狗星入宮，事多有不如意，多煩惱不開心，或病痛之憂慮，宜防小人，忌看日月食，免逢凶災，出外恐有交通意外等不測，要小心注意，此年夜中間，宜祭改化吉。

十二、病符、亡神（運勢普通）

凶神入宮，此年生病恐加重或不測，勿食喪家飲食，謀事恐不順利，要冷靜來應對，有小病要看醫生，以免變成大病。

範例：十二星君流年表

<table>
<tr><td>白虎
飛廉
申</td><td>天喜 卷舌
天德 桃花
福德 酉</td><td>解神 吊客
八座 天狗
戌 血刃
豹尾
浮沉</td><td>亡神
病符
亥</td></tr>
<tr><td>紫微 暴敗
地解 天厄
龍德 未 六害
天殺</td><td colspan="2" rowspan="2">子年生人吉凶星象</td><td>將星 太歲
劍鋒
子 浮屍</td></tr>
<tr><td>歲破
大耗
午 凶災
天哭
欄杆</td><td>太陽 天空
歲合
丑</td></tr>
<tr><td>月德 死符
小耗
巳 劫殺</td><td>三台 官符
華蓋 披頭
辰 五鬼</td><td>紅鸞 貫索
太陰 勾絞
卯 三刑</td><td>驛馬 喪門
孤辰
寅 寡宿</td></tr>
</table>

邁向八字大師之路的第六天

教你八字天干的合化，藉此判斷日主的情況，以及所合化成的十神，會產生什麼影響作用，而十神星一共五個種類，就是比劫星、食傷星、財星、官殺星、印星等五種，各有不同的代表意義，可由合化來判斷運勢如何。

壹、比肩、劫財逢合化

一、甲、乙日主：

若是甲日主八字裡乙木（劫財）合庚金（七殺）化做官氣，或是乙日主直接跟庚金（正官）合化成官氣，原局天干不見正印星、偏印星，表示升遷過程順利，得到理想的官職，若是原局天干有正印星、偏印星透干，則表示遭到降職處分，弄得身敗名裂。若是女命的話，則表示紅鸞星動，有緣人到來，有結婚的機會。

二、甲、乙日主：

若是乙日主八字裡甲木（劫財）合己土（偏財）化做財氣，或是甲日主直接跟己土（正財）合化成財氣，表示金錢運理想，有機會獲得財富。若是男命的話，則表示紅鸞星動，有緣人到來，有結婚的機會。

三、丙、丁日主：

若是丙日主八字裡丁火（劫財）合壬水（七殺）化做印氣，或是丁日主直接跟壬水（正官）合化成印氣，表示運勢不順遂，中途遇阻礙，名譽有可能毀損，產生許多的煩惱，甚至於健康出毛病。

四、丙、丁日主：

若是丁日主八字裡丙火（劫財）合辛金（偏財）化做官殺氣，或是丙日主直接跟辛金（正財）合化成官殺氣，若是原局天干不見正印、偏印，表示工作升遷、獲得職位，若是原局天干有正印星、偏印星透干，則表示工作不順，遭遇阻礙，很可能被降職，嚴重將身敗名裂。若是女命的話，則表示紅鸞星動，有緣人到來，有結婚的機會。

五、戊、己日主：

若是戊日主八字裡己土（劫財）合甲木（七殺）化做比劫氣，或是己日主直接跟甲木（正官）合化成比劫氣，則表示工作遭受挫折，面臨失業困境，或是有意外破財，經濟拮据的情況。

六、戊、己日主：

若是己日主八字裡戊土（劫財）合癸水（偏財）化做印氣，或是戊日主直接跟癸水（正財）

合化成印氣，表示名譽遭受毀損，有金錢上的損失，人際糾紛的煩惱，受到疾病的侵擾。無論男命或女命，都表示刑剋父親，男命還可能剋妻。

七、庚、辛日主：

若是庚日主八字裡辛金（劫財）合丙火（七殺）化做食傷氣，或是辛日主直接跟丙火（正官）合化成食傷氣，表示聲名遠播、人際順利，但事業上掌握的實權較小，還可能是明升暗降。若是女命的話，則表示遭受失戀打擊，或是婚姻亮紅燈。

八、庚、辛日主：

若是辛日主八字裡庚金（劫財）合乙木（偏財）化做比劫氣，或是庚日主直接跟乙木（正財）合化成比劫氣，則表示財運不順，有破財的現象。

九、壬、癸日主：

若是壬日主八字裡癸水（劫財）合戊土（偏財）化做財氣，或是癸日主直接跟戊土（正官）合化成財氣，表示事業上有轉機，工作將轉換跑道，前途非常的理想，賺進更多的財富。

十、壬、癸日主：

若是癸日主八字裡壬水（劫財）合丁火（偏財）化做食傷氣，或是壬日主直接跟丁火（正財）

合化成食傷氣，表示因財務會增加支出，多半是爲了開展知名度，或是用做公益慈善的用途，讓自己獲得名譽，藉此來廣結善緣。

貳、正財、偏財逢合化

正財必與陽日主合化，不與陰日主合化，歲運正財逢合化，若有確定成化的話，會有下列幾種現象產生。

甲日主：

一、甲木與己土（正財）合化，化做財氣。若八字身強，表示工作收入增加，經商財源滾滾，凡事有利可圖，且男命姻緣到來，對方條件不錯，能得到實質幫助。

二、甲木與己土（正財）合化，化做財氣。若八字身弱，表示工作收入減少，經商週轉困難，最近破損耗財，且男命姻緣到來，對方條件不佳，還可能被對方拖累。

丙日主：

一、丙火與辛金（正財）合化，化做官殺氣。若八字身強，天干沒有正印、偏印，表示事業進展順利，能夠掌握權勢，一切順心如意，若是女命的話，表示姻緣到來，對方經濟條件優越，出身於豪門世家。

二、丙火與辛金（正財）合化，化做官殺氣。若八字身弱，天干沒有正印、偏印，表示工作表現不佳，遭受小人陷害，會有口舌是非，很可能丟官失職，若是女命的話，表示姻緣來到，但對方條件差，彼此無法匹配，婚姻生活不幸福。

戊日主：

一、戊土與癸水（正財）合化，化做印氣。若八字身強，表示個性固執，煩惱憂鬱，欠缺貴人幫忙，事情進展不順，若是男命的話，表示婚姻來到，但是身體健康不佳。

二、戊土與癸水（正財）合化，化做印氣。若八字身弱，表示個性積極，樂觀開朗，貴人主動幫忙，凡事進展順利，人際關係擴展，知名度會上升，若是男命的話，表示婚姻來到，身體健康良好。

庚日主：

一、庚金與乙木（正財）合化，化做比劫氣。若八字身強，表示自己經商遭遇失敗，投資判斷錯誤，賠了不少錢，而有破產的可能，或是被家人或朋友給連累，若是男命的話，表示感情不理想，有不倫的戀情。

二、庚金與乙木（正財）合化，化做比劫氣。若八字身弱，表示工作進展順利，投資比預期還要好，能夠賺進不少錢，若是男命的話，表示姻緣到來，但是對方身體健康稍差。

壬日主：

一、壬水與丁火（正財）合化，化做食傷氣。若八字身強，表示人際關係佳，知名度能提升，獲得眾人肯定，心情非常愉快，若是男命的話，表示姻緣來到，能獲得對方實質的幫助。

二、壬水與丁火（正財）合化，化做食傷氣。若八字身弱，表示人際關係佳，名譽遭受損害，心情非常惡劣，若是男命的話，表示感情複雜，糾纏不清，多半是孽緣，因爲色情而惹禍，婚姻生活不平靜。

原財局若逢妒合，歲運再逢催動剋應，會出現下列幾種現象：

一、正印、偏印，比肩、劫財若夾剋正財、偏財，或洩正財、偏財，財氣就會被剋洩殆盡。八字身強的話，表示投機不成，經商失敗，十賭九輸的情況，若是男命的話，對婚姻不利，將會有波折。八字身弱的話，表示浪子回頭金不換，能東山再起，而有所成就，但男命仍然對婚姻不利，將有波折出現。

二、正財、偏財夾剋正印、偏印，或洩比肩、劫財，那麼正印、偏印、比肩、劫財被剋洩殆盡。八字身強的話，表示貴人出現、小人躲避，一切煩惱憂愁遠離，經濟出現轉機，有機會鹹魚翻身，若是男命的話，表示姻緣到來，過程順利。八字身弱的話，表示孤苦無依、求助無門，親戚朋友不相往來，若是男命的話，對婚姻將不利，過程阻礙重重。

參、正官、七殺逢合化

正官必與陰日主合化，不與陽日主合化，歲運正官逢合化，若有確定成化的話，會有下列幾種現象產生。

乙日主：

一、乙日主與庚金（正官）合化，化做官殺氣。若八字身強且天干不見正印、偏印，無論男命或女命，都表示工作順利，有機會晉升，女命則象徵姻緣來到，另一半的條件優秀，是個好對象。

二、乙日主與庚金（正官）合化，化做官殺氣。若八字身強且天干見正印、偏印，無論男命或女命，都表示工作有挫折，職務被解除，女命則象徵姻緣來到，但另一半條件不理想，對象比較差。

三、乙日主與庚金（正官）合化，化做官殺氣。若八字身弱且天干見正印、偏印，無論男命或女命，都表示工作有挫折，職務被解除，女命則象徵姻緣來到，但另一半條件不理想，對象比較差。

四、乙日主與庚金（正官）合化，化做官殺氣。若八字身弱且天干不見正印、偏印，無論男命或女命，都表示工作順利，有機會晉升，女命則象徵姻緣來到，另一半的條件優秀，是個好對象。

丁日主：

一、丁日主與壬水（正官）合化，化做印氣。若八字身強而天干原本無印，歲運又逢印的話，無論男命或女命，都表示事業遭遇挫折，決策出現錯誤，運勢很明顯的走下坡，人際上有糾紛，名譽受到毀謗，健康情況不理想，毛病非常的多，若原局天干就透正印、偏印的話，那現象將更加明顯且嚴重。

二、丁日主與壬水（正官）合化，化做印氣。若八字身弱而天干原本無印，歲運又逢印的話，無論男命或女命，都表示事業飛黃騰達，有貴人來提攜，運勢很明顯的往上升，人際關係好轉，能有大筆的收入進帳。

三、若是女命的話，八字原局僅有一官星而無殺，而官星比合去，不論是身旺或身弱，都表示戀愛失敗，遭受到打擊，或婚姻亮紅燈，很可能會離婚。

己日主：

一、己日主與甲木（正官）合化，化做比劫氣。若八字身強的話，表示有財務糾紛，因此而破財，或是工作表現差，被公司降職或裁員。

二、己日主與甲木（正官）合化，化做比劫氣。若八字身強，表示財緣廣進，經濟有好轉，生活壓力減輕，心情比較輕鬆。

三、若是女命的話，八字原局僅有一官星而無殺，而官星比合去，不論是身強或身弱，都表示戀愛失敗，遭受到打擊，或婚姻亮紅燈，很可能會離婚。

辛日主：

一、辛日主與丙火（正官）合化，化做食傷氣。若八字身強的話，表示口才佳，能言善道，能因此獲得名譽，但是女命就不利感情，婚姻會比較差。

二、辛日主與丙火（正官）合化，化做食傷氣。若八字身弱的話，表示口才不佳，容易得罪人，因此受批評毀謗，女命的話，對感情不利，婚姻會比較差。

癸日主：

一、癸日主與戊土（正官）合化，化做財氣。若八字身強的話，表示最近升遷有望，還可以因此加薪，前途非常的光明，男命的話，表示紅鸞星動，能娶得美嬌妻，對方的經濟條件不錯，能夠幫助自己的事業。

二、癸日主與戊土（正官）合化，化做財氣。若八字身弱的話，表示升遷受阻礙，因此而請辭，或是創業失敗，面臨經濟困境，男命的話，姻緣雖然來到，但對方條件不佳，自己不是很滿意，彼此會產生嫌隙，家庭氣氛不和諧。

肆、正印逢合化

一、甲日主八字裡癸水（正印）合戊土（偏財），化做食傷氣，表示財源廣進、大發利市，能夠運用金錢增加人際關係，打開本身的知名度，藉此來提升利益。像是花錢買廣告，或是利用媒體宣傳。

二、乙日主八字裡壬水（正印）合丁火（食神），化做比劫氣，表示人際往來被動，不喜歡出名，只會默默耕耘，安於目前現況，成就通常不高。

三、丙日主八字裡乙木（正印）合庚金（偏財），化做財氣，表示經商順利、財源滾滾，很迅速累積財富。

四、丁日主八字裡甲木（正印）合己土（食神），化做食傷氣，表示人際關係佳，社會地位提升，能夠享有名聲。

五、戊日主八字裡丁火（正印）合壬水（偏財），化做官殺氣，表示懂得交際手腕，提升自己地位，進而獲得權勢，或是重要的職務。

六、己日主八字裡丙火（正印）合辛金（食神），化做財氣，表示企圖心旺盛，對經營有專長，能因此而發達，累積不少財富。

七、庚日主八字裡己土（正印）合甲木（偏財），化做印氣，因為財務糾紛，而招惹上麻煩，或是因為健康關係，付出不少的金錢。

八、辛日主八字裡戊土（正印）合癸水（食神），化做官殺氣，表示聰明才智過人，反應相當靈敏，能得到他人賞識，而有發揮的餘地。

九、壬日主八字裡辛金（正印）合丙火（偏財），化做比劫氣，表示面臨破財危機，生活陷入困頓當中。

十、癸日主八字裡庚金（正印）合乙木（食神），化做印氣，表示遭受批評毀謗，卻不能證明清白，因此而煩惱憂慮，導致身體出毛病。

伍、身強偏印逢合化

一、甲日主八字裡壬水（偏印）合丁火（傷官），化做比劫氣，表示智慧打不開，判斷出問題，經常被親戚朋友拖累，只適合受薪階級，不適合從事商業。

二、乙日主八字裡癸水（偏印）合戊土（正財），化做食傷氣，表示懂得運用金錢，財務管理優秀，可以藉此打開知名度，獲得相當的聲譽。

三、丙日主八字裡甲木（偏印）合己土（傷官），化做食傷氣，表示聰明進取，累積成就，能得到社會地位，受到衆人的推崇。

四、丁日主八字裡乙木（偏印）合庚金（正財），化做財氣，表示財源廣進，可以大發利市。

五、戊日主八字裡丙火（偏印）合辛金（傷官），化做財氣，表示經營有術，能夠迅速累積財富。

六、己日主八字裡丁火（偏印）合壬水（正財），化做官殺氣，表示能運用資源，得到相當的利益，像是職位升遷或實質權力。

七、庚日主八字裡戊土（偏印）合癸水（傷官），化做官殺氣，表示懂交際手腕，藉此獲得權勢跟地位。女命的話，表示姻緣來到，對方條件不錯。

八、辛日主八字裡己土（偏印）合甲木（正財），化做印氣，表示財務出狀況，會產生糾紛，或與人起衝突，遭受批評詆毀，不然就是健康出毛病。

九、壬日主八字裡庚金（偏印）合乙木（傷官），化做印氣，表示人際關係差，名聲受到毀損，精神壓力大，因此而生病。

十、癸日主八字裡辛金（偏印）合丙火（正財），化做比劫氣，表示財務情況不佳，經濟陷入困境，身邊多小人、少貴人，若是男命的話，還可能刑剋妻子。

陸、身弱正印逢合化

一、甲日主八字裡癸水（正印）合戊土（偏財），化做食傷氣，表示放任成性，不懂自我約束，財務會很吃緊，還會縱慾傷身。

二、乙日主八字裡壬水（正印）合丁木（食神），化做比劫氣，表示有貴人協助，逢凶化吉，財運會逐漸理想。

三、丙日主八字裡乙木（正印）合庚金（偏財），化做財氣，招惹是非糾紛，甚至破財消災，若從事商業投資，一定會失敗倒閉。

四、丁日主八字裡甲木（正印）合己土（食神），化做食傷氣，個性狂傲，目中無人，因此招惹是非，行事多半吃虧上當，聰明反被聰明誤。

五、戊日主八字裡丁火（正印）合壬水（偏財），化做官殺氣，因爲金錢而惹禍，特別是身旁小人，會暗中陷害自己。

六、己日主八字裡丙火（正印）合辛金（食神），化做財氣，因爲健康不佳，必須耗損財富，或是替人做保，卻被對方給拖累，造成信譽及金錢的損失。

七、庚日主八字裡己土（正印）合甲木（偏財），化做印氣，表示貴人多助、解除困難，凡事能順利進展，心情輕鬆愉快，考試順利過關。

八、辛日主八字裡戊土（正印）合癸水（食神），化做官殺氣，名聲受到損害，人際關係變差，出外多是非糾紛，甚至於惹上官司。

九、壬日主八字裡辛金（正印）合丙火（偏財），化做比劫氣，經濟情況好轉，有進財的機會。

十、癸日主八字裡庚金（正印）合乙木（食神），化做印氣，表示貴人幫助，化解困難，又表現很理想，受到他人肯定，而有升遷的機會，但多半名大於利。

柒、身弱偏印逢合化

一、甲日主八字裡壬水（偏印）合丁火（傷官），化做比劫氣，表示有貴人相助，不用太擔心，在商業上能發揮，賺進不少財富。

二、乙日主八字裡癸水（偏印）合戊土（正財），化做食傷氣，表示財運衰退，人際糾紛，心情相當低落，會藉酒澆愁、縱慾聲色，影響到身體健康。

三、丙日主八字裡甲木（偏印）合己土（傷官），化做食傷氣，表示態度高傲，不聽勸導，常因衝動惹禍，讓人家收拾爛攤子。

四、丁日主八字裡乙木（偏印）合庚金（正財），化做財氣，表示投資不順，賠錢了事，創業會遭遇挫折，將沒有任何成就，若是男命的話，要提防桃花劫。

五、戊日主八字裡丙火（偏印）合辛金（傷官），化做財氣，表示名聲受毀謗，投資過程不順，恐怕週轉不靈，背負大筆債務。

六、己日主八字裡丁火（偏印）合壬水（正財），化做官殺氣，表示身邊多小人，受到陷害與拖累，錢財會嚴重耗損，陷入貧困的情況。

七、庚日主八字裡戊土（偏印）合癸水（傷官），化做官殺氣，表示招惹官非，必須花錢消災，出外會因為貧困，容易被人瞧不起。

八、辛日主八字裡己土（偏印）合甲木（正財），化做印氣，表示貴人即時出現，將會提拔，有機會接近權貴，得到相當的益處，像是名聲與金錢。

九、壬日主八字裡庚金（偏印）合乙木（傷官），化做印氣，表示做人講求信用，人際關係良好，能得到許多幫助，擁有很高的知名度。

十、癸日主八字裡辛金（偏印）合丙火（正財），化做比劫氣，表示投資過程順利，達到預期目標，收入明顯增加。

地支四正、四生、四庫

八字裡面可以將十二地支分類，總共分成三大類，就是四正、四生、四庫，藉此來預知個性及運勢。

四正《子、午、卯、酉》

四正：表示單純、專注、宗教、修行、桃花、沉迷，八字中子、午、卯、酉，有兩個以上，代表自主性強，容易接近宗教，人際關係良好，或是執著堅持。

子水：智慧、冷靜、桃花、聰明。

午火：急躁、衝動、不耐煩、生氣、積極、熱情。

卯木：仁慈、固執、守舊、善良。

酉金：義氣、堅持、精華、內涵、漂亮。

四生《寅、申、巳、亥》

四生：表示開始、希望、進步、活潑、好動、複雜、多采多姿、驛馬遷移、出國，八字當中有兩個以上，個性外向活潑，喜歡到處遊走，活動力特別強。

寅木：五行「火」之長生，代表文明、熱心、希望、好強、追求。

巳火：五行「金」之長生，代表改革、創新、改變、期許、小心。

申金：五行「水」之長生，聰明、智慧、內斂、沉思、流動。

亥水：五行「木」之長生，冷靜、思考、轉變、代謝、陰極陽生。

四庫《辰、戌、丑、未》

四庫：表示收藏、墓庫、內向、不活潑、冷酷、人際冷漠、固執傳統、忠厚老實、修行閉關，八字有兩個以上，個性文靜，喜歡收集，爲人很容易念舊。

辰：春土、水庫、耐力強、踏實、有計畫的推行者。

戌：秋土、火庫、有幹勁、積極、忠誠的合作者。

丑：冬土、金庫、上進心、包容、努力的守護者。

未：夏土、木庫、執著、勇敢、開創者。

邁向八字大師之路的第七天

第七天主要是學習十二長生的排列順序，以及十二長生運的趨勢，對應不同的天干日主，就會有不同的十二長生運勢，十二長生就是沐浴、臨官、帝旺、衰、病、死、墓、絕、胎、養等十二個階段，如同人出生到老死的過程。

十二長生運排列與意義

十二長生就是像人的出生歷程一樣，以天干跟地支的位置來判斷，由長生開始，經過沐浴、臨官、帝旺、衰、病、死、墓、絕、胎、養等十二個階段，其中陽天干甲、丙、戊、庚、壬是順行的，陰天干乙、丁、己、辛、癸是逆行的。十二長生的歷程，就是判斷運勢的標準，可以運用在原八字四柱命局，也可以運用在大運流年裡面。

十二長生的排列表

	甲	乙	丙戊	丁己	庚	辛	壬	癸
長生	亥	午	寅	酉	巳	子	申	卯
沐浴	子	巳	卯	申	午	亥	酉	寅
冠帶	丑	辰	辰	未	未	戌	戌	丑
臨官	寅	卯	巳	午	申	酉	亥	子
帝旺	卯	寅	午	巳	酉	申	子	亥
衰	辰	丑	未	辰	戌	未	丑	戌
病	巳	子	申	卯	亥	午	寅	酉
死	午	亥	酉	寅	子	巳	卯	申
墓	未	戌	戌	丑	丑	辰	辰	未
絕	申	酉	亥	子	寅	卯	巳	午
胎	酉	申	子	亥	卯	寅	午	巳
養	戌	未	丑	戌	辰	丑	未	辰

十二長生的意義

一、長生：猶如新生兒出生

象徵誕生、發展、繁榮、圓滿、喜悅、開始、希望、歡迎、人緣佳、善良、溫和。

二、沐浴：出生後用沐浴來去垢

象徵除舊佈新、喜新厭舊、變動、不安定、失業、曖昧、容易被環境影響。

三、冠帶：長大成人立冠帶帽

象徵名譽、進取心、榮譽感旺盛、好勝不服輸、充滿野心、理想遠大、自以為是、凡事獨立不依靠人。

四、臨官：人創業謀生，求取功名、官祿

象徵成熟穩重、膽大心細、聰明才智、有毅力、環境安定、具有企劃能力、適合出外發展。

五、帝旺：人獲得功成名就，氣勢猶如帝王

象徵獨立自主、任性霸道、具權威性、領導能力佳、喜歡冒險進取、不願意輕易認輸、鋒芒外露、不可一世。

六、衰：物極必反，顛峰過後逐漸消退向下，體力不如從前

象徵敦厚、保守、含蓄、理性、規矩、淡泊名利、修養、無雄心壯志、清閒度日、凡事推託不積極。

七、病：人健康衰敗後，身體百病叢生

象徵虛弱、衰退、杞人憂天、溫厚、同情心、意志薄弱、容易幻想作夢、顯得孤獨寂寞、經常回憶過去。

八、死：人生病之後，終於死亡回歸自然

象徵急迫性、內剛外柔、開朗、靈感、矛盾性格、雙重標準、追根究底的精神、決斷力減弱、做事情猶豫不決、反反覆覆。

九、墓：人死亡之後，葬入墳墓裡面

象徵內向、固執、孤獨怪僻、猜忌心、懷疑他人、親情緣薄、離家出走、收藏物品、有特殊嗜好、有隱瞞的傾向、感情不順、經常晚婚。

十、絕：入墳墓之後，屍體逐漸腐爛至滅絕

象徵運勢浮沉、行事輕率、衝動行事、不詳加考慮後果、對新事物接受度高、容易受騙上當、缺乏耐性、半途而廢、剎那主義。

十一、胎：滅絕之後，靈魂重新受孕轉世

象徵計畫萌芽、初步發展、不成熟、變動性高、易受環境影響引誘、好奇心強烈、具有創意、欠缺主導性、堅持度不高。

十二、養：受孕之後，在母體裡慢慢長大準備出生

象徵吸收新知、步調緩慢、喜歡傳統、行事守舊、個性大而化之、容易繼承事物、懂得量力而爲、謙虛禮讓他人。

十二長生案例演練

案例一：

先查八字日主爲何，經查日主爲丁火，再對照四柱地支，就知道各柱的十二長生運勢。

八字：

辛亥←十二長生爲「胎」
庚寅←十二長生爲「死」
八字日主→丁亥←十二長生爲「胎」
戊申←十二長生爲「沐浴」

案例二：

先查八字日主爲何，經查日主爲壬水，再對照四柱地支，就知道各柱的十二長生運勢。

八字：

庚戌←十二長生為「冠帶」
己丑←十二長生為「衰」
八字日主→壬辰←十二長生為「墓」
辛亥←十二長生為「臨官」

案例三：

先查八字日主為何，經查日主為壬水，再對照流年地支，就知道該年的十二長生運勢。

八字：

辛亥
庚寅
八字日主→丁丑
癸卯

假設流年為「甲子」年，則該年十二長生運為「絕」。
假設流年為「丙午」年，則該年十二長生運為「臨官」。
假設流年為「辛酉」年，則該年十二長生運為「長生」。
假設流年為「癸卯」年，則該年十二長生運為「病」。

邁向八字大師之路的第八天

第八天主要是學習八字中陰陽與五行的概念，像是陽主光明、活潑，陰主黑暗、沉默等等。再者，不同的五行分佈與多寡，也會有不同的命運趨勢，像是木、火、土、金、水都各有優缺點，可以做為推算八字的參考依據。

五行的聯想

當我們與人接觸的時候，通常會有直覺的感受，也就是所謂的第一印象，或者是第一類接觸，而感覺的好壞與否，就會影響我們直接判斷這個人。進而去推論它的個性想法、行事作風、人際交往等等。就八字來看，原八字命局呈現的狀態，通常就是所謂的第一印象，若配合大運、流年等時間因素，就會引發一連串的改變，這就是命運起伏的關鍵，讓我們更容易瞭解他人。

就好像某人的面相特徵，如眼睛大、鼻子大等等，進而跟這個人的特質連結在一起，像是這個人喜歡表現，或是講話幽默風趣，還是老實木訥等等，個性跟面相特徵很快就可以連結在一起，幫助我們認識跟記憶這個人。八字的分析方式也是如此，就八字天干地支來說，屬性可以分爲陰、陽兩種，陽年干出生的人，就是陽男、陽女，陰年干出生的人，就是陰男、陰女，依此來類推，除年柱之外，其他三柱都會有陰陽屬性，若是陽柱越多，則個性就容易剛強，陰柱越多，個性就容易陰柔。就五行上來說，像是八字五行「木」多的人，就會有木的特質，五行「火」多的人，就容易表現火的特質，我們學習八字的時候，掌握住陰陽及五行的重點，就可很快上手。

陰陽的特質

陽的特質

陽具有光明、外在的、剛強、積極、好動、開朗活潑、白天、明亮、主動付出、好勝、堅強、男性、雄風、公開性的等等聯想。

若八字四柱全陽：

那麼爲人個性偏外向，較好動，愛交朋友、參加熱鬧場所，做事情積極，不容易妥協，喜歡求迅速，容易粗心大意，堅持己見，有正義感，喜歡大衆化或陽剛的相關事物。

若八字三柱為陽、一柱為陰：

八字陽多陰少的話，較偏向陽的個性，屬於好動的類型，具有剛強的特質，但是陰柱的位置，表現就相當明顯，若是夫妻宮位爲陰柱，那麼夫妻感情相處，就會比較柔和體貼，而不會關係僵硬。

若八字兩柱為陰、兩柱為陽：

八字陰柱、陽柱平衡，個性就較爲穩定，隨和，情緒起伏不大，思考上較公正客觀，能動態也能靜態。

陰的特質

陰具有黑暗、夜晚、安靜、被動的、冷淡、封閉、退縮、柔軟、包容、隱藏、女性、雌性、不公開等等的聯想。

若八字四柱全陰：

爲人個性容易偏激，文靜不好動，做事慢呑呑，不愛公開活動，人際關係較冷淡，給人城府較深的感覺，思想較周全，容易有靈感，跟陰性的事物容易接觸，像是神鬼、宗教、修行等等。

若八字三柱為陰、一柱為陽：

八字陰多陽少的話，較偏向陰的個性，屬於安靜的類型，具有隱藏的特質，但是陽柱的位置，表現就相當明顯，若是夫妻宮位爲陽柱，那麼夫妻感情相處，就會比較剛強呆板，不太能夠柔性溝通。

五行的特質

八字五行「木」多的人

五行「木」表示個性直率、心地仁慈，具有進取心，比較具有創意，重視打扮外表，好面子……等等。八字五行「木」過多，則土就會受剋或較弱，中醫上「土」主消化系統，代表脾胃，八字上可以推測這個人容易消化不良或是有胃病，「土」也代表肌肉，可以聯想容易運動傷害，肌肉拉傷，或是身體殘疾，行動不方便。

配合五行配合十神星來看，土若剛好是財星，則木就是比劫星，就像很多兄弟朋友來分享財物，人多則表示財物分得越少，或像被強盜強奪，有花錢、破財的現象發生。若土是官殺星，則木就是食傷星，官殺星的特質就是規規矩矩，凡事按部就班來做，屬於較保守傳統，有自我約束的特質，但被食傷星來剋，食傷星較反權威、反傳統，愛標新立異，喜歡獨來獨往，則為人個性上就容易產生叛逆、任性、違法犯紀等情況，可以由此來聯想推論。

八字五行「火」多的人

五行「火」表示熱心公益，付出關懷，表現禮貌，重視印象，做事情急躁，行動積極，表現慾望強，為人大方豪爽。八字五行「火」過多，則金就容易受剋，中醫上「金」代表肺臟、皮毛，被火來剋的話，容易有呼吸系統，或皮膚過敏、乾燥裂開的情況，或是曾經受過燒傷、燙傷，或容易有這些意外傷害等等。

配合五行配合十神星來看，火若剛好是財星，則金就是印星，財星會來剋印星，印爲名譽、長輩、父母、貴人、穩定性等等，財是金錢、財物、慾望、男性的配偶等等。印星被財星所剋可以推論，就是爲追求錢財、慾望，造成生活的不穩定，親情的不穩定，容易爲了財富，不惜犧牲了名譽、家人，或是得罪長輩，不聽勸導等等情況發生。若火是官殺星，金就是比劫星，官殺星代表壓力、責任、強大的約束力、意外傷害等等，比劫星代表自我、朋友、兄弟姊妹等等。比劫星被關殺星所剋，表示自己被壓抑，意見被否定，覺得生活煩悶，老是被人管教，做事情放不開，容易猶豫不決，或是遭受打擊，或突發的意外傷害。

八字五行「土」多的人

五行「土」表示個性老實、沉穩堅定、做事情比較保守、按部就班，但較欠缺變通性。八字五行「土」過多，則水就容易受剋，中醫上「水」代表腎臟、泌尿系統，被土來剋的話，容易有泌尿系統的毛病，或是排汗功能失調，容易多尿、冒汗、手腳冰冷等等，就女性而言，水也代表子宮、生育能力，被土剋的話，就會產生婦科疾病，或是不孕方面的問題。

配合五行配合十神星來看，土若剛好是印星，則水就是食傷星，印星會來剋食傷星，食傷爲才華展現、付出給予、表達溝通、下屬子女，而印星是吸收知識、接受照顧、長輩父母，被印星所剋的話可以推論，創造力方面較差，做事情容易守舊，像是父母不捨得子女勞動，會一直照顧著子女，子女雖然被照顧，只享受沒有付出，但會讓子女很難受，不能夠獨立自主的行事，心中會有被壓抑的感覺，卻沒辦法直接表達，拒絕父母的好意。對女性來說，食傷星代表子女星，子女星被剋的話，嚴重將有流產、墮胎的可能，或子女難以教養的情況。

八字五行「金」多的人

五行「金」表示剛正不阿、具冒險性、企圖心強烈、做風豪邁、不喜歡拘小節，但是好勝心作祟，容易引發爭端。八字五行「金」過多，則木就容易受剋，中醫上「木」代表肝臟、四肢、神經系統，被金來剋的話，容易有肝病、手腳骨折、神經系統的毛病，木也可以想做毛髮，被剋的話，表示喜歡髮型修飾，或是喜歡收集金屬物品，手腳容易有刀傷、疤痕。

配合五行配合十神星來看，金若剛好是比劫星，則木就是財星，比劫星會來剋財星，比劫為自我、手足、朋友、膽量等等，財是金錢、財物、慾望、男性的配偶等等。財星被比劫星所剋可以推論，對於金錢、慾望特別執著追求，並且不容易拱手讓人，若是男性的話，還可能為女性爭風吃醋，引發桃色糾紛。若金是食傷星，那麼木就是官殺星，官殺星代表壓力責任、道德及法律約束，或是管教自己的長輩、上司等等，食傷星去官殺星，就容易不聽規勸，而且作風反叛，不愛讓人家管教，還可能處處反對，甚至於攻擊人家，那麼是非糾紛就多，官司訴訟就很難避免。

八字五行「水」多的人

五行「水」表示聰明才智、喜歡遷移、想像豐富、可塑性強、喜歡交朋友、桃花比較重，但太過於理想，容易眼高手低，做事不切實際。八字五行「水」過多，則火就容易受剋，中醫上「火」代表心臟、血液、循環系統，被水來剋的話，容易有循環系統、高血壓或貧血等問題，體溫會比較低，容易感覺到冰冷，火也代表眼睛，被水來剋的話，眼睛容易有近視、眼疾，女性則是月經不順、容易出血。

配合五行配合十神星來看，水若剛好是印星，則火就是食傷星，印星會來剋食傷星，食傷星代表創造力，而火剛好有急躁外放的特質，但是水卻是陰沉內斂，兩者相剋的話，精神狀態容易起伏不定，有接觸心理、宗教的傾向，嚴重的時候，還可能有精神疾病、憂鬱症等等。若是水是官殺星，火就是比劫星，比劫星代表自我意識，自己容易放不開，像被什麼東西約束，腳步會停滯不前，事業上提不起勁來，特別是人際關係，會有孤立的情況，跟六親關係也較疏遠。

以上五行的多寡與生剋，只是就五行的屬性，來做客觀的推論，不一定是相剋而已，也有耗洩的問題，像是水多的話，金就會被洩，火多的話，木就會被洩，這也可以做爲參考推論。所以八字五行貴在中和平均，可以流通不息，否則單一的五行過多或偏枯，人生運勢就容易起伏，際遇會顯得坎坷而多變化。

支藏人元與十二月司令表

支藏人元的支藏五行強弱，跟月份有相當大的關係，背誦記憶支藏人元時候，可以做一個參考，其中子、午、卯、酉，支藏只有一個或兩個，所以五行的氣比較專一強烈，藉此表可以得知，支藏五行在各月份影響力量的強弱。

十二司令表與五行強弱

月份	五行強弱與掌管天數		
寅（一）月	戊土七天	丙火七天	甲木十八天
卯（二）月	甲木十天	乙木二十天	
辰（三）月	乙木九天	癸水三天	戊土十八天
巳（四）月	戊土七天	庚金七天	丙火十六天
午（午）月	丙火十天	己土九天	丁火十一天
未（六）月	丁火九天	乙木三天	己土十八天
申（七）月	戊土七天	壬水七天	庚金十六天
酉（八）月	庚金十天	辛金二十天	
戌（九）月	辛金九天	丁火三天	戊土十八天
亥（十）月	戊土七天	甲木七天	壬水十八天
子（十一）月	壬水十天	癸水二十天	
丑（十二）月	癸水九天	辛金三天	己土十八天

五行體系象徵表

五行	木	火	土	金	水
五臟	肝	心	脾	肺	腎
五腑	膽	小腸	胃	大腸	膀胱
方位	東	南	中央	西	北
季節	春	夏	四季	秋	冬
五德	仁	禮	信	義	智
五音	角	徵	宮	商	羽
五氣	風	熱	濕	燥	寒
五色	青	紅	黃	白	黑
五味	酸	苦	甘	辛	鹹
五竅	目	舌	口	鼻	耳
五體	筋	血脈	肉	皮毛	骨
五志	怒	喜	思	憂	恐
五液	淚	汗	涎	涕	唾
五毛	眉	髮	體毫	皮毛	鬚

五行	木	火	土	金	水
五臭		焦	香	腥	腐
五聲	呼	笑	歌	哭	呻
五脈	弦	洪	緩	浮	沉
變動	握	悲	噓		慄
所藏	魂	神	意	魄	志
其數	三八	二七	五十	四九	一六
病所	頸脊	胸肘	四肢	肩背	腰脊
生成	生	長	化	收	藏
天干	甲乙	丙丁	戊己	庚辛	壬癸
地支	寅卯	巳午	辰戌丑未	申酉	亥子

邁向八字大師之路的第九天

第九天主要是學習八字喜忌神的判斷方式，也就是利用八字格局的步驟來做仔細的分析。一共有三個原則，一是否得令、二是否得地、三是否得勢，這樣一來的話，格局與喜忌神就清清楚楚了。

八字的強弱旺衰判斷

排定八字格局之後，首先要判斷身旺或身弱，然後才進行各種關係判斷，就知道運勢的起伏，達到趨吉避凶的目的。一般來說，若是八字裡自黨較多，也就是比肩、劫財、正印、偏印較多，那麼就可以說是身旺，若是八字裡異黨較多，那麼就看做是身弱，而身旺或身弱的原則，一共有三個標準，分別是是否得令、是否得地、是否得勢。除此之外，還要看通變星的位置，區分主氣跟餘氣，觀看八字是否透干或通根，再配上這三個標準，才能有正確的分析。

一、得令

所謂的得令，就是利用日主的五行，配合出生的月份（支），就知道日主是否得令，像是木生於春令、火生於夏令、金生於秋令、水生於冬令、土生於四季（辰、戌、丑、未月），而月令具有相當的影響力。而日主得令通根的話，就是獲得比肩或劫財的助力，通常就能判定為身旺，若又是透干的話，那影響更加的明顯。

什麼情況是通根與透干呢？也就是月支與天干的部分，出現比肩或劫財的通變星，我們可以用下列例子來說明。

案例一：

年：比肩　甲○
月：　　　○寅　比肩
日：　　　甲○
時：　　　○○

案例二：

年：劫財　乙○
月：　　　○卯　劫財
日：　　　乙○
時：　　　○○

案例一當中的日主為「甲」，而此日主生於寅月，寅月支藏主氣為甲，所以是日主的比肩，這就是通根的情況。而天干的年干部分，又剛好出現甲，是為日主的比肩，而這就是透干的情況。

案例二當中的日主為「乙」，而此日主生於卯月，卯月支藏主氣為乙，所以是日主的比肩，這就是通根的情況。而天干的年干部分，又剛好出現乙，是為日主的比肩，而這就是透干的情況。

用植物來比喻的話，通根可以說是種子，透干就好像大樹，若沒有通根的話，就是說沒有種子，也沒有根基可言，而有通根但卻不透干，就好像空有種子，但卻沒機會探頭發芽，一樣也不能成爲大樹，運勢發展遭受阻礙。所以任何的日主，或者是干支，一定要有得令與透干，才能說是完整的樹，展現出樹的生命力。若天干部分不通根，就是虛浮無力，而地支部分不透干，就是藏支不透，影響力都不算是很強，但地支的影響還是遠比天干來得大。

案例三：

年：	○○	
月：	○申	偏財
日：	丙○	
時：偏財	庚○	

案例四：

年：	○○	
月：	○子	七殺
日：	丁○	
時：	○午	比肩

案例三當中的日主爲「丙」，而此日主生於申月，申月支藏主氣爲庚，並不是日主的比肩或劫財，因此是不通根的情況。而天干的時干部分，則剛好出現庚，是爲月令的比肩，雖然日主不得令，但可以視爲月令透干的情況。

案例四當中的日主爲「丁」，而此日主生於子月，子月支藏主氣爲癸，並不是日主的比肩或劫財，因此是不通根的情況。而天干的時支部分，雖然出現午，午是日主的比肩，但由於位置不在月令，因此不能說是得令，但午支藏主氣爲丁，是爲日主的比肩，因此午有透干的情況。

案例五：

年：　　　◯◯
月：比肩　甲申　七殺
日：　　　甲◯
時：　　　乙◯

案例六：

年：　　　◯◯
月：正印　癸巳　食神
日：　　　甲申　七殺
時：　　　◯◯

案例五當中的日主為「甲」，而此日主生於申月，申月支藏主氣為庚，並不是日主的比肩或劫財，因此是不通根的情況。而天干的部分，雖然出現甲跟乙，是為日主的比肩、劫財，但由於日主不得令，也不通根，所以叫做虛浮無根，不能視為透干的情況。

案例六當中的日主為「甲」，而此日主生於巳月，巳月支藏主氣為丙，並不是日主的比肩、劫財或印星，因此是不通根的情況，所以日主並沒有得令。而天干的部分，雖然出現癸水正印，是為日主的印星，但月支不是印星，不能算是得令。但月令巳火與地支七殺，兩者巳申合化水，天干有癸水透干，因此能夠合化水，變成化神得令，化神是甲的印星（天干有癸水），因此變成日主有得令，且透干通根，具有相當力量。

案例七：

年：比肩　乙亥　正印
月：　　　〇寅　七殺
日：　　　乙〇
時：　　　〇〇

案例八：

年：正官　庚〇
月：正財　戊寅　劫財
日：　　　乙〇
時：正印　壬午　食神

案例七當中的日主為「乙」，而此日主生於寅月，寅月支藏主氣為甲，是日主的比肩或劫財，因此是通根的情況，所以說是有得令，但月令寅木與年支亥水合化木，剛好天干有透乙木，變成寅亥合化木，化神有透干，變成化神得令，因為所合化的十神，跟日主是相同五行，所以還是有得令，而且因為透干，因此具有力量。

案例八同樣是日主為「乙」，而此日主生於寅月，寅月支藏主氣為甲，是日主的比肩或劫財，因此是通根的情況，所以說是有得令，但月令寅木與時支午火合化火，變成寅午合化火，但天干沒有火，化神沒有透干，所以不能夠合化火，因此不能算化神得令，只能說是得月令而已，寅木也沒有透干，所以沒有力量。

案例九：

年：劫財　辛巳　七殺
月：七殺　丙申　比肩
日：　　　庚辰　偏印
時：　　　〇子　傷官

案例十：

年：正印　辛酉　正印
月：比肩　壬辰　七殺
日：　　　壬申
時：　　　〇〇

案例九當中的日主爲「庚」，而此日主生於申月，申月支藏主氣爲庚，是日主的比肩、劫財或印星，因此是通根的情況，所以說是有得令，又天干有辛金，因此月令透干得令，變得具有力量。但若仔細觀察的話，月令庚金與地支巳火，因爲巳申合化水，又與地支子水、辰土三合化水，天干原本沒有水，所以不能夠合化水，但是天干丙火與辛金，也變成丙辛合化水，形成天干化水、地支化水的情況，這就叫做化神引化神，合成相同五行的化神，所以能夠算化神透干得令，因此變成水月令透干得令，水是庚的傷官（地支有子水），不是比劫或印星，因此庚日主從有得令，變成沒有得令。

案例十當中的日主爲「壬」，而此日主生於辰月，辰月支藏主氣爲戊，不是日主的比肩、劫財或印星，所以說沒有得令。但月令辰土與地支酉金，辰酉合化金，天干有辛金透干，所以能合化金，變成月令化神得令，化神變成金，金是日主的正印（天干有辛金），因此日主有得令，且月令透干有力量。

日主得月令之判斷依據

日主	月令	月令合化為比星、劫星或印星，且有透干
甲、乙	寅、卯、亥、子	寅亥合化木、亥卯未三合木、寅卯辰三會木 巳申合化水、申子辰三合水、亥子丑三會水
丙、丁	巳、午、寅、卯	卯戌合化火、寅午戌三合火、巳午未三會火 巳申合化水、申子辰三合水、亥子丑三會水
戊、己	辰、戌、丑、未、巳、午	卯戌合化火、寅午戌三合火、巳午未三會火 午未合化火、子丑合化土、辰戌丑未會土
庚、辛	申、酉、辰、戌、丑、未	辰酉合化金、巳酉丑三合金、申酉戌三會金 子丑合化土、辰戌丑未會土
壬、癸	亥、子、申、酉	巳申合化水、申子辰三合水、亥子丑三會水 辰酉合化金、巳酉丑三合金、申酉戌三會金

二、得地

日主月令通根或不通根，但其他地支有通根的現象，與日主五行同氣，這情況就叫做是得地。除了月支以外，得地以日支力量最強，影響力也最大，再來是時支，最弱的是年支，這是由距離日主的遠近來做判斷，因此得地的判斷，就是自黨與異黨的數量多寡，與是否有透干來決定。至於得地的情況，我們可以用下列例子來說明。

案例一：

年：丙子　七殺
月：戊戌　傷官
日：丁丑　食神
時：辛丑　食神

案例一當中的日主為「丁」，而此日主生於戌月，戌月支藏主氣為戊，不是日主的比肩、劫財或印星，因此是不通根的情況，所以沒有得令。地支的部分，年支子水、月令戌土、日支丑土、時支丑土，全部都為異黨，一個自黨也沒有，所以丁日主沒有得地。

案例二：

年：巳巳　劫財
月：甲寅　正印
日：丁巳　劫財
時：癸卯　偏印

案例二當中的日主為「丁」，而此日主生於寅月，寅月支藏主氣為甲，是日主的印星，因此是通根的情況，所以有得令。地支的部分，年支巳火、月令寅木、日支巳火、時支卯木，全部都為自黨，一個異黨也沒有，所以丁日主有得地。

案例三：

年：○子
月：○酉　劫財
日：庚申　比肩
時：○卯

案例三當中的日主為「庚」，而此日主生於酉月，酉月支藏主氣為辛，是日主的劫財，因此是通根的情況。而日柱的部分，剛好出現申，是為日主的比肩，雖然自黨與異黨數量相同，但是月支與日支影響，遠比年支與時支來得大，所以自黨力量強於異黨，這就是得地的情況，因此日主不但得令也得地，所以日主力量很強。

案例四：

年：○酉　劫財
月：○午
日：庚申
時：○申　比肩

案例四當中的日主為「庚」，而此日主生於午月，午月支藏主氣為丁，不是日主的比肩或劫財，因此是不通根的情況。而年支與時支的部分，剛好出現酉、申，是為日主的比肩與劫財，這就是得地的情況，因此日主雖然不得令，但可視為得地，所以日主有得到助力，但就影響力來說，年支跟時支比日支來得弱些。

案例五：

年：偏印　乙巳　劫財
月：食神　己丑　食神
日：　　　丁卯　偏印
時：　　　丁未　食神

案例五當中的日主為「丁」，而此日主生於丑月，丑月支藏主氣為己，不是日主的比肩、劫財或印星，因此是不通根的情況，所以沒有得令。地支的部分，月令丑土、時支未土為異黨，年支巳火、日支卯木是自黨，原本看似勢均力敵，且己土月令透干，所以具有力量，但卯木與未土合化，卯未合化木，天干有乙木，所以能夠合化木，變成地支三個自黨、一個異黨，自黨比異黨要多，丁日主有自黨幫助，所以丁日主有得地。

案例六：

年：　　庚子　偏印
月：正印　壬午　食神
日：　　乙亥　正印
時：　　甲申　正官

案例六當中的日主為「乙」，而此日主生於午月，午月支藏主氣為丁，不是日主的比肩、劫財或印星，因此是不通根的情況，所以沒有得令。地支的部分，月令午火、時支申金為異黨，年支子水、日支亥水是自黨，原本看似勢均力敵，但是午火月令不透干，所以沒有力量，又午火被壬水、子水、亥水夾剋，所以根本發揮不了作用，而另一異黨申金與子水，申子合化水，天干有壬水，所以能夠合化水，地支變成三個自黨、一個異黨，自黨強而有力、異黨衰弱無力，乙日主有自黨幫助，所以乙日主有得地。

案例七：

年：七殺　癸未　食神
月：正印　壬戌　傷官

日：　　丁巳　劫財

時：劫財　丙午　比肩

案例七當中的日主爲「丁」，而此日主生於戌月，戌月支藏主氣爲戊，不是日主的比肩、劫財或印星，因此是不通根的情況，原本沒有得令，但月令戌土與時支午火合化火，天干有丙火透干，所以能夠合化火，化神是火爲劫財，化神變成有得令，因此丁日主有得令。地支的部分，月令戌土、年未土爲異黨，日支巳火、時支午火是自黨，原本看似勢均力敵，但月令戌火與時支午火，兩者合化爲火，又巳午未合化火，年支也被合會成火，地支完全合化爲火，火是劫財爲自黨，地支全部是自黨，因此丁日主是有得地。

日主得地之判斷依據

日主	地支
甲、乙	寅、卯、亥、子
丙、丁	巳、午、寅、卯
戊、己	辰、戌、丑、未、巳、午
庚、辛	申、酉、辰、戌、丑、未
壬、癸	亥、子、申、酉

三、得勢

得勢就是日主得自黨的幫助，也就是多比肩、劫財，或者是正印、偏印的幫助，自黨較多就得勢、異黨較多就失勢。就力量來說，距離日主越貼近，那麼影響就越大，距離日主越遠，影響力也就越小。至於得勢的情況，我們可以用下列例子來說明。

案例一：

年：	比肩	癸○	
月：		○子	比肩
日：		癸○	
時：	劫財	壬○	

案例一當中的日主爲「癸」，而此日主生於子月，子月支藏主氣爲癸，是日主的比肩，因此是通根的情況。而年干與時干的部分，剛好出現癸、壬，是爲日主的比肩與劫財，這就是得勢的情況，因此日主不但得令，也可視爲得勢。

案例二：

年：正印　辛○

月：偏印　庚午　正財

日：　　　壬○

時：劫財　癸○

案例二當中的日主爲「壬」，而此日主生於午月，午月支藏主氣爲丁，不是日主的比肩或劫財，因此是不通根的情況。而年干與月干的部分，剛好出現辛金、庚金，是爲日主的正印與偏印，這就是得勢的情況，因此日主雖然不得令，但可視爲得勢，所以日主有得到助力，但就影響力來說，就沒有得令那樣強。

案例三：

年：正財　戊○

月：比肩　乙丑　偏財

日：　　　乙○

時：傷官　丙○

案例三當中的日主爲「乙」，而此日主生於丑月，丑月支藏主氣爲己，不是日主的比肩或劫財，因此是不通根的情況。而年干與時干的部分，剛好出現戊土、丙火，是爲日主的正財與傷官，異黨比自黨要多，且乙木會生丙火，自黨去幫助異黨，因此異黨比自黨要強，所以日主沒有得勢。

日主得勢之判斷依據

日主	干支五行	天干合化神為比肩星、劫財星或印星
甲、乙	多水、木之助	丁壬合化木、丙辛合化水
丙、丁	多木、火之助	戊癸合化火、丁壬合化木
戊、己	多火、土之助	甲己合化土、戊癸合化火
庚、辛	多土、金之助	乙庚合化金、甲己合化土
壬、癸	多金、水之助	丙辛合化水、乙庚合化金

八字日主是否身旺或身弱，由以上三個條件來看，可以總結出幾個依據，來做爲判斷的方法。

一、日主若是有得令（月支見比劫），又加上得地（其他地支比劫通根透干）的話，那麼就可視爲身旺。

二、日主若是有得令，又加上得勢的話，那麼也可視爲身旺。

三、日主若是有得令，但是卻沒有透干，大多數還是可視爲身旺。

四、日主若是不得令，但是有得地的話，就要看自黨與異黨的多寡，才能夠判斷身旺或身弱。

五、日主若是不得令，但是有得勢的話，但天干部分比肩、劫財不通根，虛浮無根的情況，就不能說是身旺。

六、日主若是得地的話，那麼就要依照遠近，來判斷影響力的大小，其中月支最強，日支次之，時支又次之，年支最弱。

七、日主有得地或得勢，雖然地支不透干，但影響力還是比天干要大，不光是比肩、劫財，其他通變星的看法也一樣。

八、就算不透干的地支餘氣，影響力也比虛浮的天干要大。

九、日主得正印或偏印之助，若正印或偏印有通根透干，那麼助力就更大，但影響卻沒有比肩、劫財來得強。

十、若異黨強過自黨，就可視爲身弱，不必失令、失地、失勢三者兼備。

四、喜用原則

八字是講求平衡的學說，因此要想辦法平衡，讓五行盡量能夠調和，這樣變動就會減少，身心自然就能安寧，若是八字格局身旺太過，那麼就喜歡剋洩日主，最好用異黨（食傷、正偏財、官殺）來調和，若是八字格局身弱，那麼就喜歡生扶日主，最好用自黨（比劫、正偏印）來調和，但這只是基本原則，不一定完全如此，得依不同命造的特性來判斷。

以下提出三種原則做爲喜用的參考。

一、扶抑法

陳素庵說：「凡弱者宜扶，扶之即爲用神，扶之太過，抑其扶者爲用神，扶之不及，扶其扶者爲用神。」扶抑法就是看八字身旺或身弱，判斷其用神爲何，再決定要扶日主還是要抑日主。

八字身旺：用官殺抑制日主、用食傷剋洩日主、用財星盜損日主

八字身弱：用印星生助日主、用比劫幫扶日主、用官殺生助印星

扶抑實例一：

年：正官　丁酉　劫財

月：食神　壬子　傷官

日：　　　庚申　比肩

時：比肩　庚辰　偏印

八字失令、得地、失勢，地支申子辰合化水，天干有壬水透干，所以能夠合化水，天干丁壬合化木，地支沒有木，因此不能夠合化，所以算八字身弱，喜自黨、忌異黨。日主爲庚金，應該用金或土（比劫星、印星）來幫助，不能夠用水、木、火（食傷星、財星、官殺星）。

扶抑實例二：

年：正印　癸卯　劫財
月：七殺　庚申　七殺
日：　　　甲午　傷官
時：比肩　甲子　正印

八字得令、得地、得勢，月令申金與時支子水合化水，天干有癸水透干，所以能夠合化水，變成正印星秉令，因此變成有得令，所以算八字身強，喜異黨、忌自黨。日主爲甲木，應該用水、木、火（食傷星、財星、官殺星）來剋洩，不應該用金或土（比劫星、印星）來幫助。

二、通關法

徐樂吾：「通關有二，一爲兩神成象，勢均力敵，必引通其氣，一旺一弱，亦須有以調和之……，二爲用神之間，氣勢對峙，如兩神騈立不能並用，必須以通關之神調和之。」通關意思是說，八字裡面的五行，若只有兩種五行出現，且互相是對立的，一者較強，一者較弱，或者是兩者是勢均力敵，就需要加以調和，使得五行能夠順生，而這個喜用神就叫做通關之神。

八字五行裡金、木對峙，最好用「水」當作通關之神。

八字五行裡木、土對峙，最好用「火」當作通關之神。

八字五行裡土、水對峙，最好用「金」當作通關之神。

八字五行裡水、火對峙，最好用「木」當作通關之神。

八字五行裡火、金對峙，最好用「土」當作通關之神。

通關實例一：

年：偏財　丁酉　偏印

月：正財　丙午　偏財

日：　　　癸酉　偏印

時：偏印　辛酉　偏印

八字失令、得地、失勢，所以算八字身弱，日主為癸水，應該用金或水來幫助，但是全局只有印星（金）與財星（火），財星秉令的關係，所以財星（火）強於印星（金），若用印星來幫助日主，恐怕反會被財星所剋，形成兩神相違的情況，因此不能夠用印星，必須要用通關之神，也就是官殺星（土）。因為火能生土、土能生金，使財星化敵為友，避免兩神相違的劣局。

通關實例二：

年：食神　壬午　正官
月：食神　壬子　傷官
日：　　　庚子　傷官
時：正官　丁亥　食神

八字失令、失地、失勢，原本算八字身弱，但八字全為異黨、沒有自黨，所以變成特殊從格。日主為庚金，從格應該用水、木、火來幫助，但是全局只有食傷星與官星，傷星秉令的關係，所以傷星（水）強於官星（火），若用傷星來幫助日主，恐怕會把官星剋死，若用官星也不理想，也會被傷星給損傷，八字形成兩神相違，喜神打喜神的情況，必須要用通關之神，也就是財星（木）。因為水能生木、木能生火，使食傷星來順生官殺星，避免兩神相違的劣局。

邁向八字大師之路的第十天

第十天主要是學習八字的喜忌神知道之後，該如何選擇喜用神，以及如何化解忌神，一共有幾個方法，像是扶抑法、通關法、調候法等等，都會有詳細舉例與介紹，讓你很快就能上手。

八字喜忌神原則及用法

傳統的八字學裡面，在判斷身強或身弱後，接著就是要取喜用神，而喜用神的取法，一般來說，不外乎三種方法，第一種是扶抑法，第二種是通關法，第三種是調候法。

扶抑法

所謂扶抑法就是說，八字若是身強的話，就必須要用剋洩，剋洩就是要用食神、傷官、正財、偏財來先宣洩日主，或是正官、七殺來剋制日主，達到五行均衡調和的目的。反之，若是八字身弱的話，就必須要用生助法，也就是用正印、偏印來生日主，或是比肩、劫財來幫助日主，使日主能夠壯大，不至於虛弱無力。

案例一：

辛亥

甲午

日主　甲申

戊辰

八字分析：

一、甲日主生於午月，所以沒有得令。

二、地支自黨與異黨相當，但異黨力量較強，所以沒有得地。

三、天干異黨多於自黨，所以也沒有得勢。

四、因爲八字沒得令、沒得地、沒得勢，所以判斷爲八字身弱格。

結論：適合用扶抑法，八字身弱要扶，要用水、木，不能夠用火、土、金。

案例二：

乙未

己卯

日主　乙亥

乙酉

八字分析：

一、乙日主生於卯月，所以有得令。

二、地支自黨跟異黨相當，但亥卯未合化木，天干有乙木透干，所以自黨力量較強，所以有得地。

三、天干自黨多於異黨，所以有得勢。

四、因為八字得令、得地、得勢，所以判斷為八字身強格。

結論：適合用扶抑法，八字身強要抑，要用火、土，不能夠用水、木。

通關法

所謂通關法，就是八字若是只有兩種五行，剛好又是相剋的變通星，必然會產生爭戰的情況，這就叫做兩神相違，是非常糟糕的格局，很容易發生凶險。因此要化解這種凶險，就要找出兩者的通關之神，舉例來說，若是八字身弱的情況，格局只有正財跟正印，形成財印相爭的情況，那麼這時候就必須要「官殺星」來通關，因為財生官、官生印、印生日主，忌神正財被官殺星宣洩，轉而生喜神正印，就不會發生兩神相違的情況，小人能被我所使用，當然也就變成貴人了。或是八字身強的情況，只能比肩跟正財兩種變通星，喜神財星若被剋死，反而無法富貴發達，還可能貧窮潦倒，這時候就要用「食傷星」來通關，因為比生食、食生財，忌神比肩被食傷星宣洩，轉而生喜神正財，不但能得到食傷的名聲，還能藉名聲來賺錢，自然就能化解兩神相違的凶險，還可以一舉兩得，化凶險為助力。

案例一：

辛亥

辛卯

日主　辛丑

辛卯

八字分析：

一、辛日主生於卯月，所以沒有得令。

二、地支多為異黨，所以沒有得地。

三、天干全為自黨，所以有得勢。

四、因為八字沒得令、沒得地、有得勢，原本判斷為八字身弱格，但是異黨不透干，辛金有丑土通根，所以要視為身弱轉身強，所以八字是身強格。

結論：八字身強要抑，要用水、木、火，不能夠用土、金，但原局金、木交戰，比劫星剋死財星，忌神剋喜神，必須要用水（食傷）來通關，因此水（食傷）不但是喜神，也是通關之神。

案例二：

辛亥
庚寅
日主　乙酉
乙酉

八字分析：

一、乙日主生於寅月，所以有得令。

二、地支自黨跟異黨相當，但寅亥合化木，天干有乙木透干，所以自黨力量較強，所以有得地。

三、天干異黨多於自黨，所以沒有得勢。

四、因為八字得令、得地、沒得勢，所以判斷為八字身強格。

結論：八字身強喜歡火、土、金，不喜歡水、木，但原局只有金、木，官殺星與比劫星，必須以水（印星）做為通關之神，水（印星）雖然為通關之神，但卻為忌神，不能視為喜用神，通關之神不一定等同於喜用神。

調候法

所謂調候法跟季節很有關係，是利用五行的屬性，配合出生的季節，然後來判斷五行的生旺休絕，看哪種五行較衰弱，就採用相同五行當喜用神扶助，哪種五行較旺盛，就用相對的五行來剋制，這正符合八字的中庸之道、五行平衡學說。舉例來說，出生在夏季的人，因爲節氣的關係，自然就是火較旺盛，這時就要用水來均衡，才不會太過於乾燥，反之，若是出生在冬天的人，這時就要用火來均衡，才不會太過寒冷。像是癸水日主出生於冬季，八字若是身強的話，那麼就必須要宣洩，也就是用木、火、土三種五行，用木、火的話，就是食傷生財，用火、土的話，就是財官並用，兩者都用火的原因，是因爲八字身強的緣故，而且火爲財星能通關，以避免兩神相違，而不是因爲出生於冬季，才需要用火來調候的。所以觀念算是正確的，但調候法其實是多餘的，因爲原理跟扶抑法相同，八字強則剋制、八字弱則扶助。

更重要的是，八字有所謂特殊格局，特殊格局的喜忌神，跟正常的格局不同，如果採用調候法的話，很容易發生問題。像是八字專旺格的人，就跟八字身強不同，喜用神全爲自黨，不可以用異黨，若是用調候法的話，反而就會破局還原，不能成爲特殊格局了。而八字從格的人，喜用神也跟八字身弱不同，喜異黨、忌自黨，用了調候法的話，也是會破局還原。因此爲了避免觀念混淆，所以傳統的調候法應該不用，只用扶抑法、通關法就足夠，在判斷上也不容易出差錯。

案例一：

辛酉
辛卯
日主　丙申
癸巳

八字分析：

一、丙日主生於卯月，所以有得令。

二、地支自黨跟異黨相當，但巳申合化水，巳酉半合金，天干癸水、辛金都透干，所以異黨力量較強，所以沒有得地。

三、天干異黨多於自黨，所以沒有得勢。

四、因為八字得令、沒得地、沒得勢，僅有卯木、巳火兩自黨，但巳火合化為癸水，僅剩卯木也被重金剋死，所以判斷為八字假從勢格，而非八字身弱格。

結論：假從勢格，喜忌神與身弱格相反，若是看成身弱格，火生於木較焦躁，要用水來調候，因為天干無印，水為官殺星為忌神，雖然可以進行調候，但效果一定不理想，但實際上是假從格，所以水（官殺星）是可以用的，而且反而很有利，但若是視為身弱，兼用木（印星）、火（比劫）來生助日主，那麼水的調候就變成破局，因為水會生木，木會生火，真正的喜神（調候用神）生了忌神，就形成忌上加忌。

用神跟喜神的差別

八字裡面的用神方法，有些書會比較細微一點，把喜神跟用神分開，仇神跟忌神分開，還外加一個閒神，看起來非常的仔細，其實也是不必要的方法。因為八字的喜用神，其實是一種搭配組合，用來判斷變通星的影響，並不是說喜神跟用神有什麼不同。舉例來說，八字身強的人，喜歡食傷、財星、官殺，就這三個變通來說，食傷跟官殺星不可以一起用，以避免兩神相違，所以最好是用財星，這樣一來的話，無論是食傷搭配財星，或是財星搭配官殺，或是三者都同時用，情況就非常的理想，因此財星就可以說是「用神」。就用神來說的話，是很忌諱孤露的，因為大運流年走比劫運的話，財星就很容易被剋死，這時候就需要有食傷星來通關，宣洩比劫星來生財星，或官殺星來剋制比劫星，讓財星不被比劫剋死。因此就財星的角度來說，需要食傷星跟官殺星來保護，因此食傷星跟官殺星就是財星的喜神，所謂喜用神的說法，就是喜神來保護用神。

反之，八字身弱的情況，需要有自黨來扶助，也就是要用印星，因此印星就是用神。但是用神不能孤露，不然會被大運流年的財星剋死，因此要官印並用，或是殺印並用，不然就是用比劫星來剋財星，這樣一來的話，有官殺來通關，財不能夠剋印，有比劫剋制財，財不能剋印，因此官殺星就是印星的喜神。這就是喜用神的區分，但若更詳細說明，這是一種不能分開的搭配組合，因爲喜神跟用神跟都不能夠孤露，否則一旦被忌神剋制，就發揮不了作用，所以說無論喜神或用神，性質都差不多少，不用去特別記憶。只要知道八字身強，傷財並用或財官並用，八字身弱，官印並用或印劫並用，這樣就可以了。

八字神煞的用法

八字神煞的用法，是屬傳統的論斷，有時滿準確，有時卻會失誤，算是一半準一半不準，是具有參考的價值，但不能拿來作爲主要依據。像是八字格局裡，把比星叫做日祿，甲日主見寅月，乙日主見卯月，丙日主見巳月……都是比星的關係，所以都叫做「日祿」。因此只要八字出現這種情況，就說其人有食祿，將來可以榮華富貴，因此祿就是領取俸祿的意思。但是回歸到八字學理，八字身弱，遇到比肩大運流年，也就是見祿的運時，確實能夠賺到錢，而且可以發達致富。但若是八字身旺，見到比肩大運流年，馬上就會破財，還會被人拖累，根本無法翻身。所以說神煞的用法，必須要加以斟酌，還是要用扶抑法、通關法，以及特殊格的用法，會比較準確一點。

邁向八字大師之路的第十一天

第十一天主要是學習傳統八字的神煞，若帶有某種神煞，此神煞會影響該八字宮位，以及人的個性、運勢，可藉此做為推命的依據，對於學八字而言，也具有參考價值。在此列舉較常見的神煞，供讀者做為參考依據。

八字神煞介紹

傳統八字論命的時候，除了強弱格局的推算，五行喜忌神的判斷，另外就是使用神煞了。所謂的神煞，就是利用干支組合，訂出哪一個天干或地支，帶有某種神煞，此神煞會影響該宮位，以及人的個性、運勢，做爲推命的依據。通常神煞一半準、一半不準，準確度不是很高，但對於學八字而言，也具有參考價值。像是八命帶羊刃的人，個性就比較剛強好勝，容易受傷開刀，若是八字帶天乙貴人、月德貴人等等，往往就容易遭遇貴人，化險爲夷，若是八字帶紅艷煞，那麼桃花就很重，有早婚、懷孕，或風流的事情發生。其實神煞是機率問題，增加我們對八字的認識，對於初學者來說，應該多加演練、推算，配合八字格局、大運流年，找出可徵信的地方，就能累積相當經驗。

一、天德貴人

八字中帶有天德貴人，表示貴人多助，吉人天相，得到祖先的遺澤，遭遇災難的時候，通常能化險爲夷，流年或大運有凶險，但同時出現天德貴人，凶險自然能降低危害程度，使命主能安然度過。

古書記載

一、子平賦：「印綬得同天德，官刑不至，至老無災。」

二、天德同正財者，容易發財致富。

三、天德同七殺者，容易開創事業，解決事業的危機，化解官符小人。

四、天德同正印者，與宗教有緣，爲人樂善好施，運勢呈祥。流年大運有天德，能得意順心，發財致富。

五、三命鈐：「天德者，五行福德之辰，若人遇之，主登台輔之位，更有月德者尤好，縱有凶殺亦主清顯。」

天德貴人速查表

月支	寅	卯	辰	巳	午	未	申	酉	戌	亥	子	丑
日柱 時柱	丁	申	壬	辛	亥	甲	癸	寅	丙	乙	巳	庚

案例一：

先查八字月支爲何，經查月支爲寅木，若日柱、時柱天干出現丁火，那麼丁的位置，就表示帶有天德貴人。

八字：

辛亥

庚寅

天德貴人→丁亥

癸卯

案例二：

先查八字月支爲何，經查月支爲子水，若日柱、時柱地支出現巳火，那麼巳的位置，就表示帶有天德貴人。

八字：

癸丑
甲子
癸巳←天德貴人
庚申

案例三：

先查八字月支爲何，經查月支爲戌土，若日柱、時柱天干出現丙火，那麼丙的位置，就表示帶有天德貴人。

己酉
甲戌
丁酉
天德貴人→丙午

二、月德貴人

八字帶有月德貴人，爲人心性善良、忠孝賢能，主一生安逸不犯刑盜，遭遇凶厄自然消散。八字入貴格，表示能登科甲、得君寵任，或是繼承祖業，發達富貴，女命，多嫁貴人之妻。八字入賤格，縱有不順遂，也能安分守己、處之泰然。

陳素庵云：

天德月德，人命值此二德，多多益善，吉者增吉、凶者減凶，臨於財、官、印，食福力倍隆，即臨於梟殺、劫財、傷官，可化暴橫，若二德自遭沖刑，則亦無力。

月德貴人速查表

月支	日柱 時柱
寅午戌	丙
亥卯未	甲
申子辰	壬
巳酉丑	辰

案例一：

先查八字月支爲何，經查月支爲戌土，若日柱、時柱天干出現丙火，那麼丙的位置，就表示帶有月德貴人。

八字：

己酉
甲戌
月德貴人→丙寅
丁酉

案例二：

先查八字月支為何，經查月支為丑土，若日柱、時柱天干出現庚金，那麼庚的位置，就表示帶有月德貴人。

八字：

庚戌
己丑
壬辰
天德貴人→庚戌

案例三：

先查八字月支為何，經查月支為戌土，若日柱、時柱天干出現丙火，那麼丙的位置，就表示帶有月德貴人。

庚申
甲申
月德貴人→壬寅
癸卯

三、天乙貴人

三命通會：「天乙其神最尊貴，所至之處，一切凶煞退避。」八字中若帶有天乙貴人，表示爲人聰明好學，能夠接近權貴，出入結識貴人，人際關係良好，不犯官刑，逢凶化吉。而天乙貴人只會出現在地支。

天乙貴人速查表

年、日干	甲戊庚	乙己	丙丁	壬癸	辛
四柱地支	丑未	子申	亥酉	巳卯	寅午

案例一：

先查八字年干、日干爲何，經查年干爲戊土、日干爲乙木，若四柱地支出現丑、未、子、申，那麼這些的位置，就表示帶有天乙貴人。

八字：

戊申←天乙貴人（日干）
甲子←天乙貴人（日干）
乙丑←天乙貴人（年干）
丙子←天乙貴人（日干）

附註：女命天乙貴人太多，桃花過重、不利婚姻，容易有外遇、離婚的可能，八字干支多合者，情況更是明顯。

案例二：

先查八字年干、日干為何，經查年干為辛金、日干為丙火，若四柱地支出現寅、午、亥、酉，那麼這些的位置，就表示帶有天乙貴人。

八字：

辛丑

丁酉→天乙貴人（日干）

丙辰

己亥←天乙貴人（日干）

案例三：

先查八字年干、日干為何，經查年干為庚金、日干為甲木，若四柱地支出現丑、未，那麼這些的位置，就表示帶有天乙貴人。

八字：

庚子
癸未←天乙貴人（年干、日干）
甲辰
丙寅

四、文昌貴人

文昌貴人代表爲人有才藝，聰明過人，遭遇災厄能逢凶化吉。文昌的人天生具有藝術才華，對於自己要求很高，道德標準較高，重視人情、明辨義理，談吐給人不俗的感覺，打扮高雅斯文，很適合當文學家、藝術家、學者等等。

文昌貴人速查表

年干、日干	甲	乙	丙	丁	戊	己	庚	辛	壬	癸
四柱地支	巳	午	申	酉	申	酉	亥	子	寅	卯

案例一：

先查八字年干、日干爲何，經查年干爲戊土、日支爲乙木，若四柱地支出現亥、午，那麼這些的位置，就表示帶有文昌貴人。

八字：

庚戌
壬午←文昌貴人（日干）
乙丑
庚辰

案例二：

先查八字年干、日干為何，經查年干為壬水、日干為甲木，若四柱地支出現寅、巳，那麼這些的位置，就表示帶有天乙貴人。

八字：

壬子
乙巳←文昌貴人（日干）
甲辰
戊辰

案例三：

先查八字年干、日干爲何，經查年干爲己土、日干爲庚金，若四柱地支出現酉、亥，那麼這些的位置，就表示帶有天乙貴人。

八字：

己酉←文昌貴人（年干）
丙子
庚申
乙酉←文昌貴人（日）

五、天醫

書云：「命帶天醫，能免除疾病折磨，天生抵抗力強，即使生病，只要服藥治療就能痊癒，病情不會拖延惡化。爲人適合學習醫術，容易成爲名醫，也吸收較多醫學知識。」

天醫速查表

月支	寅	卯	辰	巳	午	未	申	酉	戌	亥	子	丑
日支	丑	寅	卯	辰	巳	午	未	申	酉	戌	亥	子

案例一：

先查八字月支爲何，經查月支爲巳火，若日支出現辰，那麼這個位置，就表示帶有天醫。

八字：

壬子
乙巳
甲辰←天醫
戊辰

案例二：

先查八字月支爲何，經查月支爲寅木，若日支出現丑，那麼這個位置，就表示帶有天醫。

八字：

辛亥
庚寅
丁丑←天醫
癸卯

案例三：

先查八字月支爲何，經查月支爲申金，若日支出現未，那麼這個位置，就表示帶有天醫。

八字：

壬寅
戊申
乙未←天醫
戊寅

六、空亡

空亡跟宗教有緣，也跟術數有關係，命帶空亡的話，容易接近術數、宗教。若空亡逢旁支三合、六合，或三會者就不算空亡，不能以空亡看待。空亡就是一切皆空，不見成果，適合研究玄學，探索虛無，宗教精神。

空亡速查表

年旬、日旬	四柱地支
甲子	戌亥
甲戌	申酉
甲申	午未
甲午	辰巳
甲辰	寅卯
甲寅	子丑

甲子旬：乙丑、丙寅、丁卯、戊辰、己巳、庚午、辛未、壬申、癸酉
甲戌旬：乙亥、丙子、丁丑、戊寅、己卯、庚辰、辛巳、壬午、癸未
甲申旬：乙酉、丙戌、丁亥、戊子、己丑、庚寅、辛卯、壬辰、癸巳
甲午旬：乙未、丙申、丁酉、戊戌、己亥、庚子、辛丑、壬寅、癸卯
甲辰旬：乙巳、丙午、丁未、戊申、己酉、庚戌、辛亥、壬子、癸丑
甲寅旬：乙卯、丙辰、丁巳、戊午、己未、庚申、辛酉、壬戌、癸亥

案例一：

先查八字年旬、日旬爲何，經查年旬爲甲辰、日旬爲甲午，若四柱地支出現寅、卯、辰、巳，那麼這些的位置，就表示帶有空亡。

八字：

庚戌
己卯←空亡（年旬）
甲午
丁卯←空亡（年旬）

案例二：

先查八字年旬、日旬爲何，經查年旬爲甲辰、日旬爲甲辰，若四柱地支出現寅、卯，那麼這些的位置，就表示帶有空亡。

八字：

己酉
丙寅←空亡（年旬、日旬）
乙巳
丙子

案例三：

先查八字年旬、日旬爲何，經查年旬爲甲辰、日旬爲甲申，若四柱地支出現寅、卯、午、未，那麼這些的位置，就表示帶有空亡。

八字：

辛亥
庚寅←空亡（年旬）
丁亥
丙午←空亡（日旬）

七、羊刃

羊刃的個性表現，大多是剛強，不服輸，急躁不安，主觀意識強烈，容易固執己見，走偏激極端路線。命帶羊刃，大多適合從事武警、軍人、競爭性高的行業。男女命帶羊刃的話，表示容易剋妻、剋夫、破財、生病、開刀、再婚、失敗、出外遭遇不測。

羊刃論斷

一、羊刃大運流年遭遇沖合都不好，容易發生禍端。
二、羊刃流年容易發生破財，以及血光之災，不然就是有打架、衝突等事。
三、羊刃在年支，替祖上破財，或早年運曾受傷、開刀，留有疤痕在頭部。
四、羊刃在月支，替父母破財，或早年運曾受傷、開刀，留有疤痕在胸部。
五、羊刃在日支，自己或者配偶破財，中年運會發生疾病，遭受傷害、打擊，留有疤痕在腹部。
六、羊刃在時支，替子女破財，剖腹生產，晚年運生病、受傷，留有疤痕在下肢。
七、命多羊刃，個性剛強頑固，易與人不合，打架出手，很可能反被殺害。
八、羊刃逢印緩重重，可能雖貴但帶殘疾。

九、羊刃不宜與魁罡相臨，那麼將加重災禍疾厄。

羊刃速查表

日干	甲	乙	丙	丁	戊	己	庚	辛	壬	癸
四柱地支	卯	辰	午	未	午	未	酉	戌	子	丑

案例一：

先查八字日干為何，經查日干為丁火，若四柱地支出現未，那麼這個位置，就表示帶有羊刃。

八字：

庚戌
癸未←羊刃
丁巳
乙亥

案例二：

先查八字日干為何，經查日干為戊土，若四柱地支出現午，那麼這個位置，就表示帶有羊刃。

八字：

庚戌
壬午←羊刃
戊午←羊刃
戊午←羊刃

案例三：

先查八字日干為何，經查日干為庚金，若四柱地支出現酉，那麼這個位置，就表示帶有羊刃。

八字：

己酉←羊刃
癸酉←羊刃
庚戌
壬子

八、魁罡

魁罡表示個性剛強，不輕易妥協，固執己見，但具有果斷、魄力、領導能力，可以掌握大權。平常嘴硬心軟，大多熱心公益，嫉惡如仇，好勝心強烈，不愛管他人閒事。女性大多是貌美，有著男性的氣概，但戀愛婚姻卻大多不幸。八字帶魁罡的人，人生充滿變化波折，運勢起伏較大，吉凶禍福極端，容易發生悲劇，晚婚較佳，與宗教、玄學有緣，也能學有專長，成爲領域權威。

魁罡速查表

日柱	庚辰	庚戌	壬辰	戊戌
時柱	庚辰	庚戌	壬辰	戊戌

案例一：

先查八字日柱、時柱爲何，經查日柱爲戊戌，那麼這個位置，就表示帶有魁罡。

八字：

庚戌
壬辰
戊戌←魁罡
丙辰

案例二：

先查八字日柱、時柱爲何，經查日柱爲壬辰、時柱爲庚戌，那麼這些位置，就表示帶有魁罡。

八字：

庚戌

己丑

壬辰←魁罡

庚戌←魁罡

案例三：

先查八字日柱、時柱爲何，經查日柱爲庚辰，那麼這個位置，就表示帶有魁罡。

八字：

辛亥

庚子

庚辰←魁罡

辛巳

九、紅艷煞

紅艷煞叫做「桃花紅艷煞」，表示爲人風流、人見人愛，男英俊瀟灑，女貌美如花，受到異性的青睞，但也容易被誘惑、挑逗，女命最怕紅艷煞，通常有非禮成婚的可能。依現在的社風風氣就是婚前性行爲，奉兒女之命結婚、男女同居、外遇、私生子等現象。

紅艷煞速查表

日干	甲	乙	丙	丁	戊	己	庚	辛	壬	癸
四柱地支	午	午	寅	未	辰	辰	戌	酉	子	申

案例一：

先查八字日干爲何，經查日干爲甲木，若四柱地支出現午，那麼這個位置，就表示帶有紅艷煞。

八字：

乙卯
己卯
甲午←紅艷煞
丁卯

案例二：

先查八字日干爲何，經查日干爲壬水，若四柱地支出現子，那麼這個位置，就表示帶有紅艷煞。

八字：

乙卯
己丑
壬子←紅艷煞
癸卯

案例三：

先查八字日干爲何，經查日干爲丙火，若四柱地支出現寅，那麼這個位置，就表示帶有紅艷煞。

八字：

庚子
丁亥
丙寅←紅艷煞
庚寅←紅艷煞

十、桃花

桃花跟人的情慾有很大關聯，表示爲人愛喝花酒，多才多藝，風流成性。若是歲運出現桃花，那麼若不貪戀酒色，就可能發財致富。反之，貪戀酒色的下場，就會引起糾紛，容易被人敲詐、勒索、仙人跳，甚至變成挑花劫，失去寶貴生命。所以走桃花的時候，容易對性行爲開放，行爲不檢，貞操觀念淡薄。

桃花出現在年柱、月柱，一般叫做內桃花，在日柱、時柱稱爲外桃花，八字命帶桃花的人，比較有人緣，朋友交得多，跟人容易親近，但相對的，人際關係較複雜，不是那麼單純。

桃花速查表

年支、日支	寅午戌	亥卯未	申子辰	巳酉丑
四柱地支	卯	子	酉	午

案例一：

先查八字年支、日支爲何，經查年支爲卯木，日支爲午火，若四柱地支出現子、卯，那麼這些的位置，就表示帶有桃花。

八字：

乙卯←桃花（日支）
己卯←桃花（日支）
甲午
丁卯←桃花（日支）

案例二：

先查八字年支、日支爲何，經查年支爲酉金，日支爲子水，若四柱地支出現午、酉，那麼這些的位置，就表示帶有桃花。

八字：

己酉←桃花（日支）
乙亥
庚子
乙酉←桃花（日支）

案例三：

先查八字年支、日支爲何，經查年支爲戌土，日支爲酉金，若四柱地支出現卯、午，那麼這些的位置，就表示帶有桃花。

八字：

庚戌
壬午←桃花（日支）
癸酉
乙卯←桃花（年支）

十一、驛馬

驛馬主動，八字帶驛馬於旺位的話，爲人靈活懂變通，能跟上時代潮流，生平多名望。若是驛馬於死絕位，表示有頭無尾，漂泊不定，一生多敗少成。大運流年遭遇驛馬，表示主有遷移、變動的現象。若是驛馬逢沖，動的情況更明顯，有職位變化的情況，若被驛馬被合的話，則動的機會就不高。

驛馬速查表

年支、日支	寅午戌	亥卯未	申子辰	巳酉丑
四柱地支	申	巳	寅	亥

案例一：

先查八字年支、日支爲何，經查年支爲未土，日支爲子水，若四柱地支出現巳、寅，那麼這些的位置，就表示帶有驛馬。

八字：

丁未
乙巳←驛馬（年支）
庚子
辛巳←驛馬（年支）

案例二：

先查八字年支、日支爲何，經查年支爲子水，日支爲寅木，若四柱地支出現寅、申，那麼這些的位置，就表示帶有驛馬。

八字：

庚子
丁亥
丙寅←驛馬（年支）
庚寅←驛馬（年支）

案例三：

先查八字年支、日支爲何，經查年支爲亥水，日支爲丑土，若四柱地支出現巳、亥，那麼這些的位置，就表示帶有驛馬。

八字：

辛亥←驛馬（日支）
丁亥←驛馬（日支）
癸丑
丁巳←驛馬（年支）

十二、劫煞

劫煞表示有外來的劫奪，八字帶有劫煞的話，大多數個性剛烈，容易破財消災，招惹是非，多憂慮勞碌，與吉星同宮表示才智超人，有很大的發展空間，與凶星同宮，則表示往負面發展，浪費鑽營、利己害人，招惹官刑訴訟。大運流年遭遇劫煞，將可能會有退票、倒會、偷盜、勒索，或是背書失利、敲詐欺騙等事情發生。

劫煞速查表

日支	年、月、時支
寅午戌	亥
亥卯未	申
申子辰	巳
巳酉丑	寅

案例一：

先查八字的日支爲何，經查日支爲申金，若年、月、時支出現巳，那麼這個的位置，就表示帶有劫煞。

八字：

辛丑
癸巳←劫煞
庚申
甲申

案例二：

先查八字的日支爲何，經查日支爲酉金，若年、月、時支出現寅，那麼這個的位置，就表示帶有劫煞。

八字：

庚戌
戊子
乙酉
戊寅←劫煞

案例三：

先查八字的日支爲何，經查日支爲丑金，若年、月、時支出現寅，那麼這個的位置，就表示帶有劫煞。

八字：

癸亥
乙卯
癸丑
甲寅←劫煞

十三、亡神

八字帶有亡神的話，與吉星同宮，表示能保守秘密，喜歡文靜，與凶星同宮，則表示喜歡幻想，淡泊名利。就亡神的屬性來說，爲虛洩日主之星，所以大運流年有亡神，表示虛名虛利，有頭痛，腦神經衰弱，失眠睡不著，精神錯亂、恍惚，犯官司訴訟等可能。

亡神速查表

日支	年、月、時支
寅午戌	巳
亥卯未	寅
申子辰	亥
巳酉丑	申

案例一：

先查八字日支爲何，經查日支爲卯木，若年支、月支、時支出現寅，那麼這個的位置，就表示帶有亡神。

八字：

辛亥
壬辰
丁卯
壬寅←亡神

案例二：

先查八字日支爲何，經查日支爲申金，若年支、月支、時支出現亥，那麼這個的位置，就表示帶有亡神。

八字：

癸丑
甲寅
壬申
辛亥←亡神

案例三：

先查八字日支爲何，經查日支爲卯木，若年支、月支、時支出現寅，那麼這個的位置，就表示帶有亡神。

八字：

辛亥
壬辰
丁卯
壬寅←亡神

十四、孤辰、寡宿

孤辰、寡宿是財星跟印星的墓、絕位置。

八字若帶有孤辰、寡宿，表示不利六親關係、人際孤立無援，而且缺乏和氣，面相帶有孤苦無依的感覺。

就以前來說，就是有離鄉背井、漂泊四海的可能。陽命大運流年怕見孤辰，陰命大運流年怕見寡宿。

孤辰速查表

年支	寅午戌	亥卯未	申子辰	巳酉丑
月、日、時支	寅	巳	申	未
月、日、時支	戌	丑	辰	未

案例一：

先查八字年支爲何，經查年支爲子水，若月支、日支、時支出現寅，那麼這個的位置，就表示帶有孤辰。

八字：

庚子
丁亥
丙寅←孤辰
庚寅←孤辰

案例二：

先查八字年支爲何，經查年支爲戌土，若月支、日支、時支出現未，那麼這個的位置，就表示帶有寡宿。

八字：

庚戌
辛巳
丁未←寡宿
乙巳

案例三：

先查八字年支爲何，經查年支爲亥水，若月支、日支、時支出現寅，那麼這個的位置，就表示帶有孤辰；若月支、日支、時支出現戌，那麼這個的位置，就表示帶有寡宿。

八字：

辛亥
庚寅←孤辰
壬戌←寡宿
壬子

邁向八字大師之路的第十二天

第十二天主要是學習分析比肩星、劫財星的性質、優缺點，像是個性、事業、人際、感情等等，藉此來深入推斷八字好壞，以及運勢發展的趨勢為何。

分析變通星性質

壹、比肩星

一、與日主五行相同，陰陽屬性也相同，就叫做比肩，又稱爲兄弟星，即陽見陽，或陰見陰即爲比肩，如天干甲木日主見到甲木，則天干甲木就是甲日主的比肩星，而地支寅木支藏爲甲木，所以寅木也就是甲日主的比肩星。換句話說，若是乙木日主的話，那麼天干乙木就是乙日主的比肩星，而地支卯木支藏爲乙木，也就是乙日主的比肩星。

二、十神星都有象徵代表，就六親關係而言，比肩星代表男命的兄弟或是姑丈，而女命則代表姊妹、妯娌。比肩星也代表同輩的朋友、同學，也可指是同行、夥伴、股東，或是社會大衆等等。

三、比肩星也代表著自我，包括自我意識、自我主張、想法行動、溝通決策、自尊、自信、面子，同時也表示感情與友誼。

四、對日主來說，比肩星不但五行相同，陰陽屬性也相同，所以與日主地位平等，立場動向一致，彼此會互相競爭。因此八字比肩星旺盛有力，企圖心就比較強，喜歡與他人競爭，或投入競爭行業，展現自己的能力，不斷的尋找目標，並且盡力去完成，若從事商業的話，會很在意業績，時時注意對手的一舉一動，有什麼風吹草動，神經就特別敏感緊張，立即採取行動來回應，深怕被對方給超越，有不願服輸的心理，希望跟他人並駕齊驅。

五、比肩星要求公平，希望待遇或地位跟別人一樣，像是權勢、財富、身分、服務態度等等，不希望被人瞧不起，或是遭受不平等對待，不然會有強烈的不滿，甚至於做出激烈反應。不管是對自己或他人，行事的原則是「禮尚往來」、「以牙還牙」，對方如何對待自己，就怎麼去對待對方。特別是當爲人付出時，就希望獲得相同的回報。

六、比肩星的自尊心強，但是不會有傷官星的驕傲，或是想凌駕別人的心態，只是希望與人家並駕齊驅，不要落後人家太多，否則會覺得沒有面子，心裡會產生不平衡，怕別人恥笑或批評自己，若遭受到侮辱時，就會立刻反擊，確保自己的優勢。因此就比肩星的特質來說，個性是堅強剛毅、固執己見，有著自己的原則性，不輕易與他人妥協，不容易受左右影響，所以也很難聽進其他人的意見。

七、比肩星既然是代表自我，就是說比肩星崇尚獨立自主，喜歡靠一己之力，不愛去依賴別人，很早就會向外發展，離開父母的庇佑，在外闖一番事業。古書有云：「建祿離祖。」也就是八字的建祿格，就是這個意思。比肩星自我意識強烈，所以做事情或做生意，會建立自己的一套見解與方法，大多數都獨樹一幟，不與他人相同，或去模仿他人，往往有著出人意料的經營手腕。

八、比肩星講究平等，因此人際關係上，不喜歡去侵犯他人，也不讓別人來侵犯，而且比肩星的信用良好、言行一致，不會表裡不一，對於他人的承諾，會盡力去做到，不會像劫財星那樣陽奉陰違、忽冷忽熱，態度前後不一致。比肩星通常與他人保持一定距離，如同君子之交淡如水。不過待人接物上，比肩星充滿自信，願意去接受挑戰，在工作崗位上全力以赴。

九、比肩星具有理性的頭腦，不會受他人給影響，因此能保持冷靜思考，凡事有著自知之明，而且會量力而爲，不會想投機取巧，不會急功好利，雖然不依賴他人幫忙，但靠自己也能成事，就算遇到困難，或是他人刁難，也會臨危不亂，想辦法堅守立場，達到最後的勝利，不會輕易的屈服。

十、對於日主來說，比肩星具有相同功能，因此能夠幫助日主，跟劫財星比較的話，不但幫助日主較心甘情願，而且也具有剋財星的效果。

十一、八字講究中庸調和，凡事最好要平衡，比肩星也不例外，若是八字比肩星過多，將會帶來負面的影響，首先比肩星過多，偏財星就會被剋制，對於父親來說就不是很理想，因為偏財星的六親關係就代表父親，父親不是很早就離開人世，就是懷才不遇，事業沒什麼發展性，或體弱多病，讓自己非常的操煩。再者，對自己個性來說，將變得異常固執，溝通出現困難，經常與他人衝突，若嚴重一點，甚至會暴力相向，讓人家厭惡反感，見到自己就會想逃避，而不願意親近接觸，人際關係既然差，就得不到實質幫助，做什麼都非常辛勞，並遭遇困難阻礙，過得非常的辛苦。長期下來的結果，事業一定不成功，家庭一定不美滿。

十二、比肩星的喜忌方面，就八字理論來說，日主強盛的話，就不喜歡比肩星，以比肩星為忌神，若是日主衰弱的話，就喜歡比肩星，以比肩星為喜神。若是比肩星為喜神，就能發揮正面效用，人際上重視誠信，不會要心機手段，讓人更加有自信，做事獨立自主、積極進取，遇到困難的時候，不會輕易就退縮，反而能臨危不亂，從中找出一條道路，化危機為轉機，得到更大的成就。在事業方面，容易得到朋友或同行的幫助，並穩紮穩打的發展。但是若是比肩星為忌神，就會帶來負面影響，讓人變得自私自利、剛愎自用，聽不進他人勸導，不願意放下身段，反而喜歡與人爭鬥，好逞一時之勇，往往招惹是非糾紛，不得人緣。若是八字當中，同柱或鄰近柱有正印星、偏印星來生比肩星，則情況會更加嚴重，暴戾殘忍、目中無人，人生多有阻礙，勞苦而不得志。

十三、比肩星旺盛為忌神，就需要有食神星、傷官星來洩氣，就能減輕比肩的負面性質，變得不那麼固執與衝動。有食傷星洩氣的話，腦筋就會變冷靜，適應環境的能力變強，懂得去發揮創意，與他人溝通合作，講話會較為活潑，具有文藝的氣息，人際關係能好轉，這樣無論做什麼事情，都會得到外力幫助，運勢會比較順暢，能獲得名聲，發揮才華而成功。

十四、比肩星強盛為忌神時，就需要正官星、七殺星來剋制，這樣能轉化剛烈的個性，變成認眞負責、服從權威，對困難不會逃避，也不找理由推卸，成為優秀的領導者。處理事情方面，能夠當機立斷，不會拖泥帶水，而且非常的謹愼，想法非常周全。對其他人來說，凡事會身先士卒，讓他人容易跟隨，進而達到團結合作的效果。

十五、正官星、七殺星能剋制比肩，但反過來說，比肩星也會反抗官殺星。若是八字沒有官殺星，或是官殺星微弱，比肩星卻十分旺盛，這樣比肩星就會作亂，個性會變得頑強叛逆，不愛他人管教約束，表現出無所謂的態度，對父母長上不尊敬、愛頂撞，失去他人的關懷，自然就得不到提拔。常常會因此誤入歧途，變成流氓黑道或小偷盜賊，一生不務正業，財來財去，晚年辛苦無依。又比肩星會生食傷星，食神星、傷官星會剋制官殺星，更加不服從權威管教，經常有反抗叛逆的現象發生，沒有人願意去引導管教。

十六、古書云：「陽逢陽類，陰逢陰類，是名為比。陰逢陽朋，陽逢陰朋，是名為劫，其氣雖同，其情不協。皆取天干以推，不為地支而設。」意思是說，比肩星與劫財星，雖然五行都與日主相同，出現在天干叫做比肩、劫財，出現在地支就叫祿神，但是不是所有的比肩星都可以稱作祿，而是指比肩星在地支得本氣才能稱作祿。如八字戊日主見地支有辰戌，雖是比肩星，但並不叫做祿，而八字甲日主在地支見寅，或八字辛日主在地支有酉，因為是日干支建祿所在，所以叫祿神，祿在四柱地之各有不同的稱呼，祿神現於年支時，稱為「背祿」，如甲日主生於寅年，乙日主生於卯年者，餘類推。祿神在月支得月令，就稱為「建祿」，如甲日主生於寅月，乙日主生於卯月等。祿神出現於日支時，稱爲「專祿」，只有四日是專祿，就是甲寅日，乙卯日，庚申日，辛酉日等。祿神出現在時支時，就稱爲『歸祿』，如甲日主生於寅時，乙日主生於卯時，庚日主生於申時，辛日主生於酉時等等。

十七、日主的祿神出現在月支得月令的話，就叫做建祿格。以前八字並沒有強調「建祿格」。直到後來的時候，認爲日主得月令之氣，應該歸類特殊格局，才漸漸的重視起來。建祿格是日主得月令之氣，所以表示日主非常旺盛，通常是八字身強的格局，喜歡財星、官星貼近日主，這樣歲運走財、官運的時候，就可以富貴雙全、地位顯赫。建祿格還可以從財星、官星出現的位置，配合歲運來判斷家世背景，或將於何時有成就，若是出現在年柱、月柱，表示家庭背景不錯，從小享受先人庇佑，得到祖父母、父母的關心疼愛，得到良好的教育，升學十分的順利，建立將來事業成功、理財規劃的基礎。特別是財星在年柱，而官星在月柱爲佳，表示財官雙美、家世顯赫。但若是官星在年柱、財星在月柱，則是有名無實，名氣大於實利。財星、官星出現於日支，表示早年環境不好，但憑著自己努力，又得到配偶支持，往往能白手起家，成就一番功業，獲得相當財富。日支作財星的話，男命能娶得豪門閨秀，女命能嫁顯貴丈夫，得到娘家或夫家的幫助，而「少奮鬥三十年」。若財星、官星出現於時柱，不但出生貧窮、難依祖業，中年事業也不如意，等到接近晚年，人生才有轉機出現，有著良好際遇，或得貴人提拔，屬於大器晚成的命格。像是封神榜裡的姜子牙，晚年學道下山，年近八十才拜相封侯。

十八、八字身強的建祿格，若是沒有財星、官星可用，或是財官太弱無力，而印星、比星旺盛的命格，那麼出生的時候，祖業就逐漸衰敗，父親陷入困境中，往往懷才不遇、無所發揮，自己多半很早就遠離家鄉，另謀生計發展，但是卻一無所成、清寒貧苦。八字身強的建祿格，若財星、官星爲喜用神，出現於時柱的話，都表示能在異鄉發達，必須出外去發展，尤其是偏官（七殺）、偏財出現於時柱時，情況就更加明顯。

十九、八字身弱的建祿格，必然有許多食傷星或是財官星，造成日主旺氣剋洩過度，但因爲建祿格得月令主氣，所以身弱也不會太弱，直接以建祿做爲喜用神。若是歲運走到比劫，大多能功成名就、水到渠成，不會花費太多力氣。一般而言，若是財多身弱的建祿格，歲運走比劫運時，則表示發達富貴，能夠賺取金錢。若是歲運走印運時，也可以發達致富，但沒有比劫運多。若是官殺旺盛，有印星護日主，那麼藉力使力，就可以獲得名聲地位，不過卻沒什麼財利。比劫運也能獲得名聲地位，但沒有官殺運那樣輕鬆獲得，會需要辛苦的去爭取。

二十、八字若以祿神爲喜用神，就不可以逢沖破，否則會形成官殺局來剋伐日主，這樣就叫做「破祿」。喜用神被沖破的話，基礎根本動搖，就會產生危機，若是歲運又不佳，則有可能祖業不保、事業失敗、耗損錢財、疾病傷殘，甚至於有性命之憂。有書云：「凡命帶祿，最怕逢沖，爲之破祿，如甲以寅爲祿而見申，乙以卯爲祿而見酉，則氣散不聚，貴人停職剝官，衆人衣食不足。」由此可見「破祿」的嚴重性，所以八字以祿神爲喜用神，若祿神逢沖剋的話，就要當心留意。

二十一、若日支得祿的話，像是甲寅日、乙卯日的話，就叫做「專祿」。有書云：「建祿離祖、專祿傷妻。」意思是說，日主得祿旺盛，會傾向於白手起家，不依賴祖業而發展。對男命而言，日支是妻宮的位置，日主強而坐祿神，比肩星會剋傷代表配偶的財星，所以有傷妻的暗示，傷妻是指配偶健康不佳，讓自己非常操心，又配偶脾氣剛強，做事自我主張，夫妻在溝通上有問題，感情難免會引起摩擦。若八字命局以財星爲喜用神，則表示太太會耗損錢財，或自己被太太連累而破財，不然就是配偶行爲有不檢點的現象，必須要特別注意。但日主身弱而坐祿神，反而象徵吉兆，表示配偶對外精明幹練，凡事獨當一面，對內勤儉持家，願意刻苦耐勞，由太太來發號施令。如是財多身弱而日支坐祿，則得賢慧配偶，在配偶的協助下擴展事業。日主強又日支得祿，錢財方面較沒有問題，但收入與支出僅能平衡，經常是財來財去，不能夠聚集財富，而夫妻間感情不融洽，為意見不合爭執。此時八字天干透劫財時，正財又弱而無力時，形成劫財星強剋正財星時，配偶的健康一定不理想，經常生病吃藥或有慢性疾病，不然就是自己私生活不檢點，感情花心不專，沉迷酒色賭博，配偶無法約束自己，所以夫妻經常吵架，甚至於離婚收場無法白頭偕老。但若八字有官殺星制化，則可改善這方面的缺點。

二十三、八字專祿格中，比肩星力量大於劫財星，或是比肩星透干而劫財星藏支的話，比肩星就會去剋偏財星，大多數對父親較不利，因為偏財星代表父親，父親的身體健康不佳，或是父子感情失和、親情薄弱，特別是比肩星與偏財星相鄰的時候，情況最為明顯。若是八字無官殺星剋制比肩，大多三十歲前就會喪父。

二十四、對女命來說，比肩、劫財星不能太多，因為比劫旺盛會去違逆官殺，代表自我意識強烈，不希望管教約束，對老公會加以反抗，甚至於無視對方存在，夫妻感情形同陌路，彼此互相不關心，是僅有名分的伴侶。女命比劫星會合官殺星，會產生爭奪丈夫的現象，通常有色情的禍端，若是八字財、官星有力，可以制化比劫星的話，就能改善負面的影響。

二十五、有經云：「日祿歸時無官星，號曰青雲得路。」又云：「歸祿有財終須富，歸祿無財終須貧。」是說日干的祿神現於時支，叫做歸祿。歸祿格必須有兩個條件，第一是時干不可見官殺星剋制時支的祿神，第二是八字格局中要有財星。日祿歸時，不一定能身強，而且是身弱居多，通常身弱而時支得祿，時干沒有官殺星，且局內財星有力才能算是「歸祿格」。時柱代表晚年運勢，是人生成果的總結，若是前三柱不理想，而時柱爲祿神爲喜用神，那麼就可以大器晚成，彌補早年的缺憾。因此歸祿格有補強作用，雖然力量不如月令，但也不能輕忽，有很多名人或大企業家幾乎都是歸祿格，由此可見其補強日主的效用。一般而言，八字財多身弱得歸祿，就是說晚年有機會成爲富翁。不過這也要配合良好的歲運，如果歲運都是剋洩日主之運，則恐怕也難成巨富。反之，中年就能獲得歲運協助，則不用等到晚年，晚年來臨之前就能獲得相當的財富了。

二十六、歸祿格爲什麼不能見官殺星，因爲時祿是用來幫助日主，若時干見官殺星剋制時祿，喜用神被剋制，就無法去幫助日主。若日主身強，就不喜歡時支得祿，尤其是引財星爲喜用神時，將出現比劫攔截財星的現象，晚年容易有破財，或是子女不孝的事件發生。

二十七、比劫星代表群衆，所以羊刃格或建祿格，或是比劫星旺盛的人，喜歡去接觸群衆，發表自己的意見，所以適合與群衆有關的工作。特別是劫財羊刃格，對接觸群衆的工作特別有興趣，而且不會有畏懼的心態，人越多越有衝勁，善於與群衆拉近距離，彼此能夠打成一片，甚至於能帶領群衆，鼓動群衆的氣氛，進一步產生引導作用，而能夠領導群衆，掌握群衆的心態。如果往壞的方面發展，則容易煽動群衆，讓場面變成暴亂或暴動。八字格局中若帶有傷官，則會加強煽動的能力。

二十八、八字日主身強，比肩星力量大於劫財星，或有比肩星卻無劫財星的話，爲人大多正直無私、坦誠敦厚，不懂得鉤心鬥角，也不會拐彎抹腳，思考方式較爲直線條，做人也直來直往，他人對我如何，就如何對待他人，彼此互相禮尚往來，不會去佔人便宜。但因爲比肩頭腦簡單，心思不複雜的緣故，也容易產生缺點，像適應環境的能力較差，人際往來的手腕不靈活，在詭計多端、人心不古的時代，不太能隨機應變，有被淘汰的可能，所以不適合投機冒險，或是高風險、多變化的事業。比較適合穩定性高、變化不明顯、風險較低的行業，像是公家機關或是上班族。如果八字身強財弱，沒有食傷星洩秀生財，比劫星必然直接剋制財星，財星的損傷過重，則一生容易破財，或因爲財務糾紛，招惹不必要煩痲，又個性較執著頑固，不懂得適時變通，缺乏溝通的技巧，所以工作辛勞付出，收穫卻不成正比。有頭腦簡單、四肢發達的現象。多爲中下階層的勞力工作者，歲運走財、官運時，雖然能小發財，但不能持續很久，最後還是得辛勞度日，難得清閒。

二十九、八字建祿格當中，如果劫財星力量大於比肩星，或天干透劫財星而比肩星藏支的話，身強的人，比肩星、劫財星旺盛，財星完全被剋制，沒有官殺星來制化，就會家庭失和、刑妻剋子，祖業會被敗光，離鄉背井到外地討生活，但僅能溫飽而已，挫折阻礙不斷，沒有希望發財致富。

三十、八字身強比肩旺盛，以官殺星爲喜用神的話，由於官殺星剋制比劫星，所以表示自己會發達，但兄弟的發展卻有限，或是比自己要差。反之，若財官星強，或食傷星強，導致日主剋洩而身弱，以比劫星爲喜用神的話，表示自己成就不高，兄弟的成就比自己要好。八字若比肩星透干爲喜用神，能依靠兄長的幫助。若是劫財透干爲喜用神來幫助日主或合七殺，則表示能得弟妹的幫助。

三十一、八字比劫星、印星旺盛時，身強太過的話，表示頭腦僵化，做事固執不懂變通，口才不佳而經常得罪人，所以得不到貴人幫助，做事情辛勞卻無成果，很難發揮自己的優點。這時候就必須要有食傷星洩秀，才能轉變不良的影響。身旺洩秀的話，讓人個性變溫和，交際手腕變好，富有幽默機智，容易親近別人，適應環境能力變強，具有經濟觀念，凡事能掌握時機，開創未來前途，很適合從事商業，可以獲得相當的名聲與財富。

三十二、八字比劫星若太旺盛，增強日主剛強的特質，如此則行事霸道，固執頑強，不善於交際手腕，低聲下氣，身段放不下的關係，人緣會變得很差，容易與他人格格不入，以致受到排擠，建議往自由業發展，較有機會出頭，發揮獨特的風格，如果八字格局食傷星洩秀有力，則必具有藝術天賦，可以往藝術方面發展，能發揮比肩卓然不群、獨樹一格的藝術風格，而獲得肯定。

三十三、八字比肩星旺盛的人，常常會去強迫他人，要求別人跟自己一樣，把自己的觀念強加在別人身上，造成他人的反感與排斥。所以比肩星的人，要懂得察言觀色，才不會得罪人，比肩星旺盛而財星弱的人，喜歡好管閒事，急功好義，幫助弱小的朋友們。

三十四、八字中比肩星若有官殺星蓋頂，或月令官殺星強勢，容易造成手足單薄，有可能兄弟折損或發生災禍。若比劫星為用神而被沖破，也不利於手足，羊刃逢沖破，則表示兄弟姊妹容易突然暴斃身亡。比肩星坐天德貴人、月德貴人，表示兄弟仁慈，而且喜歡熱心公益。比肩星坐建祿長生、冠帶的話，兄弟運勢不差，若沒有七殺制或空亡，則兄弟有機會成就一番事業。比肩星坐桃花，表示兄弟有異性緣，但是風流多情，比肩星坐天乙貴人，表示兄弟有機會獲得榮華富貴。

貳、劫財星

一、與日主五行相同，陰陽屬性也相同，就叫做比肩星，但是陰陽屬性卻不同，就叫做劫財星，兩者又叫做兄弟星。如天干甲木日主見到乙木，則天干乙木就是甲日主的劫財星，而地支卯木支藏為乙木，所以卯木也就是甲日主的劫財星。換句話說，若是乙木日主的話，那麼天干甲木就是乙日主的劫財星，而地支寅木支藏為甲木，也就是乙日主的劫財星。

二、十神星都有象徵代表，就六親關係而言，劫財星代表男命的姊妹或是兒媳婦，而女命則代表兄弟、公公。劫財星也代表同輩的朋友、同學，也可指是同行、夥伴、股東，或是社會大眾等等。

三、劫財星既然代表他人，能象徵友誼或情感，所以個性多半是外向的、活潑的、對外開放的，喜歡接近群眾，到處結交朋友，而且行動非常的急躁，想法會比較偏激，不像比肩星一樣較為冷靜理智，會充滿著熱情，所以有利他的心態，替對方設身處地著想，不懂得爭取自己權益。跟比肩星比起來，劫財星愛發表言論，善於製造氣氛，帶動現場人氣，因此在各種社交的場合，有出風頭的機會，別人很容易注意到自己，來增加自己的人緣。

若是劫財星不太強勢，就可以發揮其優點，能迅速跟大家打成一片，用幽默感來獲得友誼，讓別人感覺好親近，加上劫財的心思敏捷，能夠察言觀色，適時說句好話，化解尷尬的氣氛，或是投其所好，來迎合別人喜惡，藉此掌握他人心理，而產生引導群衆的力量。由好的方面來看，劫財星是交際高手，但具有煽動群衆的本事，引發他人的憤怒、悲傷等情緒，有可能引發暴亂現象，這是要特別注意的。

四、劫財星的人因爲積極行動、想法偏激，所以敢勇於出頭，爲他人打抱不平，不管對方是不是強權，都會據理力爭到底，如果八字配合得當，那麼就是很不錯的領袖，適合領導管理群衆。再者，劫財星有很強烈的操作慾望，凡事都喜歡親身參與其中，來體驗實際的情況，所以能以身作則，好讓別人跟從，這種勇氣跟毅力，使劫財星的人，較懂得深入基層，跟別人相處溝通，瞭解他人的需要，若是領導人物的話，就會知道民間疾苦，及如何找出癥結，進一步解決問題，或得民衆的愛戴，這不但是劫財星的特質，也是很重要的優點。

五、劫財星與日主的五行相同，但是陰陽屬性不同，造成帶有劫財星的話，爲人通常會有雙重個性、雙重人格，心態上容易產生矛盾，形成天人交戰的現象，考慮事情的時候，就會反反覆覆、變動不一，很可能昨天決定的事，今天突然就反悔，或是剛剛做完決定，而且已經去執行，過了不久之後，就覺得不該如此，而有後悔的想法。所以旁人有時感覺，劫財星的人忽冷忽熱，讓人難以捉摸，跟人家親近的時候，是非常熱心公益的，展現出高度的同情心，但若跟人家疏遠，就開始躲避人群，不願意跟外界有任何接觸，所以劫財星的特質，表現在人際友誼或是事業財富，都比較難持久不變。

表面上劫財星的人很溫和，實際上內心常有不滿，只是情緒壓抑著，外表看不大出來。若是比肩星的人，言語跟行動一致，很少會口是心非，但若是劫財星的人，就很容易說一套、做一套，前後行動不連貫，有自相矛盾的現象，因此剛開始能出風頭，得到應有的名聲地位，後來卻無法守成，漸漸失去沒落，這是因爲劫財星有著強烈的變動特質所導致。

六、劫財星雖然有同情心，喜歡幫助別人，替別人著想，但是心裡卻非常愛嫉妒吃醋，在別人失意的時候，會主動伸出援手，但若是對方有成就，又十分出風頭的時候，就認爲對方耀武揚威，超越了自己成就，就會激起自己的好勝心，不願意輕易服輸，導致衝突摩擦的發生。所以劫財星的個性，很容易想到什麼，就希望得到什麼，會拚命的去爭取，但是野心往往過大，又不按部就班，缺乏耐性的結果，造成華而不實，很容易功敗垂成、弄巧成拙。

人際關係上，劫財星表面溫和，很好請求拜託，但內心卻很堅持，喜歡自我主張，不達目的不罷休，讓人家覺得固執，又不好溝通，事情最後往往不了了之，沒辦法順利進行完成。從好的地方來看，劫財星的人，行動力強、想法獨特，具有高度的實踐力，能朝著目標去做，但是壞的影響，就是無法持久，欠缺腳踏實地，很容易造成失敗。

七、劫財星跟傷官星一樣，不太重視倫理道德或是社會規範，傷官比劫財衝動，會故意去犯罪，違反法律道德，挑戰各種權威，而劫財星是不喜歡社會倫理，經常視若無睹、聽而不聞，沒有放在心上，不管三七二十一，想到就會去做，不在意他人的看法，或是刻意壓抑下來，因此會造成衝突摩擦，有時事情嚴重時，就會產生攻擊意味，帶有強烈破壞力。所以八字劫財星強勢，而沒有剋洩的話，就容易惹是生非，愛用武力解決問題，造成人際的失和。

劫財星的剋洩方法，主要是用食神、傷官星來洩其氣，讓自己不要那麼鋒芒畢露，減少衝突機會，能夠冷靜思考，轉換成有理性智慧的人。另一種則是用官殺來壓制，並且做良好的引導，就是利用制度權威，讓個性變得穩重，充滿責任感，替大衆來服務，成爲優秀領袖。但若是劫財星強勢，但卻剋洩不足，那麼就不能改變凶暴的本性。

八、正財星的人，會比較愛惜錢財，凡事都精打細算，跟人家斤斤計較，很善於管理財務、投資金錢。而劫財星剛好跟正財星相反，因爲劫財星剋正財星的緣故，所以劫財星的人，缺少理財觀念、不懂投資，對金錢較無節制，很容易奢侈浪費，錢都是賺進來之後，先拿去花掉再說，沒有要先儲蓄，或是再投資的想法，經濟常出現拮据，使生活陷入困頓。加上劫財星的情感表現，是屬於向外發展的，就是外緣不錯、內緣很差，對親戚朋友很大方，對家人卻很苛刻，對外面的異性溫柔多情，對自己妻子卻吝嗇粗暴，所以劫財星的男性，結婚的前後，都會因爲親戚朋友，跟配偶爭執吵鬧、意見不合。

九、日主在地支見到劫財星的話，通常就叫做「刃」，或是「羊刃」、「陽刃」。羊刃是日干（日主）帝旺之地，是旺盛之極的意思，如同刀刃一般鋒利，具有強大殺傷力，被視爲不祥的象徵。但是羊刃雖然有凶象，但不完全是如此，吉凶好壞的影響，應該要看是否爲喜神或忌神，才能夠判斷而論。古書有云：「羊刃在時莫看凶，身輕反助卻爲中，單嫌歲月重相見，莫把生時做怒宮。」也就是羊刃在時支，若日主身弱的話，反而能成爲輔助，得到有力的支持，而成就一番事業，因此羊刃不一定是壞的。

就八字格局來看，專旺格、從強格、財多身弱格、身弱官殺混雜格，這些格局若出現羊刃，就可以得到極大幫助，讓日主有所發揮。因為羊刃有幾個優點，第一、羊刃可以幫助身弱，使之轉為身強。第二、財多身弱時，可以用羊刃（劫財）來剋財。第三、八字食神、傷官強勢，而日主身弱時，可以代替日主洩氣。第四、身弱而官殺強時，可以幫助日主抵抗。第五、官殺混雜時，能發揮合殺留官的作用。

十、八字身弱的時候，喜歡時支出現羊刃，叫做「時刃格」。若是財多身弱的格局，只要大運順遂，中晚年的時候，就可以累積財富，有機會成為富豪，許多商界企業名人，多半都具有時刃格局，因此時刃的力量不可輕忽。但是八字身強的話，就不喜歡時刃得祿，尤其是八字以財星為用神，而無官星護財的話，就比較不理想，中晚年多有破財，或遭受子女拖累的情況發生。

十一、劫財星與正財星是水火不容的關係，所以性質也很多相反，正財星的人，願意腳踏實地，辛勤努力賺錢，而且具有投資理財觀念，開銷會規劃妥善，投資也會量力而為，很少有透支的現象。而且對家庭責任感強，會用心去愛護家人，對朋友也很講信用、誠實不欺，自己平常勤儉樸素、不做多餘物質享受。反之，劫財星的人，缺乏理財觀念，容易奢侈浪費，經常開銷透支，有負債的現象，經濟生活拮据，再者，做事情太急躁，沒有思考規劃，常因此而失敗吃虧，但不會因此反省，還具有投機心態，從事炒股票、炒地皮或賭博、賽馬等等，爲金錢引發不少的煩惱糾紛。正財星的人討厭不勞而獲，或是走旁門左道，因此跟劫財星很難相處溝通。不過劫財星跟食神星的人，倒是能和平相處，溝通不會有問題，因爲劫財生食神的緣故。

十二、比肩星的人，想法與行動一致，所以較容易掌握，會值得他人信賴，做事情也較妥當。但劫財星的人，具有雙重性格，經常口是心非，表面與內在不一樣，所以喜歡隱藏動機、想法，或是隱藏實力，說出來的話都要打折，甚至不是眞正的想法。所以對劫財星的人，必須要特別謹慎，仔細的評估審視，分析其一舉一動，才能明白對方眞正的意圖爲何。

十三、劫財星剋正財星，正財星代表金錢及男性的配偶，所以劫財星強勢而無剋洩，自然會直接傷害到正財星，所以就運勢來看，會無緣無故破財，不是被人倒會、借款，就是自己愛花費，透支而負債。如果財星弱而劫財強，那麼也容易有金錢糾紛，因此得罪他人，就男性而言，自己配偶將體弱多病，或是遭受意外，或自己結婚多次，嚴重時會事業失敗而破產，破壞家庭的穩定。

十四、劫財星的人對錢財很敏感，雖然有利他的心態，但是與自己利益無關的事情，卻不會十分的投入，有時變得不理不睬，也不會用心去完成。但對於本身權益，將會盡快去做，讓人覺得急功好利，不過由於想迅速獲得結果，常不能按部就班，用辛勤勞力換取，及耐心等待時間，所以最後往往因為某些關鍵出錯，導致全盤皆輸的下場，但失敗後不一定會反省，還可能變本加厲，屬於不見棺材不掉淚的類型。

十五、若是八字劫財星強勢，就要用有利的官殺來制化，將劫財的暴戾之氣，化成穩重的氣魄、幹勁，及領導的權威。劫財星得官星的制化，將使劫財星成為優秀領袖，不但口才良好，懂得隨機應變，還可以發揮交際手腕，與他人來周旋，很適合當外交、公關人才。如果形成羊刃格，七殺能制化羊刃，則是非常不錯的格局。古書云：「殺無刃不顯，刃無殺不威，殺刃兩全，權威顯赫。」所以八字羊刃、七殺都有的人，不但頭腦精明、做事果斷，能承擔重責大任，面臨危險不恐懼，因此能夠出人頭地，成就一番豐功偉業，特別是往武職來發展，像是警察、軍人、司法人員等等，或是企業公司的主管要職，不然就是危險性高的行業。但若是危險性高的行業，就必須要有印星貼近日主，這樣才會比較理想。

十六、若八字劫財星強勢，無官殺來壓制的話，就必須用食傷來洩秀，食傷有力又能洩秀，則可以降低劫財星氣焰，不至於那麼囂張狂傲，變得較為斯文有禮，讓人家好親近，自己也會追求學識，願意去學習技藝才華，或是接近文化藝術活動，能有不錯的發揮表現。特別是名聲方面，因爲口才流利的緣故，若從事工商業發展，適合擔任公關、業務人員，可以利用食傷來生財，創造不少財富。

十七、若八字日主強帶羊刃，而沒有官殺星來制化，也沒有食傷來洩秀，或是官殺、食傷的力量太弱，發揮不了作用，又不能算是從格的話，則變成身強無制的偏枯八字命格，這樣的個性將頑劣，容易橫行霸道，不聽從他人管教，在外與人摩擦衝突，甚至於暴力相向，嚴重的時候，將誤入歧途、違法犯紀，不是經常進出牢籠，成爲社會邊緣人，爲社會治安帶來麻煩，就是無所事事、遊手好閒，過著朝不保夕的生活。

十八、若八字劫財羊刃爲月令透天干，或是劫財星力量大於比肩星的話，爲人就會產生反覆無常的現象，不過若是有食傷洩秀生財時，就可以有所改善，脾氣會較爲溫和，樂於幫助別人，給人家良好印象，獲得他人的肯定。陽日主的男性，大多很重視朋友，願意伸出援手，但是由於太照顧朋友，而忽略身旁的配偶，讓配偶覺得被冷落，而顯得不太高興，陰日主的男性，情況更加明顯，對外面的異性更溫柔多情，還可能因此影響夫妻感情，造成雙方的不愉快。

十九、劫財星的男性，情感是對外發展，偏財星代表風流，若是八字中劫財星跟偏財星十分明顯強勢，或是劫財星、偏財星較比肩星、偏財星要強勢，那麼在外就會表現熱情，喜歡拈花惹草、尋花問柳，或是有金屋藏嬌的現象，陽日主的男性，行為舉止較保密，不讓外人知道，陰日主的男性，則會想辦法說服配偶，讓配偶默認外遇的情況，好讓齊人之福，能公開的左擁又抱。若八字另外有官殺星制化時，則變得謹言慎行，懂得拿捏分寸，較能約束自己。

二十、羊刃出現在月令，叫做「月刃」，出現在日支，叫做「日刃」，對日刃來說的話，只有三個情況，就是丙午日、戊午日、壬子日。古書說這三日出生的話，將會刑剋配偶，但就八字理論而言，不可以單一來看待，還是要觀看全局才能判斷。八字身強者，就不喜歡夫妻宮做日刃，因為將對配偶不利，自己會被拖累，但若是八字身弱，則喜歡日坐羊刃，表示得到配偶幫助，特別是財多身弱的格局，日坐羊刃能得賢慧配偶，或是配偶帶財，就沒有刑剋配偶的現象。

就日刃來說，不喜歡三合、六合，或是其他沖剋刑害，反而喜歡有七殺制化，若大運走官運、印運，就可以平步青雲、大展鴻圖。若日主身強財星弱，又日坐羊刃的話，就不適合再遇見比肩星，不然將會因比肩破財，經常有耗損的事情發生，奔波勞碌的結果，到頭來卻是一無所獲，此時最好是有官殺星透天干，才能夠改善運勢。若是日主坐羊刃，而劫財也透天干，劫財通根有力，正財星就會受剋，不但財運不佳、耗損金錢，夫妻的感情也將不和睦，配偶將多災多難，讓自己操勞煩惱，變成刑妻剋子的現象。一般來說，日坐羊刃比較外向，在家裡是待不住的，會找各種機會或假藉各種理由，在外面流連忘返，不關心陪伴家人，特別是日主身強又坐日刃的人，情況特別的明顯。

二十一、古書云：「建祿離祖、羊刃破祖。」所謂的羊刃破祖，並不是帶羊刃的人就一定會這樣，還是必須觀看全局才可以判斷。一般來說，日主得月令羊刃，表示得到月令旺氣，除非原局官殺星、財星太多，造成剋洩太過，否則不容易身弱。若日主羊刃強勢，又有財星、官星貼近日主，則一旦走財、官大運，富貴官職都不難求得。但若是身強財弱格，天干出現劫財，變成劫刃通根透干，財星將被嚴重剋制，所以表示耗損祖業，有遠走他鄉的情況，所以劫財星的人，最好不要動用祖業財產來做事業。再者，劫財的人往外跑，不喜歡安靜留守，出外發展的可能性大，也是不繼承祖業原因之一。若是八字比肩透干，劫財不透的話，偏財將被比肩所剋，就容易傷及父運，因爲偏財星就代表父親。古書有云：「羊刃透比、父緣薄弱。」表示父親容易早逝，或體弱多病，或工作辛勞。

二十二、羊刃是凶暴的象徵，帶有強烈殺傷力，所以不適合透干，否則就是所謂的「羊刃出鞘」。對產業、妻子、兒女將帶來損害。像是甲日主生於乙卯月，庚日主生於辛酉月。若是身強的羊刃格，行運又成羊刃格，就是羊刃特別強勢，連官殺星都無法剋制，是最凶險的大運，容易事業破敗、妻離子散。

二十三、除了月刃、日刃、時刃之外，還有年刃、自刃、飛刃的說法，自刃是日支中帶有比肩及羊刃，所以叫做自刃，共有癸丑、己未、丁未等三日，且都是陰日主，也叫做日坐陰刃。而飛刃則是丙子、丁丑、戊子、己丑等四日爲飛刃。這是日支所沖對方爲羊刃而稱之。除月刃外，年刃與時刃最爲不利，有年刃的話，表示不得祖業，而且會耗損父母產業，人際關係將施恩反怨，得不到別人好處。時刃將刑剋妻子，晚年生活無著落，但這僅是提供參考，還是要衡量全局，不可以偏概全。

二十四、古書云：「刃煞逢沖合、勃然禍至。」所謂刃煞，就是八字身強羊刃格，或是日刃格，而其餘地支都是羊刃。帶有刃煞的人，個性都較爲暴躁凶狠，生涯當中容易遭人拖累，因爲兄弟姊妹或親戚朋友而破財，所以不適合與人有金錢財務的來往，或是替人家背書、做保，才不會別人跑路，自己背負債務。而刃煞的人，也容易有血光災禍，像是交通意外、開刀手術，甚至於官司牢獄。而刃煞帶來的凶災，發生的時間往往是羊刃流年的前一年秋冬，或是沖犯刃煞流年的前一年秋冬，這就是「未見其鋒、先見其芒」。例如丙午爲羊刃，前一年巳年秋冬就會遇到凶災，而沖刃之年爲子年，也就是前一年亥年的秋冬，就會遭遇到凶災。

二十五、劫財星出現在月柱，生平聚財不容易，經常缺錢來花用，不是被人家欺騙，就是自己亂花費，加上人際關係不佳，會有犯小人的情況，若是經營事業的話，就不適合合夥，因爲劫財強勢而財星被剋的緣故，錢財容易被人瓜分，所以要獨立創業，比較不容易吃虧。再者，劫財星強勢的人，自尊心特別強，禁不起別人數落或諷刺，常會起口角衝突，引起不必要的糾紛。因爲喜歡迅速發達，又不愛辛勤努力，所以容易從事賭博、電玩，或相關的娛樂事業。

二十六、若八字身強的話，就不適合再見羊刃，因爲羊刃會合剋七殺，會因此而牽制原局力量的均衡性，以及減低七殺制化的程度。但是羊刃凶暴的影響，會轉向另外一方面，導致有破財的現象，或是毀損財務，誤傷親戚朋友，最後惹上禍端，官司訴訟纏身。

二十七、劫財星若爲喜神，最好不要用官殺星制化，因爲官殺星爲子女星，官殺來破用神，則易生不孝子女，會來忤逆自己，或是子女有災厄，讓自己操心煩惱。正財星若是喜用神，被劫財星所剋制，又劫財位於正財上方，或是正財透干被劫財所近剋，表示一生賺錢辛苦、財富不聚，男性對配偶態度強硬，會有打罵的可能，出外容易被搶奪，或是遭人偷竊、投資失敗、標會倒會等等。最好不要介入財務運作，像是做保、貸款等等。女性出現劫財剋財的現象，有可能去整形美容，或是愛慕虛榮，打扮很時髦亮麗，但財務卻出現透支，不懂得理財規劃，經常為錢財所煩惱。

二十八、古書云：「陽刃逢印綬，縱富貴而殘疾在身。」是說八字有羊刃，若是再遇到印星生身，則日主過於旺盛，就算是得到榮華富貴，也一定會帶有疾病，甚至於臥病在床，無法享受生活，以及財富的好處。

二十九、古書云：「日刃大忌沖合，喜官殺相制，合型者凶，遇印者吉，有殺無刃則有勇無謀，有刃無殺，則做事濁而不顯，無殺遇殺，恐禍患相侵，有刃遇刃，需忌災厄相犯，刃生身死，其年難做吉推，財旺官傷，此歲不作凶斷。」意思是說，陽刃需要官殺來制化，才可以發揮作用，若原本八字無七殺，大運流年運到七殺，就必須提防災禍發生，若羊刃大運流年再遇羊刃，則恐怕有血光之災，危及生命安全。

三十、古書云：「羊刃沖合歲君，勃然禍至，命元淺薄，遇此誠然，若命旺秉氣深厚，或有天德、月德、赦文解救，止有浮災，易無大咎。」表示羊刃不喜歡逢歲運沖合，因為是凶險之象，特別是地支多見羊刃，那種情況更加的明顯，若是日主有力喜用旺盛，那麼雖然有沖合的現象，災禍並不會很嚴重，還有貴人能來幫忙解救。

三十一、古書云：「殺無刃不顯，刃無殺不威，殺刃具全，常人無有，更身旺，不見傷官爲妙，若命元有殺刃，歲運又逢，或有刃無殺，歲運逢殺旺之鄉，俱發大禍，如命有刃有印無殺，歲運逢殺，反轉成厚福，若柱無刃殺，合命財官，歲運後遇刃殺，主一歲蹇滯，因財爭競，兄弟分居，離妻去妾，若原無刃，行刃運，雖不妨，亦主有剋妻之事。元有刃，歲運切不宜再見，及傷官財地，原帶傷官財星，再逢，禍害極重，身弱尤凶。」原文意思是說，八字命局有刃殺兩者，而且力量均衡時，就不適合再遇見羊刃或七殺歲運，否則將會產生變動，導致災禍的發生，而原局有刃沒有殺，遇見七殺歲運時，凶禍也必然降臨，就像平常放任子女，但有天卻突然嚴格管教，子女必定會反彈抵抗，這是必須要注意的。

邁向八字大師之路的第十三天

第十三天主要是學習分析食神星、傷官星的性質、優缺點，像是個性、事業、人際、感情等等，藉此來深入推斷八字好壞，以及運勢發展的趨勢為何。

參、食神星

一、讓日主來生的東西，又能洩日主的東西就叫食神星，陰陽屬性相同，就叫做食神星，若陰陽屬性不相同，就叫做傷官星，兩者又叫做子星或兒星。如天干甲木日主見到丙火，則天干丙火就是甲日主的食神星，而地支巳火支藏爲丙火，所以巳火也就是甲日主的食神星。換句話說，若是乙木日主的話，那麼天干丁火就是乙日主的食神星，而地支午火支藏爲丁火，也就是乙日主的食神星。

二、在人際關係方面，食神星代表男命的女婿、孫兒，女命的女兒、祖母，另外也是象徵下屬、晚輩、學生、僕人等等。

三、食神星能洩日主的元氣，所以當八字身強，日主喜歡用食傷星洩氣時，就可以叫做「食傷洩秀」或「食傷吐秀」。若是八字身弱，日主不喜歡洩氣時，就叫做「食傷盜氣」或「食傷洩氣」。若日主身強喜歡洩氣，那麼食傷星的作用是正面的，可以將日主的精華發洩，讓日主不那麼剛強，個性會比較溫和，較能客觀判斷，理性處理事物，對於環境的適應力增強。其中食神星的洩氣，將使日主變聰明，腦筋清晰，口才良好，具有創意，食神星是內在才華的展現。

四、食神星與日主陰陽屬性相同，所以食神的洩氣有限，日主並不會毫無保留地付出，所以對日主危害不大，除非日主太衰弱，不能見到食傷星洩氣，否則若八字出現較多食神星，也不會有太大影響。

五、因為食神星偏於內向，才華多半含蓄保守，內心多愁善感，待人接物方面，有著寬大肚量，懂得善解人意，來協助解決糾紛，能獲得許多友誼。一生當中波折不多，經濟能夠溫飽，用不著擔心收入，加上本身的聰明才智，善於表現發揮，能從中獲得財利。食神星是樂天知命的代表，滿重視物質與精神生活的調和。食神星具有審美能力，對文藝相當喜好，感情的生活豐富，思想充滿了灑脫，講話的技巧高明，能學習專門技藝。食神星也具有口福，懂得適時去享受，平常鋒芒內斂，存有利己的心態。

六、食傷星是才華的象徵，所以食傷格或是食傷旺盛的人，具有優秀的溝通能力，說服力特別強，而且有條有理，讓人家聽得進去。就八字的印星來說，是將學問智慧裝進腦袋裡面，而食傷星是將智慧學問取出來用，所以若一個人八字印星旺盛，但卻沒有食傷星洩秀，爲人學識只有進沒有出，不能夠收放自如，再怎麼才華洋溢、學富五車，也無法有所發揮，只能夠孤芳自賞，不能讓人家知道。這是因爲缺乏食傷星，就不善言詞談論，喜歡沉默寡言，很少交際應酬，交的朋友就少，而無法獲得成功的契機。若是能走印星歲運，學問就能表現出來，腦筋會變得靈活，反應迅速，也勇於發言，講話比較流利，做事情有條不紊，能利用方法解決，環境適應力增強，個性也溫和乖巧，而因此獲得人緣。

反之，八字印星旺盛又走印星歲運時，食傷星就會被剋死，才華就展現不出來，做事情變得呆板，想法非常封閉，不能夠靈活運用，與人的溝通不良，觀念會有所偏差，應變能力會變差，人際關係也糟糕。而食傷星是財星的根源，食傷星被剋死，就等於沒財源，經濟將發生困難，三餐將沒有著落，也就是說，才藝展現受阻礙，賺錢技巧不高明，辛苦奔波卻沒有收穫，或是報酬不成正比。特別是食神星害怕偏印星，偏印星是食神星的剋星。

七、食神星能夠洩秀，但不可以太多，若是食神星過多，洩耗日主的元氣，日主的健康將受影響，會變得精神不繼、無精打采，做事情有心無力，提不起什麼勁，若是沒有印星補足元氣，就有可能體弱多病。而在工作方面，就容易變成紙老虎，只會高談闊論，卻無實際作爲，虛有其表而已，將會被人看穿手腳。

八、食神星喜歡遇見財星，特別是偏財星，因爲食神星怕偏印星剋制，偏財星是偏印星的剋星，所以能保護食神星。若是偏財星透干，食神星高枕無憂，就能專心發揮作用，追求財富的累積，並能夠享受成果。八字身強若有食神星洩秀，又有偏財星保護的話，家庭背景良好，父親非常有成就，縱使不是老闆，也是主管階層，自己能獲得栽培，訓練出優秀頭腦，不但學習衆多技藝和人際應對進退，耳濡目染之下，也懂得交際手腕，運用個人的眼光，去發掘商機所在，並擅用周遭資源。若是歲運順暢的話，就很適合創業，前途不可限量，能在業界擔任重要楷模，創出自己的一片天，是鉅富的命格。

九、食神星生財星，所以食神星是財星的根源，財星有食神星生助，就可以源源不絕、財源滾滾。又食神星爲口福之星，也被稱作「爵星」、「天廚貴人」，專門負責掌管飲食。但是食神星還有一個稱號，那就是「壽星」，這是必須要知道的。因爲七殺星會剋制日主，而且相當的猛烈，所以八字命局有七殺星，就必須要特別注意，化解七殺星剋制日主的方法，通常有以下幾種：第一、用食神星來制七殺星，第二、用印星來化解七殺星，第三、用財星生七殺星，第四、用傷官星或劫財星來合七殺星。一般來說，八字身強的情況，通常就是用食神星制七殺星，七殺星被剋制住，就不會危害日主，可保持平安無事，日主就可以長壽。而且食神星制七殺星的格局，是很不錯的格局，這種人富貴雙全，而且企圖心強，對事業不斷擴展，能成爲一方之霸，特別是食神星排在七殺星的前面，這樣還可以掌握權勢、地位崇高。反之，七殺星在前，食神星在後，就變成吉中藏兇，富貴無法長久，容易大起大落。

食神星制七殺星，兩者也不能夠太靠近，像是同柱或相鄰，那麼就容易發生凶險，因爲彼此將激烈爭鬥，影響日主的安穩性，就好像平常沒事，突然就發起脾氣，一時氣憤失手，做出不可理喻的行爲，容易傷害到別人。所以元理賦說：「食居前，殺居後，功名顯達，殺近食神，去有殃。」又古書云：「父仇子報。」就是說七殺星能剋害日主，而食神星爲日主所生，又可以制七殺星，以報七殺星剋害日主的情況。

十、八字裡有七殺星、食神星、偏印星，就會是個特殊組合，應該要判斷日主身強或身弱，才能夠決定吉凶禍福。如果日主身弱，食神星跟七殺星剋洩交加，那麼就不能夠發揮食神星制七殺星的作用，而是要用偏印星去化解七殺星，並且剋制食神星，還能夠生助日主，這樣的情況就叫做「棄食就印」，不能算是「食神逢梟」。若是日主身強的話，就不可以有偏印星出現，這樣就變成「制殺逢梟」，是很不利的組合，容易貧窮困苦，或是疾病早夭。因爲七殺星出現時，就必須用食神星來制殺，若這時候有偏印星出現，那麼就會先剋制食神，食神星被剋制住的話，日主的地位就危險，會被七殺星給剋害，造成嚴重的後果。另外一種情況是說，八字格局沒有偏印星，但有食神星跟七殺星，原本是要「食神制殺」，但是歲運卻走到偏印星，反而變成「制殺逢梟」，這個歲運就將成為「生死關頭」，恐怕會大禍臨頭，這是偏印星被視為不祥的原因。

十一、食神星成格的話，就不能再有偏印星，除非食神星太多，必須要加以調和，就可以用偏印星來制食神星，減輕日主洩氣的負擔，這種情況叫做「逢梟止洩」。偏印星這時的作用就是好的。若眞的有「梟印奪食」的情形，有兩個方法能解救，第一、八字身強用偏財星制偏印星，第二、八字身弱用劫財星來通關，劫財星能洩偏印星，又能幫日主代洩給食神星，可以減輕偏印星的危害，所以有食神偏愛劫財的說法。

十二、食神星跟傷官星，同樣都是日主所生，但都把傷官星視為不祥，食神星反視為吉祥，這是彼此性質的差異。食傷星不僅能展現才華、流露智慧，也是新陳代謝的關鍵，若八字有印星、食傷星，就形成「有生有洩、秀氣流通」的格局。身體健康不錯，消化器官很好，而且相貌清秀俊美，皮膚光華細緻。其中傷官格或傷官洩秀格，加上財星來輔助，更是五官端正、氣質高雅。八字正官、正印、食神俱全，彼此不相戰剋者，也大都秀麗清新，國色天香。

十三、八字身強有印星，用食神星來洩秀，個性開朗大方，但行為含蓄保守，做事情能專心投入，而專精某項成就，加上良好的思考，溝通的技巧，所以工作能順利，並且具有權威，能得到別人的肯定。食神星與正印星都適合專門技術人才，且食神星比傷官星更有耐性，所以食神對於需要長時間研究的工作或職業，是非常適合的，而且容易有成果。若食神居月令或食神洩秀的人，臉上充滿笑容，聲音溫和甜美，口才流利，說服力強，想法表達佳，能面對群衆或客人的工作，像是新聞廣播、節目主持人、接待人員、演說家、銷售人員等等，給人印象清新良好，讓人家非常喜歡。

十四、食神星比較內向，個性溫和善良，若是八字以食神星、正財星為主氣，而沒有傷官星、偏財星的話，或食神星、正財星力量大於傷官星、偏財星，或食神星與正財星較貼近日主者，表示為人重視家庭，責任感重，很在意家人的感受，會常與家人溝通，工作下班以後，大部分的時間都會留給家人，比較少交際應酬。再者，這種人較為清高，不喜歡同流合污，做事情非常謹慎，不太會衝動行事，因此能腳踏實地，默默耕耘，進而達到目標。賺錢方面，重視信用、不投機取巧，或走旁門左道，雖然會比較辛苦，但很少突然失敗，能慢慢累積財富。

十五、傷官星跟食神星差異很大，傷官星心高氣傲，城府深沉，行事作風大膽，積極進取，向外擴張，配合良好口才、聰明才智，經常能出類拔萃，獲得相當成就。若是有偏財星配合，可以將才智轉為利益的追求，喜歡從事商業活動，把握任何賺錢機會，並利用廣大人脈，獲得資訊消息，以及相關資源，再者，決策時能果斷，行動迅速，因此能比別人捷足先登，企業商業領域，常能成為佼佼者。傷官星與偏財星的搭配，最具商業才華，算是賺錢天才，能創造大筆財富。八字若是以傷官星生偏財星為喜用，大多外向活潑，喜歡聊天，在家裡待不住，把精神專注在事業上，也因此忽略了家人，造成感情的疏遠。若八字身強傷官星生偏財星為喜用，或傷官星生偏財星明顯而身弱，但喜用神有力的話，如果行運不差，都很適合經營商業，去當公務員就很可惜。

十六、傷官星的人，懂得尋求外力幫忙，來擴大本身勢力，因此事業心強烈，比較有企圖和野心，凡事都要第一、最好的、最大的，如果超過本身能力，就容易與人合夥，或是舉債來投資。這跟食神星獨自經營、默默耕耘的心態，是完全不能相比的。再者，傷官星較為現實，有付出就要有收穫，不允許絲毫損失，所以會斤斤計較，對利益非常重視，跟食神星那種隨緣自在、不求名利的情況，也有很大的不同。

十七、食神星的人，很害怕孤獨寂寞，若是要食神星關在小空間裡研究，那麼恐怕無法持久，不過有人陪伴的話，反而能夠安心工作。雖然食神星忍耐力比傷官星好，但也不喜歡拘束，討厭外在的壓力，以及緊迫的生活，沒有時間就是金錢的觀念，寧可選擇悠閒的生活步調，也不要承受龐大壓力，對困難的工作敬而遠之，帶有逃避現實的傾向。所以食神星的人，適合大眾傳播、廣告、音樂、舞蹈家、教師、星相家、服飾設計等屬於服務性質的工作。不過食神星的人，在面對現今生活的緊迫，還是得調整心態，變得務實一點，否則可能被淘汰。

十八、食神星代表飲食、才藝、口才，所以很適合新聞記者、廣播、教師、演說家、舞蹈家、音樂家、藝術家、設計家、作詩、作詞、寫作、販賣、溝通、公關、餐飲等等工作。像有些餐飲經營得有聲有色的人，八字一定帶有食神星，而食神星重視人際和諧，講究和氣生財，故很適合餐飲服務業，加上食神星跟傷官星的味覺天賦，東西好不好吃，一下子就知道，傷官星比較挑剔，而食神星較隨興，大多數的音樂家、聲樂家、詩人、藝術家跟食神星、傷官星脫不了關係，現在傳播媒體發達，對食傷星來說，正是能大放異彩的時候，可藉由知名度來賺錢，佔了不少的便宜。而議員、立委、民意代表等等，也都需要很好的口才，以及清晰的頭腦，對食神星、傷官星的人來說，也很容易就可以勝任。

十九、印星是重視吸收，食傷星是強調展現，印星是累積學問、涵養氣質，食傷星是展現才華、流露智慧，所以八字最好要有印星，也要有食傷星，這樣就可以達到平衡，否則光有印星沒有食傷星，聰明智慧無法表現，會有懷才不遇、悶悶不樂的現象，縱使滿肚子學問，也是英雄無用武之地。更嚴重的話，由於印星過多，造成腦袋循環受阻，反而容易變成痴呆。而八字食傷星過多，印星無力的話，雖然爲人有表現慾，喜歡出風頭，但是由於缺乏實力，沒有深度內容，剛開始也許會不錯，但最後還是容易失敗，是因爲沒有印星補充，只是虛有其表的關係。若是食傷星跟印星配合，這樣日主就可以洩秀，表現出眞正的實力與內涵，講話能夠言之有物，並具有相當執行力，而不是光說不練，讓人家刮目相看。如果八字身弱，食傷星過重，沒有印星剋制食傷星及幫助日主的話，爲人雖然高談闊論，也只是個繡花枕頭，不能夠有所作爲，只會到處炫耀，而缺乏執行能力。食傷星的人愛講話，所以像廣播電台，有什麼話都藏不住，會到處跟人宣傳，守不住秘密，縱使很想要約束自己，也沒有辦法完全遵守，常常無意之間就洩漏，造成人際上的糾紛煩惱。因此食傷星的人，容易被人家看穿，情緒會寫在臉上，較沒有沉重心機，是能夠相處的人，但不能夠告之機密或情報。反之，八字印星重，食傷星弱之人，平常就沉默寡言，不喜歡表現，口才也不好，不善於交際應酬，站在台前面對群衆，會有相當的恐懼感，沒辦法有所表達發揮，但比較能保守秘密。不過因爲安靜沉默，讓人不知道在想什麼，不容易讓人摸清楚底細，讓人有「高深莫測」的神秘感，此種人較不能夠深交，周遭朋友知己也較少。

二十、食神星制七殺星時，其性質就會改變，此時候應該以七殺星來配合瞭解個性，因爲食神星要制七殺星時，就不能夠用悠閒的態度面對，必須要變得積極勇敢，而且表現出堅強的一面，做事情會努力奮發，而且掌握住效率，並盡情的發揮才智，是個很有作爲的人。但若是遇見偏印星，變成梟神奪食的話，那麼情況就完全不同，將變得智慧封閉，腦筋不靈光，做事猶豫不決，出現許多阻礙，健康情況也不好，而且容易發生意外，因爲食神星要能旺盛，不能受到剋制，才可以發揮福氣。但食神星也不能過多，不然就變得懶散，想法不切實際，沒有積極作爲。八字身強若有食神星生財，不僅代表富貴，也能夠顯貴，就是財富地位兼具。女命食傷星制七殺星，也喜財星來洩食神星，好讓財星能夠生官，則能財官兩美，夫榮子賢。女命八字若食神星太旺而官星太衰，沒有財星來通關的話，那麼食神星會直接剋制官星，造成官星的損傷，丈夫容易體弱多病、很早夭折，或事業不順、無法發達，不然就是跟丈夫離婚。男命食神星也不能太旺，因爲食神星剋官殺星，官殺星是男命子女星，子女將沒有出息，或是健康情況不佳。

二十一、八字不管身強身弱，食神星不能跟偏印星同柱或相鄰，特別是身強洩秀或食神制殺的格局，一旦有偏印星出現，就會破壞食神星的作用，造成日主的不幸。故古經說：「食神大忌偏印，爲倒食，主人有始無終，容貌妖邪，身材瑣小，心性偈促，多慾無成。」食神星受印星剋制，就是說被長輩給約束、管教，使得許多事情不能自由發揮，反而會被影響拖累，而且自己容易有災厄。

二十二、不論男命或女命，偏印星與食神星同柱或緊貼，沒有辦法化解的話，都容易刑剋子女。八字沒有財星，走印運或食神星逢沖，子女就有可能夭折，女命就容易流產。又食傷星代表生理器官，印星太重而食傷星弱，就容易有生理宿疾，女命八字食傷星及偏印星過重，失去中和的話，就直接影響到丈夫運勢，因爲食傷星過重剋制代表丈夫的官星，而印星過重能洩官星之氣。若是食傷星過重，丈夫容易死於意外，而偏印星過重，丈夫容易死於疾病。

二十三、食傷星能生財星，是生財的工具，食傷星因爲懂得運用技巧，發揮本身才華，配合靈活的頭腦、交際的手腕、商業的眼光，所以賺錢比較容易，也比較輕鬆入袋，知道哪裡有錢賺，知道要如何賺。若是印星剋制食傷星的話，就等於生財工具消失，就沒辦法賺錢致富，一切就變得不順利，人際關係就變差，還可能遭遇挫折、導致心情鬱悶，而有想不開的念頭。

二十二、八字食神星、正財星力量大於傷官星、偏財星的話，做事情會比較仔細，花費的心力較多，反之，傷官星、偏財星力量大於食神星、正財星的話，對於錢財較重視，態度比較實際，因爲偏財星靠競爭、憑實力取勝的緣故。

二十三、日主身弱而食傷星過重，代表身體虛弱、體力耗費，免疫力差，容易遭受疾病，而且喜歡高談闊論，實際卻無作爲，金玉其外、敗絮其中。若是經營事業的話，往往貪求利益，卻忽略實際情況，把事情想的很樂觀，以爲很快就能賺錢，急著想要回收，高估市場的需求，造成認知上的落差，導致經營失敗、負債累累。

二十四、食傷星的人，感情豐富、自然流露，在交際應酬時，會製造並帶動氣氛，可以讓大家感覺幽默，場面變得熱鬧起來，跟人很快打成一片，成爲衆人焦點所在。食傷星的人，情緒無法掩飾，開心會大笑、傷心會大哭，不能夠壓抑住，跟傷官星非常像，不過食神星比較眞情流露，而傷官星有時是裝出來的。

二十五、食神星是福氣之星，衣食無缺、安穩過日，能享受物質生活，跟滿足口腹之慾。而食神星跟「口」既然密切，就會有兩種關係，第一種是「口福」，第二種就是「口才」，食神星大部分懂得飲食，是個美食家，愛吃東西，也很會烹飪食物，而且調味剛剛好，是因爲味覺敏銳的緣故。所以食神星的人，適合從事廚師、食品業、餐館、小吃攤，或香水等化妝品的製造或販賣。

二十六、食神星的才華，以口才、文筆、藝術爲主，而跟傷官星表現略有不同。食神星的表達方式，口氣較爲委婉，不是那麼犀利，也懂得保留分寸，不會去傷人自尊，所以溝通的時候，能保持平心靜氣，讓人家覺得舒服，而把話聽進去。但傷官星的人，言語毒辣、一針見血，不會保留節制，讓人家下不了台，非逼對方於死地不可，可以說是得理不饒人，讓大家都覺得敬畏，不敢隨便觸犯。因此有「傷官重重元乃兇」之古訓，所以傷官星旺盛的人，應該把「言多必失，沉默是金」當作座右銘，多警惕自己，避免禍從口出，招來禍端。

二十七、食神星文筆流暢，充滿文藝氣息，能抒發內心情感，眞誠而不造作，而且讓人回味無窮，別有意境在裡頭，特別是愛情小說、抒情文章，或是旅遊散文，能有很大的發揮，但是社論或是現實批評的文章，就沒有辦法行雲流水。

二十八、食神星的人，口才大多流利，講話斯文有理，而且能正確表達意思，不至於讓人誤會，對歌唱、聲樂有天賦，可以從事藝術工作。食傷星具有韻律、感官、色彩等方面的天賦，故需要用肢體動作傳達意境的舞蹈，或用色彩、線條、視覺表達的繪畫，亦是食傷的專長，而食神在藝術創作方面，較爲含蓄、清新，讓人接受的程度高，其變化起伏程度不大且與社會大衆的價値觀不致有太大的違背，可說是在傳統的範疇中突破與創新，這是食神的特色，食神星既具藝術天賦，那麼與藝術有關的服裝設計、景觀設計、庭園設計、裝潢設計、美容師、舞台設計、包裝設計等等均可，不過最好也配有偏印星，可增強創作力。

二十九、食神星喜歡有天乙貴人同柱，可以增加名聲，提高其知名度，若同柱又有紅艷星，可以發揮其才華，創造出更迷人的作品，而受到大衆的支持與愛護。食神若配有文昌或華蓋等貴神，則會產生強烈好奇心，用敏銳的感受力，去觀察周遭的事物，進而寫成心得感想，成爲優秀的文學家。若食神星與驛馬同柱時，則會遠走他鄉，在異鄉獨立創業。

三十、八字身弱而且食神星跟傷官星超過三個以上，代表免疫力較差，容易沉迷於酒色，容易感染到病菌，影響身體的健康，不論男女都應該注意，盡量不要太過風流，要懂得節制性慾。若是有比肩星生食神星，將與雙親無緣分，女命要特別注意，以避免墮入風塵。八字食神星多，七殺星少，表示食神制殺太過，使人陷於窮困或損害健康，而且平時懦弱，但會突然爆發脾氣，一時衝動的結果，把多年友誼給毀掉。同時食神制殺也表示子女多病，或是與子女緣薄，相處的時間較少。八字食神星不可以過多，否則將精力耗盡、意志消沉，無力去追求財富、事業，若是食神星超過四個，又不能算身弱格，那麼將貧窮相隨，六親緣薄，身體衰弱，男命將會剋子、女命將會剋夫。

三十一、食神星過旺的話，生理需求強烈，對於女命而言，若無用神約束的話，容易淪落風塵，成爲舞女、酒家女，陽日干的女性，行爲較明目張膽，不在意他人的批評，而陰日干的女性，則較在意他人的指指點點，不敢明目張膽地做，而都以職業來掩飾，屬掛羊頭賣狗肉之類型。

三十二、有一顆食神星，而日支坐正官的人，配偶賢慧端莊，歲運順暢的話，將帶有富貴進門，若月柱坐建祿就更好，能更增祈福祿，若建祿視於時柱而爲用，則是發達於中晚年之命。月柱有食神星，古稱「天廚貴人」，若日主身強，將是發富貴之命，若月干食神坐下正官者，乃發達之命，很適合往政界及公職發展，但食神不宜過多，多則亦會損官。命局中食神星坐七殺，或食神星緊貼七殺星，代表吉中藏凶，做事雖有魄力，能掌權貴，但易招惹他人厭惡，多勞苦與災厄，而且子女不多。

三十三、八字中食神星、七殺星、羊刃三者俱全者，是大好的命格，但是吉凶都非常極端，此時宜注意其位置，才能夠判斷好壞。若八字又見劫財星與偏印星，那麼就非常不利，有短命之憂，因為將形成「制殺逢梟」的情況。若八字多財星有能力制梟護食，則將反敗為勝，才算是吉祥，這種人做事有魄力，果斷英明，積極進取，可以擔當重責大任，生平多受照顧與賞識，多艷福，異性緣不斷，但不可多見羊刃，否則命局失去平衡，必然一生多破耗，財難聚，生平多勞苦。

食神因五行之不同，性質略有差異，茲分述如下：

1. **木火食神：**就是日主為五行木，食神五行為火，其人博學多能，如能配印，則能在社會上博得聲名，能成為地方上的知名人士。
2. **火土食神：**就是日主五行為火，食神五行為土，此種人味覺能力敏銳，易成名廚或品嚐專家，做人做事都能用心認真。
3. **金水食神：**就是日主五行為金，食神五行為水，必然貌美清秀，為人頭腦聰明多智，口才良好，環境適應力佳。
4. **水木食神：**就是日主五行為水，食神五行為木，為人聰明智慧，個性開朗，見識廣博，頗具文才，但一生多變化，食神多則多淫。
5. **土金食神：**就是日主五行為土，食神五行為金，為人具有發達的經濟觀念，善理財，具商業天賦，事物之感受力強，多才多藝，在商業、藝術、文學、經濟等領域都易有突出的表現。

肆、傷官星

一、讓日主來生的東西，又能洩日主的東西就叫傷官星，陰陽屬性不相同，就叫做傷官星，若陰陽屬性相同，就叫做食神星，兩者又叫做子星或兒星。如天干甲木日主見到丁火，則天干丁火就是甲日主的傷官星，而地支午火支藏爲丁火，所以午火也就是甲日主的傷官星。換句話說，若是乙木日主的話，那麼天干丙火就是乙日主的傷官星，而地支巳火支藏爲丙火，也就是乙日主的傷官星。

二、在人際關係方面，傷官星代表男命的祖母、孫女，以及女命的兒子、夫家的妹婿、姐夫等等，另外也可以象徵部屬、晚輩、僕人、學生等等。

三、傷官星其他的象徵，也包括才華、技藝、說話技巧、謀略、創意、說謊、欺騙、殘忍、撒嬌等等。

四、讓日主來生傷官星，因爲陰陽不同的關係，所以日主會毫不保留的付出，所以傷官星洩日主的能力很強，如果八字日主身強，喜歡洩氣的話，傷官星就可以發揮作用，將日主的才華技藝，毫不吝嗇地表現出來，讓大家都可以看見，作用比食神星要好許多。若是八字日主身弱，又遇傷官星來洩氣，那麼危害就非常嚴重，因爲傷官星是六兇之一，跟七殺不相上下，所以對日主影響深遠，必須要特別的注意。

五、傷官星代表才華技巧，聰明的表現與發揮，又傷官星個性外向，所以溫柔多情，好學不倦，領悟力與創造力強，喜歡表現自我，參加各項活動，勇於追求理想，反應靈敏配合口才善辯，藝術的天賦很高，非常在意他人的肯定與掌聲，藉此獲得成就感。但由於慾望強烈，充滿了戰鬥意志，帶有自負的氣息，很容易恃才傲物，變得固執又獨裁。

六、傷官星通常肚量狹小，心胸不寬大，對別人會記仇記恨，而且得理不饒人，雖然博學多聞，但卻很少專精，加上個性刻薄吝嗇，不太願意放下身段，所以容易任性蠻橫，做事情我行我素，用尖銳的言語傷人，不遵從傳統倫理，會違反常理行事，好管閒事的結果，往往會招惹是非，引發嚴重的災厄，所以八字的傷官星不能多，不然都容易出事。

七、古書云：「傷官旺盛原乃兇，比劫助之禍不測，財星緩和衣祿豐，正印制之壽如松。」意思是說，若是八字傷官星強勢，表示為人充滿叛逆，容易為非作歹，因而發生禍端，若是有比劫星來生助，那情況將更加嚴重，凶險程度將加倍不少，這時候必須要有剋制的方法，第一是八字傷官星強勢，就要用財星來洩傷官星的氣，如果傷官星被洩氣，就不會那麼驕傲蠻橫，而且將傷官星的聰明才智，運用於財富的追求上，這種就是「傷官生財」的情況，表示具有聰明才智，商業手腕很高明，賺錢能力非同小可。若是八字日主身弱，就要有印星來剋制傷官星，正印星是傷官星的剋星，可以壓制傷官星的氣焰，就不會那麼狂妄自大，引導傷官星朝正途發展，可以按部就班做事，才智過人、表裡如一，這叫做「傷官配印」，又稱作「文貴妙格」，這種人不但能做好事情，而且不拖泥帶水，絲毫不含糊，並且嘴巴很厲害，能讓人家敬畏。

八、古云：「傷官無財，雖巧猶貧。」八字身強有傷官洩秀的情形，最好是配合財星來順洩傷官星，這樣才能有所發揮，將日主的聰明才華、才藝技巧，往賺錢的方面發展，將可以成爲優秀工商業人才，憑著高明手腕，累積可觀的財富。若是沒有財星的配合，就算有傷官星來洩秀，但卻不知道目標，會像無頭蒼蠅般，整天忙忙碌碌，卻沒有半點成績，不曉得做什麼工作才好，這種情況的話，雖然有小聰明、小智慧，以及口才技巧，但由於缺乏人生方向，以及做事情的耐性，工作將換來換去，一年換三百六十行，卻還找不到安身之處。遇到挫折的時候，只會怨天尤人，認爲懷才不遇，卻不懂得檢討反省，總認爲是別人的阻礙，才使自己無法出頭，跟人談話時口若懸河，頭頭是道，鬼主義、怪點子一大多，卻是一事無成，虛度光陰而已。

九、口訣云：「傷官用財宜去印，傷官用印宜去財。」若是八字以傷官星生財星爲喜用時，就不喜歡再見到印星，或是歲運見到印星，這是因爲印星會剋傷官星的關係，若是傷官星被剋制，就沒有辦法生財，財源收入將減少，導致經濟困境。所以傷官洩秀的格局，傷官星被印星剋制，財星無法破印解救傷官星的話，將使得成功受阻礙，做事常常功虧一簣，讓煮熟的鴨子飛了，無論費盡多少心機，最後仍免不了失敗。因爲印星剋制傷官星，讓這種人變得遲鈍、腦筋打不開，因此做事缺乏謀略，無法突破難關。如果八字傷官未被印星剋制，加上財星有力能制印星，就算歲運出現印星，影響也不會很大，只是有小挫折罷了。

反之，八字傷官星、財星力量不足，歲運有印星來剋制傷官星，原本傷官洩秀的情況，就會受到了限制，聰明才智無法發揮，思考呆板欠缺靈活，遇到事情或問題時，失去精準判斷及分析的能力，導致無法採取正確行動，不但沒辦法解決困難，反而會變得更糟糕，更嚴重的時候，傷官星受印星剋制，喜用神受到創傷，將有破局身亡的可能。

十、若是八字身弱而傷官星強勢，且有印星來剋制傷官星的話，就形成不錯的格局，叫做「傷官配印」、「文貴妙格」。這種格局的人，才華跟實力過人，無論是公家機關或民間企業，都具有相當的表現，能讓人家提拔賞識，成爲高階的主管或幕僚，此種傷官配印的格局，最怕財星來破印星，印星就不能剋制傷官星，傷官星的負面特質，將會被引發出來，變得狂妄自大、逞兇鬥狠，到處爲非作歹，或因爲貪財的緣故，做出瀆職的事情，遭受到法律制裁，導致身敗名裂的下場，這跟食神制殺的結果一樣。但若是有比劫星透干，沒有受到官殺剋制，或是被他星合化變質，就可以來幫忙剋制財星，就算歲運出現財星，也不用擔心破印星的情況，使日主能高枕無憂，不會因爲財星而有所損害。

十一、古書云：「傷官逢財，乃享優游之福。」這是說八字身強且傷官星旺盛，就必須要有財星來配合，才能夠引導傷官星從事商業行爲，就可以發揮出迅速、思考靈敏的優點，朝著目標來努力，進一步獲得成功。而傷官星配偏財星，比配上正財星要來得好，成就通常也比較高，這是因爲正財星的性質穩定，跟傷官星的積極進取，難免會有些牽制作用，讓傷官星不能衝過頭，就不能發揮傷官星的作用，形成矛盾的情況，不過比起食神星配正財星的格局，這種組合還是會比較積極活潑。若是傷官星配偏財星的話，將具有商業頭腦，適合創業致富的高手，因爲不但有與衆不同的投資理財觀念，而且本身的交際手腕靈活，溝通說服的能力也特別強，若加上良好的謀略，就可以無往不利，並藉由他人幫助而獲得成功。這種人不但有自信、眼光高，而且懂得把握機會，積極的採取行動，別人還再思考時，就已經展開計畫，所以能夠先馳得點，獲得很可觀的財富，讓別人非常的羨慕。不過若是傷官星配過多財星，將熱衷財富的追求，而忽略社會地位的重要，只能發財不能發貴。

若是八字財多身弱，又有傷官星來生發財星，則爲人將會慾望無窮、貪得無厭。因此八字身弱有傷官星時，財星就不能太多，太多就會變得貪婪，而且會暗傷到印星，但八字身弱若用印星時，財星最好不要貼近印星，彼此中間能夠相隔，像是比劫星透干護印星，如此歲運將比較安穩，不致大起大落。

十二、八字免疫力的強弱，除了跟日主有關外，也可以用印星、食傷星、官殺星來論斷，若是八字身強印星旺盛，表示免疫力很好，不容易被感染疾病，這跟印星作息正常，飲食有節制，不愛過夜生活，遠離不良嗜好的習性有關。但若八字身弱印星較少，而且食傷星、官殺星旺盛的人，免疫力就非常差，容易被感染疾病，而食傷星又比官殺星來得嚴重，所以八字身弱而食傷星又多的人，除了飲食要節制，生活要正常外，最好不要出入公共場合，或是去風花雪月，出入舞廳酒店，否則將樂極生悲。

十三、印星的形象傳統，重視禮節習俗，也很愛惜羽毛，重視本身名譽跟形象，但是傷官星剛好相反，討厭傳統的禮教，或是規範的束縛，思想會比較前衛開放，喜歡創新觀念，愛標新立異，去違反傳統，創造新形象，是流行生活的領導者。因此傷官星不重視名譽、地位，只重視個人成就與價值，能夠達到目的就好，所以傷官星的人生觀、價值觀、想法觀念，超出一般人的理解範圍，界線會比較廣闊，自由的程度頗高，所以當歲運不錯時，常常能開創出常人難以想像的理論、策略，或是作品、技藝，進而發揮溝通說服的能力，使別人認同自己，藉由別人的幫忙，來完成驚人的成就，讓人家刮目相看。

十四、傷官星雖然才華高、智慧顯，能有不錯的成就，但是若是發揮在不好的地方，那麼破壞力也十分驚人，影響將非常的嚴重，因爲傷官星的領悟力、創造力都很好，加上行事容易朝向極端，若往好的一面發展，將可打造完美的作品，追求卓越的成就。若是往壞的一面發展，那麼犯罪的方法，手段的兇殘，將會是令人無法想像，不但非常的高明，而且駭人聽聞，通常是新的犯罪類型，不容易去追緝破案。若八字身弱傷官星、七殺星都透干有力，將容易誤入歧途，成爲流氓盜賊，四處違法犯紀，危害社會。若有這種格局的話，最好是修心養性，多去接近宗教，或是培養一技之長，避免接觸不良分子，才能夠安然無恙。

十五、食傷星代表才華智慧，若是八字食傷星旺盛，不僅表現慾強烈，而且很愛說話，一旦有什麼新創意、新觀念，就會立刻去實行，並且到處去宣傳，讓人家都知道，能共同享受成果。像是昨天才學什麼東西，今天就希望運用，帶有點炫耀的意味，很喜歡現學現賣，另外一方面來看，食傷星缺乏耐性，沉不住氣，沒有印星成熟穩重的氣質，不過在現今的社會，勇於表現的人，實在比較佔便宜，而且容易打響名聲。食傷星喜歡表現、求名氣，所以會去跟大家炫耀分享，包括自己的收藏，或是曼妙身材，像是一些風塵女子，或情色工作者，都喜歡穿著華麗怪異的服裝，或是暴露自我的身軀，不然就是去拍寫眞集，這些女性中，大多數八字都可能有食傷星，而且力量非常強勢。

十六、食傷星會去追求卓越成就，在公衆場合出名亮相，所以很希望獲得認同，很在意別人的言語，或是別人的鼓勵，喜歡聽好聽話，而討厭別人批評，只要有人灌迷湯，就會非常高興、心花怒放，這是食傷星的弱點，也因此常常被人利用而不知。不過傷官星的人愛嫉妒，見不得別人好，看見別人較風光，或是能力比較強，就會心生不滿，或是口出怨言，會積極的中傷對方，破壞對方的名譽，心胸不是很寬大，跟正印星以德報怨的特質剛好相反。

十七、傷官星的人說話，總是較尖酸刻薄，非常的不悅耳，容易中傷到人，讓對方懷恨在心，種下日後爆發的種子，而招來自己的災禍，所以傷官星強勢的人，應該要學習講話方式，多運用一些溝通技巧，凡事不要太極端，多留一點餘地，發揮本身同情心，才可以避免禍從口出。

十八、古書云：「傷官見官，爲禍百端。」傷官見官就是傷官星遇見正官星，正官星是貴氣星，可以約束日主，讓行事規矩，遵守法紀、維護道德。若是正官星遇見傷官星，就會被傷官星剋制，正官星被剋制的話，就無法發揮約束作用，日主將因此變得叛逆，行爲舉止脫離常軌，凡事衝動莽撞，口氣狂妄自大，不把一切法律制度放在眼裡，也不聽從別人規勸，很容易違法犯紀，成爲社會邊緣人，日子過得如行屍走肉。如果八字身弱喜用神無力，又出現傷官見官的情況，那麼將引發爭鬥，彼此水火不容，日主因爲剋洩交加，個性將反覆無常、不滿現況，常常會怨天尤人，或是充滿偏激想法，不想聽別人規勸或鼓勵，認爲自己想法才是對的，一意孤行的結果，又加上言詞尖酸，讓人家相當反感，往往造成口舌是非，嚴重將爆發肢體衝突，而容易有血光意外。這樣的八字格局，一生中功名難求，生活起伏不定，不能夠享受清閒，庸庸碌碌無作爲。傷官星不喜歡見到正官星，這樣才能避免兩者衝突，所以最好是「傷官傷盡」的格局，也就是八字沒有半顆官殺星，而只出現傷官星而已。

十九、傷官星與食神星，不管是行爲舉止、講話態度、觀念想法、做事技巧，都有著很大的差異，食神星的人較溫和，說話懂分寸，掌握住重點，可以將心比心，設身處地爲人著想，顧慮他人的顏面，就算要去規勸人，手段不會太極端，會委婉的去說明，雖然具有競爭心態，但會憑自己努力，盡心盡力付出，不會耍心機計謀，因爲個人利益而去侵害他人，所以食神星的人際關係可以說非常好，很少遇到是非糾紛，日子過得很平靜。可是傷官星就不同，因爲傷官星沒有法律觀念，喜歡違背傳統，觸犯道德規範，只要能達到目的，做什麼事情都好，所以手段較極端，會讓人家很反感，甚至於犧牲他人、利用他人也在所不惜，有出賣他人的情況，所以人際關係差，容易與人起衝突口角，招惹許多的是非糾紛，這跟傷官星成就慾望強烈有關係。食神星雖然溫和，但是「只問耕耘、不問收穫」的心態，努力過程比結果成敗要重要，以致於辦事效率比較差，跟傷官星積極進取不同，所以成就也不會像傷官星那麼大。傷官星雖然較功利、較現實，但是願意全力以赴，發揮才華智慧，所以能突破紀錄，不斷邁向顛峰，這是傷官星成功的地方，在十神星當中，也只有七殺星的魄力能與傷官星相比。

二十、傷官星雖然有才華、智慧高，但是人際關係卻很差，常讓人家埋怨，甚至於言語批評，這是因爲傷官星愛表現，而且不懂得謙虛，對於別人的缺陷，往往尖酸刻薄，毫不留情面中傷，所以才交不到朋友，也沒人願意親近，很少跟三教九流的人來往。

二十一、傷官星的學習力強，而且相當的迅速，更喜歡直接運用，好拿來做爲表現，學多少就用多少，而且會加以創新，加入個人的巧思，表現得更有技巧、更有深度，而且不會害羞，能勇敢的嘗試，不怕結果會失敗，所以才能學得快。但是傷官星缺乏耐性，凡事三分鐘熱度，不願意專精深入，懂得皮毛就想表現，往往以專家自居，不願意跟人討論，或是去請教前輩，而造成傷官星的失敗，以及許多的麻煩。傷官星的口才伶俐，說話技術一流，所以給人奸詐的形象，加上傷官星急功好利，基礎不是很紮實，常常計畫進行到一半，就沒辦法繼續完成，造成騎虎難下的局面。

二十一、食傷星的人，感性通常很強烈，對於喜歡的人、事、物，都可以很專注的投入，並且將感情放進其中，很能夠融合在一起。從食傷星的人，在歌唱、表演、音樂、戲劇方面的表演，就可以輕易的感受到，他們那種感受性的能力，不是一般人可以比得上，因此大多數的藝術家、音樂家、戲劇家、文學家，八字裡面必定有強勢的食傷星。特別是傷官星的人，可以說是「唱作俱佳」，感情揮灑自如，變化迅速，表情也很豐富，具有很強的吸引力，所以傷官星的人也善於誘導他人情緒，進入不同的狀態，隨著節奏跟氣氛，進入忘我融合的境界。

二十二、傷官星喜歡別人稱讚，獲得別人的肯定，所以子女若是傷官格，或是傷官星旺盛，那麼教育的方式，最好是多鼓勵稱讚，如果常常責備打罵，將會使子女叛逆，越來越不聽管教，誤入歧途的機會就很大。而傷官星的人雖然聰明，但是耐性卻不足，什麼東西都想學，卻不能夠專精，因此在年幼的階段，最好學些特殊技藝，像是繪畫、音樂、科技、電腦、外國語言、工藝或運動之類，女孩子可學音樂、舞蹈、外語、鋼琴、小提琴、繪畫、美術、設計、美容、服裝等等。因爲這樣可以發揮傷官星的想像力，使其不覺得受到約束，另外也可訓練基礎，面對往後的挑戰，傷官星的人通常閒不住，思考活動很頻繁，如果不加以引導，恐怕將鋌而走險，特別是八字身弱印星又弱的人，更應該注意，若是八字身強傷官星生財星的人，可以朝工商業來發展，如果歲運還不錯，就可以發揮商業頭腦，賺取可觀財富。

二十三、傷官星的腦筋很好，隨時都在想事情，而且不愛受限制，喜歡無拘無束的想像，所以思考領域較爲寬闊，可以有很好的點子創意，往往能出奇致勝，讓別人相當讚賞。傷官星是新潮、前衛、流行的，而且作風大膽，但是傷官星消耗過多腦力，導致體力跟精神透支，表面上看似健壯，其實有癮疾在身上。

二十四、傷官星象徵慾望，容易貪得無厭，當然包含男女情慾以及性的需求，所以命局食傷星旺盛，性需求較爲強烈，食神星會較保守，傷官星會較開放，只要夫妻間能和諧，反而能增加感情，但若是配偶無法滿足時，就容易往外面發展，特別是傷官星的特質，喜歡去大膽冒險、向外探索，而且勇於挑戰道德規範，不管是男是女，最好是修心養性、安分守己，婚姻才不會不幸福，家庭才不會破裂。有傷官星的人，在歲運走食傷運的時候，性慾通常會增強不少，婚後的男女，就容易在此時外遇，傷官歲運更容易有不正常男女關係，而且多半跟肉體性慾有關，特別是八字身弱，又無印星剋制的人更要注意。

二十五、八字傷官星強勢，而且無印星剋制，表示爲人奸詐，手段下流，而且男女多淫亂，不是正人君子，容易因爲口舌是非，招來不必要的麻煩。若是八字印星有力，可以剋制傷官星，就可以改善這些現象，將才華智慧導正，運用在正當事業，不但不會惹禍上身，還可以帶來名譽及財富。不過食神星跟傷官星的特質，有著相當的不同，食神星施恩不忘報，而傷官星十分現實，有付出就要有回報，兩者形成強烈的對比。傷官星比較自私自利，常犧牲別人權益來成就個人願望。

二十六、傷官星的溝通能力、說服能力，以及煽動能力、口才是一流的，而七殺星的權威性最強。八字若是傷官星剋制七殺星爲喜用神，或是傷官格戴七殺星的話，不但具有專業權威，而且口才犀利、辯才無礙，很適合從事律師、議員，或是民意代表，將可以發揮專長，無所畏懼。又傷官格的人，喜歡自我表現，不太會怯場，面對大衆的時候，能有很好的發揮，很適合從事文學、藝術、戲劇、歌唱、解說員、主持人等等工作。印星是學術之星，傷官是藝術之星，如果兩者能夠配合，形成傷官配印的格局，將可以相輔相成，才華高，學問好，懂表現，可以成名於學術界或藝術界，因爲作品相當卓越，而獲得很高知名度。傷官星弱配合財星，將可以出奇致勝，用別人想不到的方式賺錢，若是又有劫財星則賺錢將不擇手段、自私自利。

二十七、傷官星與七殺星爲喜用神，雖然能發揮才華，獲得上司的肯定，但若是八字身弱，而傷官星、七殺星旺盛，則日主在剋洩交加的情況，就會變得十分叛逆，爭強鬥狠，爲非作歹，誤入歧途，這種人最容易流入黑道，而且心狠手辣，手段殘忍，成爲社會治安最頭痛的公敵，如傷官星又坐羊刃，無疑是凶險的格局。

二十八、男命八字若是年干、時干都有傷官星，就容易刑剋子女。若是日支爲傷官星，時柱有財星的話，表示少年富貴，能夠享受。若時柱無財星而日支坐傷官星，表示配偶美麗、活潑好動、口才犀利，但個性強勢，彼此不易白頭偕老，且容易刑剋子女。

二十九、女命八字最忌諱傷官星，因爲傷官星能剋制正官星，正官星是女命的配偶星，傷官星旺盛的話，就會產生剋夫的現象，八字傷官星旺盛的女性，對配偶要求很高，而且非常嚴苛，條件要很好、經濟要理想，白天除了努力工作，晚上也要配合床第生活，所謂鐵打的身體也禁不起如此的煎熬，配偶身體健康會慢慢趨衰弱惡化，所以有女命戴傷官星，必然會剋夫的說法。女命八字裡面，若是傷官星跟正官星同柱或相鄰的話，很容易看不起配偶，且配偶大多沒出息，容易不務正業，沉迷酒色，或事業不振，身體衰弱等等。

邁向八字大師之路的第十四天

第十四天主要是學習分析正財星、偏財星的性質、優缺點，像是個性、事業、人際、感情等等，藉此來深入推斷八字好壞，以及運勢發展的趨勢為何。

伍、正財星

一、日主所剋的五行干支就叫財星，與日主陰陽屬性不同，陰對陽、陽對陰就叫做正財星，而陰陽屬性相同，陰對陰、陽對陽的就叫做偏財星。像甲木爲陽日主，見到天干有丑土，丑土就是甲木的偏財星，而地支出現丑、未的話，丑、未的支藏爲己土，辰、戌也就是甲木的正財星。若是乙木爲陰日主，見到天干有戊土，戊土就是乙木的偏財星，而地支出現辰、戌的話，辰、戌的支藏爲戊土，辰、戌也就是乙木的正財星。

二、在人際關係方面，正財星代表男命的正妻（第一任配偶）、兄嫂、弟媳婦或姑母，在女命則代表伯叔等親屬。正財星也象徵信用、產業、經濟、房屋、土地等各種生財設備，各種建築物，固定的收入，辛苦賺來的錢，供應我們生活所需的各種物品，正財星也代表著客戶，但爲買我們產品的客戶。

三、正財星個性穩重，努力打拚，不隨便出風頭，責任感強烈，對家庭很照顧，平常不愛消費，多半省錢節儉。事業方面按部就班，不愛投機取巧，爲人公正不阿，不會去迎合拍馬屁。不過正財星觀念固執，嫉惡如仇，厭惡不勞而獲的人，或是帶有心機、心懷不軌的人，對於表裡不一、言詞閃爍的人也非常排斥，因此正財星是典型的剛正嚴明的人物。

四、正印星象徵心靈，而正財星象徵物質，正印星象徵信仰與精神寄託，因此正印星重視傳統文化、思想、學術、習俗、禮儀，正印星偏向於守舊。正印星重視品德修養，自我約束力強，喜歡清高，不願與不三不四之人爲伍，所以不容易有壞習慣，或是被人家給拖累。又正印星相信宗教，信仰宗教，接近宗教，能接受傳統，相信神佛、宇宙、天堂、地獄、五術等玄學之說，就宗教而言，正印星的人具有慧根。但正財星象徵物質，代表有形的世界，所以態度很務實，想法很實際，重視物質生活與享受，凡事都眼見爲信，只相信看得見、摸得著、感受得到的東西，正財星不理會邪魔歪道，對天堂、地獄、靈魂、神佛、宇宙等空洞的、沒有實體的說法，或缺乏確鑿證據的，一律不加以相信，除非親眼看到，親身感受到，否則很難去接受。因此正財星的人很少投入哲學、宗教、武術、天文等方面的領域。相對的，正財星具有良好的經濟觀，對利潤、盈虧、物質享受，及錢財都很敏感，十分在意，也十分計較，因爲它非常重視錢財，得失心強烈，斤斤計較，被人視爲守財奴、吝嗇鬼，容易見利忘義，不論對家人、手足、親友，都非常計較，讓人有冷漠無情之感。

五、正財星的人講信用，而且重視安定，不隨便冒險，所以會找固定的工作，在那種環境下，慢慢努力、默默耕耘，而逐漸完成自己的目標。因此雖然愛錢財，但會量力而爲、穩紮穩打，不去舉債投資，或從事投機事業。而且重視眼前利益，不愛長期投資，更不喜歡變動大、淘汰快、景氣變化劇烈的商品或行業。所以正財星缺乏投機性，腦筋不太靈活，理想抱負就有限，只想安安穩穩過日子，沒有戲劇性的表現與成就，但常執著眼前利益而因小失大。

六、判斷正官星與七殺星，正印星與偏印星，食神星與傷官星時，由於性質差別很大，故必須視八字結構，才能夠下定論，譬如身弱時見到正官星，只要正官星不太旺，就沒有什麼大礙，但是見到七殺星，不管身強或身弱，就必須馬上予以處理。但是判斷正財星、偏財星時，就比較單純，喜忌神的好壞，全看身強或身弱決定，如果日主身強喜財，那麼不論正財星或偏財星都是喜神，而如果日主身弱，無法剋制財星，則不論正財星或偏財星都是忌神，不需考慮正財星或偏財星的特性，或是八字的結構。

七、八字身強喜歡財星，身弱就忌諱財星。若是身強印星強的話，喜歡財星來破印星，形成

「身旺財旺」的格局，一生中衣食無缺，經濟觀念良好，懂得運用技巧，賺錢比較輕鬆，能享受無執生活，是富翁的命格。八字身強財旺，又有官星搭配的話，就變成財生官，官護財，而能夠富貴雙全，若僅有財星而無官星的話，就只能發富不能發貴，或者是富大貴小。八字財官有力而沒有受到破壞，則財星爲妻星，官星爲子星，因此，婚姻必得賢慧妻子，不但持家有方，相夫教子，也懂得理財規劃，子女也能乖巧，聰明好學，孝順父母，事業有成。

八、財星不喜歡孤露，要有食傷星或官殺星來搭配，這樣會比較理想。因爲身強印旺的人，喜歡財星來破印星，就喜歡跟食傷星搭配，而不能用官殺星，否則將形成官星生印星，印星又生日主，及反剋財星。八字中比劫星強盛，喜歡有財星、官星搭配，因爲這時財星若透干，就喜歡官殺星保護，不受比肩星的剋制，等到歲運走到食傷運，就會有驚人成就，多半是財富、事業方面，而且能名利雙收。

九、四言獨步中說：「先財後印，反成其福，先印後財，反成其辱。」這是對八字身弱財旺，以印星爲喜用神來說明印星、財星的先後順序，運勢就有不同影響。若是先財後印，表示早年辛苦，但晚年會有成果。像是月干見財星，而時干見印星，既爲先財後印，歲運走比劫旺運，或三合印運，就能夠發富。如果八字干支財星多，喜用神印星虛浮天干，那麼歲運走印運時，反而被財星群體剋傷，則不吉反凶顯，這就是所謂的「觸怒旺神」，必有凶災。此種財星太多而用印星，印星透干無比劫護印星的話，走比劫運自然是最好運，走官殺運洩財氣轉生印星亦吉，不然就要先比運後印運，因爲旺財先經比劫星修剪，力量已減弱，再行印運方較平穩，但也不能與局內財星相沖。若與局內財星對沖，也表示犯旺，常有生命危險。

十、若八字財星多，要用印星的話，最好是財星在前、印星在後，如印星在時柱、財星在月柱，這樣就比較好，反之，如印星在年、月柱，財星在時柱，這樣就不理想，代表運勢會先盛後衰，而且印星主名譽、地位，若讓財星來破印星，就有晚節不保的暗示，這是「貪財壞印」的緣故。中晚年因貪財而做出違法行爲，而毀其一生清譽，所以命局如果有這種搭配者，務必謹愼戒懼，以免招來後患。

十一、印星象徵自然的賦予，帶有「不勞而獲」的意思，但印星並非參與投機，或是用心機去獲得，而是不需付出很大努力，或付出很大代價去換取，就像陽光、空氣、水等，是生存本能與條件，但是這些東西是自然的東西，並不需要用代價去換，隨時都能賦予我們，所以八字印格又以印星爲喜用神之人，其一生之前程事業，會有貴人替他擔待、安排，不需要他本人流血、流汗去爭取、努力。相反地，正財星就不同，正財並非單指金錢而已，而是一切生活所需的條件，像是金錢、食物、住家、家庭用具、財產、土地、房屋等等。這些是看得見、摸得著的具體物質，生存上雖然需要陽光、空氣、水分，但缺少食物同樣無法生存，因此，「財乃養命之源」，是吾人維持生命之根源，所以沒有財的話，就沒有人能夠生存。

十二、財星有兩種，一種是正財星，一種是偏財星，正財就是正當的錢財，是必須辛勤付出，所換來的報酬，不是投機取巧、非法搶盜，或憑空而降的，是必須透過工作、辛勤耕耘得來的，屬於正當管道的錢財。正財星的人由於正直，堅持走正當的道路，所以抱持「天下沒有白吃的午餐」的信念，凡事積極進取、不心存僥倖，相信謀事在人、人定勝天，任勞任怨的付出，累積點滴財富，經營事業方面，也不好高騖遠，會慢慢的擴展，厚植很深的實力，不願意去冒險，而且重視信用、講究誠實，所以基礎非常穩固。「一分耕耘，一分收穫」是正財星的人應抱持之處世態度，成功自然會「水到渠成」。

十三、正財星相當正直，不喜歡要心機，也不愛拐彎抹角，所以跟正財星溝通談判，或是做某項協議，必須要說得很清楚，不能夠模糊或暗示，不然容易產生糾紛。若用謀略的心態，跟正財星的人談判，會引起對方強烈排斥，從此不再來往。正財星也不喜歡冒險，不愛去承擔壓力，凡事講求實際利益，因此長期性的投資，像是股票、債券、炒房地產、賭博事業、娛樂事業等等，都不適合去參與投資。反而是穩定性高的、變化性小的、低風險的、景氣影響小的，如百貨店、門市生意、雜貨店、理髮店、文具書局、金融界的銀行員或秘書等工作，或現金買賣的生意，就很適合去從事。

十四、正財星重視眼前利益，比較缺乏遠見，規劃能力較差，屬於後知後覺者。再者，正財星如意算盤打得精，不希望自己虧本，所以會「錙銖必較」，控制金錢的支出，所以做生意的話，成本觀念、利潤觀念會很重視，所以不太容易賠錢，但是對於利潤的追求，產品層次的提升，就沒有那麼積極。不過正財星能堅持原則，確保品質，是本著良心做事的生意人，憑著正當的手段賺錢，財富是慢慢增加不少，不過卻容易忽略精神生活，變成「家富心窮」的類型。

十五、正財的人，個性正直不屈，循正當管道賺錢，不願意投機取巧，同時厭惡那些想不勞而獲的人，但是卻與劫財星個性相反，劫財星有投機取巧、不勞而獲的想法，若是八字劫財星與正財星對峙，沒有食傷星通關的話，那麼爲人就容易產生矛盾，無法獲得平衡，做事情會猶豫不決，而且反反覆覆，很容易出狀況，導致失敗的結果。所以八字正財星明顯，最好能搭配比肩星，特別是身強以財星爲喜用神，最好不要有劫財星出現，否則必見波折與破耗，此即所謂的「道不同而不相爲謀」也。八字正財星、比肩星力量大於偏財星、劫財星，爲人將言行一致、誠實不欺，凡事循序漸進，不會想一步登天，經營事業的話，可以堅持原則、維護信譽，慢慢的發展王國。但缺點是沒有靈活手腕，想法保守消極，不敢觸碰法律跟道德規範，賺錢沒有衝勁，對環境變化的應變處理能力較差。如果有食神星或傷官星幫助，就可以改善上述缺點，而變成較具彈性與適應力。

反之，八字劫財星、偏財星力量大於正財星、比肩星的話，因爲劫財星、偏財星均具有投機性、冒險性，兩者合在一起，正好臭味相投，物以類聚，更能加倍發揮其特性，如果再加上傷官星，那情況就更明顯了。這種人活潑外向，交際手腕靈活，口才流利，善於鑽營，善於應酬，人脈廣闊，人際關係佳，而且敢冒險，敢投機，有狠勁，爲達目的，不擇手段，有勇氣向道德觀念，甚至法律規章挑戰，所以這種若在踏踏實實的公務機構，或講究信用、穩重經營的企業裡服務的話，必然感覺人生乏味，有龍困淺灘的窘境，應該轉向具有風險性、投機性、冒險性的行業發展或任職，如不動產、股票證券、期貨、賭博、電動玩具、酒廊、舞廳，或貿易、採購、營業、採油、採礦等方面發展，這種人生涯起伏較大，走好運的時候，短時間較能發達富貴，若走壞運的話，也容易在一夕之間就傾家蕩產。

十六、財星是代表有形的物質，所以才格或是財星旺盛的人，具有物質的觀念，熱衷追求財富，並且會以財富的多寡，來衡量親朋好友的成就高低，做爲判斷人際關係的標準，而不考慮「地位」、「名譽」、「學術」等價値。又財星與食傷星同屬慾望之星，因此對於想獲得的東西，特別是「財富」、「物品」、「物質享受」等，都會千方百計、費盡心機，鍥而不捨地去追求。

十七、八字財星爲喜用神，沒有受到破壞的話，表示能娶到漂亮賢慧的老婆，而且得到配偶的幫助。正財星爲喜用神而合日主者甚佳，這叫做『財來就我』，乃財必歸於我的意思，此種人天生異性緣佳，夫妻恩愛，配偶具貞節觀念，非常的愛自己。自己財運方面不錯，賺錢的機會很多，生活非常富裕，而且爲人正直、誠實，不過卻懂得勤儉，不該花費的東西，就不會特別想要購買。

但是男命八字不要正財、偏財雜陳，或正財、偏財雙雙透干，不然異性緣太旺的話，動不動就有異性主動來接近，這種人對感情不專一，婚前多感情困擾，婚後多婚姻波折，如果八字身強，正財、偏財爲喜用神，則本人尚有駕馭異性的能力，若八字身弱財星爲忌神，則表示用情不專、三心二意，一生多感情紛擾，甚至會因爲財富或異性問題，而招惹是非糾紛，耗費自己的錢財，也讓家庭經常鬧革命，氣氛不是很和諧。所以正財、偏財旺盛的男性，不要以爲異性緣好，就可以爲所欲爲，那正是失敗的根源，財星是指現實物品，有付出就要有代價，酬勞的觀念強烈，通常是「道義放兩旁、利字擺中間」，人家要求幫忙時，會先談妥條件，否則就不願意伸出援手，因爲正財星認爲「有錢能使鬼推磨」，這也是財星的處世哲學。

十八、八字身強財官爲喜用神，如果年干出現財星，月干出現官殺星，表示出身背景良好，家族是企業家或望族，父親不僅擁有財富，也有地位或權勢，自己能接受栽培，奠定將來的基礎。若是八字年干出現官殺星，月干出現財星的話，表示父親青少年有名氣，但無實際富貴，而後家裡經濟狀況才逐漸轉好。倘若財星、官星爲喜而出現於日支、時柱，表示年、月柱必然忌神多於喜神，年、月兩柱代表家世及父母的成就，忌神若多，則表示父母成就有限，家庭背景普通，甚至是貧寒之家，但其人必能力爭上游，辛勤奮鬥以建立事業及財富，這種人是白手起家、開創前程的人。

十九、古賦云：「財爲養命之源，凡人八字，不可無財，但不要太多，多則不清，若原柱無財，而行財運，乃有名無實。」這裡的「命上無財」乃是指八字無明顯財星，且連地支的藏干中也無財星，是眞正的無財，這種人縱使行財運，也只是虛發，有名無實，空歡喜一場而已，運過就停止發財。

至於「身旺財旺」與「身財兩停」，均屬大富貴的格局，不過兩者的構成稍有不同，所謂「身旺財旺」並不一定要財星很多，而是命局內財星健全，沒有被破壞，財星得到月令之氣，或八字食傷星有力來生財星者，亦即「財星自旺」，「財星有源」，有源是指食傷有力生財，財星自旺是財星得月令，兩者皆可稱爲「身旺財旺」，而「身財兩停」則是說四柱中日主與財星之力量相當，不相上下的情況叫「身財兩停」，身旺財旺及身財兩停之人，都有應變能力，腦筋反應敏捷，懂得規劃投資，如何獲得財富，賺錢毫不費力，又人緣廣闊，門路衆多，善於識別商機，心裡盤算盈虧，這種人最適於經商，一旦好運來臨時，就能輕輕鬆鬆地賺錢致富，這種人由於賺錢並不費力，因此大都能夠安守本分，不貪求非分之財，除非走壞運，那麼就容易求謀不遂，而把聰明才智用於邪途上。

二十、古人把財星稱做「馬」，官星叫「祿」，所以祿馬是指財星、官星。八字日主身強時，就是喜歡財星、官星同時出現，這樣就能夠富貴雙全，若八字僅有財星時，歲運就喜歡走官運，八字僅有官星，歲運就喜歡走財運，這樣能夠生利雙收、升官發財。如果八字財星多，無官星，那麼歲運走財運時，一樣也能名利雙收，因爲財可生官，多財能生暗官，但不如財星、官星同時出現要好。官星跟財星都有領導慾望，喜歡支配別人，不同的是官星是依權力行使支配權，屬於「威逼」，而財星是利用錢財做為驅使，讓別人聽命行事，好達成自己目的，屬於「利誘」。

二十一、獨步云：「用財不宜明露，柱見比劫，則宜透出，使人共見，則不能奪。」又賦云：「財宜藏，藏則豐富，露則浮蕩也。」以往的命學家認爲，以官星爲喜用時，官星最好要透干，以財星爲用時，最好是藏支，否則將會被人奪去。財星的波動較大，不容易存守，若是藏於地支，有天干覆蓋，就很容易保存，不會被人家看見，也就沒人來搶奪。但命局中若有比劫星在柱上時，就會去奪財，此時喜歡財星露於天干，公開出來，讓大家都看得見，則比劫星就不敢來搶了。財星透干的人，理財規劃較差，不懂得隱藏財富，親戚朋友都知道自己有錢，會主動過來借錢，或是拜託幫忙，這樣辛苦存下來的錢，一下子就會花光，而沒有辦法自己享用。特別是劫財星與正財星雙雙透干，或正財星透干坐比劫星，通常財星爲喜用神，不管有沒有透干，都喜歡官殺星透干，這樣可以保護財星被人搶奪，就不容易被借貸或是倒債。

二十二、經云：「財多身弱，反爲富屋貧人。」這是指八字日主衰弱，財星太旺盛，日主無力去剋伐財星。因爲財星多的話，喜歡追求財富，所以慾望很強烈，滿腦子都是錢財，所以財多身弱多勞心，故認爲財多身弱之人，只是「過路財神」，終無法致富。但眞正財多身弱而爲窮人者，是說八字財多身弱，又見強力的官殺星貼近日主，才算是眞正的窮人，因爲財多身已弱，又見有力的官殺制壓日主，則日主必不堪剋盜交加，日主用神無力，財星、官星競相盜伐，則日主的安危不保，哪還有能力去賺錢致富呢？

世界上八字身弱財多而致富者，爲數也不少，絕不能以財多身弱做爲判斷貧窮的標準，因爲八字財多身弱，只要沒有官殺來剋日主，八字印星、比劫星團結有力，又歲運走印運、比劫運，依然能夠大富大貴，而財富之多寡，就是依造喜用神有力無力，及好運的長短來判斷，如果命局財多身弱，又見官殺剋伐日主，則日主必無力去剋伐財星，這種命格，縱使走好運，發展也是很有限的，這就是爲生活奔波勞累的「勞碌命」，如果沒有好運相扶，那就眞的窮困貧寒。

二十三、一般來說，財多身弱的人，大部分個性溫和、品行良好，多半大方慷慨，但是好逸惡勞，怕吃苦頭，責任感也較差，遇較困難的事時會先逃避，不願意勇敢承擔，較缺乏時間觀念，做事情人云亦云，缺乏自我主見。而且計畫通常先熱後冷，執行到一半就放棄，通常是想的多、做的少，學習情況不佳，而且讓配偶去管事，態度比較開放和包容，配偶個性通常也較剛強，掌握家中大小事情，也積極參與自己的活動。八字財多身弱，又有官殺在命局，個性必然懦弱，容易娶到河東獅吼的配偶，配偶在家中當霸王，從翁姑管到子女，這就是名副其實的「懼內」，光是財多身弱，還不能斷定「怕老婆」，只能說是以配偶的意見為意見，自己少有主張。

二十四、財多身弱的格局，不適合太早結婚，因為財星為忌神，若是太早結婚，表示會因為配偶而煩惱，或替家中經濟操勞，若是日主衰弱無力，又無其他生助，那麼就容易變成吃軟飯，靠配偶養家活口，自己遊手好閒、不事生產，一生庸庸碌碌，成就十分有限。反之，若是日主通根有力，就不能說是財多身弱，反而是事業心強，積極上進，若走良好的歲運，得到有力的支持，就能夠鴻圖大展，特別是財多身弱又逢時刃的人，最容易有這種情況，能成為鉅商富人。

二十五、「身強財弱」與「身旺財衰」的意思相同，一種是八字比劫星強旺而財星衰弱，另一種是八字印星太旺而財星太弱的情形，兩者雖然都不善於賺錢，但表現出來的個性、行為卻有所差異。而同樣是比劫星旺而財星衰，但比肩星與劫財星又有不同。八字比肩星多而財星衰弱的人，通常身體都很健康，但卻是頭腦簡單，四肢發達，缺乏理財概念，不懂投資致富，對商機很不敏感，機會明明在眼前，卻還不懂得察覺把握，等於是把財神爺送出門。因爲這種人個性剛強固執，雖然辛勤工作，刻苦耐勞，但是腦筋較差，無法靈活運用，又不願意找人幫忙，缺乏溝通管道，所以做事情只靠自己，往往是事倍功半，收穫有限。這時要有食傷星洩秀，增加腦筋的變通能力，以改善賺錢的方式，或是有好運扶持，才能夠累積財富。若是八字劫財星旺盛，而財星衰弱的人，就不一定會很辛苦，因爲做人反應靈活，懂得投機取巧，有僥倖的心態，有時候會從事投機性事業，或是娛樂賭博的行業，則有機會突然發財，但由於缺乏經濟觀念，最後還是會失敗，沒有辦法維持很久。

二十六、八字印星過多，造成財星衰弱，因爲印星會剋致食傷星，讓才華無法發揮，智慧不能表達，所以學識雖然豐富，但缺乏口才技巧，不能夠向人表達，無法用聰明才智來賺錢，或開發爭取商機，也就是說人太於老實，就會被人家欺負、拖累，對錢財也無法掌握。這種人最好往公家機構去發展，不適合在商場奔馳，或往學術界發展，若八字偏印星太旺，個性太過孤僻，不僅口才欠佳，而且不善與人交際，溝通會有隔閡，與人格格不入，無法讓人接納，這種人就應該從事研究工作，或設計開發發展，用心研究發明，用專利權來促進業務，才能夠有發展空間。

二十七、財乃養命之源，不管財星是喜神是忌神，都不宜遭受破壞，否則將有破財的可能，投資經營多成多敗，身心多困擾煩憂，爲生計而傷腦筋，因爲妻妾的問題而被拖累。財星被劫有幾種情況，第一、財星與比劫星同透天干，但沒有官殺星透干護財星。第二、比劫星坐財星，爲天剋地財。第三、財星坐比劫星，爲地剋天財。第四、財星與比劫星同現地支而互相沖剋者。有以上四種情形者均爲財星被劫。財星被劫的人，個性常較固執，做事衝動，沒有事先規劃，就盲目跑去執行，又不考慮經濟能力，常常全部都投入，甚至於舉債投資，結果就這麼失敗。因此財星被劫的人，最好不要與親戚朋友有金錢往來，以免互相拖累而破財，而傷了彼此感情。

二十八、八字正財星與正印星同柱，或身弱用印星被財星剋破的話，叫做「貪財壞印」，表示父母親感情不和諧，家中氣氛不安寧，或是父母親事業失敗。這是因爲正印星理性、客觀，具有強烈責任感，但是正財星卻是衝動、現實、追求利益，想到什麼就去做什麼，事先一點規劃都沒有，所以常常會因爲事情發生變化，或環境出現變動，而有嚴重的損失，導致失敗的下場。就算歲運逢比劫運，或祿刃之地，財星被剋合而暫時救印星，但運過仍恢復原來，情況將變本加厲。因此印星逢財星破的話，要趁早遠離故鄉，依靠自己起家，不能動用祖產，否則有破祖業之虞。印星也是信用的象徵，印星破則表示信用喪失，八字有財星破印星的話，應該培養毅力與恆心，才能立足於社會。

二十九、八字正財星弱又被劫財星蓋頂，也就是劫財星坐正財星，或正財星坐劫財星時，與比肩、偏財同杜一樣，都有剋父或敗父運之嫌，但若有官殺星透干，危害就可以減輕，正財星坐比肩星或坐桃花時，男命應注意配偶私生活，不然配偶將容易外遇出軌，正財星坐官殺星，而且官殺星很旺時，暗示配偶個性強悍，自己懼怕另一半，行動受制於老婆，正財星坐衰、死、絕等十二運者，表示配偶運勢不佳，或配偶體弱多病，若財星又受剋，則容易生離死別。

三十、正財星象徵財富、物品、金錢等等，不喜歡被剋制或沖刑，若是被剋制沖刑，表示財星耗損，財富、物品、金錢等等，將會遭受動搖，容易有耗費、破壞的情況，而沒辦法留存起來，自己將失去支配、運用、控制的權力。必須要透過他人同意，才有辦法使用。又正財星代表妻子，也表示與妻子緣薄，有離婚或死別的現象，若是妻宮有空亡，那情況更加靈驗。

三十一、印星是學術、地位星，若是八字財星過多，形成財多破印的現象。那麼爲人必定懶散，缺乏上進心，學業遭遇挫折，沒錢可以求學，或對唸書沒興趣，成績非常差，只喜歡貪玩享樂，坐吃山空，若是日主身弱無根，歲運也無扶助，多半就是茶來伸手、飯來張口的人，男命會吃軟飯，靠妻子養家活口。印星也表示母親，印星被剋制，表示母親運勢不佳，身體不健康，而財星代表妻子，妻子的影響力比母親大，或是妻子跟母親不合，自己被牽連其中，怎麼做都不妥當。

三十二、印星代表文書、契約、學問，財多破印的話，表示學術無法達到高峰，要預防文書或契約的糾紛，不然將會受拖累。而財星爲財富，表示功名利祿，爲人自私自利，不顧他人感受，較爲勢利、斤斤計較，容易招人嫉妒。而財多的人，即使非常富有，對親友卻很吝嗇，只有對女人慷慨，爲女人散財。

三十三、八字身強以財星、官星爲喜用神，而財星、官星同時現於日柱、時柱的話，表示出身貧寒家庭，但靠著自己努力，能白手起家，開創前程，日支坐正財星的話，大多能得到賢妻的幫助，但若日支正財星遇到刑沖，則受妻子幫助將大爲減弱。

三十四、正財雖是財富之星，經濟之星，但五行貴乎中和，財星太多，則自然會傷害到象徵智慧與學術的正印，因此，命局財多者，雖然個性溫和，憨厚，不出亂子，不會惹是生非，但容易懶惰，缺乏上進心，不聰明，學習能力、理解能力均不佳，在校成績不理想，缺乏臨機應變的能力，財星適度，則爲人正直勤奮，刻苦耐勞，任勞任怨，然財星太旺，則不但不勤奮，反而是好逸惡勞，貪圖享受之人，所以財多印弱，除非行運甚佳，或調候有力，否則難期高學歷，生平不喜歡追求新知，容易沉溺於享受之中，比較不會去算命與拜神拜佛。

三十五、財乃養命之源，人的八字不宜無財，如果連地支的藏干都看不到半點財星的話，叫做「命中無財」，這種人由於命中完全無財星，因此，縱使得好運，亦無法眞正獲得財富，往往計畫了老半天，到最後只是一場空，其次，命無財星之人，較不解風情，不懂得體貼女性，不瞭解女性心理需求，不善於對女性甜言蜜語，不善於表達內心感情，與女性或配偶交談時不懂得找話題，或不知投其所好，這種人生平異性緣薄弱，不得女性青睞，夫妻相處，枯燥乏味，故妻緣薄弱，感情淡薄，常被女性喻爲「大男人主義者」，如果命局印旺，則上述情形更明顯。

三十六、男命八字如雙正財爭合日主（如甲日干見己月干及己時干者）其人異性緣特旺，易享齊人之福，能同時擁有妻妾，且妻妾同居一室，此即「左擁右抱」也，若財星是命上之喜神，則妻妾較能和睦相處，相安無事，但財星若是命上之忌神，則無法任財，無法納福，那麼妻妾同處就有好戲可看，彼此互相嫉妒，爭風吃醋，常鬧家庭革命，搞得雞犬不寧。

三十七、命、歲、運併全三刑而刑入正財星者，是喪妻的徵兆，或自刑兩組刑入正財星者亦然，或歲運以二沖一之方式，沖入日支時，表示妻有災，正財虛浮天干，無官殺護財，命與歲運之地支合會成比劫局者，喪妻之秋，身強尤驗。

陸、偏財星

一、日主所剋的五行干支就叫財星，與日主陰陽屬性不同，陰對陽、陽對陰就叫做正財星，而陰陽屬性相同，陰對陰、陽對陽的就叫做偏財星。像甲木為陽日主，見到天干有戊土，戊土就是甲木的偏財星，而地支出現辰、戌的話，辰、戌的支藏為戊土，辰、戌也就是甲木的偏財星。若是乙木為陰日主，見到天干有己土，己土就是乙木的偏財星，而地支出現丑、未的話，丑、未的支藏為己土，丑、未也就是乙木的偏財星。

二、偏財星在人際關係方面，不論男命或女命，偏財星都代表父親或伯叔，另外偏財星也代表男命的偏房、細姨，再婚的妻子或暗通款曲的情人，而對女命而言，則代表婆婆、弟媳、兄嫂等親屬。

三、偏財星也表示錢財，但是與正財星不同，正財星表示固定性，或是永久性的財產、金錢，但是偏財星則表示流動性資產、資金，或是短暫性的財物，像是現金、銀行存款、證券、股票、債券、珠寶、傢俱，及其他各種動產，再者，偏財星也可以代表客戶。

四、偏財星的人豪爽慷慨，態度大方，個性樂觀積極，喜歡熱心助人，經常輕財好義，重視人情事故，所以人緣很好，特別是異性緣方面。在交際手腕上，偏財星喜歡出風頭、追求時髦前衛，懂得運用資訊、判斷力強，善於利用周遭資源、把握當下機會，創造事業財富，一生當中多有貴人相助，而有意外收穫，事業心很旺盛、容易白手起家，成爲業界的風雲人物，但是家庭觀念淡薄，不喜歡待在家裡，愛出外去遊蕩，在男女感情方面，愛好風花雪月，會有多次戲劇性的悲歡離合。

五、偏財星的人很會賺錢，但是並不愛惜錢財，容易揮霍，不懂得節制，加上愛面子，喜歡做排場，容易養成浪費習慣，所以一旦接觸酒色或賭博，就會沉迷其中而無法自拔，嚴重時將家破人亡。

六、古歌有云：「偏財非是自己財，最怕比肩同位來，劫敗不逢日主健，家資當發孟嘗財。」又說：「偏財原是衆人財，最忌干支兄弟來，身強財旺皆爲福，若帶官星更妙哉。」由上面敘述可知，偏財星因爲是流動之財、變動之財、衆人之財，而非正當管道，勤儉持家，流血流汗所獲得的報酬。而偏財星的人，很善於把握機會，把流動之財撈取過來，所以意外之財特別多，被認爲是不勞而獲之財。其實也能算是不勞而獲，偏財星只是懂得尋找機會，並且掌握住時機，盡自己力量去爭取，並非憑空就有財富。

七、八字身強以偏財星為喜用神，或是八字身弱偏財旺盛以比肩星為喜用神，沒有受到沖剋或是空亡的話，特別容易獲得意外之財，尤其是偏財星坐天德貴人、月德貴人、天乙貴人，或因為得到貴人幫助提拔，而賺進意外之財。但偏財星最怕比肩星來搶奪，有偏財星時最好配食神星或正官星，食神星可以生偏財星，而正官星可以保護偏財星。

八、正財星的財富，是指辛勤付出而換得的酬勞，必須要付出相當代價，而且正財星的錢財，是透過正當管道得來，所以得之不易，因此正財星懂得珍惜、惜福，會比較節儉、視錢如命，加上正財星懂得經營、按部就班，不冒險去投資，也不愛投機取巧，最後可以聚沙成塔，累積相當的財富。生活通常安穩無憂，不會有所起伏。

九、偏財星的話，由於在家中坐不住，很愛往外面跑，到處結交朋友，與他人談天說地，交際應酬特別多，加上出手大方，會願意去分享，因此人緣特別好，對於陌生的人士，很快就可以熟識，並且能打成一片，建立相當的友誼。由於人脈廣闊，偏財星會加以運用，言談之間收集情資，並且從中發現商機，一旦獲得有力的情報，便會著手去調查，接著就會去執行，捷足先登、搶得先機，所以偏財星的人，常能在短短時間內，就得到可觀的利潤。偏財星發財的原因，是因為具有敏銳的商業眼光，知道什麼東西能賺錢，什麼時機要把握，並立刻採取行動，所以能迅速致富。偏財星之人能迅速發財致富，通常有下列諸條件，第一、偏財星喜歡交朋友三教九流都有，所以有廣大的人脈關係，能得到相當多的情報資訊。第二、偏財星爲人大方慷慨，會去幫助朋友，所以對方願意提供消息，讓自己獲得回報。第三、偏財星的觀念特殊、眼光獨到，比一般人還要先進，而且能聯想利害關係，並且發現問題的癥結或是轉機，特別是商業或是產業，能夠迅速擬妥策略，處理相關的問題和困難。第四、偏財星的人，計畫擬妥之後便不猶豫，不會因爲遲疑而延誤。第五、偏財星的人樂觀進取，敢去冒險犯難，承擔起挫折，會虛心檢討，迎接下次挑戰。

十、偏財星很會賺錢，但是卻無法守成，因爲它重視義氣，喜歡幫助他人，往往會義不容辭，而絲毫不加考慮，也容易被人拖累。加上偏財星喜歡酒色，愛風花雪月的場所，縱情聲色犬馬，懂得女性心理，故意去討好對方，所以能得到對方芳心。因此偏財星的錢財，大都花在娛樂方面，一毛都沒有剩下，卻還是樂此不疲。八字偏財星最好有官星透干，或是印星來牽制，才能夠有所轉變，讓偏財星適可而止，否則財來財去，人生容易暴起暴落，要有置產的觀念，錢財才不會亂花，不然就是找善於投資理財的配偶，才能夠守住財富。偏財星的命運通常具有戲劇性，生涯多采多姿，得運時家財萬貫，富可敵國，羨煞人間，但失運時則易破財敗業，窮困潦倒，甚至身陷囹圄。

十一、驚神賦說：「偏財身旺，趨求商賈之人。」八字身強偏財星出現於月柱，沒有破壞刑剋，而且偏財星有力，歲運也順暢的話，大多適合從事商業，很具有競爭力，加上頭腦靈活，個性活潑，愛與人交談，想到處遊走的特質，能夠迅速累積人脈，以及豐富的經驗，將是商場的健將，而能夠名利雙收。

十一、想賦說：「偏財透露，輕財好義，愛人趨奉，好說是非，嗜酒貪花。」偏財星在月柱天透地藏的話，最能夠表現出偏財星的特質，不管爲喜神或忌神，偏財星都講求義氣，喜歡幫助他人。而且偏財星喜歡高談闊論，愛奉承逢迎，擺場面，浮華奢侈，風流不羈，特別是會做表面功夫，縱使已經債台高築了，仍不改其浮華本色，出門賓士豪華轎車，手帶勞力士高級鑽錶，身穿香奈兒名牌服飾，身噴嬌蘭高級香水，全都是豪華的，身邊再帶個助手保鑣，出入高級俱樂部。因此偏財星格局最好不要出生在富豪家庭，否則一旦歲運不順遂，很可能就會破壞家業，尤其八字日主身弱，表示日主約束力低，天干又透出兩位偏財時，其浪費奢侈的特性更爲明顯，加上風流好色，沉迷酒色，揮金如土，是標準的「散財童子」、「敗家子」。

十二、經曰：「偏財若是得地，不只豐財，亦能旺官，以財盛自生官，運行旺相，福祿俱臻，一遇官鄉，便可發福，如杜中原帶官星，便作好命看。」這是說明八字身強的時候，可以用財星跟官星，若是偏財星有力為喜用神，發財是唾手可得的，而財星能生官星，就算官星不明顯，也會有暗生的現象，進而能獲得地位、權勢。所以偏財星喜歡有官星搭配，第一、官星能護財星，因為官星剋比肩星，不讓比肩星來奪財星，就可以守住財富不外流，所以喜歡官星透干，第二、因為官星乃管束之星，八字有官星在，就會去約束日主，導正日主的行為，同時能將偏財的聰明巧智，引導於正當途徑發揮，免於因貪財而喪義或為非作歹，故偏財星與官星相互為用，彼此相生又相護，可謂相得益彰也。

十三、古歌云：「月偏財是眾人財，最忌干支兄弟來，身強財旺皆為福，若帶官星更妙哉，凡見偏財遇劫星，田園破壞苦環貪，傷妻損妾多遭辱，食不相資困在陳，若是偏財帶正官，劫星若露福難干，不宜劫運重來拼，此處方知禍百端。」上敘可以知道，偏財星最怕比肩星來剋制，特別是比肩星、劫財星透干，不但有破壞的意思，就算走官殺歲運，也沒辦法發達富貴，若是走比劫歲運，那情況更是雪上加霜、火上加油，不但自己的財富輸光，也會將祖業給敗光。

十四、八字身強而年柱出現偏財，若偏財星通根有力，而且沒有破壞刑剋，表示能得到或繼承叔伯父的餘蔭，或是祖業的恩澤，若是走財星歲運的話，將可以發達富貴、權勢在握。

十五、八字日主身強，財星得地又沒有破壞刑剋，當歲運進入財運時，將可以發達富貴，若是偏財受到破壞刑剋，或是比劫來爭奪，或是八字身強財星卻弱，或是日主太弱，喜用神無力，或是財星多而生殺星，殺星強攻身的話，都是奔波勞碌命，必須要遠離家鄉祖業。

十六、八字日主衰弱而喜用神無力，但偏財星卻過多的話，生平大多財來財去，沒有辦法守住，不能夠聚集財富，爲家庭生計奔波，夫妻感情不和，時常爲錢爭吵，或是自己沉迷酒色，招惹桃色糾紛，進而影響母親運勢，或配偶與母親話不投機。

十七、八字日主身強，月令有財星沒有破壞刑剋的話，大多出身於富貴家庭，若是月柱財官相生的話，表示父親創業有成，自己很早受到栽培，從青少年就建立事業及財富基礎。但若時柱沒有得地，或有比劫星攔截財星的話，中晚年走比劫歲運時，將有可能敗光祖業，使得晚年窮困，人生先富後貧，而失敗原因除了投資理財的決策失誤外，就是因爲子女或朋友拖累的緣故。

十八、若是八字身強，月柱沒有財星，財星出現於日、時兩柱，沒有受到破壞刑剋，表示祖業衰敗，需要自己白手起家，中晚年事業有成就，晚年可以享清福，是先苦後甘的命格。這是因爲八字有可能財多身弱，青少年又走剋洩日主的官殺歲運，表示自己出身環境不佳，做事情多阻礙，多辛勞少成就，萬般不如意，而中晚年之後，突逢走印比劫祿刃的歲運，或有三合、三會助身的歲運，就能夠突然興起、橫發一時，是先貧窮後富貴之命。

十九、十神星當中，以偏財、傷官、偏官、食神賺錢能力最強，而且每一種十神星特質都不同，聰明才智也不同，人生觀、價値觀、財富觀、處世態度都不同，所以成就也都不同。所以八字論命時，就必須依照各個十神星的特性，做深入的體會與瞭解，同時對各種十神星之間的配置、旺度、位置等做綜合性的觀察，如此方能正確指導他人去發揮才華，規劃人生，開創人生，這才是八字論命的眞正意義所在。

二十、在十神星當中，食神星與傷官星代表口才與智慧，也就是把才華能力表現出來，像是講話技巧、環境適應力等等。而食神星所表現的才華能力，是溫和內向，沉著穩重，屬於較精神的層面，而傷官星是外向活潑，反應機智，屬於表演的實際層次。若是偏財星獲得食神星幫助，就像是如虎添翼，讓偏財星更具有智慧、技巧，更善於口才、演說流利，賺錢的能力更強。但十神星搭配的不同，對於賺取財富的方法、態度、手段都不盡相同，像八字以食神星生正財爲用，或是食神星、正財星力量大於傷官星、偏財星，或是食神星、正財星沒有被破壞，而傷官星、偏財星卻被剋制，或是僅有食神星、正財星的話，爲人處事比較保守，個性溫和，喜歡用正當手段，凡事按部就班，不會想一步登天，態度相當務實，但是由於不耍心機，想法不刁鑽，遇到問題或危機時，應變能力就差，適合穩定經營的事業，大多偏向於守成，而開創性就比較差，雖然沒有轟轟烈烈，至少不會挫折失敗，是穩定中求發展的類型，應該避免冒險、變動、投機性的事業，最好是變化少、壓力輕、固定性的工作。像是與日常生活用品有關的行業，如便利商店、購物中心、超級市場、門市生意、書店文具店、百貨店、出版社、餐館、瓦斯行等販賣業或服務業等均可，若從事製造業則很適合與民生有關之工業。

二十一、若是八字以傷官星生偏財星爲喜用神，或是傷官星、偏財星力量大於食神星、正財星，或是僅有傷官星、偏財星的話，那麼傷官星、偏財星的特質，就會非常的明顯，深深的影響日主，表現出來的態度，就是頭腦清楚，心思細密，交際手腕高明，口才非常流利，具有商業眼光，以及經濟觀念，對於能賺錢的事物，能保持高度興趣，並且積極去接觸，立刻能執行計畫，八字有這種格局，理想抱負遠大，不甘心寄人籬下，想要有所成就，做一番大事業，賺大錢。由於野心勃勃，所以一旦抓到機會，就會立刻展開行動，積極部署，同時善於運用人際關係，借重他人力量，運用各種手段、策略去爭取最後的成功，它們敢打拼、敢衝刺、敢賭博，故往往能在極短的時間內，就建立了龐大的財富，成爲人人又驚嘆又羨慕的爆發戶。

然而這種格局的人，很懂得開創前景，但卻不知道守成，以及即時踩煞車，特別是傷官旺盛的人，通常自視甚高，以爲自己最聰明，不能接納其他人的意見，容易盲目摸索、衝動行事，掉進陷阱而不自知，若是歲運凶險的話，很可能一失足成千古恨，弄得身敗名裂、萬劫不復，從雲端上重重的摔下來。這種格局一生的事業、財富、名位、命運，都會有很大起伏，這種人由於生性好動，喜歡冒險、喜歡投機，如果往靜態性、安定性之行業發展，會覺得枯燥無味，不夠刺激，大材小用，無法久留其位，故較會選擇具有活潑性、冒險性、挑戰性、刺激性、投機性，或風險比較高、富於變化的事業或工作，例如行銷、販賣、貿易、採購、公關、股票、期貨、建築業、製造業等具動態性、變化性及開拓性之工作與事業，較符合其心性，較容易發揮其才華，但因成敗之起伏非常之大，一不小心就會跌得很重，因此這種人在創業之前最好能對自己的運途深入瞭解，否則搞不好財富沒有賺到，反而落得身敗名裂。

二十二、偏財星通常被視爲風花雪月、風流瀟灑的人，因爲八字偏財星旺盛，或是偏財星成格的人，容易喜好酒色，進出風月場所，跟女性相談甚歡，追求美好的享受，有優美的氣質，豐富的情感，不過食神星對於美的要求嚴格、專一，不肯輕易的妥協，而偏財星所追求的美感，標準很容易就改變，讓人感覺隨便、輕浮，而且顯得很輕挑，不怎麼專心一致，讓人有風流成性、玩世不恭的感覺。男性八字若正財星、偏財星混雜時，對於感情較不專一，很容易見異思遷、移情別戀，對誘惑不加以拒絕，因此感情關係複雜，若八字食傷星生偏財星時，則會更加重其風流多情與善變之特性，所以八字中偏財星多又旺盛的話，與女性關係較爲複雜，容易引起家庭或感情糾紛，甚至危及婚姻的安定性。一般來說，八字中傷官星與偏財星較重之人，由於個性活潑外向，不願意待在家裡，喜歡在外逗留遊玩，或留連燈紅酒綠場所，家庭觀念較爲淡薄，爲人又溫柔多情，故風流程度非常嚴重，如果日主本身無根，又無強力的印星來約束日主，那麼自我約束力就低，抗拒不了酒色和美女的誘惑，容易沉迷其中而無法自拔，但如果日主健旺，日主的主觀意識強，則比較能約束自己、明辨是非，較不會在外面尋花問柳，而影響婚姻家庭的安定。反之，八字中食神星、正財星力量大於傷官星、偏財星的話，個性就顯得內向，具有家庭觀念，責任感強烈，會照顧妻兒，這種人較不愛逗留在外，工作之餘，都將時間留給家人，出外交際應酬，也會拿捏分寸，且會盡量避免燈紅酒綠場所，在外拈花惹草，到處風流的機會自然會減少，雖然他們也富有感情，但大都表現於夫婦之間，而且正財星較重視肉體上的享受與滿足，而偏財星則喜歡熱鬧、浪漫的情調與氣氛。

二十三、八字男命身強，正財星、偏財星都出現的話，比較容易有雙妻命，特別是正財星出現於年、月兩柱，偏財星坐於日支夫妻宮，現象將更加的明顯。但若八字身弱，正財星、偏財星就不代表眞正的雙妻命，只是表示桃花多，當犯桃花運的時候，就容易去拈花惹草，或者因感情關係而影響到婚姻的安定，當歲運過後就停止，但若正財星、偏財星出現而正財星逢空亡，則恐怕是先喪妻再娶或離婚再娶的情況。

二十四、八字身強財旺，歲運走官殺運時，通常能名利雙收，歲運走比劫運時，名利落空。偏財星坐比肩星，或比肩星坐偏財，或是偏財星遭受刑剋，將會有幾種情況發生，第一、容易遭遇破財，或是事業失敗的情況。第二、父親才華受限，發揮不易，一生事業不得志，或容易出災禍意外，不然就是破財。第三、親子之間有代溝，彼此感情不親密，顯得特別淡薄，講話也不投機。第四、父親健康不佳，或是壽命較短。就算能獲得遺產，也很快就會花光，錢財會先給妻妾，而不留給兒子。

二十五、比肩星、劫財星旺盛，而財星衰弱的話，父親的運勢不好，很難有所發展。偏財星旺盛有力，表示父親很長壽，才華能發揮，工作發展順利。偏財星坐長生、建祿，父親運勢良好，親子間感情和睦。偏財星坐死、墓、絕的話，父親運勢較差，彼此緣分薄弱，父親有病在身或提早身亡，較無法得到父親庇蔭。偏財星的食傷星來生助，表示父親有才華，能有好發展，貴人旺盛。但偏財星逢空亡，則父親運勢不佳，名氣不揚，或自己容易再婚或剋妻，不然就是創業失敗而轉行，或沒有財務的支配權。

二十六、八字偏財星爲喜用神，表示父親能幫助自己，或是姨妾來幫助，而兄弟很少助力，不適合合夥生意，母親壽命短於父親，自己對老婆不體貼。若是命、歲、運三刑而刑入偏財星，或自刑兩組而刑入偏財星，或八字比劫星多，財星衰弱的話，再遇到歲運合會成比劫局時，就是喪父的徵兆。

邁向八字大師之路的第十五天

第十五天主要是學習分析正官星、七殺星的性質、優缺點，像是個性、事業、人際、感情等等，藉此來深入推斷八字好壞，以及運勢發展的趨勢為何。

柒、正官星

一、剋制日主的東西爲官殺星，若日主爲陰干被陽干所剋，或日主爲陽干被陰干所剋，那麼剋日主的陽干或陰干就稱爲正官星，若日主爲甲木，遇見天干辛金爲正官，或是酉地支藏辛金，辛金剋甲木，辛金就是甲木的正官，若日主是乙木，遇見天干庚金爲正官，或是申地支藏庚金，庚金剋乙木，庚金就是乙木的正官。

二、人際關係方面，正官星代表長輩、主管、師長、老闆、官僚、領袖等等，對男命而言，正官星表示兒子或姪女，對女命而言，正官星代表丈夫或姊夫、妹婿。

三、正官星代表爲利、地位、權威、制度、規範、責任、法律、管理，具有溫和約束的意味。經云：「官者，管也。管者約束，規範，管理之意。」若是八字爲正官格，或是日主強盛，有正官星貼近日主，除了有約束的意味，也表示日柱獲得管教，因此人格高尚，能服從紀律、公正無私，人際上尊敬長輩，事業上尊敬主管，做事情認眞負責，具有管理的才華。本身能夠明辨是非、知人善任，具有客觀的想法及判斷方式，能得到眾人的肯定與支持，而有不錯的成就。

四、對於八字格局來說，日主身強的話，就喜歡正官星來制化，日主衰弱的話，就不喜歡正官星來剋制。但也有例外的情況，像是日主因食傷星洩氣過多，造成身弱的情況，就需要印星來剋制食傷，這時候正官星能夠生印星，使印星發揮作用。但還是以八字身強，獲得正官星的好處較多，八字身弱，正官星就有剋身的現象。正官星若是爲喜用神，就應扶助及保護正官星，才能讓它發揮「貴」的效用，表現其高貴與尊榮的福氣。因此，八字格局中若正官星爲喜神，或正官星衰弱時，就喜正官星來扶或財星來生。同時也喜印星來保護之（正官最怕傷官來傷它，而印星能夠剋制傷官，有了印星則傷官星無法剋正官星，所以印星可以保護官星），不過印星只要一點就夠，若印星太多，反而會洩去官星的貴氣（官生印，反過來看就是印星會洩官星之氣，如果官星衰弱而印星過多，則印星爭相洩官星之氣，則官星原具有的尊榮就消失了）。故官星有很多忌諱，我們應特別注意。

五、古書云：「傷官見官，爲禍百端。」應該說是正官星遇見傷官星，因爲正官星正直不屈，如果被傷官星沖剋，原有正官星的特質，將會完全的消失，反而會引發許多缺點，變成任性刁蠻、修養粗魯，對他人充滿敵意，對生活極度不滿，嚴重時與他人起口角，失去明辨是非的能力，有可能因此而犯官司訴訟。對工作無法專注投入，心情起伏不定，以致於效率不彰、阻礙重重，無法獲得提拔。但若是八字結構中正官星沒有鄰近傷官星，或是出現財星阻隔通關，就可以減輕這樣負面影響。

六、八字格局中最怕官殺混雜，官殺星也表示思考模式，若是純正官星，或純七殺星的格局，都表示頭腦清晰，不會忘東忘西，而且記憶力強，懂得運用理性思考，提高工作效率，因此獲得他人的讚賞。但若八字官殺混雜時（身弱又官殺混雜者尤其明顯），那麼表示思考容易混亂，沒辦法理出頭緒，精神無法集中，因此記憶力降低，學習意願低落，工作效率不彰，容易發生錯誤，若從事危險性行業，像是操作機械的話，就容易引發危險，而有血光之災。所以一般人行運中碰到官殺混雜的情況，就必須注意健康，或是因為職場災害，此段期間應多注意安全。

七、八字當中若有正官星，最怕有印星來洩氣，雖然印星能保護官星，但若印星過多的話，就會把貴氣洩光，無法發揮正官星的效用。另外，正官星也不適合過多的食神星來剋制，若是食神星過多的話，對正官星會造成壓迫，也是會損及正官星的貴氣。

八、八字格局當中，正官星是貴氣象徵，表示權勢地位，若是遭遇空亡，正官星代表男性的子女星（兒子），遭遇空亡就表示無子嗣，或是與子女緣薄，或子女健康不佳而操煩，或為子女奔波勞碌。對女命而言，表示姻緣薄弱，配偶健康受損，或是運勢不佳，不然就是喪偶或離婚再嫁。

九、正官星有管教約束的作用，讓人家安分守己，不會違法犯紀，做事情光明正大，不會去投機取巧，對於設定的目標，能夠循序漸進，最後獲得成功。若是正官星過多，而日主衰弱的話，正官星就會過度約束日主，甚至於造成壓迫，日主不但無法發揮正官星的優點，反而會使個性優柔寡斷，變得膽小怕事，行為太過拘謹，不能夠勇於開創，發揮自己的所長，一生庸庸碌碌，沒有任何成就。

十、古書云：「停職剝官，只因官星被合。」八字格局若以正官星為喜用神，則不喜正官星被他星所合，所謂「貪合忘官」，正官星若合日主，日主又身強的話，則可以幫助掌權，發揮慾望，進而完成大業。但日主身弱時，不喜歡官星來合日主，反而會災禍不斷，容易有交通意外。而且八字身弱，日主被官星合住，表示權力被剝奪，並不是十分理想。除非八字原本格局為官殺混雜，而此時正官星或七殺星之一被合住，變成純官或純殺的情況，反而以吉兆來論，為人不但腦筋變聰明，分析能力變強，工作效率提升，身邊貴人多助，社會地位突然往上攀升，能夠享受名聲、富貴，但是歲運若結束，恢復官殺混雜的情況，就會被打回原形。

十一、正官星不管是喜神或忌神，都不喜歡見到傷官星，若為用神遇見傷官星則用神被破，是很不吉利的事情，若原局沒有傷官見官的情況，是走歲運而碰見，又沒有財星來通關，或是印星來化解，這段期間就會行運不順，做事情反反覆覆，容易情緒失控，做出非理性的舉動，讓人家相當的驚訝。人際關係就會變差，失去他人的信任，事業一落千丈，財富破敗不聚，甚至於招惹官非訴訟。反之，行運時，傷官見官的格局，被歲運將傷官星合化，變成正官星的格局，則一切由壞好轉，凡事順遂如意，享受榮華富貴，跟八字官殺混雜時，被歲運合去成為純官或純殺的情況一樣。

十二、正官星象徵權勢地位，也是功名之星，跟讀書考試有密切的關係，在八字當中，官星是功名之星，印星是學問之星，若是四柱裡正官、正財、正印三者齊全，而互不相剋的時候，謂之「三寶」，三寶都透天干而無財星、印星交戰的話，就可以稱做「三奇」。命帶三寶的話，多半個性溫和、誠實善良，歲運若順暢的話，能夠品學兼優、升遷有望，有一定的學識涵養。若八字格局中沒有財星，官印同柱相生，或是官印雙透而緊貼相生的話，也表示適合讀書，功名有望的格局，這樣的搭配組合，身強時走官運，或身弱時走印運，都可以順利完成學業，獲得較高的學歷。四柱中有官印相生，或財官相生而爲喜用者，其人大都具有高雅的氣質，談吐謹愼文雅，不會口出穢言，心性磊落，心腸仁慈，信譽良好，珍惜面子，交際適度，不趕時髦，進退有據，行爲端正，容易在社會上博得聲明，獲得地位，受人尊敬。做事能掌握重點，量力而爲，凡事三思，腳踏實地。因此，一生中較少遭遇挫折與失敗。

十三、八字格局當中，年、月柱出現官印相生，而且正官星爲喜用神，通常出生於優渥家庭，或是書香門第，能得到祖上餘蔭，教育十分良好，所以能奠定基礎，對將來事業有幫助，月柱官印相生的話，父母親也都是仁慈善良、事業有成就的人士。

十四、八字格局當中，財星、官星所在的位置，通常是判斷出生背景，或事業成就的重要依據。若是日主旺盛，以財官爲喜用神，官星又透天干於年柱，而財星透天干於月柱，因爲官星表示功名地位、學歷知識，跟讀書有關係，也是約束的力量，所以早年一到十六歲（年柱），能聽從父母教導，努力求取上進，成績相當優秀，不會去惹是生非，讓父母非常放心。另外也表示父母親具有地位，但是還沒有發達富貴，正在努力的醞釀，到了月柱財星顯現，十七到三十二歲間，不但家境能夠好轉，父母親賺到財富，自己也能順利發展，事業上無往不利，具有理財規劃的觀念，將有機會名利雙收。如果年、月柱之天干僅透出正官而沒有透出財星的話，則表示父親在社會或鄉里負有聲望名譽，但沒有實利（即清貴而不富之意）。反之，若年干透財而月干透官爲喜用，或月干透正官而時干透財星者，則表示父親或父輩不僅社會地位高，經濟實力亦強，同時本人在青年或中年期即能建立相當的社會地位與經濟實力，這種人在校讀書時成績十分優秀，在社會上地位高人一等。若正財官年干時，表示幼年時家境富有，祖父輩即已建立相當雄厚的財力與權勢，本人出生後，父親因富而貴，富貴雙全。

十五、八字日主身強，有財官星相生的格局，表示聰明伶俐、誠實守信，知道要腳踏實地，循序漸進完成目標，所以不會想一步登天，因此失敗的機會減少，成功的機會增加。特別是團隊合作，因爲知道合作的重要，所以會樂意分享經驗，具有良好溝通能力，也願意服務他人，因此贏得他人尊重，可以成爲優秀領導。事業上是很好的行政管理人才，跟文筆有很大關係，而所從事的工作，能順利推動法令規章，並且加以實踐執行。

十六、八字若日主身強，而正官星若爲喜神，出現於日支的話，爲人頭腦精明，懂得運用策略，替自己完成事情，如果月干或時干透出也爲財星的話，表示青少年的努力基礎穩固，在中壯年時發揮作用，可以獲得社會地位、名聲財富。不過若財星、官星聚集時柱，而年、月、日柱多忌神，表示爲人出身貧賤，從小家境不富裕，而且青少年非常辛苦，求學不是很順遂，中壯年的時候，際遇也不理想，要辛勞才能成事，但接近晚年的時候，運勢突然好轉起來，能因此獲得財富跟地位，屬於先苦後甘、大器晚成的類型。但還是得配合歲運，才可以下此判斷。而時柱多喜用神，也表示子女有出息，而且非常賢孝，將可以青出於藍。若是正官坐於日支者，其配偶之身材大都屬於苗條型者多，很少是肥胖豐滿型者。而且配偶端莊賢淑。如果地支會成官殺局者，其人心機較重，喜歡斤斤計較，不愛交際應酬，但容易因小失大而得不償失，如果身弱印明有力，則能改善此情況。

十七、八字日主身弱，財星、官星爲忌神，出現於年干、月干的話，表示父母勞碌不堪，卻沒有成就，家境貧窮不理想，幼年的時候，父母親爲生計奔波，卻無法栽培子女，而自己無心學業，智慧較晚打開，青少年的時候，無法奠定將來事業或財富的良好基礎。若加上歲運不佳，中年的時候將事業起伏，輕者虛浮度日、無利可圖，重者事業失敗、背負債務，家庭婚姻不穩定，家人感情不和諧。若財星、官星爲忌神，僅出現於時柱，乃暗示晚年奔波勞累，徒勞無功，子女不孝順，難享子女奉養。

十八、八字日主身弱，而食傷星或財星旺盛，就必須以印星爲喜用神，以增加日主的力量，若是剛好有官殺星，也可以官殺星洩財生印爲用，遇到這種以印星爲用神而喜官殺星的格局，如果中年歲運良好，走官殺運或印運，可以因此獲得名譽、地位，若是走比劫運，則可以獲得財利，但其他方面較差，若走比劫運的話，不妨經營商業，將可以致富賺錢。八字以印星爲用者，歲運最怕走財運，因爲財星會破壞印星，並且生助官殺星，這樣印星被沖破，不能化解官殺星，官殺星又直接來剋日主，若遇見財、官流年，輕者破財敗業，重者很可能破局身亡。

十九、八字爲正官格，或以正官爲用的話，除了爲人聰明理智，有光明正大的特質外，在思考方面，可以專注投入、有條不紊，抓住問題的核心所在，然後決定最佳的方式，來推動或執行計畫，順利的完成目標。正官格的人，說話清楚分明，能夠掌握重點，雖沒有食神星、傷官星那樣滔滔不絕、唱作俱佳的表演天賦，但卻能讓人願意信服。正官星最多只宜兩個，而且同柱比並列要好，正官星若太多，則會分散頭腦的集中能力，造成思考紊亂，導致精神無法集中，降低工作效率，以及學習的意願，而且財務容易出現問題。

正官星代表約束力量，因此，如果日主弱而正官星太旺的話，則會使日主受過分的拘束，個性將十分保守，拘謹軟弱，而不敢大膽開創，去爭取賺錢的機會。而財星能生官星，也可以說是官星洩財星的氣，所以八字財多身弱，官星又洩財星的話，表示缺乏理財觀念，容易浪費金錢，造成經濟上的困窘，不適合財務工作，或是商業投資。若日主不至於太弱，有食傷星能制官星的話，情況就可以有所改善。

二十、正官星很忌諱看見傷官星，不管是同柱或緊貼，甚至於雙透干也不行，有這樣的情況時，個性會變得任性，喜歡挑剔他人，不滿現實情況，與人無法溝通，心直口快的結果，往往會得罪他人，而且見到別人有成就，心裡會產生嫉妒，因此會冷嘲熱諷，招惹出是非糾紛，八字身強沒有財星來洩氣轉化，或是八字身弱沒有印星來制化傷官，一生將波折不斷、與人結怨眾多，求職艱辛困難，應該要修身養性，凡事三思而後行，注意言行舉止，才能避免不必要的糾紛。若八字身弱的話，而正官星與傷官星雙雙透出年月時，青少年時期家中容易發生變故，祖業破敗，難得祖業之福蔭。不過仍宜參考行運來判斷，若中晚年走吉運，則可減輕上述情況。

二十一、日主五行與比劫相同，所以官殺星除了會剋制日主，同樣也會剋制比劫星，日主衰弱而官殺星旺盛的人，不僅對自己不利，兄弟姊妹也會不順，彼此的親情淡薄，或是兄弟姊妹有殘疾，特別是走官殺運的時候，要預防災害的發生。比劫星現於年支，年干出現官殺星，且官殺星強勢的話，其兄弟姊妹中可能會有人死於外國或是遠方。

二十二、正官星若是正官坐日之刃者（如甲日干見辛卯，卯爲甲之刃，辛爲甲之官，故官星坐日主之刃），可以從事武職行業，如警察、軍人、政治家等等，將可以因此顯貴，但過程較爲辛苦，必須要能忍耐。若正官星官坐日刃若現於月柱，則適合外交、公關、與人談判交涉的工作。若原局每一柱都有正官，則日主必然身弱，除非能入從殺格，否則歲運若再走官殺運，則日主被剋制太過，乃大凶之運，縱使不會身亡，亦必疾病纏身或破財敗業，除非命局內印星有力，才能夠化解官殺星，減輕帶來的禍害。

二十三、正官星跟功名、權位有關，爲男命的子嗣星，爲女命的夫星，若是正官逢空亡而無救，表示男命子嗣不多，或有人夭折，自己的學業不順，成績不是很理想，若從事官職的話，很容易有頭無尾，草率結束生涯。女命正官星遇空亡，表示婚姻不佳、夫妻有離婚的可能，若是傷官見官的情況，那就更加明顯。

二十四、八字日主身弱，食傷星、財星、官星爲忌神，若時柱爲官星坐財星，表示晚年財運不佳，經濟情況困窘，而且健康情況糟糕。若是時柱爲七殺與偏財，則表示晚年必破耗多端，非仁人君子，縱有名利，亦只是虛有其表。若時柱是傷官七殺，則爲人不正，容易爲非作歹，乃奸邪宵小之輩。若是歲運順利，尙不致有大害，若歲運違逆，又有刑沖剋破，則無法安享晚年。

二十五、正官星五行爲木星者，如戊日主而見乙木，或己日主而見甲木，以木爲官星的話，其人大都聰明而仁慈，爲人正直，爲官清廉，不愛計較，嚴以律己，寬以待人，寬量寬宏，能接納他人意見，能體諒他人立場，具進取心而有博愛精神。如果命局結構良好單純，則能在文化界、宗教界、政界、教育界獲得成就、地位或殊榮。

二十六、正官星五行爲火星者，如庚日主而見丁火，或辛日主而見丙火，以火爲官星的話，由於火爲禮的表徵，因此，其人大都彬彬有禮，謙卑恭敬，重視禮教、規範，進退有據，品格高尙，尊師重道，舉止談吐端莊、高雅，處事理性，光明磊落，能抑制個人之好惡，拋棄成見，與社會調和，具協調衆人意見之能力。

二十七、正官星五行爲土星者，如壬日主而見己土，或癸日主而見戊土，以土爲官星的話，由於土爲信的表徵，因此，其人大都信用卓著，不輕易允諾，但言出必行，一言九鼎，個性溫和厚重，能夠刻苦耐勞，謹言愼行，擇善固執，有容人之雅量，很適合從事建設營造、土木工程、農產畜牧等利用土地或與土之五行有關的行業。

二十八、正官星五行爲金星者，如甲日主而見辛金，或乙日主而見庚金，以金爲官星的話，由於金乃義的表徵，因此，其人大都正直耿直，擇善固執，講信重義，做事乾脆，不愛拖泥帶水。金乃經濟金融之類屬，故具有經濟頭腦，利潤觀念強，此種人義理分明，不貪非分，因此很適合從事財務管理，或金融保全、警衛等工作。

二十九、正官星五行爲水星者，如丙日主而見癸水，或丁日主而見壬水，以水爲官星的話，由於水乃智的表徵，因此，以水星爲正官之格局者，大都具有靈活的頭腦，靈敏的反應力，優異的環境適應，能順應時代潮流而調整步伐、調整思考與作爲。故這種人很適合從事富於變化的工作，例如：商品的變化性高、流動性高、流行性高，不論是工商界或知識界均吉。

三十、不管是何五行的正官格，都以八字身強正官星爲喜者，較能充分發揮正官的良好影響，若正官星受破壞，或以正官星爲忌者，就無法完全發揮其特性。

捌、七殺星

一、剋制日主的東西爲官殺星，若日主爲陰干被陰干所剋，或日主爲陽干被陽干所剋，那麼剋日主的陽干或陰干就稱爲七殺星，若日主爲甲木，遇見天干庚金爲正官，或是申地支藏辛金，庚金剋甲木，庚金就是甲木的七殺，若日主是乙木，遇見天干辛金爲七殺，或是申地支藏庚金，辛金剋乙木，辛金就是乙木的七殺。七殺星也稱爲偏官，因與日主相隔七位，故稱它爲七殺。命局中若有制神（即食神星）出現時，則稱偏官而不稱七殺。

二、七殺星與正官星性質相異，它代表著武將、武官、警察、軍人、法官、外交官、審判官、檢察官、執行官、劊子手等。也有人認爲它象徵小人、敵人、惡勢力、苛刻要求嚴格的長官或上司，或江洋大盜、草莽流寇，綠林好漢等等。在人際關係上代表著女兒、姊夫、妹婿、男姪，就女命而言，代表偏夫、情人、再婚夫、兒媳及夫家之姊妹等等。

三、七殺星也是權威、勢力、聲望、執行力、爆發力的象徵。也具有偏激叛逆、勇敢無畏、幹勁鬥志、破壞力，或是強制的約束力的性質。因此八字七殺星旺盛的人，大多長相嚴肅，態度權威，表面缺乏笑容，山根比較低，顴骨比較高，展現出一股壓迫感，讓人家不敢接近。因爲七殺星的性質偏於內向，非常有自主性，不喜歡跟人低頭，內在充滿骨氣，不愛去逢迎拍馬，或是選擇跟人家合作，都喜歡靠自己競爭、奮鬥，或是利用職權、高壓手段來進行工作，以便能夠完成目標。七殺星較衝動行事，很容易見義勇爲，但是缺乏冷靜思考，使用的手段較極端，容易跟人產生摩擦，也因此招惹是非，讓自己陷入困境，跟正官星比起來，七殺星比較魯莽、孤傲、難以親近、不容易獲得擁戴。

四、七殺星雖然缺點滿多的，但是優點也不可忽視，因爲七殺星主開創，具有高昂的鬥志、過人的毅力、果斷的態度，以及突破的勇氣，常常能在困境當中，找出自己的方向，進而朝目標前進，得到最後的勝利，而這種爆發力、意志力，不是其他十神星所能相比。

因此七殺星行運的時候，通常能發揮其優點，像是當機立斷的決策，或是不怕艱苦的勇氣，處於劣勢的時候，能夠逆流而上，建立一番豐功偉業。但是七殺星歲運發凶的時候，將遭遇重重危機，使日主孤立無援、顛沛流離，處於被挨打的狀態。這都跟七殺星固執、不願低頭妥協的性質有關。所以七殺星行運無論好壞，日子都顯得非凡，很少能平靜度過。

五、七殺星具有優異的判斷力，也有不錯的領導能力，可以發揮在軍事方面，像是部署作戰、調兵遣將等等，不僅能發揮戰力、衝鋒陷陣，也可以運籌帷幄、決勝千里。所以七殺星適合往軍人、警察、體育界發展，也適合業務行銷的工作，可以開發客戶，創造業績。

六、七殺星跟正官星的性質差異，雖然同樣具有約束力，對日主卻有不同的影響。正官星剋制日主的話，有剋制的意思，但是力量卻不強，僅有警示日主的作用，傷害並不是很大。但是七殺星卻不是，因爲七殺星的剋制，是無情的剋制，就像仇人見面、分外眼紅一樣，彼此會產生激烈衝突，直到一方倒下爲止，否則絕不罷休。當八字有七殺星時，應該好好判斷日主強弱，以及七殺星的位置，才能夠明白七殺星的喜忌，如同古書說：「有殺必先論殺、再論格局。」就是因爲七殺星的影響力特殊。

七、正官星的性質外向，個性較爲溫和，講究做事方法，能夠客觀判斷，大多以合作爲手段，藉此來達成目的，所以正官星的心胸寬大，具有民主觀念，喜歡借重他人力量來推展身邊的業務。但是七殺星不同，七殺星個性內向，偏激衝動、容易動怒，因此心胸狹窄、不能容忍異己，喜歡以實力來硬拼，不太能團結合作，由於這樣的緣故，所以七殺星顯得十分辛苦，不容易達成目標，但使命感會很強，這也是七殺星缺乏人情事故的關係。但是七殺星的優點，是正官星所缺乏的，像是堅強毅力、高昂鬥志、勇敢果斷等等，因此八字如果有一個七殺星出現，日主的強度又夠的話，就可以形成鞭策力量，激發日主的潛力，讓日主充滿鬥志，具有奮發的精神，去迎接困難與挑戰，但是七殺不可以太多，不然對日主的身體和精神，將會帶來莫大的壓力與殘害。所以八字七殺星旺盛，一定要有印星來轉化，或是用食神制殺，經云：「殺見制伏卻爲貴，故有殺見印則顯。」這樣七殺星對日主才有正面幫助。若是七殺星強盛無制，對日主直接剋制，日主不知不覺中，會一直反抗對峙，長期下來，日主便會受到影響，個性變得偏於負面，對什麼都不信任，並且產生不滿，叛逆心強，不與他人合作，行事偏激霸道，不善溝通協調，更嚴重的時候，因爲人際的失和，常藉由酒色來痲痺，行爲舉止放蕩，容易殘疾或早夭。如果七殺太旺，緊貼日主而無印星化或食神制化，個性會變成狐疑不決，不信任別人，外表看似剛強但內心卻柔弱，做事情患得患失、經常後悔，如又正官星、七殺星混雜，則會精神常恍惚，分散不集中，容易發生交通事故或血光意外，嚴重時將殘疾或早夭。

八、妙選賦說：「殺為武藝，印為文華，有殺無印欠文彩，有印無殺欠威風，絕妙殺印雙全，宜其文武兩備。」幽玄賦說：「七殺佩印，足為烏台之論。」七殺星象徵武藝、權威，印星則是智慧、學識的象徵，所以印星能引導七殺星，化解七殺星的霸道蠻橫，魯莽衝動，呈現出文武兼備的特質，所以八字若有殺印相生，及七殺星生印星的話，為人將重情義、講信用，做事情光明正大，公正不阿，能發揮積極果斷的作為，手腳乾淨俐落，不會拖泥帶水，允文允武，不論是任公職或在民營企業服務，都是個有守有為、深受高層賞識、讓人敬畏的領導階級。若是八字日主衰弱，官殺星旺盛而印星化官殺以生身的人，大都文勝於武。因此，大都從事文職性職業或從事文市性靜態性行業。反之，若八字日主強，官殺星亦強而用食傷星來制殺者，大都武勝於文，這種人做事積極有魄力，執行能力強於企劃能力，其生平之工作及事業，則傾向於武職，或從事武職事業或動態性之工作事業，像是軍人、警察、刑事、法官、外交官、駐外大使、營業人員、行銷主管之類，或是土木工程、營造建設、交通、運輸、海運、造船、拆船、貿易等等之行業。

九、經云：「逢殺看財。」又有「財滋弱殺」之說，這是說日主強七殺弱，而用才生殺之財殺相生配置。這種財殺相生之人，個性坦率豪爽，果斷有魄力，做事積極，具有開創力與決策力，事業心強，權力慾望大，不論在何種場合，都頗具威望，為人熱心，樂於助人。財生殺，反過來說就是殺洩財，也就是運用財來辦事。因此，命局身強以財滋殺之人，很懂得如何應用金錢來驅使他人為自己謀事，完成其所欲完成的工作或目標。但是，相反地，如果命局身弱，命局內財殺相生而為忌神時，則會把財星與殺星之缺點都暴露出來，則其為人必霸道不講理，個性急躁剛強，心直口快，常得罪人，一生常犯小人，經濟觀念薄弱，不善理財，局內殺星強於財星，行運又不得扶身之運而又行旺殺之運的話，則亂花錢的情況會變本加厲，揮金如土，浪費錢財，容易因此而敗散祖業，變成俗稱的「敗家子」。官殺均會洩財，但正官之洩力較輕，而且正官溫和，因此，命局財官旺而身弱之人，只是不善理財，雖也會破財，但不致有大害。而七殺則不同，身弱而財殺強者，會揮霍錢財，不知節制，甚至會利用錢來做壞事，為非作歹，給社會帶來困擾與治安上的威脅，如果局內又帶有傷官，那就更加變本加厲。所以正官與七殺的性質有很大的不同，我們在斷命時應特別注意。

十、若八字身強，以官殺星為喜用神時，必須要配合參看印星、食傷星的多寡，因為有印星而沒有食傷星，或是印星力量強於食傷星，為人決策果斷，具有忍耐力，而且責任感重，對於問題或困難，會積極去突破，開創新的局面，平常見義勇為、言出必行，文學素養好，善於企劃分析，可以經營事業，或從事顧問工作，是軍師幕僚的人物，若投身於學術界，不但學識豐富，懂得評論寫作，還具有前瞻性能力，對商業也能有發揮。

十一、若八字身強，七殺星強於正官星，或只有七殺星的話，則七殺星為權，這種人外表嚴肅，缺乏笑容，眼神銳利，不怒而威，做事情乾淨俐落，不愛拖泥帶水，顯得特別果斷，遇到危急的時候，能當機立斷處理。若這種格局僅有食傷星透干而印星藏支，或是僅有食傷星而無印星，或食傷星力量大於印星，為人大多武職勝於文職，耐性會比較差，喜歡往外面跑，坐不住辦公桌，愛跟人家交涉，適合從事商業，或自己做生意，也能夠運用策略，做業務推銷的工作，奔波勞碌之下，能夠有所成就。

十二、正官星、七殺星都具有服務的精神，喜歡為他人做事情，也表示願意負起責任，但是兩者的表現方式不同，正官星喜歡團結合作，而比較少單打獨鬥，並且強調溝通協調，以完成原先目的。而七殺星不善於溝通，所以傾向於獨力奮鬥，不愛向人家求助，喜歡靠本身實力來獲得工作的成就感，愛跟人家比較競爭來處理並完成事情。

但無論如何，正官星與七殺星的特質，都需要相當的體力、耐力、意志力，才能夠達成目標，所以官殺星爲喜用神時，必須要有良好身體，因此八字身強才好，身弱就不能勝任。一般來說，正官比較溫和、沉穩、和氣、協調。而七殺衝動、莽撞、偏激、霸道。因爲七殺不善團隊合作，喜歡競爭的方式、用對抗來處理事情，不僅費心費力，也會格外辛苦，因此更必須有健強的身體，當八字七殺星旺盛，日主就必須通根有力。

十三、七殺具有生印、耗財、攻身、制比劫等功能，故日主強時喜七殺，尤其局內比劫多時更愛七殺，但命局身強印旺者不喜七殺，或比劫太多，旺至極者不喜七殺（這是旺極宜洩不宜剋之原理）。另外，日主不弱而印星時，亦愛七殺來生印，這須印明且以印爲用者方可。一般而言，除了從弱格不懼七殺之外，身弱者大都畏懼七殺，尤其身弱取比劫爲用者，更懼七殺來剋用神。

十四、七殺星剋制日主，因爲陰陽屬性相同，所以強烈而無情，這時就要有印星緩和，產生化殺生身的作用，好讓日主化敵爲友，進而能夠保護日主，就像母愛的天性，會保護自己的兒女，產生很強的責任感。所以八字有七殺星出現，不管七殺星爲喜神或忌神，都喜歡印星緊貼七殺星或日主，就能夠化解七殺的凶暴之氣，七殺星會生印星，印星會生日主，將禍害轉爲福氣，形成殺印相生的格局，若是遇到歲運順遂，就可發揮殺印相生的力量，獲得社會地位、大衆認同，進一步有權勢，具有領導力與影響力。

十五、有訣云：「偏官有制化爲權，武職功名奏九天，英俊文章發少年，身旺定登台諫客，印助扶官累受宣。」又說：「若逢七殺化爲權，威鎭邊疆功蓋世。」由此可知，七殺星除了能夠制刃外，其他各種格局都喜歡有印星或食傷星制化，因爲七殺星主凶暴，殘忍激烈，如果有制化的話，便可以轉暴戾爲祥和，化爲實際的執行力，開創出一番豐功偉業。自古以來留名千古，或大富大貴之人中，很多是此種格局之人。七殺星如果沒有食神星剋制，也無印星化解的話，就會直接剋制日主，如果日主健旺身強，足以任殺，則能化殺爲權，替日主辦事，效率甚高，如果日主衰敗身弱，則承受不起七殺星刑剋，長期受七殺星無情的剋伐，久而久之，心性就會變成陰沈偏激，對社會抱著不滿心態，潛在的爭鬥意識、暴戾心性就會凸顯出來。

十六、七殺星通常比喻爲江洋大盜、綠林好漢、奸詐小人，是負面的象徵，禍害的代表。但七殺星其實有許多優點，像是勇氣、幹勁、上進、奮發，也表示權威與地位。因此八字若無七殺星，除非有其他格局形成，否則大多是平庸之輩，一生中平淡無奇，很難有大的發展，或轟轟烈烈的作爲，所以七殺星並非都是不好的。七殺星若能幫助日主，爲日主所運用的話，則能讓人擁有勇氣，發揮聰明睿智，做事果斷堅忍，能突破重重障礙，特別是在混沌不明的戰亂時代，更能展現其無與倫比的睿智與英勇。這也是它常常成爲帝王、君主左右的股肱的主要原因。如三國時代的諸葛亮，明朝的劉伯溫，清朝的曾國藩、左宗棠等等留名青史的英雄人物，無不有殺印相生之格局，毛澤東也是以印化殺，韓信則是食神制殺。

十七、七殺星具有俠義心腸，愛打抱不平，具有機智反應，執行能力驚人，對慾望追求強烈，也具有著使命感，可以臨危授命，臨終託孤。七殺星喜歡光明正大，不屑於用不正當手段去獲取利益，尤其是殺印相生及食神制殺的格局，均有以上的優點。七殺星天生的直覺力使得它面對敵人時，善於預測敵方的行動而採取適當的應戰或攻擊策略，故七殺星也能是軍事家、戰略家、戰術家。七殺星敢冒險犯難、積極進取，若是殺印相生的格局，通常一言九鼎，言而有信。七殺星更是嫉惡如仇，不喜歡虛僞客套，說話直爽，具有震撼力。凡事講求實際，不奉承，不諂媚，不委屈求全，勇於向困難挑戰，突破惡劣環境。在世局混亂、社會動盪的時候，七殺星最能挺身而出，承擔任務與風險，發揮其優點稟賦，這是常被人忽略的。

十八、七殺星具有執行力、行動力，所以能將理想付諸實現，有主動積極的進取心態。而七殺星除了權力慾望，也有英雄主義的一面，縱使身爲女性，也都豪爽過人，猶如女中豪傑、巾幗英雌，若八字中只有一個七殺星，而沒有正官星的話，大多頭腦清晰、記憶力強，適合寫作評論，善於分辨是非，從事思考性的工作，將能有很好的發展。

十九、七殺星對文學和運動方面，有與生俱來的天賦，因爲七殺星敢衝刺、敢發言，凡事勇往直前，不顧自身安危，因此面對競爭狀態，都可以奮力一搏，絲毫不會手軟，能將體能發揮到極限，所以可以成爲優秀運動員。不過七殺星若配正印星而明顯時，其暴戾、凶狠的特質，就會被正印星所轉化，而變成具有涵養、帶有仁慈溫和的知識分子，其才華也會偏向於文字、學術方面發展，能成爲著名的學者，或成爲掌權的官員或重要幹部。但八字正官星與七殺星旺盛，成爲日主的忌神時，假如無印星來化殺，則官殺星與比劫星必然對抗，如此便危機暗伏，若遇見財、官、殺的歲運時，便有大災禍發生，像是破財敗業或重病、災傷，甚至提早夭亡，不過若日主能通根，又有食神星透干，則食神星能壓制官殺星的危害，就能降低凶險，所以同樣是八字身弱而七殺星殺旺盛，有沒有印星來化殺，或有沒有食神星制殺，不僅格局有高低的分別，行歲運的安穩與否，也有很大的影響力。

二十一、官殺星不僅會剋制日主，也會直接剋制比劫星，特別是七殺星的破壞力更強烈。因此比劫星衰弱的話，大多表示兄弟緣薄，彼此互相少來往，嚴重的時候，兄弟會因此早傷殘或早夭。比劫星也代表朋友，所以七殺星出現時，常與兄弟或朋友不和，彼此的關係緊張，為利益而起衝突。

二十二、七殺星另一個功用，就是用來制陽刃，定眞篇云：「刃為兵器，無殺難存，殺為軍令，無刃不尊，刃殺兩顯，威鎮乾坤。」所以八字身強的話，有陽刃又有七殺星的話，叫做殺刃兩全，表示為人具有魄力，英明果斷，行動積極進取，能成就一番事業，大多不是泛泛之輩，而能夠出人頭地。如定眞篇所言，只有七殺而無羊刃，不亦獲得他人的尊敬，或只有羊刃而無七殺，則無法顯現其權威，只有殺刃兩全，才能獲得尊敬與敬畏，進而展現其領導才華，而創出一番事業。

二十三、七殺星具有改革的意義，所以會不斷創新、開展，使得七殺星的人，生涯多半變動不安，沒辦法享受清閒。所以七殺星成格的人，容易從事具變動性、拓展性之工作事業，像是政治、軍人、警務，或者往海運、運輸、行銷、營業主管等方面發展。若八字以正印星化殺生身，適合從政，不論軍政系統、財經系統、法務系統、監察單位均可，也可往行政管理、商業主管學術研究、作家，或報社之社論主筆均可。

若七殺星與偏印星同柱，或同時透干的話，比較會有遷動，多外出旅遊，個性剛強不屈服，不喜歡拖泥帶水，凡事身體力行，不去假手他人，很適合從事無拘無束、自由自在、不受時空限制的工作，如學者、星相家、宗教家、律師、會計師、經營顧問、醫師、藝術家、預言家、傳教士、宣道家等自由性的工作。

二十四、八字身強而七殺星弱者，喜歡有財星來生扶，此種情形叫「財滋弱殺」。若八字身強有食神星，用食神星來制殺，但不可以再有偏印星剋食神星，若出現這種情況的話，叫做「制殺逢梟」，這樣財星就無法透干生殺，因為食神星與七殺星間有財星時，就變成食神星生財星，財星又生七殺星，這就不是「食神制殺」了。如果七殺旺盛有印星化殺生身者，叫「殺印相生」，或叫「以印化殺」。以印星化七殺星時，不可見有財星來破印星，遇見財星歲運時也不佳。因此抑制七殺星的是食神星，疏導七殺星的是正印星，七殺星必須制化得宜，方能使之成為優秀的領導人才。若食神制殺得宜，那麼富貴將指日可待，食神制殺時，較喜食神星在前面，七殺星在後面，中間不能隔有財星。若七殺星在前面，而食神星在後面，雖然也算是食神制殺，但人生較多起伏，容易有成有敗。如果局內食神星坐七殺星同柱者，叫做「食神近殺」，這樣也不太好，會引起七殺星抗拒，情緒常有失控現象，在重要場合或緊要關頭，會把事情弄得亂七八糟。又若食神星衆多而七殺星弱的話，叫做『制殺太過』，七殺星被食神星壓制太過時，個性會變得外剛內怯，做事情患得患失，牽腸掛肚，失去七殺星原有的魄力與威權，其成就則難以期待，往往會變成潦倒不堪的文人或窮酸學者。

二十五、七殺星出現於月柱時，對日主影響非常大，應該分辨日主與七殺星誰強誰弱。因爲月柱有七殺星的人，大多勇於面對現實，喜歡接觸衆人，站在第一線作戰，所以常從事拋頭露面的工作，像是歌星、影星、節目主持人等等。不過想從事藝術方面，最好有食傷星配合，因食傷星是才藝之星。八字身弱的話，較不喜七殺星現於時柱，尤其是八字身弱以比劫星爲用神者，更忌諱七殺星現於時柱而攔截喜用神，且時柱是歸宿之地，七殺星爲忌神出現於時柱，不僅表示晚年多奔波勞累，多勞少成，子女也不賢孝，難享子女福，不過晚年若能行印運，則情況將完全不同。

二十六、絡繹賦云：「殺臨子位，必招悖逆之兒。」千里馬云：「七殺有制亦多兒。」又有古歌云：「時逢七殺本無兒，此理人間仔細推，歲月時中如有制，定知有子貴而達。」上面的說明是指七殺星子嗣多寡的判斷，若是八字七殺星太旺盛，就很容易沒有兒女，但若是七殺星有制化，反而表示兒女衆多。八字若以比劫星爲喜用神，就不喜歡七殺星出現在時柱，因為七殺星出現於時柱，一般而言，子女緣都很薄弱，若很早生兒育女，通常會因為工作關係而無法與子女團聚。若是七殺星有食神智化，或是歲運能制化七殺星，表示子女非常優秀，而且才藝縱橫，可以往大衆傳播、文學藝術，或是軍警、政治等方面發展，容易獲得名聲與地位。若是八字中食神星與七殺星相鄰或同柱，形成食殺對峙的狀態，叫做「食神制殺」，這樣子女容易會有文藝方面的特殊成就，而且非常的出名，不過親子關係就顯得淡薄，彼此關係不親近，或是不常在一起。若是八字雙正官星或是雙七殺星出現於年柱、月柱，而沒有食傷星的話，表示父母親管教嚴格，而且非常嚴肅，自己在教育方面，一生中受到父母親相當的影響。若是八字正官星與七殺星同柱時，表示為人思想混雜，頭腦不清晰，不容易集中精神，會常常出差錯，那麼最好避免具有危險性的工作，以免危及自己或他人的性命。

若是八字正官星、七殺星都透干，最好是去殺留官，或去官留殺，以取其純清，或有天乙貴人在命局時，亦有解除正官星、七殺星互相衝突的作用，而使其成為有權威的專家學者。

二十七、八字男命若是官殺星混雜，表示為人不容易專注，腦筋不聰明，比較容易投機取巧，不論學業、事業，或是工作選擇，碰到挫折或失敗的機會都很高，而且通常三分鐘熱度，工作效率不是很好，必須要去官留殺，或是去殺留官，才能使運勢好轉。若是八字去官留殺，表示能成爲主管人物，外表具有威嚴，能領導統御。若是八字去殺留官，表示能成爲重要幹部，具有崇高地位。八字女命若七殺星有食神星制化，將是多情的淑女，貞潔觀念也較強，但不宜官殺混雜，否則不算理想。若是八字身弱又官殺混雜，這樣將危機四伏，一生中挫折多、逆境多，若是傷官透於天干，形成剋洩交加的話，因爲傷官星、七殺星均具叛逆、脫軌的性質，不小心就容易誤入歧途、自甘墮落。若是八字日主身強，或者有印星來化解，情況就能有所改善，但也很難大富大貴。若干支都是七殺星，且爲日主忌神的話，則一生求謀諸般不順，進也損失，退也不是，可謂進退失據，而且男命常爲子女而憂煩操勞，女命則爲丈夫辛勞。

二十八、七殺星具有叛逆、脫軌的特質，如果能夠有制化，就可以降低其凶險，並且引導至正途，發揮其潛在優點，像是充沛體力、機智反應、進取心態等等。如果正官星是朝中官員的話，那麼七殺星就是綠林好漢，因爲七殺星好動、衝勁，魯莽、焦躁不安，跟正官星謙卑、溫和的個性，是完全不同的。正官星是「文人」的代表，七殺星就是「武將」的代表。若是七殺星有印星同柱相生，或是彼此緊貼，那麼爲人將可以文武俱全，獲得相當的地位、功名，不管從事什麼行業，擔任什麼職務，都可以獲得他人賞識與提拔，而獲得相當的成就。若是八字僅有七殺星，卻沒有印星、食傷星或財星來搭配，七殺星就形成孤君，身旁沒人來輔助，將變得魄力不足、孤芳自賞，時常會因爲挫折而感嘆。

二十九、七殺星主權威、地位，也是男命的女兒，若是七殺星逢空亡，表示權力、地位將被架空，僅有形式而已，最好不要從政或是軍警行業。同時也表示命中女兒少，或是沒有女兒，對女命而言七殺星是夫星，夫星空亡的話，表示有喪夫或離婚的可能，不然就是夫妻感情不好，經常被丈夫冷落。

三十、八字戊寅日、己卯日、乙酉日、甲申日、癸丑日，這些日主自坐七殺星，就叫做「天元坐殺」，如果日主不弱而有食神星制化七殺星，或是印星來化殺的話，則表示其人心巧聰明、反應靈敏、機智豐富、善於謀略。但若七殺星太旺盛的話，則優點容易大爲失色。若七殺星跟魁罡或日干之刃同柱的話，可以自行建立功業。若八字地支合成殺局，則表示做人陰沈，好爭強鬥狠，心機深沉，不輕易信任別人，地支殺旺則易見血光之災。

三十一、七殺星的強弱該如何判斷呢？一般而言，七殺星最強盛的話，應該是七殺星位居月令，或是得月令幫助。像官殺星或財星爲月令時，就可以說是七殺星得令，這樣就是七殺星強盛，但七殺星最好是有透干，但不一定要在月干。其次是殺星雖得月令但並未透干，或者雖透干通支，但不得月令。再次是支見七殺星卻不透干，或有透干地支卻沒有七殺。而七殺星衰弱，是指七殺星透干而不得月令，又沒有財星來生七殺星，最弱的是七殺星不得月令，又有許多食神星或傷官星來制殺時就很弱了，月令若是食神星或傷官星，就是七殺星衰弱的時候。

三十二、八字若日主衰弱，七殺星強又近貼日主，沒有食神星制化殺星，亦沒有印星來化殺星的話，將會有下列幾種凶兆：

1. 當八字日主是丙火或丁火，而七殺星爲壬水或癸水時，表示好酒色，易患眼疾、瀉痢、心臟病、高血壓，且易遭水厄，宜避免獨自游泳，及避免經營水性事業，逢水之大運，流年或命局嚴重沖剋之年避免獨自釣魚、游泳或渡船、渡海。

2. 當八字日主是庚金或辛金，而七殺星爲丙火或丁火時，表示個性急躁、暴烈，易患血液疾病、肺病、氣虛、痰熱、腸炎、糖尿病、頭暈，易遭火災或燙傷。應小心火燭，避免從事「火性事業」，如爆竹、煙火之製造，逢大運流年火旺，或巳午未三會火局，或寅午戌三合火局之時，或卯戌合火之大運或流年時更應當心火燭、瓦斯，或因事故引起之火災。

3.當八字日主是甲木或乙木，而七殺星爲庚金或辛金時，表示嗜殺好勝，易患筋骨、關節、肝膽等疾病，或神經衰弱，並易遭刀槍傷害，應避免打架械鬥或接近危險五金機械設施，及避免從事「金性事業」，逢大運金旺之鄉或大運流年與命局合會成金局時，更應注意災傷。命局若官殺混雜無解者，宜避免操作危險性機械，騎車或開車宜小心。

4.當八字日主是戊土或己土，而七殺星爲甲木或乙木時，表示個性固執頑強，易患胃病、嘔吐、失眠、消化不良，易遭尖物刺傷，或扭傷筋骨，命局木旺土衰，土主皮膚，土遭木剋，易有破相留疤痕於身體，大運與流年形成三合，或三會木局時，尤應注意之。

5.當八字日主是壬水或癸水，而七殺星爲戊土或己土時，表示個性陰沈善變，易患腎虧、風濕、皮膚病，易遭鈍器所傷，或意外跌傷，或遭蟲蛇動物咬傷，應避免危險運動，或獨自夜遊荒郊野外，攀登危險性高之山峰，尤其逢土旺之大運或流年更應注意。

邁向八字大師之路的第十六天

第十六天主要是學習分析正印星、偏印星的性質、優缺點，像是個性、事業、人際、感情等等，藉此來深入推斷八字好壞，以及運勢發展的趨勢為何。

玖、正印星

一、生日主的五行干支就叫印星，與日主陰陽屬性不同，陰對陽、陽對陰就叫做正印星，而陰陽屬性相同，陰對陰、陽對陽的就叫做偏印星。像甲木爲陽日主，見到天干有癸水，癸水就是甲木的正印星，而地支出現子的話，子的支藏爲壬水，子也就是甲木的正印星。若是乙木爲陰日主，見到天干有壬水，壬水就是乙木的正印星，而地支出現亥的話，亥的支藏爲壬水，亥也就是乙木的正印星。

二、人際關係方面，正印星代表長輩、老師、貴人、母公司，事業上也代表提供我商品、原物料的客戶。不論男命或女命，都以正印星代表母親。而男命又以正印星爲外孫女，女命則以正印星爲祖父、女婿或孫兒。正印星也代表著學術、知識、教育、權威、契約文書、所有權、票據、印鑑、名譽、氣質、涵養等等。

三、八字正印星的人，相貌堂堂、老實敦厚，面相通常山根挺直，準頭飽滿，印星旺盛則頭髮容易白，聲音變低沉，舉止穩重，有長輩的緣分，能夠得到幫助，但是印星旺盛與岳父母緣薄。

四、正印星的爲人方面，充滿文藝氣質，富有親和力，表現聰明智慧，努力不懈，內涵讓人尊重景仰，平常看不出很有智慧，頗有大智若愚的感覺，不喜歡斤斤計較，也不愛記仇，凡事能先知先覺，提前遠離災禍，喜歡溝通協調，擅長集思廣益，所以能得到人緣，休閒方面，重視精神生活，不斷充實自我，一生能夠逢凶化吉，福壽雙全，事業能夠有發展，很多貴人來幫助。

五、古書有云：「財是養命之源、印是資身之本、官爲滋印護財之基。」又云：「印乃我氣之源，爲生氣、爲父母。」意思是說，財星是我們經過勞力付出，所獲得的酬勞，用來支付生活所需，像是食、衣、住、行、育樂方面等有形的物質生活。而印星則是陽光、空氣、水等生命不可或缺，但不是由努力得到，是自然生存的條件因素，不需要特別去謀取，就可以直接享用到。八字中若印星旺盛，大多身體健康，稟賦強壯，也就是遺傳良好，免疫力較強，不會感染疾病，若正印星爲喜用神而不被破壞，就能得到庇佑，所謂「前人種樹、後人乘涼」。

六、正印星生助日主，因爲陰陽屬性不同，所以爲有情相生，因此必定傾盡全力，百般呵護，猶如親生父母般照顧，這種母愛的展現，是自然界生物的共同本能。所以正印星具有保護日主的功能，不管八字身強或身弱，正印星被視為吉祥星，作用也偏向於正面。而偏印星就像繼母，而且陰陽屬性相同，為無情相生，保護日主的作用，就會比正印星來得差，也較不心甘情願。再者，七殺星會攻剋日主，正印具有化殺的作用，偏印的化殺作用較弱。正印星能剋制傷官星，進而保護正官星，正官星的貴氣能約束日主，行事上能按部就班、循序漸進，事業上能奮發努力，成就一番事業。若沒有正印星保護日主，正官星被傷官星剋制，日主將放浪形骸、不學無術。而偏印星會剋制食神星，而七殺星會剋制日主，這樣一來，日主便會受傷害，偏印星剋制食神星，食神星便無法制殺，日主便朝不保夕。故古書云：「制殺逢梟，不貧則夭。」就是這個原因，所以自古以來正印星總是被視為吉神，偏印星視為忌神。不過，舉凡十神星都具有其正反兩面之作用，偏印星雖兇顯，若變為喜用神，也可造福日主，不可以偏概全。

七、正印星具有保護日主的作用，不管八字身強或身弱，都喜歡貼近日主，化解外來的傷害，預防災禍的發生，並減輕日主的刑傷，像是買了保險一樣。如果天德貴人、月德貴人，都跟正印星同柱的話，作用更加的明顯，對於從事危險工作的人，能夠有化險為夷的幫助。

八、正印星代表責任感、理智、名譽、地位，所以正印星爲喜用神，而不被沖破的話，大多具有過人智慧，對知識吸收力強，分析邏輯佳，可以獲得好成績，工作能有好表現，對事情能明辨是非，不愛跟人同流合污，講話非常文雅，不說髒話罵人，懂得分寸拿捏，遠離身邊小人，講究人情溫暖。如果有殺印相生的話，則具有預測的能力，正印星若坐墓、庫，則容易接近宗教，會在宗教團體中出名。

九、官星能生印星，所以官星就像印星的母親，是印星的根源，所以印星喜歡有官殺星來配合。古書云：「有官無印、而官失眞，有官有印、方成厚福。」又云：「重印生氣若無官，當作清高藝術看，官殺不來無爵祿，縱有技藝亦貧寒。」若是有印星搭配官殺星，則印星充滿生氣，不僅讀書順利，也可以發揮才華，掌握實際權勢，自然獲得社會地位。八字中有正印星的話，喜歡歲運走官殺運，叫做「枯印逢根」，此時必能平步青雲、地位顯赫。

十、正印星愛面子，很重視名譽，所以有羞恥心，維持良好的形象以及人際關係，希望獲得社會肯定與讚賞。若八字中正印星遇見傷官星，正印星偏向傳統價值維護者，而傷官星是標新立異者，所以將會引發衝突，若正印星強於傷官星，個性就稍微保守，不敢有所作爲，若印星太過旺盛，則表示頭腦僵化，適應力較差。

十一、正印星表示同情心，喜歡服務他人、犧牲奉獻，而且爲緊急救助，有人前來要求協助，就願意去幫助他，具有宗教家的情懷。

十二、八字中財星爲有形物質，印星爲無形精神，所以從財格或旺財的人，可以說是務實派，態度比較現實，強調看得見、摸得到的東西，追求物質生活的享受，慾望也比其他人強烈，特別是正財格的人，更是腳踏實地，刻苦耐勞，點滴積蓄，它認爲只要努力，只要打拼就有收穫，人生在世追求的是努力得來的財富，以及享受辛苦得來的財富，所以八字財格的人，在精神生活方面，就顯得比較缺乏，比較不接近宗教，或不相信宗教的內容，更排斥求神問卜，不喜歡找人算命，那些遙不可及的神佛，天堂、地獄、宗教、哲學，對財格的人而言，實在是太虛無飄渺。而從另一角度來看，財格的人短視近利，沒辦法高瞻遠矚，所以對未來缺乏規劃能力。

而八字有印星的人，很重視精神生活，重視人品的涵養，學問的充實，善於思考探索，重視理論見地，因爲印星也象徵吸收、學習。印星對追求財富沒興趣，喜歡學習那些看不到、摸不著的事物，像宗教、天文、哲學、思想、命相、社會學等等，跟日常生活較無直接關聯的事物，如果讓正財格的人來評論的話，會說印星的人不切實際，脫離現實生活。從另一面來看，印星的人不重實際，所以能看透人情冷暖，往較遠處方面著想，凡事能有先見之明，不被眼前的利益蒙蔽，發現背後眞理的存在。但印星也不宜太旺盛，太旺盛則過度傾向於未來，而忽略了現實生活的必要性，則會成爲眞正「不切實際」的人，正印星代表學術之星、思想之星、宗教之星、哲學之星，故正印格的人容易踏入學術界、宗教界，或成爲思想家、哲學家、天文學家等領域的權威。

十三、印星又分正印星與偏印星，雖然偏向精神取向，但是還是有些差別，正印星的人，比較隨和好親近，喜歡與人交談，參加社交活動，由於耐性較好，能夠抽絲剝繭，適合從事複雜、長期性的研究工作。在學術方面的表現，喜歡接收不同意見，參考別人的見解，能夠集諸子百家之大成，發揮歸納演繹的優點。而偏印星則較內向，不愛交際應酬，或與人攀談交換意見，厭惡團體生活，較排斥社會規範，對有興趣的事物，就會全心去專研，甚至於與外界隔絕。偏印星的創造力強，理解力異於常人，往往能無師自通，常有獨樹一幟的見解、看法，發展出與衆不同的理論與作品，但是交際手腕非常差，人際關係不受到歡迎。不管是正印星或偏印星，口才都不是很流利，而且印星越多越不好，像是很多科學家、醫生，具有實力的命理師、占卜師、堪輿家、發明家等等，都不是花言巧語、口若懸河的人，其實口才不好，不代表能力不好，而是大智若愚，這必須要分清楚才好。

十四、印星代表母親，印星過多的話，表示小時候很依賴母親，或是母親太溺愛，很容易被寵壞，缺乏獨立自主的精神。所以印星旺盛的人，較適合離開父母，到外地去發展，這樣才能發展獨立自主的精神，擺脫依賴父母或家人的心態。八字正印星旺盛的話，必須有正財星來剋制，才能夠改變情勢，不然印旺財弱時，印星將剋制食傷星，食傷星是財星的根源，若是財星根源被斷，食傷星又被剋制，表示才華、口才技術被壓抑，沒辦法展現出來，口才差人際關係就不好，沒機會表現才華，就不會受到重用，也就不能夠賺到財富。若是自己做生意，恐怕業務無法擴展，管理呆板守舊，遇到困難的時候，又不懂得變通解決，將面臨倒閉負債的下場。所以正印星旺盛，而食傷星受損，工作上阻礙重重，做事成少敗多，非常的艱辛。

十五、正印星代表責任感，所以有正印星的話，為人處世較穩重，會盡心盡力去做好，就像母親照顧小孩般，無怨無悔的付出。八字身弱而無印星，或是印星被合化的話，為較缺乏責任感，表現非常散漫，沒有什麼信用可言，不值得讓人託付，因此容易被人排斥，事業上不受提拔重用。正印星較為穩重，也比較理性，做事情會先瞭解前因後果，以及相關的來龍去脈，不會衝動行事，因此做事情穩當可靠，直得讓人信賴，可以託付重責大任。若八字身弱無印星，或比劫星旺盛而無印星，做事情將橫衝直撞，事前不充分準備、計畫與考慮，就擅自行動，造成「吃緊弄破碗」的窘境，不然就是缺乏進取精神，凡事漠不關心，做事拖泥帶水，常有頭無尾、半途而廢，讓人放心不下，必須要緊迫釘人。這種情形的發生，通常是八字無印星，或印星現於年支，或時支被正財蓋頂，或正印透天干，卻被合化成他物者就有此現象。

十六、古書云：「印旺子稀。」八字以官殺星或食傷星代表子女，印星旺盛會洩官星的貴氣，或是剋制食傷星，所以子女緣必定薄弱，子女健康或事業發展，都不是說很理想順利，晚年的時候，通常孤苦伶仃，子女沒有陪伴身邊，自己過寂寞的生活。

十七、正印星喜歡貼近日主，像是月干、日支，及時干等等，第一、不但能化解七殺星剋害日主，達到保護日主的作用，第二、能使日主增加責任感，頭腦變得清晰，第三、增進日主學習及吸收能力，學術能有所成就，並增強日主免疫能力，對健康有所助益，第四、促使日主充實自我，吸收新知識，來擴大視野，古書云：「身弱無印，有學也寒酸。」就是說命局無印星，求學精神就比較差，理解力也較低，沒有什麼成效可言。

十八、古人認為印星旺盛，而財星衰弱的話，印星通根透干於年柱，而財星不透的話，表示小時候家境貧困。若是印星通根透干於月柱，表示青年時期求學不順利，因為貧窮而無法升學，而且財富、事業基礎也不夠穩固。但還是得觀看全局才能夠判斷，如果財星透干沒有來壞印，才容易有以上現象。不過，若年、月柱干都是印星，沒有食傷星洩身或財星破印，幼年運也不見食傷、財星運的話，則有學習能力低弱、智慧晚開的現象，若正印星爲忌神而出現於月干，則跟母親不和睦，或爲母親的事牽掛勞累，若正印星雙透干於年柱、月柱，則幼年父母親嚴肅，家教很嚴格，又若月干及時干有正印星夾日主，則爲人保守謹慎、不敢妄爲，正印星透干而財星藏支，則表示母親掌權，正印星雙透年柱、月柱，則幼年易有母親以外的人照顧。

十九、八字中若用食神星制七殺星，或適合官留殺的話，比較適合往武職方面發展，用印星化殺的話，則喜歡往文職方面發揮，若是正官星、正財星、正印星、食神星，力量大於七殺星、偏財星、偏印星、傷官星的話，就適合從事文職工作，反之，七殺星、偏財星、偏印星、傷官星，力量大於正官星、正財星、正印星、食神星的話，就適合從事武市的動態工作。

二十、若論口才的話，八字以食傷星爲最好代表，而偏印星爲最差，若是八字印星旺盛，而沒有食傷星來洩秀，表示智慧蘊含在內在，不輕易表現出來，正印星是吸收知識學問，食傷星是表現才華，印星旺盛有食傷洩秀，才能夠收放自如、身心均衡。不然有印星無食傷星洩秀，爲人傳統守舊，不喜歡出風頭，也不愛表現，講話特別低調，不容易透露實情，也比較能夠守密。但缺點是讓人難以捉摸，他不知道心裡在想什麼，不容易與人深交，偏印星旺盛時更明顯。因此偏印星的人，適合間諜工作，能夠勝任愉快。

二十一、食傷星代表智慧才華的展現，所以食傷星旺盛，也更容易、更喜歡表現才華，不斷的搶出風頭，希望讓別人注意，大多能言善道、滔滔不絕，表情十分豐富，能夠吸引他人，加上熱心助人，不太會拒絕別人，因此而結交許多朋友，但是保密能力差，容易有口舌是非。如果八字身強而有食傷星洩秀，做事情說到做到，勇於承擔責任，具有實力與內涵，不是外表好看而已，具有一定的執行力。但若是八字身弱而食傷星洩秀太過，又沒有印星來增加日主生氣，雖然一樣能口若懸河，但卻少了說服力，只是光說不練而已，虛有其表的結果，常讓人家看破手腳。因此八字五行貴在中和，調配恰當，才能眞正的享福，若是命局五行偏枯，必然會有某方面的不足與缺失。許多八字傷官星配印星的人，都擁有絕佳的才藝與智慧，因爲有印星必定有才藝，但問題是能否充分且適當地將才藝智慧表現出來，傷官星能夠幫助洩秀，所以有此格局必然才華橫溢、學富五車。

二十二、若從事工商經營的事業，不僅需要聰明智慧，而且要能夠展現才華，將內在理論化為實際執行，因此做生意要有頭腦、有口才、有手腕、有應變能力，才不會被敗於競爭，或是被時代給淘汰。而食傷星正是口才、技巧、策略的象徵，若是八字印星旺盛、食傷星太弱，為人就會太過老實，想法呆板，欠缺敏捷思考，反應能力不足，口才表達也不好，難以成就一番事業。很容易被人欺騙，或是被環境阻礙給考倒。應該要往公家機關，或是穩定的受薪階級發展。

天下的母親都喜歡別人稱讚自己的兒子，也希望子女是最乖巧、最聰明的，因此會愛護備至，且不讓兒女的缺點曝光，所以八字印星旺盛的人，容易掩飾過錯、粉飾太平，行為舉止會有矯揉造作，而且要防偽造文書，虛偽詐欺，甚至貪贓枉法而觸犯法網。

二十三、八字印星過多的話，就容易自命清高，流於理想而不切實際，變得相當的固執己見，不懂得通權達變，因此容易陷入困境，加上不重視物質，不善於錢財管理，常有經濟上的困難，又不想讓人家知道，會打腫臉充胖子，最後問題往往更加嚴重，背負更多的債務，情況往往無法收拾。

二十四、八字如果正印星與偏印星同柱，表示精神不集中，很容易想東想西，或不滿足於現況，想要有多方面發展，但是由於判斷力差，時機又掌握不住，所以做起事來非常辛苦，顯得勞累但收穫有限。如果印星爲喜用神，表示能夠兼職、兼差，雖然辛勞但能有收穫，若是印星爲忌神，則將因爲腳踏兩條船，結果弄得一無所獲，女命更要特別的注意。

二十五、八字男命印星過多，財星暗地支不顯，表示異性緣不佳，交不到女朋友，這是因爲不解風情、言語木訥的結果，約會的話不知道女性心理，也不知道該如何討好對方，因此交往過程常草率結束。這是因爲印星太多，又沒有財星壞印的緣故，不容易娶到老婆，女命更加的忌諱，不但養育子女有問題，老公社會地位低下，不然就是體弱多病，經濟生活不富裕，除非歲運能有財運，不然很難有良好發展。

二十六、正印星若被合化成別的五行，則表示母親不端正，行爲不檢點，父母親恐怕會離婚或分居，像是母親的不忠貞或紅杏出牆，若是偏財星被合化成他物，同樣也表示爲父親不端正，行爲不檢或容易違法犯紀，比劫星被合化成他物，則兄弟姊妹中有品行不良的人。

二十七、正印星表示母親，同樣也象徵印信、文書、學問與信用，也是精神生活的代表。若是印星有空亡或被破壞，表示母親病弱或是早逝，本人比較操心勞累，求學過程不順利，容易因此受挫折，或是遭受契約的災害，像是被人家詐欺，或是支票信用受損，像是八字官殺混雜的話，更應該小心謹慎。若有天乙貴人、天德貴人、月德貴人，情況可以稍微改善。印星也代表著作權、專利權、商標權等等之象徵，八字印星明顯的人，不妨朝文藝發展，從事創作的工作，或是分析評論的工作，說不定能因此獲得聲名與財富。

二十八、八字可以用正印星所坐的十二運或是神煞來瞭解母親，正印星坐帝旺羊刃的話，表示母親作風強勢，在家掌握大權，較爲霸道權威。正印星坐建祿的話，母親精明幹練，正印星坐冠帶的話，母親出身環境好，能獲得栽培，正印星坐長生的話，母親仁慈長壽、身體健康，正印坐沐浴者，母親愛享受，喜歡打扮漂亮，若又被合而化爲他物者，母親恐有外遇。（譬如辛日干見辰爲正印，但有申子辰合水，則辰土因合而化爲水，則變質。）正印星坐死、墓、絕運的話，母親的家境不好，運勢較弱，多奔波勞碌，正印星坐十二運，以正印星現於地支，坐日干之十二運者才算，如甲見子，子爲正印，且爲甲之沐浴運，天干現正印，不管同柱地支坐什麼運都不算，換句話說，六親星坐十二運，只以地支出現六親星時才應驗。

二十九、正印星坐天乙貴人，表示母親能享榮華富貴，但若是逢空亡或是坐死、墓、絕運，就沒有辦法享受。正印星坐驛馬者，表示父母多遠行或長途旅行，正印星坐天德貴人、月德貴人者，表示母親仁慈，心地善良，自己受母親疼愛照顧，但印星爲忌神的話，良好作用將減半，正印星若逢沖剋，表示母親身體欠安或壽命不長，家運將走下坡。

三十、八字身強印弱，比劫星旺盛，財星成局者，母親在生下本人之後健康開始走下坡，正印星孤懸地支無根，地支財星又成局者，有剋母之嫌，或地支雖未成財局，但大運流年來合會成財局者，表示母親恐有喪事。八字身強而印星爲忌神，又正印星力量大於偏財星，行運又先行印運者，則容易先喪母。而八字身弱，財星爲忌神，又偏財星力量大於正印星，行運又先遇財運而印運較晚者，則表示父親比母親早亡，此即所謂「前盛先衰，物極必反」。

三十一、八字財星旺盛印星衰弱，又歲運走財運的話，將會直接剋制印星，若無比劫星化解，恐怕有喪母的可能，若印星爲喜用神被沖破，自己也有性命之憂。命、歲、運併全三刑而刑到八字的正印星時，則該年易有喪母之憂，或兩組自刑而刑到命局之正印者，亦同斷。

三十二、八字身強財星爲喜用神，而日支或時之藏干有財星，正印星僅在年柱或月柱，衰弱無力來剋制財星時，表示母親有可能先於父親過世。八字身弱以印星為喜用神，日支或時支中藏干有印星的話，而偏財星在年柱或月柱而力量弱於印星者，則父親有可能先於母親過世。八字身強比劫星旺盛或印星旺盛，偏財極衰弱，歲運先走比劫運的話，可以判斷父親早亡。

四十一、八字中正印星被正財星剋制，古書云：「母年先喪。」但若是正印星出現在月干被剋制，則反而表示父親先母親過世，因為月干是父親的位置，若歲運逢正印入墓庫時，表示長輩親人容易有災害，而且自己要提防破財或事業失敗。

拾、偏印星

一、生日主的五行就叫印星，與日主陰陽屬性不同的就叫做正印星，而陰陽屬性相同的就叫做偏印星。像甲木為陽日主，見到天干有壬水，壬水就是甲木的偏印星，而地支出現亥的話，亥的支藏為壬水，亥也就是甲木的偏印星。若是乙木為陰日主，見到天干有癸水，癸水就是乙木的偏印星，而地支出現子的話，子的支藏為癸水，子也就是乙木的偏印星。偏印星的別稱又叫做「梟印」、「梟神」。

二、偏印星在人際關係方面，象徵繼母、義母、乾媽、偏母、親族長輩、同性的師長、生意來往的客戶，對男命而言，就是祖父、男外孫，對女命而言，就是孫女。而偏印星同樣也象徵學術，但是跟正印星不同，正印星代表正統學術研究、權威地位，而偏印星是異路功名的學業、智慧、地位。偏印星也引申為創造發明、契約文書、印鑑、著作、專利、商標等等特殊權力。

三、偏印星性情較為古怪，通常不與人接近，讓人覺得陰沉、怪異、孤僻、狡詐，在思考研究方面，不走傳統路線或是守舊想法，喜歡另闢新捷徑，理解力、領悟力都很高，常常能無師自通，發現問題的癥結，並且發展出一套模式或理論，創造出不同的學術知識或價值，不過由於耐性不足，雖然學習能力強，但總是多學少精，有半途而廢的現象，必須要特別注意。優異的表現之外，在人際關係上，對人卻不太信任，不愛交談說話，口才的表達欠佳，所以人緣比較不好，但異性緣方面，懂得保守秘密、謹守分寸，做事情講求技巧，讓另一半很放心，是充滿安全感的人選。

四、偏印星的人際關係欠佳，不愛表現自我，不常溝通協調，對於各種公共事務或活動，態度也都盡量低調，甚至於不參加出席，交際應酬就減少許多，很少與人發生摩擦，不過卻很討厭別人侵犯自己的權益，有自私自利的心態，對人還有高度戒心，容易疑神疑鬼，想法偏向負面，所以有時候對別人的好心好意，反而會產生誤會，導致雙方的不愉快。偏印星表面上彬彬有禮，但缺乏耐心與毅力，做事情有頭無尾，不能夠貫徹持續，而容易白忙一場。

五、正印星跟偏印星都可以幫助日主，但是其作用卻不相同，正印星通常較為正面，而偏印星則不然。這必須從官殺星、食傷星跟日主的關係說起，首先是正官星，正官星的作用是約束日主，讓日主能守規矩，做事情光明正大，顯示自己的人品，並且在事業上奮發向上，爭取最好的成就，進而能擁有一定的社會地位。而傷官星是正官星的剋星，會來沖破正官星，讓正官星的約束力消失，日主便會如脫韁野馬，變得沒有節制，行為舉止失當，嚴重時失去理智、為非作歹，輕則百般不順、事業無成，重則官非纏身、鋃鐺入獄。而正印星剛好是傷官星的剋星，能夠壓制傷官星，讓傷官星無法傷害正官星，讓正官星能保持良好作用，那麼日主就能夠安穩行事，功名就有望、事業將有成。而就偏印星來看，偏印星會剋制食神，食神星具有生財與制殺的作用，七殺星會直接剋制日主，日主會逐漸衰弱、生命受到威脅。

如果有食神星來制七殺星，那麼七殺星就無法傷害日主，日主能安然無恙、高枕無憂，而有長壽的象徵。所以食神星是用來保護日主的，但若是遇到偏印星，食神星將被剋制住，而無法發揮保護日主的作用，七殺星就能夠去傷害日主，日主便會產生危險，再者，食神星能夠生財，財源也等於被切斷，經濟生活將發生困難，就如同古書云：「制殺逢梟、不貧則夭。」這就是偏印星被視爲不祥星的原因。

六、雖然偏印星的作用偏向負面，但是也有其正面的功用，因爲十神星的性質，都具有正反兩面的性質，不可以產生偏見，認爲偏印星就是不好的，偏印星有三點不好，第一、有食神星制七殺星時，就不可以遇見偏印星，否則不是變得貧窮無助，就是危及生命，這時的偏印星就叫做「梟神」或是「梟印」。第二、八字身強而食神星制七殺星時，也不能遇見偏印星，不然用神被剋制，日主將難以出人頭地，必須要有偏財星剋制偏印星，食神星才能有救。第三、八字食神星成格，如食神洩秀的格局，不喜歡再遇見偏印星，八字身強的人特別忌諱，偏印星也不能夠通根透干，若歲運遇見食神星的話，會被偏印給剋走，這叫做「梟印奪食」。

七、八字命局以偏印星爲喜用神，或是偏印星成格，獲得成就的可能性也不少，不能說偏印星就是一無是處的。偏印星的作用好壞，應該以八字身強或身弱來決定，古書對偏印星評價負面，是因爲性質特殊的關係，其實八字身強的人，不管正印星或偏印星，都視爲忌神來討論。而八字身弱時，除了正印星能輔助日主，偏印星也具有相同效果，像是八字身弱但官強殺弱的命格，就喜歡用偏印星來洩正官星之氣，這比正印星還來得好，因爲正官星與偏印星陰陽不同，所以能產生有情作用，洩氣比較順暢自然，反之，用正印星化七殺星生助日主，也比偏印星來得好。另外，八字身弱而食神星洩氣太過的話，偏印星也具有剋制食神星的作用，也比正印星的作用要好，反之，傷官星洩日主太過，則用正印星就比偏印星來得好。但八字以食神星洩秀的人，若是遇見偏印星，叫「梟印奪食」，算是很不好的組合，是福氣薄弱之人，一生當中容易因爲長輩的牽連拖累、不當束縛，而影響自身的前途與發展。

八、八字格局以食神星爲喜用神，而偏印星貼近食神星的話，會有刑剋子女的現象，子女的健康通常不好，或是常有意外災害，讓自己非常辛勞操心，晚年也恐怕孤苦無依、子女不賢孝。不論男命或女命，若八字身強時，劫財星力量大於比肩星時，就不適合遇見偏印星力量大於正印星，因爲偏印星能生劫財星，則劫財星更旺，如此不僅個性凶暴，容易招惹色情或破財。

九、正印星與偏印星都是代表學術知識的星，但兩者略有不同，正印星是正統學術，而偏印星是專業技術，正印星比較外向，吸收的層面較廣泛，而且喜歡集思廣益，偏印星較內向，獨自發明創造，不喜歡與人相同，往往自成一派。正印星喜歡運用各種層次思考，並且融合他人的觀點，是多方考慮的體系，比較客觀而理性，不過創造能力就很差。偏印星喜歡用不同角度觀察事物，進行理解，因此能發現別人看不到的地方，所以見解往往較爲獨特，具有巧思創意，善於發明、企劃，因此就算偏印的人學歷不高，學識不一定豐富，但都有敏銳的觀察力，以及細膩的感受力，有異於常人的思考，從事各項工作，往往有事半功倍的效果。對於特殊的專業領域，偏印星比正印星表現來得好，而且較有興趣去研究，適合從事科技業、發明等等。世界上有名的發明家，八字格局通常都有偏印星或正印星，偏印星由於頗具創意與技巧，因此，適合朝調查、偵訊，或演技、理髮、醫師、代書、徵信、藝術、色情、茶室、酒廊、餐廳等方面發展，月支偏印星坐死、墓、絕、衰、病等運者，較會往色情場所，或是娛樂、賭博行業發展，名聲就沒那麼張揚。

十、八字中偏印星太旺盛，若沒有偏財來平衡命局，偏印星會直接制剋食神星，爲人的聰明才智將會減少，雖然對事物有獨特的見解，但是觀念卻違背常理，與他人大不相同，沒有辦法好好溝通，容易被排擠孤立，對世俗產生不滿，有與世隔絕的念頭，人際關係上，對人無法坦誠相見，親朋好友漸漸遠離，最後連家人都疏遠，只能夠專研學問，接觸自己的興趣，晚年崇尚修行或遁入空門，這就是偏財格的影響。

十一、偏印星與食神星作用相反，偏印星較欠缺情趣，與人不相來往，凡事容易鑽牛角尖，以自我觀點詮釋，對他人的好意作爲，有時候會產生誤會，不懂得體諒別人。像是常去拜託或麻煩別人，或是自以為是的行動，事後卻不知道反省，還以為這樣是對的，對他人會有正面幫助，實際上造成他人嚴重困擾，所以偏印格的人，應該將心比心，多替別人著想，如此才能建立良好的人際關係。

十二、八字以偏印星為喜用神，大多數人聰明敏捷、精明幹練，具有良好的觀察力、判斷力，擅長創造發明，但是往往自我意識強烈，容易為自己著想，想法比較自私自利，忽略他人的感受及需要，對人會有躲躲藏藏、遮遮掩掩的行為舉止，充滿著警戒心、不友善的舉動，雖然有著許多才華，卻不願意展現出來，而且往往孤芳自賞，不肯接納不同意見，在社會上不太能與人相處。偏印星會剋制食神星，所以表達能力會比較差，而且個性較孤僻，不喜歡閒聊多話，但遇到熟人的時候，又喜歡暢談一番，不過缺乏技巧，幽默感不足，讓人聽了很吃力，也覺得不悅耳。

十三、八字食神星成格的人，都喜歡飲食吃東西，若是出現偏印星時，則容易大吃大喝，而且不懂得節制，導致腸胃疾病、高血壓，或是排泄等毛病。食神星是洩出，也是新陳代謝，所以八字身強而有食神洩秀，表示新陳代謝良好，不容易生病，體型通常較為福態，但若遇到偏印星的話，則新陳代謝受阻，健康就不理想，而且容易憔悴消瘦。

十四、八字女命偏印星不應該過重，因為偏印星是洩官星的東西，官氣被洩出的話，配偶健康就不好，不然就是社會地位低下，經濟條件沒那麼好，或是壽命短。而食傷星是生殖機能的象徵，偏印星強勢的話，將會制剋食傷星，女命就會有生理疾病，對生育子女而言，不是不孕就是子嗣少，不然就是與子女緣薄，彼此之間有代溝，晚年生活孤苦伶仃。

女命偏印重的話，一生多波折不順，容易有色情災厄。若歲運逢偏印運，幼年遇到時，家中容易有變故，父母親容易出問題，青年時候遇到，容易升學不順，或遭遇其他挫折，中年時候遇到，工作面臨危機，或是有桃色糾紛，影響家庭的和諧。八字男命偏印星強盛，財星薄弱的話，異性緣薄弱，很難去認識異性，結婚之前遭遇反對，對方的父母親不答應，或是婚後與娘家關係變差，或容易遭娘家的拖累。

十五、八字偏印星旺盛，個性會變得怪異，思想異於常人，很難溝通協調，表達能力欠佳，較沒辦法團結合作，人際關係顯得孤立，不適合與公眾接觸，較適合研究、發明、創造、宗教、哲學、間諜、設計等等特殊工作領域，會比較有所建樹及成就。若八字偏印星與華蓋貴神同柱者，個性雖孤獨怪僻，卻對醫學方面具有特殊才華，很適於往醫學、醫藥發展，以偏印星化七殺生日主，很適合外科醫師或諜報、調查的工作。

十六、八字中用正星與偏星的多寡，可以觀察人品的優劣、性格的好壞，是正人君子或是奸詐小人。正星是指正官、正財、正印、食神、比肩等星，而偏星是指偏官、偏印、偏財、傷官、劫財等星，當正星力量遠超過偏星時，通常是偏星不到正星的一半，表示爲人光明磊落，算得上是個君子，行爲循規蹈矩、奉公守法，不會去欺瞞詐騙，或是去算計別人。能維持一定的原則，遵守禮節法制的規範，讓人值得信賴與託付，或是承擔重責大任。但是負面的影響是，容易自命清高，卻不善靈活變化，對環境的適應力差，變通的能力不足，容易因意識形態而選擇玉石俱焚，雖然可歌可泣，但也容易落得無法挽回的局面，我們從古代英雄豪傑的作爲不難體會。若是八字的偏星的力量大於正星，就是正星不到偏星的一半，爲人心思比較靈活刁鑽，物質慾望較爲強烈，個性較爲自私，做事善於運用技巧，鉤心鬥角，權謀算計，見風轉舵，思考事情，以自身利益爲考量，喜歡尋找捷徑，爲達目的不擇手段，心中較無道德二字，甚至於鑽法律漏洞，其爲人處事，也都激進善變，容易臨危變節，同流合污，被利益給誘惑。但若是偏星爲喜用神，且歲運順暢不違背，由於偏星善用技巧，勇於挑戰傳統道德，突破較多的限制，因此相同條件下，獲得的各項成就，比正星爲喜用的人要來得多、來得好，這是正星的人，較重視道德規範，常常被限制住，要獲得成就難免有所阻礙。

十七、八字四柱干支全陽或全陰時，正星與偏星的比例顯得更爲重要，因爲陰陽不調和的結果，心性更容易異於常人，若是偏星力量大於正星，那麼大多心術不正、愛好詐欺，使用不當手段，到處爭權奪利，情緒反應特別激烈，動不動就喜歡用武力解決，雖然能夠得意一時，醜小鴨變成金鳳凰，成爲一方梟雄，但是成就大都不是用正當手法得來，而若遇到厄運時，就會想盡辦法，不擇手段度過難關，結果是作姦犯科，爲非作歹，招惹官司訴訟，很有可能有牢獄之災。

十八、八字偏印星太強勢，又沒財星來剋制的話，偏印星凶性有可能發作，若是出現在年柱，家運將因此生變，父母親有可能離異，還意味跟母親緣分薄弱，若是出現在月柱，表示十七到三十二歲之間，事業運受阻礙，很難找到理想工作，夫妻感情也不和睦，若是偏印星出現日支，財星又薄弱的話，有可能與配偶生離死別，或夫妻貌合神離、同床異夢。若是出現時柱的話，表示子女運勢差，子女疾病纏身、智商有限，常讓人擔憂操心，尤其女命特別的明顯。

十九、偏印星跟食神星不能並存，就像傷官星與正官星不能碰面一樣，當命局只有偏印星，而沒有食神星時，偏印星的負面作用就不會被引發，具有溫文儒雅的一面，跟正印的作用差不多。但若是歲運出現食神星，那麼凶暴的個性就會展現，一旦發起脾氣來，就會失去理智，容易六親不認，讓人家避之唯恐不及。若是偏印星有偏財星來制化，就可以減少負面作用，還原爲文質彬彬的模樣，像是紳士或淑女般，讓人家容易親近。所以當八字偏印星與食神星同時出現時，宜有偏財透干來制衡偏印，不然就要有空亡，或有刑沖來沖去偏印，或有天月德等貴神來降低偏印星的凶暴性。

二十、八字身強有偏印星的人，同時要有財星、官星，才可以算得上好命，這樣一來富貴可期，但若是出現食神星，那恐怕就不太妙。出現偏印星時，最好搭配傷官星，出現食神星時，最好搭配正印星，這樣的剋制，因爲陰陽有情的關係，所以不至於太激烈，比較能相安無事，但偏印星配傷官星時，應該要有隔閡，不要同柱或相鄰，不然容易招惹麻煩，而有口舌是非，讓其他人埋怨。八字有偏印星又官殺混雜的話，一生多成多敗、奔波不斷，或偏印與比肩同柱，則一生辛勞孤苦，爲忌神情況更明顯，偏印星旺盛時，不宜多見劫財星，否則一生事業無成、挫折不斷，多色情糾紛與煩惱。

二十一、八字偏印星旺盛，個性冷漠以對，不愛開口講話，很少有笑容出現，外表看似悲觀，反之，若是食神星旺盛的話，則表現笑口常開，跟人家容易親近。

邁向八字大師之路的第十七天

第十七天主要是學習八字的基本論法、分析，就是天干的生、剋、制、化，以及地支的合、沖、刑、會，天干就是看現象，地支就是看基礎。意思是，若八字格局結構好，就有機會獲得名聲，賺進財富，掌握實權，反之，結構不佳，虛浮無力，天干將受到拖累，而無法長久發達，甚至於因此衰敗。

八字天干生剋制化

八字的基本論法很多，必須要詳細的分析，但不外乎就是天干的生、剋、制、化，以及地支的合、沖、刑、會。意思是，天干看八字格局中，命主有沒有獲得名聲，有沒有機會賺錢，有沒有機會掌權，而配合地支觀看，地支可以知道格局的基礎實力如何，若結構良好，實力充足，那麼就可以增加天干力量，達到名利雙收、權勢在握的可能。反之，結構不佳，虛浮無力，天干將受到拖累，而無法長久發達，甚至於因此衰敗。

八字有四柱的天干，每柱有十種可能，依照組合來算，那將有一萬多種情況，所以從古至今，還沒有一本八字書籍，寫出全部的組合吉凶，因爲那實在太龐雜了。但若仔細觀察，其實天干的組合，仍然是有跡可循，只有四種變化，那就是生、剋、制、化而已。而其中十神星的陰陽屬性，會產生不同的力量，影響命局的好壞程度，所以要特別的留意。以下是介紹幾種天干的論法。

壹、喜神生忌神

一、八字身強或是從格，天干正官透干生印星，或是官正官生偏印，七殺生偏印，七殺生正印，就是喜神來生忌神。

二、八字身弱或是專旺，天干劫財透干生傷官，或是劫財生食神，比肩生傷官，比肩生食神，就是喜神來生忌神。

如果八字身強天干透正官、正印，官是喜神，印是忌神，官代表官職，印代表名聲，就表示因為官職而影響名聲，招惹出是非糾紛，特別是在名聲方面，很可能無法獲得人際支持。如果是八字身弱，天干透劫財、傷官，劫財是喜神，傷官是忌神，劫代表金錢，傷代表名聲，就表示因為金錢影響名聲，有金錢上的糾紛，而破壞了自己名聲。

貳、忌神生喜神

一、八字身強，天干劫財透干生傷官，或是劫財生食神，比肩生傷官，比肩生食神，就是忌神來生喜神。

二、八字身弱，天干正官透干生正印，或是七殺生正印，正官生偏印，七殺生偏印，就是忌神來生喜神。

忌神生喜神，就是忌神被洩，而喜神被生，化凶險為吉祥，屬於不錯的情況。八字身強以比劫為忌神，以食傷為喜神，如果兩者同時透干，比劫將會生食傷，表示聰明機智，有藝術天分，口才伶俐，名聲響亮。而忌神生喜神中，最好的情況是八字身弱，官印相生或是殺印相生，官殺主權，印主名聲，可以因此富貴掌權，大運若見官印，一生將平步青雲，這是官印相生、殺印相生的好處。

參、忌神生忌神

一、八字身強，天干正印透干生劫財，或是正印生比肩，偏印生比肩，偏印生劫財，就是忌神生忌神。

二、八字身弱，天干正財透干生正官，或是正財生七殺，偏財生正官，偏財生七殺，就是忌神生忌神。

三、八字身弱，天干傷官透干生正財，或是傷官生偏財，食神生正財，食神生偏財，就是忌神生忌神。

八字格局當中，若天干透兩個相生的忌神，格局就不是很好，若沒有好運扶持，一生註定坎坷，像是八字身弱透傷財，是貧窮困頓的格局，也表示多疾病。天干有忌神生忌神，無論八字身強或身弱，即使走喜神歲運，有短暫的好時光，但運過則止，名利權貴容易消逝，只是過眼雲煙而已。不過有另一個天干爲喜神，沒有被剋洩的話，那麼忌神生忌神的情況，就可以得到化解，反而能有小吉。像是八字身弱透財官，是正財生正官，忌神生忌神，但若正印也透天干，反而形成財生官、官生印的通關，格局將由壞轉好。

肆、兩神相同

關於八字天干的判斷，除了喜神與忌神外，也要考慮喜忌的力量，吉則加吉、凶則加凶，若天干透相同的變通星，將會有三種情況，影響八字的好壞。

一、一星雙透

八字四柱天干當中，年月、月時、年時，若其中一個組合，是相同天干的話，就屬於一星雙透。就是正印星雙透、偏印星雙透、比肩星、劫財星雙透、食神星雙透、傷官星雙透、正財星雙透、偏財星雙透、正官星雙透、七殺星雙透等十種。若雙透的是喜神，那麼吉上加吉，屬於好的格局，若雙透的是忌神，那麼凶上加凶，就必須特別注意。不過一星雙透，雖然算不錯，卻沒有正星、偏星雙透要好，因爲相同的正星、偏星雙透，就有保護跟生扶作用，若是相同的一星雙透，遇到大運歲運時，很容易就被完全剋死，像是八字身強爲甲日主，天干丁火傷官雙透，遇到癸正印大運流年，傷官就被印星給剋死，遇壬偏印大運流年，食神就被印星給合化，喜神被剋化，就容易因此損害名聲，身體多病痛。

二、天元一氣

四柱天干若四個都相同，那麼就叫做天元一氣，天元一氣就是比肩星成一氣，若是格局爲專旺格，喜神完全透於天干，那麼就更加的理想。若僅是多數身強，那麼就反而成忌神透干了。

天元一氣最怕歲運來剋，像甲日主走庚歲運，庚便會將天干四個甲剋去，這是因爲天干無印的緣故，但若不是專旺格，甲木身強喜庚金來剋，難道不是吉神歲運。其實凶的原因，是因爲庚金一次動了四柱，或是己土來合甲木，四柱同時有變動，就會產生凶險。

三、正偏混透

八字四柱當中，年月日時若同時透正印、偏印，或比肩、劫財，或食神、傷官，或正財、偏財，或正官、七殺，就叫做正偏混透。一般而言，正偏混透與一星雙透的差別，就在於透出的星，因爲一正一偏、一強一弱，所以在推斷吉凶時，代表的人、事、物是不同的而已。

男命透正財、偏財，正財爲妻子，偏財爲妻子以外的異性。女命透官殺，正官爲丈夫，七殺爲丈夫以外的異性。八字身強透食神、傷官，傷官是正星，代表藝術才華，食神是偏星，代表小聰明。八字身強透正財、偏財，正財代表正常收入，偏財則代表投機或外快。八字若有正偏混透的情況，也反映出其人有雙重性格，像是財星正偏混透的情況，表示有大小通吃、來者不拒，正財、橫財都不放過，會積極去爭取的心態，若是印星正偏混透，則反映其人外表不但聰明機智，內心也相當的細膩，如果是權貴的官殺星正偏混透，表示爲人二手策略，明一套、暗一套，有軟硬兼施的情況。但其中評價最不好的是官殺星正偏混透，純官或純殺的問題不嚴重，但就是官殺混雜不好，尤其是身弱無印，或是女命官殺混雜。因爲官殺爲剋我的東西，女命官殺爲男人，有幾個男人已經很麻煩了，若是男人有明有暗，那眞的就是自討苦吃了。

伍、天干相剋斷法

一、喜神剋喜神

八字身強或從格，天干同時透傷官、正官，或傷官、七殺，或傷食神、正官，或食神、七殺，若有其中一種組合，就是喜神剋喜神。

八字身強跟從格，才有出現喜神剋喜神的現象，其他像八字身弱，天干若透印星，正官、劫財被通關，正官變為喜神，就不會產生刑剋，反之，天干無印，正官就是忌神，也就沒有喜神剋喜神的問題。八字身強或從格，喜神傷官剋官，天干沒有財星透干才算，若有財星通關，那麼傷生財、財生官，就不算剋官了。食傷代表名聲，官殺代表權力，八字身強或從格，名聲跟權力皆備，但是兩喜神相剋，而且是權力來剋名聲，就是因為名聲招嫉妒，而失去原有權力職位，如果是女命傷官見官的情況，代表夫妻緣薄，跟丈夫感情差，或是有剋夫的現象。

二、喜神剋忌神

喜神剋忌神有幾種情況。

第一：八字身強，天干透財星剋印星，像是正財剋正印、正財剋偏印、偏財剋正印、偏印剋偏財。

第二：八字身強，天干透食傷星剋官殺星，像是傷官剋正官、傷官剋七殺、食神剋正官、食神剋七殺。

第三：八字身強，印星不透干，但天干透官殺星剋比劫星，像是正官剋劫財、正官剋比肩、七殺剋劫財、七殺剋比肩。

第四：八字身弱，天干透印星剋食傷星，像是正印剋傷官、正印剋食神、偏印剋傷官、偏印剋食神。

第五：八字身弱，天干透劫財剋財星，像是劫財剋正財、劫財剋偏財、比肩剋正財、比肩剋偏財。

對喜神剋忌神來說，是場正義之戰，因爲忌神危害日主，喜神幫扶日主，若喜神透干通根有力，那麼就能剋制忌神，忌神就無法囂張放肆，若有這樣的格局，就可以算是吉祥，而不會落入凶險。反之，透干的喜神根弱，力量不足以剋制忌神，就算是兩敗俱傷，喜神已經大傷元氣，而無法援助日主，這樣的格局就變得凶險，無法算是吉祥了。至於喜神剋忌神的斷法，要參看宮位與星性，才能有所判斷，像是八字身強，天干透財星剋印星，印星爲忌神，印星也代表名譽、疾病、母親等等，而財星爲喜神，也代表金錢、物品、妻子等等，所以財星剋印星，可以解釋爲只照顧妻子而不顧母親，或是妻子脾氣暴躁，對婆婆態度強硬，但是財星爲喜神，印星爲忌神，也可說配偶對自己幫助大，母親卻容易拖累自己。若是偏財跟正印同時透干，偏財強、正印弱，可以論斷母先父亡，或是與父親緣深，與母親緣薄。若是在月柱父母宮，或是日支夫妻宮的位置，那麼就更佳的明確。

三、忌神剋喜神

忌神剋喜神有幾種情況。

第一：八字身強，天干透比劫星剋財星，像是劫財剋正財、劫財剋偏財、比肩剋正財、比肩剋偏財。

第二：八字身強，天干透印星剋食傷星，像是正印剋傷官、正印剋食神、偏印剋傷官、偏印剋食神。

第三：八字身弱，天干透財星剋印星，像是正財剋正印、正財剋偏印，偏財剋正印、偏財剋偏印。

第四：八字身弱無印，透官殺星剋比劫星，像是正官剋劫財、正官剋比肩、七殺剋劫財、七殺剋比肩。

喜神被忌神所剋，自然就是凶險，不能當作吉祥，但是還是要比較喜神跟忌神的力量，才可以知道好壞的程度。像是八字身強透劫財星、財星，財星被劫財星所剋，就是錢財進而不留的象徵，若是財星無根又沒有財運補根，那麼到老都貧窮困苦，沒有機會發財，就算有錢在手上，也會馬上就花費掉。若是八字身弱，天干透官殺星、比劫星，也是錢財無法存守的格局。至於八字身強，天干透印星、食傷星，就變成名譽、智慧、才華、地位的問題，印星剋制食傷星，爲忌神剋喜神，名聲與利益就無法留住，而有被破壞的可能。

四、忌神剋忌神

忌神剋忌神有幾種情況。

第一：八字身弱無印透干，而食傷星與官殺星透干，像是正官與傷官、正官與食神、七殺與傷官、七殺與食神。

第二：八字身強透印，而天干透官殺星與比劫星，像是正官與劫財、正官與比肩、七殺與劫財、七殺與比肩。雖然有印星通關，但也只算是忌神相生而已，而沒有任何幫助。

若是八字身弱，天干有傷官星跟正官星，那麼形成傷官星剋正官星，這種忌神剋忌神的情況，無論誰勝誰負都不是好事，對日主都將造成危害，將會產生官非與災厄。

五、天干回剋

天干的生剋關係，相鄰者相生，相隔者相剋，舉例來說，若是天干有正印星、劫財星、傷官星，它們的生剋關係，因為有劫財星通關，就會變成正印生劫財、劫財生傷官，形成天干順生的和諧情況。反之，除日主外，若是三個天干中，有兩者相連、一者相隔，像是天干有正財星、正印星、劫財星，正財星剋正印星，正印星生劫財星，劫財星會剋正財星，就形成回剋的現象。而三者當中，必有喜神跟忌神，所以必須加以判斷，才能論斷吉凶好壞，若是被回剋和回剋別人的是喜神或日主，就是凶險的象徵，將會產生災禍疾病、血光意外。反之，若回剋的是忌神，那麼就算能功成名就、榮華富貴，也必定經過波折，無法平安順利。回剋的影響必須看日主的強弱，以及相關的位置，才可以判斷吉凶程度。

天干有幾種組合會形成回剋現象（不論位置如何皆會形成回剋）。

第一：印星、比劫星、財星

第二：比劫星、食傷星、官殺星

第三：食傷星、財星、印星

第四：財星、官殺星、比肩星

第五：官殺星、印星、食傷星

六、天干夾剋

天干相有一種特殊情況叫做夾剋，一般會有兩種情況。第一是年干爲比劫星，月干爲財星，年日比劫星夾月干財星，這就叫做夾剋。第二月干是官殺星、時干是官殺星，兩者夾剋日主，這也叫做夾剋。

第一種夾剋的情況，若是八字身強的話，財星爲喜神被夾剋，喜神就會損傷，嚴重時喜神將被剋死，如果財星無根的話，哪麼一生將貧窮困苦，是「錢財到手、片刻不留」的寫照。而且財星爲男命妻子，代表妻子的運勢也不佳。

第二種夾剋的情況，若日主身弱不能從，無法入從格的話，又沒有印星透干，哪麼一生將災厄不斷、是非纏身。

陸、天干制化的論斷

制者，剋制也，雖剋而不凶。特別是指喜神剋忌神，雖然是剋制，但是剋去忌神，使日主化險爲夷，所以不能算是凶，所以算是「制」而不是「剋」。再者，用陰陽的角度，五行相剋無合，雖然沒有合，但因爲陰陽不同，算是有情相剋，所以也叫做「制」。一般的格局，都有喜神、忌神，只要喜神能制忌神，不讓忌神危害日主，就已經算是中上命格。

食神制殺是提到最多的制化，食神之所以制殺，是因爲七殺星對日主破壞力最大，剋害的程度最重，因爲是陰陽同性的相剋，所以出手毫不留情，因此七殺星爲忌神，必須要加以制化不可。若命中有食神星，那麼就可以制七殺星，七殺星便不再爲惡發凶。但是「食神制殺」格，並非都是好的結果，因爲還是得看日主強弱，以及食神星、七殺星的強弱，才可以斷定吉凶。若是七殺爲忌神、食神爲喜神，喜神剋忌神便是好的，若二者皆是忌神，那麼日主將遭受剋洩，處境危殆，就不算是好的。若是天干有喜神剋忌神，像是正印星制傷官星、劫財星制正財星、傷官星制正官星、正財星制正印星，都可以算是好的。反之，忌神剋喜神的話，那情況就不太妙了。

邁向八字大師之路的第十八天

第十八天主要是學習根據不同日主，但都是正印星、偏印星秉令時，配合八字格局的強弱，來分析判斷運勢起伏，並藉由不同變通星搭配組合，仔細分析個性、事業、六親、健康等項目，讓你能夠一目了然，清楚知道運勢吉凶好壞。

壹、八字身強，正印、偏印秉令

二十四組秉令對照表

日主	月份	干藏	日主	月份	干藏
甲日主	亥月	偏印、比肩	甲日主	子月	正印
乙日主	亥月	正印、劫財	乙日主	子月	偏印
丙日主	寅月	偏印、比肩、食神	丙日主	卯月	正印
丁日主	寅月	正印、劫財、傷官	丁日主	卯月	偏印
戊日主	巳月	偏印、比肩、食神	戊日主	午月	正印、劫財
己日主	巳月	正印、劫財、傷官	己日主	午月	偏印、比肩

日主	月份	干藏	日主	月份	干藏
庚日主	辰月	偏印、正財、傷官	庚日主	丑月	正印、正官、正財
庚日主	戌月	偏印、劫財、正官	庚日主	未月	正印、傷官、劫財
辛日主	辰月	偏印、偏財、食神	辛日主	丑月	偏印、七殺、偏財
辛日主	戌月	正印、比肩、七殺	辛日主	未月	偏印、食神、比肩
壬日主	申月	偏印、比肩、七殺	壬日主	酉月	正印
癸日主	申月	正印、劫財、正官	癸日主	酉月	偏印

一、陰見陽、陽見陰，為正印，陰見陰、陽見陽，為偏印。

二、八字身強，印星為忌神，強印透干，沒有財星來剋制的話，表示依賴心重，為人比較懶惰，大運順暢的話，飯來張口、錢來伸手，大運逆阻的時候，窮途末路、一籌莫展，變得懶散，沒有辦法掙扎賺錢，或是因為健康不佳，而沒有辦法工作。

三、八字身強，印星代表不好的名譽，若是印星過強，表示為人名聲不好，又非常的固執，做錯事情不認錯，死要面子，因此而招惹是非。

四、八字身強，印星透干，沒有財星來剋制，表示為人思考獨特，喜歡標新立異，出怪招、走偏門、行險棋，不被人家認同，最後往往會失敗。

五、八字身強，正印、偏印混雜，若有通根的話，就會產生問題，在人家面前虛偽不實，說一套、做一套，有時非常保守內向，有時又偏激失控。

六、八字身強，食神、正印都透於天干，正印會剋制食神，爲人頑固不懂變通，若走印運的話，想法更加的封閉，若是透偏印，食神較弱，則外貌謙虛和氣，內在卻很狠毒。

七、八字身強，殺印同時透於天干，容易橫行霸道，因此而招惹禍端。

八、八字身強，印星過重，傷官藏支，則思考較慢、領悟力差，智慧沒有打開，若是早年走印運，印星剋制食傷，才華展現受到壓抑，學業很難有所成就。

九、八字身強，印星秉令，七殺、偏印、食神透於天干，食神制七殺，但七殺生偏印回剋的話，爲人心術不正，行爲不檢，容易因此毀損名譽，多半是市井無賴，或是地痞流氓。

十、八字身強，正印、偏印混雜，沒有被合去其中之一，爲人性情暴躁。

十一、八字身強無財，重印透干、食傷虛浮，又不能入專旺格，表示資質駑鈍，頑固不化，一生當中貧困交加，若走殺運的話，恐怕違法犯紀，而有牢獄之災或是送上刑場。

十二、八字身強無財，月柱食傷坐印星，表示心思細膩，但肚量不大。

貳、八字身弱，正印、偏印秉令

一、八字身弱，正印代表正氣、聰明、智慧、名譽、優秀的涵養，與強烈的求知慾望。

二、八字身弱，正印透干，可以壓制食傷的傲慢，所以人品一定不錯。

三、八字身弱，偏印代表領悟力，喜歡創新，不與人同，雖然看似瀟灑，但會有點孤僻。

四、八字身弱，正印爲喜神，透干得用的話，個性溫文儒雅、心地善良、寬宏大量，很重視個人信譽，愛惜自己羽毛，不跟粗野的人來往，人際關係不錯，平常隱惡揚善，凡事不會太絕情。

五、八字身弱，偏印是爲喜神，喜歡獨自思考，專研新的事物，通常能獨具慧眼，多怪招奇謀，表現成熟老練，若大運又走印運，喜歡學習技藝，刻苦專研，卻不覺得苦。

六、八字身弱有偏印，偏印雖然爲喜神，但爲人冷淡，自掃門前雪，不管他人瓦上霜，總喜歡冷眼旁觀，欣賞「人到無求品自高」的境界。

七、八字身弱，正官、正印透干，外貌清秀、待人和氣，非常的有人緣，若是七殺、偏印透干，一樣是外貌清秀，但私底下會喜歡算計權謀。

八、八字身弱透印，沒有財來剋制，爲人慈悲爲懷，孝順父母長輩，與人相處不會計較，具有服務的精神。

九、八字身弱，正印若被妒合，被剋洩或夾洩，就會失去進取的企圖心。

十、八字身弱無印，食神旺盛的話，做事情毫無章法，因爲缺乏智慧的緣故。

十一、八字身弱，獨印秉令卻不透干，滿盤皆是食傷，個性較孤僻，陰沉不明，若大運走異黨的話，會聰明但失意，或是遁入空門，不管紅塵俗事。

參、八字身強，正印、偏印看事業

一、八字身強印旺，天干沒有食傷，領悟力較差，學習狀況不佳，學業成績不好，若歲運走印運，那情況更加明顯，很容易被人欺騙，或做錯誤的判斷，損失錢財或是招惹是非。

二、八字身強印旺，沒有食傷的話，或是食傷較弱，表示智慧被控制，沒有能力生財，就是說沒有商業頭腦，不適合經商投資，只適合受薪階級。

三、八字身強，官生壞印，表示對做錯的行為不管教，反而鼓勵去從事，這樣容易誤入歧途、違法犯紀，因此而有牢獄之災。

四、八字身強，偏印過多，表示思想怪異，若又走印運的話，食傷被剋制、官殺被洩氣，就是說名聲與權位，兩者都會落空，這種人會埋怨社會，有憤世嫉俗的言論，不喜歡跟人相處，會選擇孤獨生活，或是遁入空門。

五、八字身強，官殺主貴氣，若走印運的話，官殺被洩氣，恐怕會有南柯一夢的感嘆，汲汲營營於功名利祿，到頭來卻是一場空。

六、八字身強，印星過重，原局沒有財星，表示沒有領導能力，不能夠當主管。

七、八字身強，正印透於天干，若走官運的話，印強官弱，沒有辦法獲得權位，最多是小頭目而已。

八、八字身強，正印、偏印疊透，原局沒有財星，即使天干透食傷或官殺也無濟於事，而且「官傷」或「食殺」並透，恐怕一生災難不斷，官司訴訟，或多血光之災。

九、八字身強，印重官輕，表示為人多半空想而不切實際，容易半途而廢，做事情失敗多成功少。

十、八字身強，食傷星跟印星透天干，即使食傷星根強，也只是滿腹經綸，卻沒有發揮的餘地，不能夠成大器。走比劫運時，雖然貧窮，但因為有通關作用，可以從事學術研究，安貧樂道。

十一、八字身強，印星秉令，正財、正印都透於天干，印強財弱，即使走財運，財星也被洩氣，很難發達富貴，若走比劫運，因財星孤露的關係，勢必引起回剋，必須要走食傷運來通關，才能夠發達富貴，名利雙全。

十二、八字身強印強，正官、正財、正印透於天干，就財官來看是好的，就官印來看是壞的，不是很理想，若走官殺運，應該會升遷調職，但是功高震主，必定會招惹是非，因為財會生官、官會生印，恐怕會財大氣粗、盛氣凌人，替自己埋下禍根。

十三、八字身強，又走印運的話，那麼就不太理想，若是幼年的話，必定出身寒門，少年走印運的話，讀書中輟，很早就出社會，負擔家庭的責任，中年走印運的話，勞碌奔波，卻無成就，晚年走印運的話，孤苦無依，疾病纏身。

十四、八字身強，自黨佔據天干，地支無財星的話，表示經濟貧窮，無官殺的話，表示地位低微，無食傷的話，沒沒無聞，這三者都沒有的話，以專旺格來論斷，反而屬於吉祥的情況。

肆、八字身弱，正印、偏印看事業

一、八字身弱，正印代表智慧、名譽、健康和求知慾，早年走印運，表示學業有成，常名列前茅。偏印代表思想獨特，適合專研科技或特殊領域，也適合做自由業。

二、八字身弱印弱，早年走財運，家貧失學，以後走印運，表示書到用時方恨少，會想要去進修學習。

三、八字身弱，喜歡走印運、比劫運的話，就能夠名利雙收。

四、八字身弱，官印都透天干的話，適合從政，可以掌握大權，若是官印不透而藏支，也會有衆望所歸的情形，能成爲領袖，或是民間代表。

五、八字身弱，正印、偏印混雜，雖然能夠化殺，讓事業有成，但是過程會比較辛苦。官印都透天干的話，能夠化敵為友，凡事順利。

六、八字身弱，印星秉令透干，財星喜歡比劫星多於喜歡印星，因為發財最實際，走印運的話，只是虛名而已，還會因名招忌，重財剋弱印，則命不久已。

七、八字身弱，印星孤露，若大運財星透干，叫做「貪財壞印」，會因為貪污瀆職，因金錢而敗壞名聲。

八、八字身弱無印，即使走印運的話，也因為虛浮無根，不能享有地位，只是一般窮酸的知識分子。

九、無論八字身強或身弱，原命局透財印，這樣就不算很差，因為遇到身強的時候，有財可以用，遇到身弱的時候，有印可以用，都有喜神可以用。但是也有缺點，因為怕喜神孤露，八字身強透財，最好用食傷或官殺透干，而八字身弱透印，最好用比劫或官殺，才能夠確保印星安全。但是要注意的是，財印透干，必須要有所分隔，不然，陽日主的正印會被偏財合去，陰日主的偏印會被正財合去。

十、八字身弱，不適合用食神制七殺，只適合用正印、偏印，因為不管多少殺星，只要有一顆印星透干，就可以化解殺氣，殺印相生，忌神反而成喜神，就可以發達富貴。

伍、八字身強，正印、偏印看六親

一、印就是庇蔭，生我者爲印，代表母親跟長輩。

二、印星代表母親，身旺印重爲忌神，叫做「慈母敗兒格」，就是從小被母親寵壞，行爲與想法較囂張，變得大膽叛逆起來，跟母親的關係不好。

三、八字身強，偏印代表不好的上司、繼母、小人、不好的人際關係。

四、八字身強，印星原本個性憨厚，誠實講信用，但身強印重，就變成直腸子，容易被別人欺騙，而不會加以推辭。

五、八字身強，偏印透干，沒有偏財來剋制，爲人陰沉，狡猾多詐，喜歡離群索居，與人家格格不入。

六、八字身強，若印透干爲忌神，或是印位居月支，與母親代溝嚴重，不愛受母親管教，但事實上母親根本管不動，走印運就會發凶，若月支遭受沖刑，母親恐怕會短命。

七、八字身強無官，強印生比劫，或是印輕比劫重，多半兄弟姊妹多，母親無力照顧，不是家境貧窮，就是體弱多病，母親疏於管教，自己誤入歧途。

八、八字身強印強，若走印運的話，財星洩氣，男命要預防感情被騙，或是婚姻失敗。

九、八字身強，滿盤印劫，原局無財星，也無財運，男命貧苦交加，即使沒有出家，晚景也恐怕淒涼。

十、八字身強，印劫位居月柱，若走印劫運的話，表示出身貧寒、年幼多病，讀書運也很差。

十一、八字身強，印星為小人，偏印比正印更壞，大運若走印運，小人來欺負，任意攻擊，自己將會被污衊。

十二、女命八字身強，印重官輕，丈夫無用，身體多病，自己會被拖累。

十三、八字身強，強印通根，中年走印運，將不利子女，因為正印剋制傷官，女命無兒子，男命也子女難求。

十四、男命八字身強，印位居日支，娶妻不理想，日支逢刑剋將會剋妻。若印位居日支，母佔妻宮，婆婆當權，媳婦被奪權。

十五、八字身強，印星強、偏財弱，又彼此相鄰，若走比劫運，父親將不長壽。

陸、八字身弱，正印、偏印看六親

一、八字身弱透印，為人有企圖心，懂得去進取，加上相貌非凡，所以幼年得到父母寵愛，長輩照顧，將來事業上，會被主管提拔而成功，一生多貴人幫助。

二、八字身弱，偏印透於天干，一樣能力強，野心大，同樣能得到貴人幫助，但卻因為會建議，讓人家肯定能力，而得到貴人的欣賞。

三、八字身弱，印星入墓，與母親緣分比較薄弱，若幼年走財運，表示缺乏母愛，或者母親短壽。

四、八字身弱，逢印運有貴人幫助，但是正印、偏印混雜，則有眞心對待者，也有虛有其表者。

五、八字身弱透印，沒有財星爲鄰，表示爲人正派，潔身自愛，不喜歡與三教九流爲伍。

六、八字身弱，印星爲貴人，但若走印運的話，也要讓人家三分。

七、八字身弱，印坐日支，無財相鄰，女嫁貴夫，男得賢妻，若日支有鄰來剋，則妻母不合，不能夠同住。

八、八字身弱，正印位居月支，若是能夠透干，不被沖剋，表示母親掌權，得到他人敬重，母親也滿長壽的。

九、八字身弱，正印虛浮無根，與母親聚少離多，若正印被剋，母親多病或短壽。

十、八字身弱，正印位居月支，母親非常疼愛，有官星同柱，則父親也很疼愛。

十一、八字身弱，七殺透干，天干必須同時有印星，殺星才可以由忌神變喜神，地支之印不透干，不能有通關的作用，但若印星秉令，是主氣的緣故，多少有通關的作用，但不及天干透印的好。以女命爲例，八字身弱，殺強透干通根，印星秉令不透，但仍然可以得到丈夫幫助，但殺比印強，以家中的地位來看，就不能與丈夫平起平坐，若是男命的話，會得到上司提拔，但對方會擺架子，在自己面前炫耀，有受制於他人的味道。

柒、八字身強，正印、偏印看健康

一、八字身強透印，無財星剋制，表示體弱多病，正印、偏印混雜，恐怕因病傷殘，或是意外災害，容易破相或手腳骨折。

二、八字身強，殺印透於天干，表示罹患嚴重疾病，大運走食傷回剋，將會有交通意外，或是手術開刀的情況。

三、八字身強，天干透三印星，又走印運的話，疾病纏身，以心臟病或是神經系統較多。

四、八字身強，正印、偏印秉令，天干無財星，只透正官、傷官、正印，若又走印運的話，會引起回剋，導致疾病纏身。

五、八字身強，再走正印、偏印干支同氣的大運，或是地支會成印局，恐大大病一場，而壽命終結，走殺生印運也是同樣。

捌、八字身弱，正印、偏印看健康

一、八字身弱透印，無財來剋的話，基本上很健康，很少會有疾病。

二、八字身弱，走官殺運的話，多意外災害，因疾厄破敗。

三、八字身弱，財印透於天干，印星孤露已經不理想，若又走印運的話，就好像羊入虎口，雖然是喜神，但吉中帶凶，要預防飛來橫禍，才不會樂極生悲。

邁向八字大師之路的第十九天

第十九天主要是學習根據不同日主，但都是比肩星、劫財星秉令時，配合八字格局的強弱，來分析判斷運勢起伏，並藉由不同變通星搭配組合，仔細分析個性、事業、六親、健康等項目，讓你能夠一目了然，清楚知道運勢吉凶好壞。

壹、八字身強，比肩、劫財秉令

二十四組秉令對照表

日主	月份	干藏	日主	月份	干藏
甲日主	寅月	比肩、食神、偏財	甲日主	卯月	劫財
乙日主	寅月	劫財、傷官、正財	乙日主	卯月	比肩
丙日主	巳月	比肩、食神、偏財	丙日主	午月	劫財、傷官
丁日主	巳月	劫財、傷官、正財	丁日主	午月	比肩、食神
戊日主	辰月	比肩、正官、正財	戊日主	戌月	比肩、傷官、正印
戊日主	丑月	劫財、正財、傷官	己日主	未月	劫財、正印、正官

日主	月份	干藏	日主	月份	干藏
己日主	辰月	劫財、七殺、偏財	己日主	戌月	劫財、食神、偏印
己日主	丑月	比肩、偏財、食神	己日主	未月	比肩、偏印、七殺
庚日主	申月	比肩、食神、偏印	庚日主	酉月	劫財
辛日主	申月	劫財、傷官、正印	辛日主	酉月	比肩
壬日主	亥月	比肩、食神	壬日主	子月	劫財
癸日主	亥月	劫財、食神	癸日主	子月	比肩

一、比肩、劫財秉令表示與日主同樣五行，所以能增加日主強度，不過還不能夠單一來看，就判斷八字一定就是身強，還是要配合全局觀看，才能知道有無得地、有無得勢，若是得地、得勢的話，就可以說是身強，反之，就有可能變爲身弱。

二、從上述對照表來看，除了甲乙木生於寅月、庚辛金生於酉月、壬癸水生於子月，才能視爲純劫財氣秉令，其他的部分，都帶有傷官、食神、正財、偏財、正官、七殺等餘氣，如果餘氣透干的話，又原本命局不得地、不得勢，即使是比肩、劫財秉令，也有可能變爲身弱的情況。

三、以前的書上把比肩星叫做臨官，表示出來做官有俸祿可拿，所以把比肩星叫祿，又稱做建祿格，而劫財星叫做刃，也稱做羊刃格。有些書籍把這兩者列入特別格，但這是不太正確的，因爲八字是屬於平衡學，一般來說，正格的計算原則，就是身弱不足要補，身強有餘要洩，除非全局都是自黨或是異黨，才有可能是特別格。

四、身旺的比肩、劫財星當令的話，個性上比較自我、積極，凡事獨立自主，不希望別人插手，因此自尊心非常強，爲人很愛面子，不太容易會認錯，帶有自大的傾向，脾氣會比較大一點。

五、若是身強又比肩、劫財星秉令，那麼個性會較衝動，容易跟人爭吵，對於財務方面的問題，自己比較吝嗇小氣，凡事愛斤斤計較，很不好溝通妥協，大運又遭遇比肩、劫財的話，做事情喜歡投機冒險，但是卻欠缺考慮，所以很容易失敗，特別是在投資方面。若透天干的是劫財星，情況會比較輕微，但若是同氣的比肩星，就可能變本加厲，更加的投機、衝動。

六、身強的情況下，比肩、劫財都透天干，就表示具有雙重性格，表面上跟內心會有所差別，通常是比較自我、自私，對朋友看似大方，其實心裡捨不得。

七、身強的情況下，只有劫財、傷官透天干，就表示經濟貧窮，不是說很富有，而傷官表示聰明才華，但是卻愛裝清高、裝骨氣，過著平淡的生活，有時候變得固執，而不懂得變通，讓人覺得有讀死書的現象。

八、身強的情況下，比肩、劫財、官及印都透天干，但是官弱劫強，表示家境不好，父母親無力栽培，欠缺良好管教，很容易誤入歧途，不是很好的格局。

九、身強的情況下，只有比肩、劫財、正財、偏財，但是卻沒有食神、傷官、正官、七殺，這就表示兩神相違，大多是投機分子，很愛賭博，或者因為失意，淪落為小偷、盜賊。

十、身強的情況下，比肩、劫財秉令，七殺透天干，又不見印星，若殺星通根有力，能制得住比劫，古書云：「羊刃駕殺格。」性情不會太乖戾，處事能明確果斷，反而能因此得高官厚祿。

十一、身強的情況下，比肩、劫財秉令，殺印都透天干的話，表示個性固執，喜歡爭長論短，易與別人頂嘴，若大運遭遇殺或印運，恐怕會官司纏身，難以擺脫。

十二、身強的情況下，比肩、劫財秉令，劫財、傷官、正官都透天干，正官來剋劫財，劫財生傷官回剋。個性會比較剛硬，做事直來直往，隨時充滿鬥志，雖然表現積極，但卻不好相處。

十三、身強的情況下，比肩、劫財秉令，比肩、食神、七殺都透天干，七殺剋比肩，比肩生食傷回剋，命局已經呈現殺氣，表示個性凶殘，不講道理，若大運遭遇官運，有機會得到高官，但過程風險極大、波折阻礙，若又有沖刑，那麼將招惹官非，會有牢獄之災。

十四、身強的情況下，比肩、劫財秉令，印星透天干，但食神藏地支的話，表示為人沉默寡言，不愛與人打交道，凡事自私自利，做事又不積極，人際關係糟糕，而得不到幫助。

十五、身強的情況下，比肩、劫財秉令，劫財、正官透天干，表示為人正直無私，適合從事官職，但要注意人際問題，壓力比較沉重，若大運遭遇食神、傷官運，事情就不好處理，麻煩會越滾越大，有被罷官的可能。

十六、身強的情況下，比肩、劫財秉令，而且比肩、劫財通根有力，表示個性自負、野心勃勃，對於別人的成功，心裡充滿嫉妒，會有酸葡萄的心態，讓人家很不高興，關係會因此失和。

十七、身強的情況下，比肩、劫財秉令，比肩、劫財都透天干，表示具有雙重性格，做事自相矛盾，很容易走向極端，有時候揮霍無度，有時卻一毛不拔，但由於欠缺深思熟慮，結果往往失敗。

貳、八字身弱，比肩、劫財秉令

一、八字雖然比肩、劫財秉令，但也有可能是身弱，那就是只有月令是比肩、劫財，但是其他卻都是異黨，或是年、日、時三支會成異黨，削弱月令的力量，使日主轉變爲身弱，但是這樣卻不能算是從格，因爲月令仍是比肩、劫財，具有一定的影響力。

二、身弱的情況下，比肩、劫財秉令，爲人有骨氣，脾氣不會太強，不容易衝動行事，若歲運有比肩、劫財透干通根，表示事業心強、企圖上進，面對困難的時候，會積極解決，但卻不會莽撞。

三、身弱的情況下，比肩、劫財秉令，一定要失地、失令，才有可能變爲身強，靠著異黨運行，個性會比較內向、悲觀，做事情不成功，就會非常沮喪，除非大運順暢，才能奮發向上。

四、比肩、劫財秉令，也有可能身強轉身弱，是因爲月令的餘氣很強，必須要特別的注意，例如甲日主生於寅月，乙日主生於寅月，丙日主生於巳月，丙日主生於午月，丁日主生於巳月，丁日主生於午月，戊日主生於辰月，戊日主生於丑月，己日主生於辰月，己日主生於丑月，壬日主生於亥月，癸日主生於亥月。

五、身弱的情況下，比肩、劫財秉令，表示爲人有主見，口才伶俐，比肩爲偏星，立論更加精闢，反應靈敏，善於靈活運用臨場機智，若是天干出現印星，人際關係不錯，有很多貴人幫忙。

六、身弱的情況下，比肩、劫財秉令，原格局天干不見比肩、劫財，表示爲人事業心強烈，有很多的主意，但會感覺到孤單，需要兄弟朋友的幫助，如果大運遭遇比肩、劫財的話，會很高興跟別人合作，共同謀取利益。道理其實容易懂，因爲同舟共濟的關係，從社會經驗來看，都是共患難容易、共享富貴難，所以身旺發達的人，就不喜歡比肩、劫財了。

七、身弱的情況下，比肩、劫財秉令，天干比肩、劫財的話，表示具有雙重個性，容易矛盾，因爲必定是虛浮無根，才有身弱的現象，除非大運能走比肩、劫財運，否則將生活困頓、貧窮無助，有時愛裝闊，打腫臉充胖子，凡事心裡愛計較。

八、身弱的情況下，比肩、劫財秉令，比肩、劫財虛浮無根，表示對異性很慷慨，對妻子卻很吝嗇。

參、八字身強，比肩、劫財看事業

一、八字身強的話，就不喜歡自黨，就是比肩、劫財、正印、偏印。遭遇比肩、劫財就容易貧困，遭遇正印、偏印就容易生病。像是古書提到，甲乙木若生於寅卯月，身強再行印運，就叫做「水泛木浮，死無棺槨」，不但會貧窮困苦，還會提早夭折。

二、八字身強又比肩、劫財秉令，最怕日支主氣也是比肩或劫財，那麼要富貴發達的機會，恐怕是非常的渺茫。

三、八字身強又比肩、劫財秉令，若是劫財、傷官透天干，情況就不算壞，因爲比肩、劫財能通關，保護喜神食神、傷官，會知道要節制，不至於身敗名裂，只是經濟稍微窮困而已。若大運遭遇比肩、劫財，雖然不發達富貴，但事業會有成績，能因此獲得成就感，若大運順暢的話，遭遇傷官、食神，就可以因此出名，又走財運的話，就能夠名利雙收，之前的辛苦奮鬥，並不會白費力氣。

四、八字身強又比肩、劫財秉令，且比肩、傷官、食神透天干，沒有財星的話，若大運遭遇食神或傷官運，表示功名可讀，但財務不佳，不適合投資理財，從事商業活動。

五、八字身強又比肩、劫財秉令，天干不見財星，若官殺弱、食傷強的話，叫做「傷官駕煞」，表示位高權重，容易從事特殊行業，像是軍事、工業、政治等等，若是傷官弱正官強，做官之後阻礙就較多。

六、八字身強又比肩、劫財秉令，原格局傷官傷盡，無財無官，大運遭遇比肩、劫財，表示能有貴氣，不過沒有實質利益，只是空有虛名而已。

七、八字身強又劫財強，若是財星孤露的話，即使再走到財運，也會無法留住，還會因此惹禍，或是財物被偷竊。

八、八字身強又走比肩運，格局無食神、傷官，情況會比較差，不容易處理，若是走劫財運，雖然一樣有問題，但不會太嚴重。

九、八字身強又劫財較比肩強，格局裡無財星，表示不善於經營，只能當受薪階級，不能夠自行創業，若大運逢偏財但根弱，也只能算是財來財去，賺不到第一桶金，所以不能夠經商。

十、八字身強又比肩、劫財秉令，有比肩、劫財、正印或偏印透天干，原格局沒有財星，大運也沒有財運的話，表示教育程度不高，不能夠當領導，若是官殺見印星的話，喜神就會變忌神。

十一、八字身強，以正財、偏財爲喜神，代表能賺進錢財、衣食無缺，但若行比肩、劫財大運，剋去原有的財星，反而不利，表示有破財之象。

十二、八字身強又比肩、劫財秉令，財官都透天干，表示富貴雙全，若是傷官、財星都透天干，表示名利俱全，也就是必須見到財星，才算是好的格局。

十三、八字身強又比肩、劫財秉令，印星透天干卻無財星，表示智商不高、學習有限，沒有辦法自我開創，成就一番事業，若大運又遭遇印運，心情就會鬱悶，陷入低潮中，不是工作有挫折，被人家貶低，就是經濟拮据，三餐不繼。

十四、八字身強，官星、印星都透天干，官殺被印洩氣，通常就不能擔任領導地位。

十五、八字身強，只有官殺、比劫透天干，官殺無輔佐，獨攬大權，叫做「獨殺當權」，若大運走官殺運，表示事業得意，受上司的提拔，可以平步青雲，順利獲得職位，不過卻沒有下屬，凡事只能親自去做，顯得非常的辛苦，情況若糟糕的話，有可能自行辭職，選擇退居幕後。

十六、八字身強，但是比肩弱，印星多，爲人必須自食其力，不要想依賴他人，或有投機的念頭，這樣會被人家牽著走，成爲他人的傀儡，就不是一件好事。

十七、八字身強又比肩、劫財秉令，只有比劫、官殺透天干，身強殺強，叫做羊刃駕殺，表示到處奔波、四海爲家，而顯得比較勞碌。

十八、八字身強又比肩、劫財秉令，印星透干通根，表示內心憂鬱，因爲印剋制食神、傷官，財星也被洩，所以印星透干通根，麻煩就隨之而來，名譽與財富將不保。

十九、八字身強又劫財強，財星孤露的話，就好像有錢人家，必須要請保鑣保護，也就是官殺星，或是一些江湖朋友，也就是食傷星，才能夠保護自己，否則富有的情況，就變成被人覬覦的目標，很容易遭遇搶奪，處境相當不理想。若是再走比肩、劫財大運，或是走印大運，那麼身邊的盜賊林立，勢力旺盛，自己恐怕會因錢財而惹禍上身，相當的不妙。

二十、陰日主必合官星，所以若八字身強，劫財也強的話，天干透官而緊貼日主，就不一定是好的，因為合化就會變動，合而不化就還不錯，女命會特別的好。

肆、八字身弱，比肩、劫財看事業

一、八字身弱喜歡自黨，所以有官星、印星、比劫星透天干的話，官殺見印象徵權力，印星象徵名譽，比劫星象徵財富，三喜神都透干時，就是大富大貴的格局。

二、八字身弱又比肩、劫財秉令，不可以遭遇異黨，逢財便會破財，逢食便會毀損名譽。至於遭遇官殺，因為它剋日主，表面是異黨而不理想，但實際卻不一定如此，因為它如果與印星相逢，像是印星透天干，行運見到官殺，因為官殺會去生印，反而會有幫助，官殺就變成了自黨，反之，天干無印星，見官殺運，就會直接剋日主，造成不利的影響，所以說官殺是兩頭蛇，判斷必須要特別注意，逢殺就要看印，身強無印就喜歡見官殺，身弱時天干有印，才可以見官殺。

四、八字身弱又比肩、劫財秉令，財星透天干，沒有比劫星或官殺星，大運走印運的話，因為喜神孤露的關係，有時候會因福得禍，造成名譽的損害。

五、八字身弱遭遇比肩星時，所得到的利益較大，因為與日主陰陽相同，反應比較明顯，而遭遇劫財星時，所得到的利益較少，因為與日主陰陽不同的關係。

六、八字身弱，天干又不見印，少年時期，若大運遭遇官殺，就無心向學，遊手好閒，成績不盡理想，若中年遭遇官殺運，與官宦無緣，往往挫折失敗，男命要注意血光災害，女命要注意被男人欺負。

七、八字身弱又比肩、劫財秉令，但其他全是異黨，就不能當作入從格，若傷、官、財三者透干，或透傷、官兩者，卻沒有財的話，恐怕會招惹是非，官司訴訟難免，事業也會面臨困境，甚至於失敗的下場，同時身體健康也要注意。

八、八字身弱又比肩、劫財秉令，格局少沖少合，可能一職終身，若格局多沖多合，職業變換不定，人生較多起伏。

九、八字身弱又比肩、劫財秉令，正財、偏財、正印、偏印都透天干，沒有印星，若大運遭遇比劫運，因為比劫剋財，財生官殺回剋，便會因財而出事，或是有受傷的情況，必須要特別留意。

十、八字身弱又比肩、劫財秉令，若殺強的話，就容易四海為家，漂泊不定，歲運若見到食傷星，恐怕就會有不測。

十一、八字無論身強或身弱，有財官印同時透干者，而官居中，把財跟印分開，像是通關一樣，財官就能並存不悖，是很不錯的格局。

十二、建祿格最喜歡身弱，因爲日主得到月令主氣，喜神就比較強，只要大運稍微扶助，功名利祿就能水到渠成，用不著花費太多力氣。

十三、八字身弱又比肩、劫財秉令，劫財星較比劫星更善於理財，因爲計算精密，可以勤儉持家，屬於白手起家的實業家。

十四、八字身弱，日主最好要有根，否則縱使大運天干見比劫星，也只是虛浮而已，沒有實際的幫助，所以三干虛浮，不如支得一根，大運若見比劫補根，是大富的徵兆，不過運過就停止。

伍、八字身強，比肩、劫財看六親

一、八字身強又比肩、劫財秉令，比劫若又透天干，就表示身強太過，以八字的理論來說，是很重視平衡的，不喜歡過於身強，像古書所云：甲乙木生於寅卯月的話，是屬於「百花齊放、萬物逢春」的情況，其實若比劫秉令，直透月干的話，必然出身於貧窮家庭，父親恐怕很短命。

二、八字比劫太重的話，爲人較自私自利，通常會做損人利己的事情，人際關係上會衆叛親離，即使看起來很多朋友，也都是酒肉朋友居多。

三、八字比劫過重，歲運又遇到比劫運，那麼就容易損財，也表示會刑剋父親、妻子。

四、八字身強又比劫多的話，兄弟姊妹也應該很多，但無論比肩、劫財都是忌神，所以兄弟姊妹緣分薄，不喜歡待在家裡，會往外發展，四處流浪。

五、因爲比肩、劫財也代表朋友，但八字身強時，朋友就是損友，會因爲錢財鬧糾紛，甚至於嚴重衝突，造成朋友的反目，所以身強的人最好不要跟朋友合資做生意。

六、八字身強又比肩、劫財秉令，原格局沒有財星，卻有比肩、劫財同時透天干，男命表示婚姻緣較弱，會比較晚婚，或是遁入空門，成爲僧侶道人。

七、八字身強又比肩、劫財旺盛，是窮命的格局，若大運遭遇比劫運，夫妻容易起衝突，戀愛也容易失敗，對男人來說，養家活口是個責任，所以不能太窮，否則將討不到老婆，無法傳宗接代。

八、女命八字身強，但官弱劫強，表示心高氣傲，難以滿足，對另一半非常挑剔，很容易看不起，婚後家庭自然不和諧，若劫財、傷官透天干，就有欺夫的傾向。

九、八字身弱又比肩、劫財秉令，財印都透天干，若逢財運的話便會破印，自己也許發跡，但恐怕子欲養而親不在，容易刑剋母親。

十、八字身弱又比肩、劫財秉令，劫財會剋財，必須要有食神、傷官通關，妻子才會安然無恙，否則關係會不和諧，妻子也容易生病。

十一、八字身弱又比肩、劫財秉令，天干出現比、財、比爭合的情況，或是日支坐財，逢月支、時支妒合的話，要預防婚外情，或是不當的男女關係。

十二、女命八字身強，表示太過自我，若格局無官殺，姻緣不現，很可能終身不嫁，而做老處女。

十三、八字身強又比肩、劫財秉令，天干都是比劫、印星，表示太過於身強，大運走食傷還可以出名，但不會發達富貴，屬於女強人的命格，婚姻不幸福，甚至於剋夫。若大運行財運的話，印被洩，又劫來剋，就表示財來財去，男命無姻緣，甚至於剋妻。若大運沒有財運，那麼一生庸庸碌碌，難有出頭的一天。因爲依照傳統的觀念，男子事業無成、經濟拮据，是無法成家的。

十四、八字身強又比肩、劫財秉令，比劫強而無官殺，表示家境貧寒，母親無力栽培，自己沒有人管教，很容易因此輟學、誤入歧途。

十五、比劫星有一個特點，那就是男命陽日主，必定會合正財，而剋偏財，所以男命陽日主身強，就比較愛家庭，女命陰日主必合正官，而沖七殺，所以女命陰日主身強，日支如果無沖刑，則表示夫妻恩愛。

十六、男命原八字格局，若是甲日主合己，丙日主合辛，戊日主合癸，庚日主合乙，壬日主合丁，不管合化或不化，都是財來合日主。若身強的話，行財運則夫妻恩愛，賢妻多助。

十七、比肩星表示寡慾，因為身強的話，財運就比較弱，是窮困的命格，除非大運遭遇傷官、偏財並見，或是財官並見，才有賺錢的機會，否則很難翻身。而因為平常收入少，所以會很節儉，久了就變成習慣，生活情趣就減少許多。所以身強又行比劫大運，戀愛都容易失敗，結婚之後，家庭也欠缺歡樂氣氛。

十八、女命原八字格局，若是乙日主合庚，丁日主合壬，己日主合甲，辛日主合丙，癸日主合戊，不管化與不化，都是官來合日主。身強無印的話，若走到官運，可以嫁到貴夫，夫妻恩愛，行比劫運或印運則不然。

十九、身強除日主外，天干都是比劫的話，男命若歲運走比劫運，那麼就會剋妻，女命走食傷運的話，就很容易剋夫。

二十、八字身強又比肩、劫財秉令，若印星透天干，表示母女緣薄，感情不佳，不喜歡母親來管教。

二十一、無論身強或身弱，凡日支與時支暗合者，表示容易有婚外情，或是金屋藏嬌的可能。

陸、八字身弱，比肩、劫財看六親

一、八字身弱又比肩、劫財秉令，因為比為喜神，所以為人重情義，兄弟感情好，喜歡結交朋友，可以跟朋友合作投資。

二、比肩、劫財原本剋財星，也就是妻子（正財）、父親（偏財），因為身弱的關係，所以比劫力量不強，所以對妻子、父親的威脅不大，但若走比劫大運，還是有刑剋的可能。

三、八字身弱又比肩、劫財秉令，若日主合沖並見，通常表示朋友多，會熱心去幫助人，喜歡多管閒事，像是替人做保，或是當謀人，總是忙碌不堪，容易被人拖累。因此事業方面，適合從事媒體記者、社會工作者、公共關係、傳教士等等，因公事招惹煩惱好過因私事招麻煩。

四、女命八字身弱又比肩、劫財秉令，已經是夫星洩氣，若天干透食神、傷官，卻沒有財星的話，姻緣會比較差，容易刑剋丈夫，或是終身不嫁。

五、女命八字身弱又比肩、劫財秉令，天干若出現二官爭合，因為兩官皆為忌神，日主會有感情糾紛，兩邊都吃力不討好。

六、劫財星表示積極、進取、野心，勇於孤軍奮戰，甚至明知不可爲而爲之，若是身弱的話，劫藏不透干，即使有進取心，但是孤立無援，等到大運走比劫運時，得到兄弟朋友的幫助，膽量會比較大，會跟兄弟朋友去創業，有機會得到財富。

七、八字身弱又比肩、劫財秉令，天干無官、傷，只有正財、偏財透干，若歲運走財運，男命要注意桃花劫，女命會有財務糾紛。

八、八字身弱又比肩、劫財秉令，比肩與劫財其實大同小異，相異處是比爲偏星，較疏財豪爽，所以身弱時表示交友廣闊，重視人情道義，反之，劫財星爲正星，善於理財計算，凡事愛計較，管理上很有一套，適合勤儉持家，但就沒有比肩那麼開放。

九、八字身弱無比肩、劫財，兄弟姊妹就少，大運又無比劫運，在社會上孤軍奮戰，缺乏外來助力，不會有太大的成就。

十、男命八字身弱，原格局，若是甲日主合己，丙日主合辛，戊日主合癸，庚日主合乙，壬日主合丁，不管合化或不化，都是財來合日主。若身弱的話，丈夫很疼妻子，但妻子會有缺點，像是身體多病，或是脾氣暴躁，娘家負擔較重，或妻子嗜好多。

十一、女命八字身弱，若是乙日主合庚，丁日主合壬，己日主合甲，辛日主合丙，癸日主合戊，不管化與不化，都是官來合日主。若身弱的話，妻子很愛丈夫，但妻子會有缺點，像是身體多病，或是脾氣暴躁，夫家負擔較重，或丈夫沒事業。

十二、無論身強或身弱，男命原天干二財爭合日主，女命天干二官爭合日主，感情容易有三角戀，使得自己產生困擾。

柒、八字身強，比肩、劫財看健康

一、八字身強，比肩、劫財秉令，若比肩、劫財透天干，而沒有印星的話，表示身體很健康。

二、八字身強，比肩、劫財秉令，原格局印星更強，又不能入專旺格，若歲運走印運的話，恐怕病痛傷殘。

三、八字身強，比肩、劫財秉令，其餘干支又見比劫，若不能入專旺格，大運會比劫運成局，或是伏吟反吟日柱，恐怕將大禍臨頭，有刀兵之災，易有血光，健康或性命恐將不保。

四、八字身強，比肩、劫財秉令，比劫代表手腳四肢，比劫過重，歲運又走比劫運，四肢恐怕酸痛無力，嚴重則會傷殘。

五、八字身強，比肩、劫財秉令，忌印星透干，會有疾病纏身，大運又走道印運或殺運，性命就堪慮。

捌、八字身弱，比肩、劫財看健康

一、八字身弱，比肩、劫財秉令，劫爲喜神，行運見比劫或印運，對身體反而是好的影響。

二、八字身弱，比肩、劫財秉令，比劫或印透天干，表示身體健康，心情開朗。

三、八字身強，比肩、劫財秉令，而原局殺重無印，表示身強有可能變身弱，若是身弱官殺強，會爲慢性病所苦惱，精神方面也容易承受他人壓力。

邁向八字大師之路的第二十天

第二十天主要是學習根據不同日主，但都是食神星、傷官星秉令時，配合八字格局的強弱，來分析判斷運勢起伏，並藉由不同變通星搭配組合，仔細分析個性、事業、六親、健康等項目，讓你能夠一目了然，清楚知道運勢吉凶好壞。

壹、八字身強，食神、傷官秉令

二十四組秉令對照表

日主	月份	干藏	日主	月份	干藏
甲日主	巳月	食神、偏財、七殺	甲日主	午月	傷官、偏財
乙日主	巳月	傷官、正財、正官	乙日主	午月	食神、偏財
丙日主	辰月	食神、正印、正官	丙日主	未月	傷官、劫財、正印
丙日主	戌月	食神、正財、劫財	丙日主	丑月	傷官、正官、正財
丁日主	辰月	傷官、偏印、七殺	丁日主	未月	食神、比肩、偏印
丁日主	戌月	傷官、偏財、比肩	丁日主	丑月	食神、七殺、偏財

日主	月份	干藏	日主	月份	干藏
戊日主	申月	食神、偏財、比肩	戊日主	酉月	傷官
己日主	申月	傷官、正財、劫財	己日主	酉月	食神
庚日主	亥月	食神、偏財	庚日主	子月	傷官
辛日主	亥月	傷官、正財	辛日主	子月	食神
壬日主	寅月	食神、偏財、七殺	壬日主	卯月	傷官
癸日主	寅月	傷官、正財、正官	癸日主	卯月	食神

一、八字身強，食神、傷官秉令，很少會有身強的情況，一定要得地、得勢，才能夠身弱轉變為身強。

二、丙日主生於未月，丁日主生於未月，這兩個日主的食神、傷官秉令，比較有機會由身弱轉身強，因為月令異黨餘氣強，而且日主有根，因此能由弱轉強。

三、八字身強，食神、傷官秉令，因為食傷能洩日主，所以必須身旺，才可以表示聰明好學，一般來看，傷官比較活潑、俏皮，食神比較穩定、理性。

四、八字身強，若傷官透天干，表示聰明才智彰顯，被別人知道，言詞非常的豐富，男命的話，多才多藝，相貌英俊，女命冰雪聰明，相貌美艷，讓人家相當羨慕，所以身強而傷官透天干，表示為人任性自負，容易產生驕傲，但確實有過人之處，讓人家能夠佩服。

五、八字身強，食神、傷官秉令，表示野心非常大，想要有一番作為，如果日主夠強的話，表示身體健康好，就可以不眠不休，用盡全部的時間，好讓自己能夠成功出名，但這種人在太平盛世或是亂世，評價將呈現兩極化，不是流傳千古，就是遺臭萬年。

六、八字身強，若食神透天干，表示重視精神及物質生活，為人喜歡吃、喝、玩、樂，接觸文學藝術，懂得去享受花費，生活情趣頗高。女命的話，是大家閨秀，男命則是公子哥兒。

七、八字身強，食神、傷官秉令，傷官透天干，表示理想遠大，物慾也大，想要力爭上游、技壓群雄，如果根夠強的話，渾身都充滿著活力與鬥志，事業上適合朝藝術、表演、情報、教育、精密科技方面發展。

八、八字身強，若食神透天干且有根，個性敦厚老實，善良溫和，喜歡自由的生活，卻不會任性而為，懂得熱心助人，卻不要求回報，能享有名譽，也很看重名譽。

九、八字身強，若傷官透天干，表示容易得罪人，說話較不收斂，對人緣會有損害，但若食神透天干，講話比較溫和，不愛與人爭吵，對人緣能夠加分。

十、八字身強，食神或傷官透天干，表示思想流暢，創造力豐富，但容易喜新厭舊，若遭遇到困難時，寧願拋棄舊有的路線，而另外尋找新的方式，不會眷戀舊環境。

十一、八字身強，食神秉令，傷官透天干，外表明察秋毫，讓人覺得精明能幹，但其實心地善良，若傷官秉令，食神透天干的話，剛好相反，外表斯文有禮，其實內心斤斤計較。

十二、八字身強又食神透天干，表示喜歡吃肉，體態豐腴。若食神、偏印同時透天干，沒有財星護食神的話，在印強食弱的情況下，表示不受重用，有志難申，內心容易憂鬱，有懷才不遇的感嘆，但外表還是裝做很開朗。

十三、八字身強，食神、傷官秉令，傷官、正官都透天干的話，沒有偏財來通關，表示爲人心高氣傲，會因爲這樣而惹禍上身。

十四、八字身強，食神、傷官秉令，食神、七殺都透天干，要看食神強還是七殺強，若食強殺弱，爲人勤奮有加，爲求生存而掙扎，一生中艱苦奮鬥，很少享受清閒，可以從事軍警、工業建設，所謂的異路功名。

十五、八字身強，食神、傷官秉令，食神、七殺、偏印同時透天干，起初是食神來剋七殺，能夠迅速積極，獲得功勞，後來變成七殺生偏印，回頭來剋，食神受挫，後繼無力，反因出風頭而惹禍，被名聲地位所拖累，就是人怕出名、豬怕肥的寫照。

十六、八字身強，食神、傷官秉令，食神、傷官都透天干為喜神，表示心思不定，容易浮躁，想法雖然多，但都不可行，容易自相矛盾，猶豫不決而耽誤時機。

十七、八字身強，食神、傷官秉令，食神、傷官表示學習求知的慾望，什麼都想學習，但是卻無法專心一致。

十八、食神、傷官同時透天干，無論身弱或身強，表示笑裡藏刀，眞假難辨，容易毀損自己的名譽。

十九、八字身強，食神、傷官秉令，不管日主是什麼五行，正格當中要有一個食神或傷官，才能夠展現聰明。

二十、女命八字身強，食神、傷官位居時柱，表示子女運好，晚年走食傷歲運，女命就有子女奉養，男命則晚輩出色。

二十一、八字身強，食神、傷官秉令，但是食傷卻不透干，反而印星、劫財透干通根，原本身弱就轉為身強，若月柱有印坐食傷，食傷被蓋頭的話，名譽無法彰顯，為人假道學，沒有誠信可言。

二十二、八字傷官傷盡，無論男女，都表示聰明過人，才華洋溢。

二十三、八字身強傷官秉令，但傷官卻沒有透天干，天干又見印虛浮，表示表面憨厚，其實內心精明。

二十四、八字身強沒有印星，而都是比劫，天干只有透一個傷官，叫做「一清到底」，為人絕頂聰明。

二十五、八字身旺，食神、傷官透天干，表示為人聰明，喜歡學習，但若大運走印運，就有可能聰明一世、糊塗一時。

貳、八字身弱，食神、傷官秉令

一、八字身弱，食神、傷官容易毀損名譽。

二、八字身弱，食神、傷官會帶點小聰明，或是小才藝，但是太過於粗淺，不是說很專精，做事急於求成，而且好高騖遠，常常半途而廢，沒有恆心與毅力。

三、八字身弱，食神、傷官表面看起來有才華，其實中看不中用，對於現實生活沒什麼幫助，不然就是空有才藝，但身體卻不健康，賺錢非常辛苦。

四、八字身弱，食神、傷官遍布，個性會比較狂妄傲慢，經常會抱怨連連，喜歡獨自清高，不愛跟人附和，所以非常的寂寞，沒有知心朋友。

五、古書有云：「傷食洩秀。」不過是指八字身強的人而言，若是八字身弱的話，就不是如此情形，傷食反而帶來自負的傲氣，會有聰明反被聰明誤的情況，若從事學術研究尚可，做政務官的話，恐怕仕途坎坷、難以出頭。

六、八字身弱，傷官透天干，而且無印星，表示為人感情不定，流於情緒化，讓人覺得喜怒無常，身體非常的虛弱，女命會有紅顏薄命的感慨。

七、八字身弱，求學的期間弱遭遇食傷大運，就不喜歡唸書，無心專研學問，反而喜歡遊玩，不然就是家境貧窮，因為食傷會生財，身弱生財者表示貧困。

八、八字身弱，食神、傷官表示愛慕虛榮，愛爭取表現，不能夠保守秘密，又容易好管閒事，讓人覺得三姑六婆。

九、八字身弱，食神、傷官表示恃才傲物，言行舉止無分寸，容易得罪他人，只喜歡接近美好事物，卻不愛人家來批評，否則脾氣會馬上爆發。

十、八字身弱，傷官比食神更加傲慢，更放任，更多不正經的念頭，而且會帶有霸氣，古書上說：「傷官見官、為禍百般。」容易招惹是非麻煩，甚至官司訴訟。

十一、傷官就好像脫韁野馬，沒有人可以管得住，正官卻剛好相反，屬於正經八百的管教，所以兩者相見的話，當然會引發衝突，傷官會反抗正官，因為這樣的緣故，所以容易引發糾紛、招惹是非，所以正官、傷官越貼近日主的人，一生當中難得安分守己不出聲，除非兩者力量懸殊，有一面倒的現象，才能夠免於爭訟，但若歲運遭遇傷官或正官運，那麼還是會產生不利，無論身強或身弱，傷官見官都不是好事，身弱當然就更差。

十二、八字身弱，有傷官見官，或食神、七殺透天干，通常會自以爲是，認爲聰明可用，所以往往叛逆，容易得罪人，而且傷官有霸氣，殺氣有破壞力，這種容易變成地痞流氓，或是貪贓枉法之徒，喜歡走偏門，鑽法律漏洞，所以一生不得安寧，是非不斷、官司纏身。

十三、八字身弱，食神、傷官會帶來不當的念頭，特別是食傷混雜，情況更加的嚴重，喜歡酒色財氣、吃喝嫖賭。

十四、八字身弱，傷官力量強，若是走財運的話，容易貪贓枉法、見利忘義，變成作姦犯科的人，失意的時候，就會生活放蕩，沉迷酒色，自我戕害。

十五、八字身弱，食神力量強，表示才疏學淺，沒有眞材實料，必須要有印星透干，以及行印運來輔佐日主，增加知識吸收，腳踏實地，因爲印星能剋制食神的好高騖遠，對事業反而有正面作用。

十六、八字身弱，食神、傷官代表小聰明，或中看不重用，做起事情來，常常貪圖小利，所以因小失大，幫人家出主意都是錯誤的，而且會招惹上麻煩。

十七、八字身強透比劫、食傷地支會成比劫局，強比生食傷，爲人大智若愚，若是八字身弱的話，透比劫、食傷，地支會成食傷局，強傷洩比劫，爲人看似聰明，其實內心愚笨。

十八、八字身弱，傷官傷盡，表示個性孤僻、任性、狂傲，不知道天高地厚，以爲自己很聰明，所以常遊走法律邊緣，一生多口舌是非、官司訴訟，若行大運順暢的話，就可以從事武職。

十九、八字身弱，食神、傷官混透天干，干支無合去留，表示爲人心思不定，容易焦躁不安，喜歡奪取不當利益，常因此損人不利己。

二十、八字身弱，食神、傷官混透天干，而且無印星壓制，則食傷星越強，身體就越虛弱，什麼事也不能做，若走財運的話，容易自甘墮落、沉迷酒色，朽木不可雕也，若行官殺運的話，就可能有牢獄之災。

二十一、八字身強，印星、傷星同透天干，就不適合再走食傷大運，因爲食傷一到的話，會因爲名譽而遭人嫉妒，會有小人暗算，最好是走比劫大運，用來當食傷的通關，身強不喜歡自黨，身強要用比劫，是不得已的情況，若走比劫大運的話，反而會更窮困，不過可以平安，總勝過因爲出名而遭人陷害。

參、八字身強，食神、傷官看事業

一、八字身強，食神、傷官爲喜神，喜歡自由自在，不愛受到拘束，所以很適合自由業，工作比較有彈性。

二、八字身強，食神、傷官透干通根，表示力量很強，若是食神屬性，適合官員、建築、學者、詩人、藝術家、神職人員，宗教人員，若是傷官屬性，則適合新聞、政治家、革命家、探險家、特務人員。

三、八字身強，食神、傷官同透天干，表示能開創事業，名利雙收。

四、八字身強，食傷、官殺、財星齊透天干，表示財富、權勢、名利雙收，是大富大貴的格局。

五、八字身強，食神、財星同透天干，恐怕就難掩光輝，功名有希望，非常有成就，可藉此引進富貴。

六、八字身強，正官、傷官同透天干，而且無財星，表示事業多阻礙困擾，容易有是非糾紛，甚至於官司訴訟。

七、八字身強，食神、七殺同透天干，就必須看食神強或是七殺強，若食神強七殺弱的話，反抗性就強，好勝心也強，是喜歡利用權威的人，若七殺強食神弱，表示做事情謹慎，容易躊躇不前，又行印運的話，會引起回剋，官非血傷。

八、八字身強，傷官透天干而無財星，人雖然乖巧，但是做事容易白忙一場，收穫不如預期，即使行歲運幫助，也賺不到什麼錢。

九、八字身強，傷官、偏財不透天干，爲人呆滯愚笨，不屬於上流社會的人。

十、八字身強，食神、傷官透干通根，表示見識不凡，屬於高級知識分子，但若是食傷坐印星，又行印運的話，反而受到剋制，學業表現不理想，畢業恐怕有困難。

十一、八字身強，又走食神、傷官大運，很適合學業唸書，對考試有利，容易金榜題名，若晚年才走食傷，表示大器完成、文章顯達。

十二、對日主來說，印星、比劫星屬於自黨，財星、官殺星爲異黨，食傷夾在中間，有過渡和除舊佈新的意味，若身強又大運順暢，由劫財運走到傷官運，勢必精神奮發，事業有成就，凡事懂得創新，非常的有想法。

十三、八字身強，食神、傷官同透天干，若做官的話，行事會公私不分，政令繁亂，引起人家的不滿，做事情也粗心大意，沒有實際的效果可言。這時候若有其他星來合，合其中一個，留另一個，頭腦就會清醒起來，做事情就能果斷。

十四、古書上說：「傷多翰林、食多武職。」意思是指，若八字身強，傷官透干通根，那麼適合文藝工作，屬於高級知識分子，若食神透干通根，適合武職，例如軍警之類的。

十五、八字身強，食神、傷官透天干，大運又走印運的話，會聰明一世、糊塗一時，需要預防招惹麻煩，盡量不要為人擔保，否則名譽信用將受損，若原格局透財的話，就可以化解。

十六、八字身強，傷官傷盡的話，若是無財星，歲運走到比劫運，雖然平安無事，但卻兩袖清風，屬於貧貴。

肆、八字身弱、食神、傷官看事業

一、八字身弱，食神、傷官同為忌神，更喜歡自由自在，不受他人管束，但行為放蕩，不知好歹，最後一定會吃虧，闖進荊棘堆中。

二、八字身弱，比劫就不會多，比劫弱則無力生食傷，所以才華就有限，等於無源的水，是流不久的，基礎相當的薄弱，若再行食傷大運，就變成不自量力，喜歡表現自己，但等於自曝其短，讓人家覺得厭惡，人際關係差，其他方面就跟著差。

三、八字身弱，食神、傷官透天干，行比劫運的時候，表示屬於開創時期，因為身弱則食傷表示空想，沒有實現的可能，但走比劫大運時，身弱的比劫星就代表財富，既然有了錢，計畫就敢去實現。

四、八字身弱，傷官、財星同透天干，表示貧賤的困境。

五、八字身弱，食神、傷官爲忌神，所以想的點子、出的主意，都是不好而負面的，若再走食傷大運，傷官耗比劫，用錢就會浪費，投資錯誤，若大運順行走財運時，就會全軍覆沒、一無所有。

六、八字身弱，傷官力量強的話，像是傷官透印格，最好是再走印運，就可以制住傷官的傲氣，印透則表示會收斂，大運逢印運，印主人際關係佳，能跟大家打成一片，便可以化敵爲友，廣結善緣。

七、八字身弱，官星透天干而無財星，若歲運遭遇食傷運，倒不如自動退隱，否則必遭受革職處分。

八、八字身弱，食神、傷官秉令，天干無財星，只有透食傷、官殺，行大運若透官的話，傷官見官，會產生禍端，易使名譽、權力落空。

九、八字身弱，傷官、財星同透天干，沒有官、印、劫，即使行印運，因印被財剋制，也沒辦法富貴發達，僅能溫飽糊口而已。

十、日主中和偏弱，即使比劫還有根，不過食傷更強，這種人還有點聰明，學術上有可能有所成就，不過事業上不太會成功，因爲太過於清高，不肯和人家同流，所以才華不受人肯定，就像很多藝術家一樣，生前作品乏人問津，死後卻身價百倍，並非作品不值錢，而是不肯放下身段的緣故。

十一、八字正官、傷官或七殺、食神有同透天干的話，無論是身強或身弱，原格局傷官相鄰爲大忌，有分隔爲小忌，表示養虎爲患，若大運走官傷並透，那麼將引發衝突，禍端不斷。

伍、八字身強，食神、傷官看六親

一、八字身強，食神、傷官爲喜神，女命表示子女好，男命則是晚輩好，因爲食傷能增加榮譽，能獲得他人的尊重，也就是才華受到肯定，就能夠立於不敗之地。

二、八字身強，食神、傷官也能生財，所以男命身旺傷食多者，都會容易多情，這種情官殺強的人不同，男命官殺強代表性慾強，生殖能力強，但男命食傷強代表浪漫情懷，是出自對女性的愛慕，屬於柏拉圖式的精神戀愛，較不重肉慾。

三、男命八字身強又多合，傷官、偏財同透天干，傷官任性、透偏財有錢，就容易用金錢去搞男女關係，所以桃花衆多。

四、女命八字身強，正官、傷官、正財同透天干，傷官生財、財生官旺，表示能幫夫發達，食神生偏財者，子女孝順，若食神、偏財爲時柱，子星在位，則晚年運又行食傷大運，運勢就更加吉祥。

五、女命八字身強，食傷強、官殺弱，而無財或印護官的話，丈夫事業無成，體弱多病，大運見到財星，運內可以享夫福，行運過去，福分則消失。

六、男命八字身強，食神做日支，妻子體態豐腴，婚後發胖，傷做日支，妻子體態輕盈，婚後消瘦。

七、女命食傷代表兒女，如果食傷入墓的話，即使爲喜神也無濟於事，就是對子女很照顧、付出很多，但卻得不到回報。

八、女命八字身強，傷官透天干而無官星，屬於二乃偏房，若八字見多合者，則爲名娼暗妓。

九、女命八字身強，食神、傷官秉令，傷官、偏財同透天干，而偏財通根有力，則善於計算買賣，事業心旺盛，在交際應酬上，花錢揮霍，容易冷落妻子而尋花問柳。

十、八字身強或身弱，女命在戀愛期間，逢食傷干支同氣的年份，會出現兩種情況，一種是戀愛失敗，彼此分手，另一種是先上車後補票，也就是婚前性行爲，而且突然懷孕，不得不趕快結婚，奉兒女之命結婚，但大多欠缺深思熟慮，將來往往會離婚。

十一、女命八字身強，食神、傷官同居時柱，子女賢孝，晚年行食傷大運，就可以得到子女奉養，男命則表示晚輩好。

陸、八字身弱，食神、傷官看六親

一、八字身弱，食神、傷官同爲忌神，所以食傷秉令，或食傷坐日支，或正官、傷官爲鄰，女命表示子女惡劣，男命則晚輩無能或部屬不好。

二、不分男女，八字身弱，食神、傷官出現在年月日柱，表示出身低微，父母在社會上沒沒無聞。

三、女命八字身弱，傷官強而坐日支，婚姻不太幸福。

四、女命八字身弱，傷官強而坐時支，表示子女難教養或有嚴重代溝。

五、女命八字身弱，傷官過強的話，表示個性高傲，不好接近，擺出一副臭架子，令人望而卻步，所以身弱傷官重的女子，常常會嫁不出去，即使大運遇到天地鴛鴦合，勉強嫁出去，婚後遭遇食傷運，就會脾氣發飆、不可理喻，讓丈夫受不了而離婚。

六、八字身強，傷官又強，表示心高氣傲，不想與庸人爲伍，但若八字身弱，傷官又強的話，則不是很聰明，但一樣是很驕縱自負。女命成年後，若行官運大運，就會產生結婚的念頭，但由於身弱官爲忌神，找來找去的結果，卻沒有理想的對象，不得已找一個勉強結婚，卻是不幸福的婚姻，如同一朵鮮花插在牛糞上，大多數的下場都不好，浪費青春光陰而已。

七、八字身弱，食傷強而無財護官，所以一定會剋官殺，表示男命無子女，女命也嫁不出去，也表示沒有子女。

八、女命八字身強或身弱，天干沒有食傷的話，或地支食傷入墓，都表示沒有子女。

九、八字身弱，財、官不透天干，只透劫財、傷官的話，男命表示子女不佳，女命則表示丈夫短命。若女命食傷混透，則一生操勞，爲子女拖累。

十、女命八字身弱，傷官過強而無印，大運遭遇官運，或是日支合化作官，表示所愛非人，若原格局天干透印，大運逢官，就可以享受夫福。

十一、女命八字身弱，食神、傷官透天干，晚年要行比劫大運，才能受到子女的奉養與尊重。

十二、男命八字身弱無印，食神、傷官同居時柱，表示子女少或無子女，因爲食傷剋官殺，子女星被剋也。

十三、男命八字身弱，若食傷過多而不能入從格的話，通常表示壽命短，因爲洩太多的緣故。

十四、八字身弱，傷官傷盡的話，會做白日夢，但通常不能實現，女命婚姻不美滿，經常會發牢騷。

十五、八字身弱，比肩、傷官、正官同透天干，若是女命的話，比肩透主富貴，比又生傷表示聰明，可惜傷官來剋正官，婚姻不是很理想。

柒、八字身強，食神、傷官看健康

一、八字身強，食神、傷官、正財、偏財同透天干，表示身體健康，精力旺盛，心情愉快，沒有煩惱。

二、八字身強，食神透天干的話，表示愛吃肉類，透傷官者愛吃素。

三、八字身弱，食神、傷官同透天干，愛亂吃零食，不太會挑嘴。

四、八字身強，食神、傷官透天干而無印，表示身體健康、聰明伶俐，大運又若印運強，就無法安享天年。

捌、八字身弱，食神、傷官看健康

一、八字身弱，食傷過強的話，日主洩氣太過，大多體弱多病，若運再行食傷運，精神萎靡，無法振作，若大運走傷官、正財並透者，則情況更加的明顯。

二、八字身弱，食神、傷官能制官殺，保護日主，但是會洩日主，所以食傷就好像雇傭，一方面不許盜賊（官殺）來害日主，一方面會剋洩日主的元氣，因爲日主要供養雇傭，所以會付出代價，也就是破財。若食傷弱官殺強，根本剋制不了官殺，將會引發爭亂，若食傷強官殺弱，會因此而耗盡財富，所以身弱傷旺者，通常會體弱多病。

三、八字身弱，食神、七殺爭強，無印來生日主，表示想奮發圖強卻力不從心，就好像古人說的「天嫉英才」，越是奮發圖強，剋洩也越厲害，很快就會壽命終了。

四、八字身弱，食神透天干，自然會想吃東西，但吃了又消化不了，不是脂肪累積太多而過胖，就是消化不良而消瘦。

五、八字身弱而食神強，但有印貼近日主，表示身體健康、消化良好。

六、八字身弱，食神、傷官秉令，地支成食傷局，天干透印星，若印星虛浮無力，傷局生財，弱印難敵，必然被洩耗殆盡，多半爲殘廢之人，大運又走財運，恐怕因此夭折。

七、男命八字身弱多合，傷官強而生偏財，表示桃花重、性慾強，大運又走財運，逢刑沖的話，會罹患慢性疾病，主要是窮困但又愛召妓，會因色情招惹災禍。

邁向八字大師之路的第二十一天

第二十一天主要是學習根據不同日主，但都是正財星、偏財星秉令時，配合八字格局的強弱，來分析判斷運勢起伏，並藉由不同變通星搭配組合，仔細分析個性、事業、六親、健康等項目，讓你能夠一目了然，清楚知道運勢吉凶好壞。

壹、八字身強，正財、偏財秉令

二十四組秉令對照表

日主	月份	干藏	日主	月份	干藏
甲日主	辰月	偏財、劫財、正印	甲日主	未月	正財、傷官、劫財
甲日主	戌月	偏財、正官、傷官	甲日主	丑月	正財、正印、正官
乙日主	辰月	正財、比肩、偏印	乙日主	未月	偏財、食神、比肩
乙日主	戌月	正財、七殺、食神	乙日主	丑月	偏財、偏印、七殺
丙日主	申月	偏財、七殺、食神	丙日主	酉月	正財
丁日主	申月	正財、正官、傷官	丁日主	酉月	偏財

日主	月份	干藏	日主	月份	干藏
戊日主	亥月	偏財、七殺	戊日主	子月	正財
己日主	亥月	正財、正官	己日主	子月	偏財
庚日主	寅月	偏財、七殺、偏印	庚日主	卯月	正財
辛日主	寅月	正財、正官、正財	辛日主	卯月	偏財
壬日主	己月	偏財、正官、正印	壬日主	午月	正財、正官
癸日主	己月	正財、正官、正印	癸日主	午月	偏財、七殺

一、正財代表薪水、田宅、經常性或固定性收入，像是不動產或是用勞力賺回的財富，身旺透財，精打細算，會懂得愛惜財物，節儉持家，甚至於吝嗇小氣，也因此累積更多的財富。

二、偏財代表不固定資產，容易得來的錢，喜歡投機買賣，像是炒作股票，囤積貨物，賭博、走私，收取餽贈，或是回扣等等。

三、八字身強用財，通常節儉、謹慎，不會衝動行事，爲人獨善其身，不愛招惹是非，不喜歡投機取巧，不敢作姦犯科，因爲君子愛財，取之有道也。

四、八字身強，偏財透干，表示精力旺盛，性情急躁，沒辦法靜下來，做事情速戰速決，不會拖泥帶水，喜歡出奇致勝，往往巧取豪奪。

五、財星代表慾望，包含物質（物慾）與精神（情慾），男命偏才旺，情慾特別強，但正財太多的話，就做偏財來看。

六、八字身強，食神旺盛，食神會生財，表示爲人喜歡口腹之慾。

七、凡是偏星都會帶一點霸氣，身旺偏財，若賭博的話，通常會放手豪賭，仗著自己有錢。

八、八字身強，偏財、七殺都透干，有時候會仗勢欺人。而財星入墓的話，表示心胸狹窄，很多事情都想不開。

九、八字身強，日主有根，正財也有根的人，喜歡過安定的生活，不喜歡到處奔波辛勞，除非必要，否則不會離開國內到國外發展。

十、八字身強，偏財旺盛的話，喜歡往外發展，即使生活很安定，也想要嘗試新奇生活，所以往往會選擇移民，到海外去發展前途。

貳、八字身弱，正財、偏財秉令

一、八字身弱，正財、偏財秉令，正財表示貧窮，正財透干通根，財星越旺就越窮困，所以相對的會簡樸、謹愼、怕事、小氣，社交人際無法開展，即使再走到財運，貧窮的問題也只會擴大。

二、八字身弱，正財、偏財秉令，偏財也代表貧窮，喜歡從事投機事業，若偏財透干通根，會無所不用其極，想要擺脫貧窮，若再走偏財運，一定會逢賭必輸，投機失敗，無法翻身，所以不適合從商買賣。

三、八字身弱，正財、偏財秉令，傷官星表示不正當的想法，傷官、財星透干，表示陰謀壞事，若再行食傷大運，恐怕情況更不理想。

四、八字身弱，偏財表示喜歡賭博，經常不顧後果，甚至於虧空公款。

五、八字身強，偏財、七殺透干，有時候會冒險投機，從事非法的勾當，因此而惹上官司，甚至於有牢獄之災。

六、八字身弱，偏財旺盛的話，男命家貧又多情，喜歡接近酒色，花費金錢，但常常借錢養債，最後卻無力償還，出現跑路的情況，躲避債主上門。所以財多身弱，通常會選擇搬家移民，是為了逃避現實，若是財殺並旺，就有可能犯法逃亡，或是四處漂泊，有家歸不得也。

參、八字身強，正財、偏財看事業

一、八字身強，正財、偏財代表錢財旺盛，若原格局財星透干通根，一定是富貴發達，歲運走到財運，就會財源滾滾。

二、八字身強，喜歡財星出現，但是財星不適合孤露，必須是傷官、正財，或正財、正官同時透干，否則劫運一到，眼前煮熟的鴨子就會飛走，沒有利益可言，嚴重的話，會破局身亡，若行印運的話，雖然才可破印，但印強財弱，再見弱財，恐怕貧窮難免。

三、八字身強，偏財透天干的話，喜歡財富但不重視財富，會賺錢但不會理財，有浪費的傾向。

四、八字身強，正財透干通根，最適合從事商業，若財星孤露的話，就不適合與人合夥做生意。

五、八字身強，正財、偏財秉令，忌神來合財星，例如乙日主，戊土被癸水合化，若能夠化成財，則表示鹹魚翻身，原本虧本的生意，突然就好轉過來，或投資股票被套牢，一下子就解套回本。

六、八字身強無財星，比肩、劫財同透天干的話，走到財運的時候，就會被比劫圍攻，財來就破財，甚至於有財物糾紛。

七、八字身強，地支都是比劫星、印星，天干都是財星，這樣不是說很好，因為天干財星孤露，就叫做喜神孤露，只要大運遭遇比劫，因爲根強的緣故，可以把三個財剋盡。

八、八字身強，財星衰弱，若沒有財運的話，就是貧窮處境，一天到晚爲生活奔波，但僅僅能糊口，錢財得來不易。

九、八字身強，財星入墓，除非大運財星透干，變成出墓的情況，否則一生將窮困潦倒。

十、「身強用財」與「身弱用印」的差別，身弱逢印，表示有貴人扶持，雖然表示吉祥，但因爲受人庇蔭，自然要讓人幾分，不過不怕風浪，可以安心過日子。身強用財，表示自己辛苦創業，打造理想事業，所以會感到自豪，不過會顯得辛勞。

十一、八字身強無財星，即使行食傷運，也只能抒發感慨，沒有實際作爲，就像窮酸的書生。

十二、八字身強，印星不透，傷官、正財、正官都透干，表示家財萬貫，大富大貴的格局。

十三、八字身強，財星透干無通根，歲運天干見財，只是小康而已。

十四、八字身強，財旺能生官，財權在握，表示能運用金錢，替自己增加社會地位。

十五、八字身強，傷官、正財同透天干，還必須走食傷大運，才能夠名利雙全。

肆、八字身弱，正財、偏財看事業

一、八字身弱財多的人，通常物慾會較重，但因爲體力有限，或是沒有才能，所以工作非常辛苦，卻賺不到什麼錢，有志大才疏的現象，沒有辦法成大器。

二、八字身弱，正財孤露的人，通常是老謀深算，比較喜歡計較，爲人吝嗇小氣，人際關係因此不佳，所以無法開創局面。

三、八字身弱財又多的人，不適合經商，若自己借錢做生意，最後會因此而賠本，欠下大筆的債務。

四、八字身弱，財多印少的情況，只能做平常人，不能成爲大人物，即使行比劫運，有劫財來護印，不怕被財剋，最多只算是中上人物，而且大運過後就終止，除非會比劫局大運外，否則很難發達富貴。

五、八字身弱，應該從而不從，自黨一定很少，就算有喜神印星、劫財星幫助，也不能發揮很大作用，走到比劫運，喜神力量薄弱，以弱劫財去剋強財，恐怕適得其反，走到印運的話，一定會被財所剋，會有身亡的危險。

六、八字命局當中，不管身強或身弱，最好是劫財星與財星能夠平衡，這樣賺錢不會太辛苦，爲人能安居樂業，不會有非分之想，一生能平安順遂。

七、八字身弱，走偏財運的話，就會無端的破財，會借錢去做生意，或是花費享受，甚至於去賭博，最後往往負債。

八、八字身弱，財星不透干而隱藏，印星卻孤露在外，大運若逢財星透干的話，就叫做「貪財壞印」，有可能貪贓枉法，因財而惹禍，男命則可能因桃色敗壞名譽。

九、八字身弱，財星秉令，財星、印星都透天干的話，大運走劫財運的話，勝過大運走印運，因爲財星根強而印星虛浮，若行印運的話，以弱制強只會出問題，若行劫財運的話，印星會受到保護，就能夠制住財星，而不會發生問題。

伍、八字身強、正財、偏財看六親

一、男命來說，正財就代表妻子，正財必定合陽日主，又爲我剋之星，即願意爲我犧牲、爲我操勞、爲我服務的意思，而且是眞心眞意的親密伴侶。

二、八字身強無財星，或是正財入墓的話，表示與妻子緣薄，男命偏財代表異性緣，在古代算是偏房的妾，身強而只有正財而無偏財，反而比較專一，不能說與妾緣薄。

三、偏財也代表父親，身強無偏財，或是偏財入墓，表示與父親緣薄，無論男命、女命都是一樣。

四、八字身強，財星透於天干，表示爲人吝嗇，喜歡自掃門前雪，尤其是發達了之後，更不喜歡與人親近，最好是大家保持距離，因爲怕對方向自己借錢，所以與人比較疏遠。

五、八字身強，偏財星透干通根，表示爲人慷慨，豪爽圓滑，所以人緣非常好，男命的話，異性緣則更好。

六、八字身強，財星居月柱，不被沖剋的話，第一柱大運也是喜神，表示生長於富貴之家。

七、男命八字身強，格局正財合陽日主，表示夫婦情深，歲運財合日主，表示姻緣到來，即使不化，也是財來合我，妻子多半是賢內助，若是有化的話，就要看喜忌來決定吉凶。

八、女命八字身強，傷官、正財都透於天干，是女強人的代表，經濟上不需要依賴丈夫，能夠獨立自主，若是透財、官，而財強官弱的話，就表示能資助丈夫而發達，掌握主導權。

九、男命八字身強，正財、偏財混雜，表示本人桃花多，夫妻不和睦。若正財入墓的話，則表示家境貧窮，夫妻感情不佳，彼此緣分薄弱。

十、男命八字身強，陽日主必合正財，若原格局出現妒合，一生必定有一次以上的三角戀愛，時間應在大運是比星的流年內。

十一、男命八字身強，陰日主，比星不合財星，若原格局出現兩個比星夾財星，再行比肩運，表示貧賤夫妻百事哀，因爲太貧窮，妻子可能要求離去。

十二、男命八字身強，劫財星較重，比劫夾住財星，或夾日支財星，表示妻子賢慧，但是不長壽，或是長期體弱多病。

十三、男命八字身強，偏印來合財、比、官，例如己日主，丁印、壬財合成木官，這樣就表示錢財損失，若天干只有一顆星被合去，則化成官星變爲喜神，這樣反倒是「有錢能使鬼推磨」，小人也會爲我所用。

十四、男命八字身強，財合日主化比，例如庚日主，大運走乙財來合，化成比肩，男命表示戀愛成功，但是因此而破財，有人因爲結婚而負債，或是成家立業而增加負擔，一結婚就要窮困，家庭氣氛當然不歡樂。

十五、男命八字身強，財合日主化成食神，例如壬日主，大運走丁財來合，化成食神，表示名譽變動，像是跟富家女結婚，而上了社會新聞，或是捐了一筆錢，因此而出名，受人敬重，若原格局傷、財都透於天干，說不定出名之後，反而能因此賺錢。

十六、男命八字身強，財星不多，歲運若財星弱日支逢沖剋，將會因此剋妻。

十七、男命八字身強，財星爲喜神，若財坐財上，或財坐傷官上，表示妻子富貴多助，是富貴人家的子女，但是脾氣會較剛烈。

十八、男命八字身強，正財、偏財混雜，若正財坐日支，表示大老婆掌權，偏財坐日支，表示小老婆得寵。

十九、女命八字身強，財星旺而生官星，表示妻子比丈夫強，能幫夫蔭夫，但會有奪夫權的現象。

二十、八字原格局偏財、正印均有根，彼此又不相鄰，所以沒有刑剋，父母親都能長壽。

二十一、八字身強，偏財為喜神，若逢沖剋的話，表示父親慈祥但不長壽。

二十二、八字身強財旺，劫財也旺的話，男命異性緣非常好，但往往有戲劇性或是悲歡離合的感情。

二十三、男命身強財旺，正財藏支不透天干，偏財卻透天干，沒有官星來管，表示會公開納妾，有享齊人之福的情況。

二十四、女命八字身強，官星又坐財星，表示能相夫教子，擴展門面。

二十五、八字日支與時支暗合為財星，男命必定有婚外情，像庚日主，日支為午，時支為亥，就是丁亥暗合為財星，男命會金屋藏嬌，女命若暗藏官星，也會有類似情況。

二十六、男命身強財旺，而且不見混雜，表示妻子賢能美麗，若又剛好在日支的話，則能帶來財富。

陸、八字身弱、正財、偏財看六親

一、男命八字身弱，財星又強的話，若是居月柱，不被沖剋，第一柱大運也是忌神，必定是出身貧窮。

二、男命八字財星代表妻子，古書說，男命身弱財強，妻子家中管事，也就是男人出外賺錢不多，回到家裡自然就不敢大小聲要求，會順從另一半的指示。

三、男命八字身弱財強，若見官殺貼臨日主，財生殺而剋日主，或是被強官管住，自然是怕老婆的命格。

四、男命八字身弱，財、印相鄰，財強印弱的話，婆媳就會不和，母親會比較吃虧。

五、男命八字身弱，財做日支，即是妻宮為忌神，妻子個性頑劣，或有不良嗜好，或體弱多病，讓自己操心。

六、男命八字身弱，干支都見正財、偏財混雜，也就是貪戀女色，而且因此惹禍上身。

七、男命八字身弱，陽日主，身弱若有兩財妒合日主，一生必定有一次三角戀愛，而且會因此惹禍。

八、男命八字身弱，陽日主，身弱若年干坐比肩，與日主爭合月干支財，表示父親再婚，母親再嫁。自己也會與人爭女人。

九、男命八字身弱，陽日主，身弱又財合化日主為財星，像甲日主，歲運己財來合化成財，表示姻緣到來，但會因此而破財，像是借錢擺酒宴等等。

十、男命八字身弱，陽日主，身弱又財合日主為官殺，天干無印星保護，像丙日主，歲運辛財來合，表示姻緣到來，但會因此犯口舌官非，若天干有印，反而算是吉祥。

十一、男命八字身弱，陽日主，身弱又財合日主為印星，像戊日主，歲運癸財來合，表示姻緣到來，而且貴人多助，過程進行順利，心情相當愉快。

十二、男命八字身弱，陽日主，身弱又財來合日主為比劫星，像庚日主，歲運乙財來合，表示姻緣到來，可以娶到妻子，因此帶進財富。

十三、男命八字身弱，陽日主，身弱又財來合日主為食傷星，像壬日主，歲運丁財來合，表示姻緣到來，但恐怕因此身敗名裂，被妻子給拖累。

十四、男命八字無論身強或身弱，若財星入墓的話，一定是刑剋妻子。

十五、八字身弱財多，大運最忌遇見官殺，男命表示丟官失職，前途波折阻礙，或是因財務糾紛而吃上官司，女命則表示因貧窮而失去貞節，受到異性或是色狼的欺負。

十六、八字偏財代表父親，偏財為我剋的關係，也就是兒子出世，就會分薄父親的財產，兒子逐漸長大，父親接近老邁，最後兒子繼承父親的一切，所以兩代之間總有代溝，只是問題或多或少而已。

十七、八字身弱財多，幼年行財運的話，表示家徒四壁，跟母親緣分薄弱，或是母親離家出走。

十八、八字身弱，日主合財化財，或日支合財化財，或日支合歲運成財局，男命表示姻緣到來，但要看身強或身弱才能決定吉凶。

十九、八字身弱走比劫運會發達，但是會因此剋父，或是因父親過世而取得一筆遺產。

柒、八字身強、正財、偏財看健康

一、八字身強，食神、財星旺盛，身強所以能用食生財，喜歡口腹之慾，很容易發胖。

二、八字身強，卻無官殺，財星破印星，表示身強體健、心情愉快，歲運應逢財透干，就能升官發財，遭遇貴人提拔，如同久旱逢甘霖。

三、八字身強，財官太弱，除非一直行異黨運，否則將貧苦而長壽。

四、財星秉令，若財星透於天干，多半是屬於身弱，若見到印、劫成群，又透干通根，由身弱轉旺，轉旺後以財星爲喜神，若是孤露的話，也不見得是吉祥，因爲財運一到，便被印、劫剋洩，破財事小，恐怕破局而生命危險。

捌、八字身弱、正財、偏財看健康

一、八字身弱，財星爲洩我之物，表示耗費我的體力，因爲耗費體力才能夠換得金錢，所以身弱財越多，就要越拼命賺錢，則身心越疲憊，最後將體力不支，罹患疾病而病倒。

二、八字身弱，卻無官殺，財星破印星，則將百病纏身。

三、身弱比劫弱，財官又旺，貧苦而夭壽，若殺星強盛，要注意交通事故或官司訴訟。

四、八字身弱，財又旺盛，大運多財運者，恐怕會因此短壽，因爲身體耗洩虛弱，又加上性慾強烈的緣故。

邁向八字大師之路的第二十二天

第二十二天主要是學習根據不同日主，但都是正官星、七殺星秉令時，配合八字格局的強弱，來分析判斷運勢起伏，並藉由不同變通星搭配組合，仔細分析個性、事業、六親、健康等項目，讓你能夠一目了然，清楚知道運勢吉凶好壞。

壹、八字身強，正官、七殺秉令

二十四組秉令對照表

日主	月份	干藏	日主	月份	干藏
甲日主	申月	七殺、偏印、偏財	甲日主	酉月	正官
乙日主	申月	正官、正印、正財	乙日主	酉月	七殺
丙日主	亥月	七殺、偏印	丙日主	子月	正官
丁日主	亥月	正官、正印	丁日主	子月	七殺
戊日主	寅月	七殺、偏印、比肩	戊日主	卯月	正官
己日主	寅月	正官、正印、劫財	己日主	卯月	七殺

日主	月份	干藏	日主	月份	干藏
庚日主	巳月	七殺、偏印、比肩	庚日主	午月	正官、正印
辛日主	巳月	正官、正印、劫財	辛日主	午月	七殺、偏印
壬日主	辰月	七殺、傷官、劫財	壬日主	丑月	正官、正財、傷官
壬日主	戌月	七殺、正印、正財	壬日主	未月	正官、劫財、正印
癸日主	辰月	正官、食神、比肩	癸日主	丑月	七殺、偏財、食神
癸日主	戌月	正官、偏印、偏財	癸日主	未月	七殺、比肩、偏印

一、正官爲剋我之物，陽見陰、陰見陽爲正官，陰陽相合，異性相吸，所以陰日主不怕正官來剋，反而與正官來合。

二、七殺也是剋我之物，陽見陽、陰見陰，因爲同性相拒，所以日主會拒七殺，怕七殺來剋。

三、八字身強，無印透於天干，正官代表正直、公平、負責、守紀律，傳統守舊，做事情穩重成熟，喜歡尋求固定模式，不會想要投機取巧，特別是做了官之後，更是怕人家批評、社會輿論，因此不求有功、但求無過，生活平靜不變。

四、八字身強，無印透天干，七殺代表忠誠，個性急躁、講話直接，喜歡冒險犯難，愛與人爭，多權謀策略，愛反抗叛逆，帶有霸氣，掌握權力，通常會見義勇為，幫助弱小，所以得到他人敬畏。

五、八字身強，有正官而無七殺，做事情光明正大，頗有君子之風，若是官殺混雜，即使是喜神，做事情也會陽奉陰違、操弄權術。

六、八字身強，正官為喜神，表示愛惜名譽，擁有領導才能，工作能力不錯，若大運順暢，年輕時在家盡孝，晚年有長者之風，受人尊敬。

七、八字身強，官殺為喜神，正官露、七殺藏，外表斯文有禮，內心野心勃勃，若是七殺藏、正官露，表示有俠義心腸，豪邁作風粗中有細。

八、官殺有三個功能，第一、官殺能生助印星，所以身強有印，官殺反倒成為忌神，若是身弱有印，官殺則為喜神，所以有逢殺看印的說法。第二、官殺能洩財星之氣，所以身強有財無印，官殺就是喜神，若是身弱有財無印，官殺就是忌神。第三、官殺能剋制日主，或是剋制比劫星，所以身旺無印，官殺是喜神，若是身弱無印，官殺是忌神。

九、八字身強，殺代表勢力、權威、警惕、競爭能力。

十、八字身強無印殺又強，表示為人性情剛烈，好勝心強，勇敢果斷，不斷勇於挑戰，嫉惡如仇，喜歡鋤強扶弱，做事情言出必行，不善於偽裝客套，有領導的才能以及革命家的精神。

十一、八字身強，若偏印透於天干，又七殺強盛，沒有食神來剋制，表示反抗性強，冷酷偏激，做事衝動魯莽，有勇無謀，常因此而吃虧。

十二、八字身強，無偏印、無正財，比肩、食神、七殺透天干，做事情粗中有細，具有俠義心腸，歲運若好的話，是將軍之命，若歲運不佳的話，反成盜賊首領，但因爲無財的緣故，所以會接近宗教，遠離紅塵。

十三、八字身強，食神、偏財、七殺都透天干，表示溫文儒雅、瀟灑俐落，喜歡仗義勇爲，女性則爲巾幗英雄，女強人的格局。

十四、八字身強，殺星主動，身強殺透天干而無印，表示好大喜功，若再走殺運，就會主動去變動，將會離鄉背井，創業有成，若是殺、印都透天干，就闖不出名堂了，官殺混雜的話，也不能有所作爲。

十五、八字身強，正官透於天干，表示爲人正直，若同時透傷官，正官不肯向傷官低頭，表示性烈剛強，不爲五斗米折腰，不喜歡逢迎拍馬，所以表示仕途失意，升遷無望。

貳、八字身弱，正官、七殺秉令

一、八字身弱無印，正官代表管日主的人，或是欺負日主的人，身弱無印官又強，爲人膽小怕事，懦弱無能，做事情優柔寡斷，經常猶豫不決，這種人往往錯失機會，不能夠交付重責大任。

二、八字身弱無印，七殺代表叛逆衝動，個性主觀又偏激，喜歡跟人作對、唱反調，很難有眞心的朋友，就算有的話，也很容易反目成仇。

三、八字身弱，官殺混雜，脾氣比較暴躁，經常反覆不定，有違法犯紀的可能。

四、八字身弱，官殺爲忌神，正官露七殺藏，表面斯文有禮，其實壞在骨子裡，司馬昭之心，路人皆知也。

五、就一般八字而言，一個殺星就很足夠，不太會威脅日主，可以提高日主的抗壓性，也可以警惕日主，算是一種鞭策。但若透兩個殺星，則個性容易偏激，獨斷獨行，作風較爲叛逆。若有三個殺星透干通根，對日主造成威脅，長期壓迫的感覺下，日主做事會更加偏激，而且心狠手辣，想法帶有陰沉，容易因此犯錯，替自己招來禍端。

六、八字變通星當中，官殺是最凶的一種，所以八字身弱，不能夠用食傷來制衡，勉強制衡的話，反而會因此招惡發凶，所以傷官見官、食神制殺，身弱都是不可以用的。只能夠用印星來化解，化敵爲友，讓對方爲我所用。

七、八字身弱，官殺混雜透干，表示有不良習慣，例如酗酒好色、逞兇鬥狠。

八、八字身弱無印，食神制七殺太過，就好像趕狗入窮巷，七殺被逼得奮不顧身，反而做困獸之鬥，將因此產生很多災劫。

九、八字身弱無印，七殺旺盛透干，喜歡挑撥是非，往往不自量力，無端招惹麻煩。

十、八字身弱無印，七殺透於天干，無印就無斯文，若透印無殺，那就欠缺威風，殺印都透於天干，無論身強或身弱，都表示殺星主動。八字身弱，七殺透干而無印，則表示爲外界因素逼迫，爲了生活不得不動，屬於被動的性質，事業上離鄉背井、勞碌奔波，卻很難有成就，若是殺印都透干的話，表示出門會遇見貴人，受對方提拔而成功。

十一、八字身弱，殺星主動，大運若殺透無印，將會遠離家鄉，到外地去流浪，官殺混透的話，只能夠窮守鄉里，沒有什麼發展可言，無法順利遷移到外地。

參、八字身強，正官、七殺看事業

一、八字身強，官殺是好勝心強、征服性強的星，所以會想要做官，管理別人。

二、八字身強無印，官殺不被剋洩，正官透於天干的話，則適合從政當官，透七殺的話，則適合從事武職。

三、八字身強無印，官殺透干通根月令主氣，表示官位大，若日支官殺透干的話，也表示官位大。歲運會官殺局，天干透官不見殺，或透殺不見官的話，表示獲得的官位更大。

四、八字身強，官殺只通根於時支或年支，或是月令餘氣的話，官位就較小。

五、八字身強，官殺只通根年、月、時支的餘氣，僅僅是小職員，就算是喜神，但對前途幫助有限。

六、八字身強，官殺雖爲喜神，若只靠歲運透干，表示早年學業有成，中年能從政幾年，不過運過完就停止。

七、八字身強，官殺爲喜神，走運較早出現，表示異路功名，未必是高學歷，但會有專業知識，像是參加各種職業訓練班一樣。所謂行行出狀元，不一定有學位出身，才能夠被人認同。

八、八字身強，官殺爲喜神，但若透干混雜，只適合雜藝謀生，不是說很專精，社會地位有限。

九、八字身強，天干只有官殺，卻沒有財跟印，叫做獨殺當權，才智過人，若大運走財運，就能夠大富大貴，若是走官殺，雖然大權在握，但是發達不久，這是因爲官殺孤露的緣故，若見到食傷星、印星、比劫星的話，都會因此惹禍。

十、八字身強，論貴氣的話，就不一定要用官殺，用食傷也可以，但是食傷主名聲，官殺主權勢，不管身強或身弱，一定要透官殺，才可以掌握實權。

十一、八字身強，偏財生七殺，就表示會利用金錢去驅使他人做事，大多是財力雄厚、地位顯赫的人。

十二、八字身強無印，食神、七殺都透於天干，叫做「食神制殺格」，多半是軍警、法官、外科醫生等等職業，能掌握生殺大權，或是時運不濟的話，恐怕就會淪爲獵戶、屠夫。

十三、八字身弱無印，正官透干無七殺，或是七殺透干無正官，表示能夠當官，也可以握有實權。

十四、八字身強無印，官殺透干混雜，即使當了官，也會被攻擊，無法掌握實權，就是同事之間，互動會有摩擦，彼此互相制衡，因此難成大事。

肆、八字身弱、正官、七殺看事業

一、八字身弱無印，官殺爲忌神，表示缺乏主見，不適合從事軍政、法醫，最好是擔任職員，或從事製造業，或靠手工藝謀生。

二、八字身弱，最怕走官殺運，成績不佳、學歷不高，除非能走官印相生的歲運，才能有較高的學歷。

三、八字身弱，中年以後行正官、正印（七殺、偏印）相生的歲運，就能得到父母長輩的資助，如同「朝上有人好做官」的道理。

四、八字身弱，官印（殺印）透干，特別是緊貼日主，就好像買了保險一樣，使日主得到保護，同時也宣洩掉七殺的霸氣。

五、八字身弱，透官無印，求富貴而不可得，透印無官，官位不高顯。

六、八字身弱，喜歡劫財、印星、官星同時透於天干，表示財富、名譽、權力都完整具備。

七、八字身弱，除日主之外，正官、劫財、傷官同時透於天干，天干就成爲回剋的情況，若是再走食傷運，肯定多官司訴訟，多是非糾紛，甚至於有牢獄之災。

八、八字身弱，透殺無印，大運走比劫運，有人前來幫忙，看起來是好事，但朋友越幫越忙，越幫越無力，最後還可能因而被拖累，是假象的好。

九、八字身弱，天干只有官殺，或天干只有七殺，叫做「孤官無輔」，只有走印運，才能夠發達顯赫、掌握大權，但是富貴卻不長久。若大運見食傷運、財運、反而會受制於人，被人給欺負，因爲比劫敵不過官殺，無力反抗，恐怕有飛來橫禍。

十、八字身弱，傷官、正官透天干，表示是非糾紛、麻煩不斷，特別是官非。若是透食神、七殺的話，更是凶險，常被人欺壓，體弱多病，若又有沖刑現象，恐怕性命難保。

十一、八字無論身強或身弱，都忌諱官殺混透，只適合留一去一，不是合正官留七殺，就是合七殺留正官，但不能夠再用傷官來剋官，或是用食神制七殺，這樣反而會招惹禍端。

十二、八字身弱無印，若大運走官殺運，表示受制於人、被人欺負，原局若無食傷，忍讓一下，吃點小虧就沒事，或原局透食傷的話，必定會起而反抗，於是就會出現口舌是非、爭強鬥狠的事情，因此而吃上官司。

伍、八字身強，正官、七殺看六親

一、八字身強無印，官殺為喜神，代表師長好、長輩好、主管好，自己能擁有社會地位，男命則表示兒女好，宮位在時柱，女命則表示丈夫好，宮位在日支。

二、八字身強無印，官殺透於月干，表示出生官宦家庭，若有印透干的話，表示出生中下家庭。

三、女命身強無印，官殺無混雜，無食傷來剋，表示自己跟丈夫都貴氣，若有透印的話，官殺洩氣，丈夫條件不理想，中看不重用。

四、八字身強，官殺星帶有征服慾望，好勝心強烈，就會想要做官，男命想征服女人，所以財星入命，婚後性慾需求無度，很容易多生兒女。若是透印的話，洩官殺的氣，生殖力下降，兒女就不會多。

五、八字身強無印，若七殺若日支，叫做「天元坐殺」，表示配偶粗魯、個性急躁，但是心地還算善良。

六、八字身強無印，時干透官的話，男命可以得到優秀兒子。

七、男命身強，官殺混雜，子女雖然很多，但是恐怕會有夭折現象，或同時出現賢孝子與敗家子，有好也有壞的局面。

八、八字身強無印，偏財、七殺透於天干，一生多貴人幫忙，若大運走印運，貴人將突然消失，像是貴人移居，或移民海外，貴人事業失敗，遭受打擊等等，彼此關係將疏遠，會使自己失去依靠。

九、八字身強，女命傷官旺盛，卻無正官的話，又大運無官運，大多終身不嫁，若原局無官，日支見合的話，表示婚姻較遲，或爲他人繼室。

十、女命原局只有一個官星或殺星，若被大運食傷來剋，就有生離死別的事發生，特別是日支同時逢沖剋，那將更加準確。

十一、女命官殺爲夫星，但並非有官殺運才有姻緣，若遇到日柱天合地合，時柱天合地合等歲運，也會有姻緣到來。

十二、無論八字身強或身弱，原局官殺疊透有根的話，通常會說一官一夫、三官三夫，但實際上有幾段姻緣，還是要參看大運才知道。

十三、無論八字身強或身弱，原局傷官強而無正官，叫做「傷官傷盡」，可能終身不嫁，就算歲運走官殺運結婚，運過後也會因此而剋夫。

十四、女命官殺入墓，也沒有官殺大運，表示婚姻延遲，或婚後不幸福，有老夫少妻的情況。

十五、女命官殺入墓，大運見官殺透於天干，表示姻緣到來，但若運過後，又遇見食傷運的話，恐怕會因此剋夫。

陸、八字身弱，正官、七殺看六親

一、八字身弱無印，官殺是剋制我的，也代表官員、長輩，會來欺壓我、管教我，男命代表不好的兒女，宮位在時柱，女命代表不好的丈夫，宮位在日支。

二、八字身弱無印，官殺透於月干，表示出生環境差，或同時有透印，則出生環境較好。

三、女命八字身弱透印，官殺不混雜，又沒有食傷來剋，日支也無沖刑，表示丈夫條件好，替自己帶來貴氣，若無印的話，官殺會來剋日主，表示丈夫條件較差。

四、八字身弱，若殺坐日支的話，叫做「天元坐殺」，表示配偶粗魯，性情急躁，講話惡言相向，甚至會動手動腳。日支主氣勢七殺，但餘氣帶印的話，想凶惡都凶惡不了。

五、女命八字身弱無印，命局又不見官星，殺位居日支，表示初次戀愛會失敗，婚後家庭氣氛不和諧。

六、八字身弱，傷官、正財透於天干，不管男命、女命，若走印運的話，將會遇到貴人幫忙，但恐怕對方有心無力，只是說說而無實質助益。

七、女命八字身弱，以正官爲夫星，原局無官星，則以七殺爲夫星，若沒有正官、七殺的話，八字卻又多合，表示交往男友非常多，卻沒有一個是丈夫。

八、八字身弱無印，歲運走官運的話，只會受制於人，被人欺負，特別是有七殺的情況，若官殺混雜有根，則表示不只被一人欺負，而是被很多人欺負，尤其是女性被男人欺負，或是身體多病。

九、八字身弱無印，官殺代表被壓抑管教，若走官殺運的話，男命會被人給統治領導，女命會被男人欺凌，所以財星又入命，男人就因爲貧窮被欺壓，或是婚後家運衰敗，女命則是被男人欺負，若加上官殺混雜，透干通根，則有可能因此掉入火坑。

十、女命八字身弱無印，七殺旺盛，表示個性膽小，不敢自做主張，若走年又走七殺運，則會遭受色狼襲擊。

十一、女命八字身弱，官殺爲忌神，會很愛自己丈夫，但恐怕遇人不淑，對方有很多缺點，像是好吃懶惰、不事生產、抽煙酗酒、賭博等等，總之丈夫的條件較差。

十二、八字身弱無印，二官爭合日主，看起來追求者很多，但都不是理想對象。若是兩比星爭合官星，表示跟人搶丈夫，根弱就搶輸，根強就搶贏，但對方條件不會好到哪去。

十三、八字身弱無印，正官透於月干，父親沒有社會地位，自己也非高官子弟，父母親的職業對自己沒有任何實質幫助。

十四、八字身弱無印，月柱官殺混雜，月支遭遇三刑，本人可能是孤兒或私生子。

十五、八字身弱無印，只有七殺透干，天干沒有比肩、劫財、正印、偏印的話，若不是獨子，將會刑剋兄弟姊妹。

十六、女命八字身弱無印，官星秉令，傷官做日支，表示婆媳不合、夫妻反目，整天吵鬧不休，家運無法興旺。

柒、八字身強，正官、七殺看健康

一、八字身強，官殺爲剋我之物，身強所以喜歡宣洩，無印的話，官殺爲喜神，走官殺運時，精神抖擻，有能力排除萬難，解決任何的問題。

二、八字身強透印，官殺生印星爲忌神，反而會因此生病或開刀住院，或是遭受意外而有血光災害。

三、八字身強，官殺透干通根，女命物慾與情慾旺盛，若同時透印，恐怕因此傷身，健康受損。

捌、八字身弱，正官、七殺看健康

一、八字身弱無印，官爲忌神，若生病的話，多半是慢性疾病，殺爲忌神，若生病的話，都是急性疾病。

二、八字身弱無印，官殺過重的話，體力衰弱，若再行官運的話，則百病叢生，若走財運的話，則貧病交加。

三、八字身弱有印，殺印都透於天干，官殺生印星，則日主身體健康，但保證健康的是印星而不是官殺，若官殺透干通根，大運才來破印，身體恐怕馬上就出現毛病，引發嚴重的疾病。

四、八字身弱無印，疊殺透干，幼年喜歡爬高爬低，容易因此受傷，嚴重將手足殘廢。

五、八字身弱無印，走官殺運就會生病，若官殺混雜有根，則不只一種病，而是很多種病。

六、八字身弱無印，官殺秉令，若日支見官殺，就是官殺位居要地，表示日主有殘疾。

七、八字身弱無印，七殺坐日支，大運行官殺，容易發生交通意外，或是開刀手術，只有乙酉、己卯才是純殺坐日支。

邁向八字大師之路的第二十三天

第二十三天主要是學習，拿到一個八字之後，還不知道歲運好壞如何，其實從格局就可以知道吉凶好壞，這只需要幾秒鐘而已，就可以立即分辨出來。而常見的八字凶格，有兩神相違、假從勢格、四柱反吟等等，是必須要知道的。

判斷八字格局吉凶

八字凶格、災厄臨身

八字的格局千變萬化，很難去一一討論，到底什麼是好的格局，什麼是不好的格局，但經過八字學理的分析，以及長時間的經驗累積，就好命格而言，無非就是喜神透干、通根有力，喜神不孤露，有他神來保護，遇上歲運來生扶喜神，便可以一帆風順、成功有望。

就正常格局的八字來說，不管是身強或是身弱，只要五行順暢齊全，沒有太明顯的多寡，配合上適當的大運，就可以產生好的作用，不過不一定就能名利雙收、大富大貴，只是說人生比較順遂，憂慮煩惱較少而已。八字雖然有好有壞，但若是凶格的八字，就很容易出現災厄，往往還來不及轉好，人就已經破局身亡，或是發生嚴重缺憾，因此，八字最好不要是凶格，否則將潛藏危機。以下就凶格的情況來做介紹。

壹、兩神相違

兩神相違，就是說原本八字格局，出現兩種變通星（五行），而且彼此的數量相當、力量相當，因此形成對抗的情況，像是金木交戰、火金交戰、水火交戰等等，有出現這種情況，那麼無論身強或身弱，都屬於凶格的情況。而兩神相違就變通星來說，有以下五組情況。

第一、「劫財星、比肩星」與「正財星、偏財星」對抗。

第二、「正財星、偏財星」與「正印星、偏印星」對抗。

第三、「正印星、偏印星」與「傷官星、食神星」對抗。

第四、「傷官星、食神星」與「正官星、七殺星」對抗。

第五、「正官星、七殺星」與「劫財星、比肩星」對抗。

若原本八字格局，出現兩神相違的情況，就有五行交戰的現象，喜神、忌神會出現你死我活的局面，無論最後是誰剋制了誰，一定會弄得兩敗俱傷，所以不算是好的徵兆。就反映在人的運勢來看，會產生想法偏激、個性火爆、衝動行事，心情起伏不定，產生不平衡的想法，跟人沒辦法好好相處，也很難去包容別人。兩神相違的凶險情況，平常不容易察覺，如果飛來的歲運星，沒有引發原格局的兩神交戰，則災厄就不會立刻發生。最怕的就是忌神歲運降臨，又與干支的忌神同氣，那麼便會產生作用，馬上就災厄連連，事先毫無預警的，像是交通意外，疾病暴斃，或是無妄之災等等，大多是飛來橫禍，而導致生命結束。

《滴天髓》云：「吉神太露、引爭奪之風，凶物深藏、成養虎之患。」兩神相違的喜神，因爲沒有生扶，所以勢單力薄，而忌神沒有制化，所以逐漸壯大，等到歲運凶星引發，喜神就會與忌神交戰，形成兩神相違的情況。以下就五種兩神相違的格局來做討論。

一、財星、比劫星兩神相違

觀看原八字格局，只有正財星、劫財星相剋，按照正格強弱的判別，若是比劫星旺盛，也就是說身強，以正財星、偏財星爲喜神。就歲運吉凶來進行推論。

男命八字範例一：

	干支主氣	八字格局	地支主氣	大運			
年	比肩星	壬子	劫財星	一	癸丑	五	丁巳
月	比肩星	壬子	劫財星	二	甲寅	六	戊午
日	命主	壬子	劫財星	三	乙卯	七	己未
時	偏財星	丙午	正財星	四	丙辰	八	庚申

遇到「食神星、傷官星」歲運時，喜神跑去生財星，做爲比劫星與財星的通關，表示能名利雙收。

遇到「正官星、七殺星」歲運時，財星會來生官殺星，表示能升官發達、事業有成。

遇到「正財星、偏財星」歲運時，原格局中比劫星分財星，又遇財星的話，反而有財來被奪的現象。

遇到「正印星、偏印星」歲運時，印星生比劫星剋財星，財星又來剋印，天干引發回剋，原八字格局陷入混戰，若是財星被剋死，就會形成破局。

遇到「比肩星、劫財星」歲運時，就變成強勢比劫星剋財星，喜神全部被剋死，所以一定引發災厄，因爲全局只有兩種變通星，沒有其他的變通星，所以會形成兩神相違，產生交戰，若歲、運、干、支都是比劫星，財星完全被剋死，表示生命終結。

範例一的格局，壬日主生於子月，全局只有兩種變通星，就是比劫星跟財星，很明顯是兩神相違的情況。因爲八字身強的關係，所以財星爲喜神，第二跟第三大運，干支同氣爲食傷星，所以功名顯達、學業有成。第四丙辰大運以後，子辰半會三個比局，使原格局比星（壬）引化，地支產生三個半劫局沖一個午的現象，地支午被沖破，原本天干丙（偏財）就沒有根。又遇到壬辰流年，天干壬透干，比肩星透干剋原局偏財星（丙），忌神比劫星旺盛至極，因此財星全被剋死，所以突然發生橫禍，當場就死亡。

二、官殺星、比劫星兩神相違

觀看原八字格局，只有正官星、劫財星相剋，按照正格強弱的判別，若是官殺星強，也就是說身弱，以比肩星、劫財星、正印星、偏印星爲喜神，若是比劫星強，也就是身強，喜歡正官星、七殺星、正財星、偏財星，而忌食神星、傷官星，因爲會來剋官殺星。就歲運吉凶來進行推論。

女命八字範例二：

	干支主氣	八字格局	地支主氣	大運			
年	正官星	甲辰	劫財星	一	癸酉	五	己巳
月	正官星	甲戌	劫財星	二	壬申	六	戊辰
日	命主	己未	比肩星	三	辛未	七	丁卯
時	七殺星	乙丑	比肩星	四	庚午	八	丙寅

範例二當中，己生於戌月，地支會比局，比劫星旺盛而官殺星弱，所以是屬於身強。天干兩個正官星，一個七殺星，一個正官星合日主，所以剩下一個正官星、一個七殺星。雖然官殺喜神

雙透，但卻沒有其他星來保護，形成孤露的現象。

就八字格局來看，最怕遭遇庚歲運，因爲庚會來合天干乙木（七殺），而乙庚合成金，又來剋甲木（正官），官殺都被合走，喜神被剋死，災厄就立刻降臨，大運走到第四柱庚午，流年又遇丙戌，丙印星透干剋乙庚合成的傷星，天干形成回剋，所以破局身亡。

三、官殺星、食傷星兩神相違

若八字原格局正官星、傷官星都出現，表示全盤異黨，身弱至極，所以變爲從格。

男命八字範例三：

	干支主氣	八字格局	地支主氣	大運			
年	食神星	癸巳	正官星	一	壬戌	五	戊午
月	食神星	癸亥	傷官星	二	辛酉	六	丁巳
日	命主	辛巳	正官星	三	庚申	七	丙辰
時	食神星	癸巳	正官星	四	己未	八	乙卯

以範例三的格局來看，最怕見到劫星和印星，因爲劫星會生食傷星，食傷星旺盛會去剋官星，所以產生是非糾紛、官司訴訟，甚至於血光災禍，若是見到印星，官星會來生印星，印星剋

制食傷星，表示名譽毀損、多疾病災厄。

只有大運走財運時，才算是吉祥運勢，因爲傷官星生財星，財星生正官星，財星變成通關作用，不會形成兩神相違。不過大運的財運，最多只有兩柱，還不見得干支同氣，若先印星大運，且印星干支同氣的話，就已經破局身亡了，根本等不到好運降臨。

範例三的格局，辛日主生於亥月，全盤都是異黨，不是正官星就是食神星，是身弱的從格。由大運來觀看，一直要到第八大運，才能遇到乙卯干支同氣的財運，那麼之前是否能安然度過呢？在第五大運己未時，偏印星干支同氣，又遇己巳流年，己偏印透干坐巳官，全局形成官星生印星，印星剋制食傷星的兩神相違，食傷星被剋死，所以該年不久就發生車禍，英年早逝，根本等不到往後好運。

四、印星、食傷星兩神相違

印星與食傷星，是印星剋制食傷星，若印強則身強，喜神食傷星必定孤立無援，若走印星干支同氣大運，食傷星被印星剋死，喜神既然被剋死，就可能災厄臨身、破局身亡。

男命八字範例四：

	年	月	日	時
干支主氣	傷官星	食神星	命主	偏印星
八字格局	壬辰	癸丑	辛未	己亥
地支主氣	正印星	偏印星	偏印星	傷官星
大運	一	二	三	四
	甲寅	乙卯	丙辰	丁巳
	五	六	七	八
	戊午	己未	庚申	辛酉

範例四中，辛日主生於丑月，印星強食傷星弱，所以是身強不從。食傷星透干通根，早年走財星大運，乙卯年干支同氣，食傷星生財星，財星剋印星，表示能名利雙收，該大運憑著口才叫賣，賺進不少的財富。但是兩神相違的格局，發達得快、衰敗也快，等財星大運一過，走丙辰大運時，因炒股票失敗，所以錢全部又花光。等到第四丁巳大運，官殺干支同氣，官殺星來生印星，印星剋原局食傷星，食傷星被剋制，又要去制剋官殺星，所以引起嚴重回剋，該大運到戊辰流年時，戊來合癸變官殺又坐印星，忌神交互攻擊日主，走投無路之下，想不開自殺身亡。雖然喜神不弱，但是兩神相違的情況，又沒有通關的緣故，才會這麼容易被剋死。

五、印星、財星兩神相違

印星、財星相遇，變成財星剋印星，印星是自黨，財星是異黨，所以可能是正格身強，或是正格身弱，或是只有一個印星的假從財格，或是只有一個財星，其他全是印星的假專旺格。

但是無論身強、身弱，假從、專旺，都要先分清楚喜神、忌神，才能夠做判斷。若是正格身強，財星爲喜神，財星剋印星，喜神剋制忌神，變成有財無權，見利忘義，若是歲運見比劫星干支，財星被剋死，就會形成破局。若是正格身弱的話，印星就爲喜神，財星就是忌神，所以忌神剋喜神，變成懷才不遇、有志難申，受制於人，若是歲運又見財星干支，印星被剋死，就是大凶的情況。

男命八字範例五：

	干支主氣	八字格局	地支主氣	大運			
年	偏財星	丁酉	偏印星	一	乙巳	五	辛丑
月	正財星	丙午	偏財星	二	甲辰	六	庚子
日	命主	癸酉	偏印星	三	癸卯	七	己亥
時	偏印星	辛酉	偏印星	四	壬寅	八	戊戌

範例五當中，癸日主生於午月，沒有得月令，地支三個酉，所以有得地，天干只有一個辛，所以是失勢。因此屬於正格身弱，印星爲喜神，但卻沒有生扶，又被財星剋制，所以沒辦法開展。走到壬寅大運，丁壬合成食傷，坐寅午半財星，變成食傷星生財星，財星又去剋印星，若再遇到財星干支同氣的流年，情況恐怕就糟糕。

貳、假從格

八字格局都是異黨，只有一個自黨，而且這個自黨沒有鄰近干支生助，這種情況就是屬於假從格。若自黨在天干，多半屬於孤露，若在地支的話，就是干藏。假從格以異黨爲喜神，自黨爲忌神，所以自黨不管載天干或地支，都算是忌神。假從格的忌神，是不會馬上發凶的，因爲必須有歲運引發，形成破局的情況，才會產生凶象。

《滴天髓》云：「從得眞時只論從，從神又有吉合凶。」這句話是說，八字從格的情況，有眞從格跟假從格的差別，必須要分辨清楚，才能夠知道吉凶。而這裡要討論的就是到底假從格什麼時候會變成凶象。

一、假從格天干透印

八字假從格最忌諱自黨干支的歲運，即使地支有印星，也不算是吉兆，叫做「印星補根」。印星剋食傷星，財星剋印星，只有官殺星生印星。喜神食傷被剋制，表示身敗名裂，財星剋印星，表示破財耗損，官殺星生印星的話，官星生印星，印星剋食傷星又洩財星，引起回剋現象，命格會動盪不安，破財耗損。

男命八字範例一：

	干支主氣	八字格局	地支主氣	大運			
年	偏印星	壬辰	偏財星	一	庚戌	五	甲寅
月	正財星	己酉	正官星	二	辛亥	六	乙卯
日	命主	甲申	七殺星	三	壬子	七	丙辰
時	偏財星	戊辰	偏財星	四	癸丑	八	丁巳

範例一當中，甲日主生於酉月，沒有得月令，全局只有壬印透干，其餘全是異黨，所以就是假從格。走壬子大運的時候，流年壬戌年，天干三個壬印星，衝擊戊己財星，地支兩個申子辰印局，合去辰財星，變成天干壬的根，加上辰戌沖的關係，形成命格破局，該年發生交通意外，車禍身亡。這就是假從格透印所造成的凶象。

二、假從格地支藏印

假從格以財星、官殺星、食傷星等異黨爲喜神，但如果命局中出現印星，則變成官殺星生印星，官殺星就變成忌神。假如假從格有印星，卻沒有官殺星，忌神印星得不到幫助，又被財星所剋，食傷星所洩，這個印星就無力，就不會形成凶象，又印星藏在地支，沒有透干的話，壞的影響就可以減至最低。但這仍屬於凶格，因爲是「凶物深藏、養虎爲患」。

男命八字範例二：

	干支主氣	八字格局	地支主氣	大運			
年	正財星	壬申	傷官星	一	甲寅	五	戊午
月	偏財星	癸丑	比肩星	二	乙卯	六	己未
日	命主	己酉	食神星	三	丙辰	七	庚申
時	傷官星	庚午	偏印星	四	丁巳	八	辛酉

範例二當中，己日主生於丑月，所以得月令，但是沒有得地、得勢，所以日主身弱，而只有時支有偏印星，其他都是異黨，所以是假從格。假從格以自黨爲忌神，所以印星爲忌神，最怕走印星干支同氣的大運，第五大運戊午，因爲戊癸合火，地支午火，形成印星透干通根的現象，將會引發凶象，必須特別注意。

三、假從格透比劫

假從格喜歡異黨，不喜歡自黨，所以比劫星爲忌神，而透干的話，必定勢單力薄，起不了什麼作用，而且被局中食傷星洩、財星所耗、官殺來剋，忌神衰弱無力也。但是若歲運出現印劫干支同氣，情況就完全不同，因爲印星生劫財星，劫財星會去剋財星，又生食傷星，食傷星會去剋官殺星，所有的喜神被剋死，災厄也就立刻降臨。

女命八字範例三：

	干支主氣	八字格局	地支主氣	大運			
年	偏財星	己酉	七殺星	一	壬申	五	丙子
月	七殺星	辛未	偏財星	二	癸酉	六	丁丑
日	主	乙未	偏財星	三	甲戌	七	戊寅
時	比肩星	乙酉	七殺星	四	乙亥	八	己卯

範例三當中，乙日主生於未月，所以沒有得月令，全局只有透一個乙（比肩星），所以就變成假從格。大運前兩柱，透印坐官殺，官殺星生印星，忌神干支同氣，所以非常艱辛坎坷，表示才華受壓抑，沒辦法得志，學業成績差，事業不理想，身體健康也很差，到了甲戌大運，甲己合成財星又坐財星，所以情況好轉，賺進不少財富，身體也變得健康，是不錯的大運，但進入乙亥大運，癸未流年，身體舊疾復發，爲病所苦，最終病死。乙亥大運、癸未流年，比肩星、印星透干，忌神干支同氣，地支又三個乙、亥、未會比局，合去地支（未）財星，又剋死天干（己）財星，也耗盡干支三個七殺，喜神全部消耗殆盡，所以造成破局身亡。

四、假從格藏比劫

假從格的比劫星沒有透干，反而藏在地支的話，只要沒有透天干，就不會形成危害，若是歲運逢比劫星透干，那就要特別注意，看局中的財星或官殺星，有沒有全部被剋死，若有的話，恐怕就形成破局。

女命八字範例四：

	干支主氣	八字格局	地支主氣	大運			
年	劫財星	癸亥	比肩星	一	己未	五	癸亥
月	七殺星	戊午	正財星	二	庚申	六	甲子
日	命主	壬辰	七殺星	三	辛酉	七	乙丑
時	正財星	丁未	正官星	四	壬戌	八	丙寅

範例四當中，壬日主生於午月，沒有得到月令，地支僅藏一個亥（比肩星），所以沒有得地，天干合財成化，全局幾乎是異黨，所以算是假從格。該命格財星生官殺星，異黨旺盛，只有一個自黨的話，是很難去沖剋的，尤其原局天干丁戊透出，分別合成戊癸、丁壬，化解財星被剋死的結果，財運相當強勢，所以走第二大運庚申、第三大運辛酉，印星干支同氣，還不至於造成破局。但是走壬戌大運，就必須特別注意，因為沖動了三柱，所以會產生凶險。

一般而言，假從格只見到一個忌神，喜神、忌神力量懸殊，忌神沒辦法剋死全部喜神，除非歲運的自黨會局透干，同時把原局喜神全部合掉、化掉、沖剋掉，才有可能形成破局。

參、四柱反吟

在八字裡面，四柱反吟也是不好的格局，屬於凶兆。反吟是指相鄰的兩柱，有天剋地沖的現象。例如戊寅、甲申就是天剋地沖，乙酉、己卯也是天剋地沖。八字格局當中，天剋地沖若出現在年月柱、月日柱，或日時柱，都算是反吟的情況。若全局有兩柱反吟，通常還不至於太凶險，若是三柱都反吟，甚至於四柱都反吟，恐怕情況就非常糟糕，凶險的程度大增。四柱反吟、天剋地沖，表示六親會有損傷，夫妻相處失和，人際關係會嚴重摩擦，不過最大的影響，是會使命局破局，若遇到歲運來沖剋，或是忌神干支同氣，生命就會有危險。

女命範例一：

	干支主氣	八字格局	地支主氣	大運			
年	正印星	甲戌	傷官星	一	丁卯	五	癸亥
月	傷官星	戊辰	傷官星	二	丙寅	六	壬戌
日	命主	丁未	食神星	三	乙丑	七	辛酉
時	偏財星	辛丑	食神星	四	甲子	八	庚申

範例一當中，年柱、月柱反吟，日柱、時柱也反吟，是全局天剋地沖的情況，所以是屬於凶險的命格。八字屬於從格，因爲從異黨，所以不喜自黨，忌神爲印星、比劫星，走丁卯大運，乙亥流年，歲運忌神干支同氣，天干戊被甲乙剋死，辛被丁剋死，地支亥卯未會印局，生天干甲乙丁，所以出生沒多久就破局夭折。

肆、四柱伏吟

伏吟就是八字裡面，有兩柱的天干地支都相同。原八字格局若有伏吟，就很容易在歲運沖剋時，出現一面倒的情況，因爲有連沖二柱的現象，所以力量特別強，若是有三柱一樣，甚至於四柱的話，那麼情況就更加嚴重，會產生極大的凶險。

男命範例一：

	干支主氣	八字格局	地支主氣	大運			
年	比肩星	己巳	正印星	一	戊辰	五	甲子
月	比肩星	己巳	正印星	二	丁卯	六	癸亥
日	命主	己巳	正印星	三	丙寅	七	壬戌
時	比肩星	己巳	正印星	四	乙丑	八	辛酉

天干透三個比肩星，而且地支都爲印星，又沒有其他異黨，所以是屬於專旺格，只要歲運走比劫星、印星、官殺星，就表示能富貴雙全。從這個八字來看，歲運最怕乙亥、癸亥的干支，因爲會產生天剋地沖的現象，而且四柱全沖就會破局。走第六大運癸亥時，原本就該應驗凶險，到了乙亥流年時，天干一乙剋四己，地支一亥沖四巳，七殺剋比肩、財來又破印，喜神全部被剋死，發生車禍而身亡。

伍、局無喜神

八字原格局裡面，若沒有一個喜神的話，這也算是一中凶象。因爲沒有喜神相助，就是忌神來相剋。而正格身旺，又只有官、印、劫三種星的話，就很有可能是局無喜神的格局。

女命範例一：

	干支主氣	八字格局	地支主氣	大運			
年	劫財星	戊戌	劫財星	一	丁卯	五	癸亥
月	劫財星	乙卯	七殺星	二	丙寅	六	壬戌
日	命主	己丑	比肩星	三	乙丑	七	辛酉
時	正印星	丙寅	正官星	四	甲子	八	庚申

己日主生於卯月，沒有得月令之助，但是卯戌合化火，合化成印星，反而轉變有得令，地支僅有一個寅木（正官），天干只有乙木（七殺），所以是正格身旺，而天干出現印星，官殺生印的關係，官殺星視爲忌神。但全局沒有喜神屬於凶格，走甲寅大運時，官星干支同氣，遇癸卯流年，戊癸合印坐卯戌合印，變成印星干支同氣，又大運官殺來生印，形成官殺生印、印生比劫、比劫幫日主，日主非常旺盛，卻沒有半點耗洩，沒有喜神可以用，所以走第一大運時，就死於火災意外。

十神推算妻財子祿吉凶

一般推算八字，除了明顯的好壞之外，通常還會問到關於妻財子祿的問題，而且會很重視細節內容，像是什麼時候賺錢，什麼時候有姻緣，考試能否金榜題名，工作能不能順利，再來就是婚姻對象好不好，應該找什麼樣的行業，該從事哪方面的投資等等，其實這些都可以從八字大運干支及流年干支所代表的十神星屬性，就可以大概推算知道。

壹、走財運喜神

一、八字身強，大運財星干支同氣，再走財星干支同氣的流年，就表示該年能賺錢發財。

二、八字身強，大運財運而走傷官流年，或傷官大運走財運流年，歲運正財坐傷官，也表示能賺錢發財。

三、八字身強，歲運天干有透正財星、偏財星，地支會成財局，這樣有機會發大財，若是天干透財星，但地支卻是官、劫、印來耗洩的話，只是表面上風光，賺錢沒辦法留住，賺錢十分的有限。

四、八字身弱，大運比劫干支同氣，再走比劫干支同氣的流年，就表示該年能賺錢發財。

五、八字身弱，印星大運，再走劫財流年，或劫財大運，再走正印流年，歲運劫坐正印的話，就可以賺錢發財。

六、八字身弱，歲運天干透比劫，地支會比劫，就有機會發大財，但若是地支坐官、財、傷的話，是表面上風光，其實耗損的多，沒辦法留住錢。

當八字走財運的時候，收入會明顯增加，像是打工機會變多，生意的訂單增加，股票能順利賺錢，賭博容易贏錢，彩劵容易中獎等等，錢會順利的賺進來。推論八字財運時，首先由大運尋找，再來是流年尋找，大運若沒有財運，只靠一兩柱流年的話，發達不會很久，流年過了就會停止。

貳、走名聲喜神

一、八字身旺，大運食傷干支同氣，走食傷干支同氣流年，就是名聲到來的時候。

二、八字身強，傷官大運，再走劫財流年，或劫財大運，再走傷官流年，歲運傷官坐劫財，都表示能夠獲得名聲。

三、八字身強，歲運天干透食神星、傷官星，地支會食傷局，名聲會比較響亮，天干若透傷官，地支坐財、官、印的話，由於洩耗的關係，反而會惹上官非，因此破壞名聲。

四、八字身弱，大運印星干支同氣，再走印星干支的流年，表示名聲的到來。

五、八字身弱，正印大運，再走正官流年，或正官大運，再走正印流年，歲運印坐官的話，表示能夠獲得名聲。

六、八字身弱，歲運天干透正印、偏印星，地支會印星，表示名聲非常大，天干透印星，但地支坐財、傷，印星被洩耗，反而表示是非糾紛，破壞名聲。

身強帶食神、傷官，或身弱帶正印、偏印星，都表示能獲得名聲，像是作品得獎，或電視上報之類的。名聲可大可小，大如政客、藝人、明星等等，被新聞媒體包圍，小如社團、公司、社區內，表示出類拔萃，受到大家推崇。

參、走讀書喜神

一、八字身旺，大運食傷干支同氣，走食傷干支同氣流年，就是讀書運比較順遂，考試能夠成功。

二、八字身強，傷官大運，再走劫財流年，或劫財大運，再走傷官流年，歲運傷官坐劫財，就是讀書運比較順遂，考試能夠成功。

三、八字身強，歲運天干透食神星、傷官星，地支會食傷局，就是讀書運旺盛，考試能夠一飛沖天。天干若透傷官，地支坐財、官、印的話，由於洩耗的關係，反而會煩惱不斷，因此影響讀書或考試。

四、八字身弱，大運印星干支同氣，再走印星干支的流年，就適合讀書考試。

五、八字身弱，正印大運，再走正官流年，或正官大運，再走正印流年，歲運印坐官的話，讀書運比較順遂，考試能夠成功。

六、八字身弱，歲運天干透正印、偏印星，地支會印星，唸書會很有心得，考試能高中狀元，天干透印星，但地支坐財、傷，印星被洩耗，反而表示是非糾紛，破壞名聲。

讀書跟考試運，判斷的方式跟名聲運差不多，都是身強要帶食傷，身弱要帶印星，若原本格局就有的話，表示能長久聰明，原局沒有的話，歲運見到也可以，但最好是求學階段，這樣對唸書考試就有助益，不需要讓人家操心，若是要參加考試，也能夠順利上榜。若是出社會工作，遇到這種大運流年，就會想回學校進修，或是額外學習技能。若是八字身強，走食神、傷官歲運，或傷官大運劫財流年，或劫財大運傷官流年，或原局透食神、傷官，再走比劫運時，就很適合唸書考試。八字身弱的話，就必須要看印星，走印大運印流年，或官運印年，或印運官年，都很適合唸書考試。

肆、走事業喜神

八字身強見食神星、傷官星，或八字身弱見正印星、偏印星，都表示適合創業，工作運將會順遂。人生到了某個階段，就會想要有一番作爲，一有機會的話，就希望能夠創業，但有時候不想創業，卻不由自主去追求理想，完成創業的目標，但期間的心情起伏，卻不一定能風平浪靜。就好像經濟不景氣，很多上班族被迫裁員，又剛好是四、五十歲，家庭經濟正吃緊，爲了生活的緣故，不得不放下身段，從事其他的行業，像是打工兼差、擺路邊攤、經營小生意等等。若是八字順遂，創業成功，接下來又走財運的話，就有機會自己開店，成爲名副其實的老闆。

男命範例一：

	干支主氣	八字格局	地支主氣	大運			
年	偏印星	壬辰	偏財星	一	癸卯	五	丁未
月	偏印星	壬寅	比肩星	二	甲辰	六	戊申
日	命主	甲申	七殺星	三	乙巳	七	己酉
時	傷官星	丁卯	劫財星	四	丙午	八	庚戌

上述男命，丙午大運時，因為環境的緣故，被迫失業去創業，食神坐半食局，再走庚午流年，七殺坐半食局，食神干支同氣，就表示推著你去創業，耗損精神體力，表現自己的才華。

伍、走轉行喜神

八字官殺星表示剋我，歲運若見到的話，就表示有變動的情況。無論八字身強或是身弱，走官殺大運，再走官殺干支同氣流年，除了斷定轉換工作跑道，還可以說是移民、創業、升職、做官、擔任要職等等。但轉換工作跑道好不好，就必須看流年是喜神還是忌神了。不過不是只有官殺流年，也就是每十年輪一次，才表示有機會轉行，只是說情勢一定有所變動，而就官殺星而言，表示剋我的東西，若是身弱無印的話，官殺就為忌神，若大運流年都見官殺的話，就要注意災厄疾病的降臨。

陸、走姻緣喜神

人家說緣分天註定，不是沒有而是時候未到，姻緣也是八字論命的重點之一，在現在步調緊張、人跟人距離疏遠的情形下，想找到另一半成家立業，可是許多人的願望。因此學習八字算命，若懂得推算姻緣，至少就不用擔心沒有人來算，還可能當許多人的媒人。

男命的話財星代表異性緣，女命則官星代表異性緣，看姻緣首先要看原八字格局，若男命比肩、劫財多，歲運財來被剋，異性緣就會減弱，女命食神、傷官多，歲運官來被剋，異性緣就減少，相反的，男命正財、偏財多，女命正官、七殺多，又加上原局日柱多合，異性緣就會變多，可能有多角戀情，或是感情不穩定，容易換男女朋友。

姻緣隨運到來，必須觀看十五歲到五十歲的時間，特別是到三十五歲前，男命若天干或地支有財星，而女命若天干或地支有官殺星，緣分就有機會到來，天干地支同氣的話，或同時合入日干或日支，情況更加的準確。或是歲運又同時剋合刑沖時柱的話，那麼戀情的發展，關係已經大有進展。但是有些情況下，男命見財星，女命見官殺，卻不會牽引姻緣，那就是男命大運比劫干支同氣，女命食傷干支同氣，因爲大運壓抑流年，剋住入局的財星或官星，即使兩人談戀愛，想要進一步發展，也會遭受阻礙，或是不了了之，只是萍水相逢，分手收場而已。

柒、走生育喜神

若是男命走官殺歲運，女命走食傷歲運，又時柱被流年刑沖，就有機會生育。如果時柱的刑剋太重，很可能是墮胎而不是生育了。若女命印星重，歲運印星干支同氣，即使走食傷流年，也沒有機會生孩子，因爲食傷被印所剋的緣故。因此看生育運，只要看歲運沖剋合會時柱就可以。

捌、走財運忌神

一、八字身強，大運比劫干支同氣，再走比劫干支同氣流年，就容易大破財。

二、八字身強，劫財大運，走財流年，表示財先到來，但後來破財，或正財大運，走劫財流年，表示該年財來就破財，但是流年運過則止，正財大運內仍然能夠賺錢，只是該流年不好而已。

三、八字身強，歲運干支透財見印，表示有耗費錢財的現象，但不算嚴重破財。

四、八字身弱，大運財星干支同氣，再走財星干支同氣流年，就很容易大破財。

五、八字身弱，正官大運，再走劫財流年，先有財進來，但後來破財，劫財大運，走正官流年，表示該年破財，但屬於小破財，流年過後就停止。

六、八字身弱，歲運干支透劫財又見財星，也表示耗損錢財，花費比較大。

玖、走名聲忌神

一、八字身強，歲運逢正印、偏印運，沒有剋洩，就表示名聲敗壞，或情緒困擾，或決策錯誤等等。

二、八字身弱，歲運食神、傷官透干，沒有生扶，就表示名聲敗壞，或情緒困擾，或決策錯誤等等。

八字身強透食神、傷官的格局，走印星透干的大運或流年，食傷被印星給耗損，就有名聲敗壞的可能。若八字身弱，原格局透印，再走食神、傷官的流年，印星被耗損，就有名聲敗壞的可能，或遭遇其他方面的困擾。

拾、走官殺忌神

代表官非的變通星，就是正官跟七殺，不管是八字身強或身弱，若以官殺爲忌神時，當歲運官殺透干，就有口舌是非、官司訴訟的麻煩。如果官殺星遇上沖刑，那情況就更加明顯。而大運或流年，出現官殺坐食傷的情況，叫做食殺同宮，傷官同宮，像傷官大運，正官流年，或正官大運，傷官流年，不管是喜神忌神，小則有糾紛，大則惹官非。

男命範例一：

	干支主氣	八字格局	地支主氣	大運			
年	七殺星	庚申	七殺星	一	乙酉	五	己亥
月	比肩星	甲申	七殺星	二	丙戌	六	庚子
日	命主	甲戌	偏財星	三	丁酉	七	辛丑
時	偏財星	戊辰	偏財星	四	戊戌	八	壬寅

男命範例一當中，八字身弱爲從格，喜歡異黨而忌自黨，走第二大運丙戌時，食神坐偏財，喜神干支同氣，食神主名聲，偏財主錢財，所以該大運能聲名大噪，因此而出名賺錢，大運戊土雖然洩丙火，但是原格局攤天干透戊來生庚金，所以還算是好的。但是走壬午流年時，忌神偏印透干，坐地支傷官，流年天地交戰，壬偏印剋大運丙食傷，印爲忌神又表示名聲，所以該年發生官非，而有麻煩糾紛。

邁向八字大師之路的第二十四天

第二十四天主要是學習，知道八字格局之後，也懂排出大運流年，現在就教你如何判斷流年大運的吉凶，先由簡易的判斷原則，分為大運的吉凶判斷、流年的吉凶判斷。接著就是分析命局的合沖刑會搭配大運流年，兩者做精細深入的分析，讓你由淺入深的學會流年大運的吉凶分析判斷原則。

八字大運流年看法

壹、大運流年吉凶簡易推論法

八字命局大運與流年之間若沒有沖剋刑合的情況下，第一層吉凶的推斷法。

一、只要是遇到喜神的流年或大運就推論為吉。

二、只要是遇到用神的流年或大運就推論為吉。

三、只要是遇到忌神的流年或大運就推論為凶。

大運吉凶強弱論斷

一、若大運干支爲本身喜神或用神就推論爲吉，而且運勢轉強。
二、若大運干支爲本身忌神或仇神就推論爲凶，而且運勢減弱。
三、若大運干支爲一喜一忌就推論爲半吉半凶，且運勢忌神在先就先凶後吉、喜神在先就先吉後凶，各掌管五年運勢。
四、若大運干支爲無關喜忌就推論爲普通，那麼運勢平平。
五、若大運干支互相生剋，運勢的吉凶也隨之增減。

流年吉凶強弱論斷

一、若流年干支爲本身喜神或用神，大運也是如此，就推論爲大吉，而且運勢轉強。
二、若流年干支爲本身忌神或仇神，大運也是如此，就推論爲大凶，而且運勢衰弱。
三、若流年與大運干支一個爲喜用神，一個不喜也不忌，運勢就推論爲吉。
四、若流年與大運干支一個爲忌仇神，一個不喜也不忌，運勢就推論爲凶。
五、若流年與大運干支都不爲喜神或忌神，運勢就推論爲平平。
六、若流年與大運干支一個爲喜神，一個爲忌神，爲吉凶參半，但是大運影響強於流年，如大運爲喜、流年爲忌，那麼運勢吉多凶少，反之，大運爲忌、流年爲喜，則凶多吉少。

貳、大運流年精細推論法

命局合沖刑剋的組合

命局若與大運或流年產生合沖刑剋的情況，則原來格局的喜用神或忌神所產生的吉凶變化，變化的結果可能是吉變爲凶、凶變爲吉，或者凶中藏吉、吉中帶凶，關係複雜不容易馬上推論。再配合大運跟流年神煞的影響，吉星、凶星皆有，所以推斷上不容易下定論，但也不是全無規則可循。

在大運所掌管的歲數中，稱做大運限運。而若流年歲數剛好走至該限運的範圍內，稱做本限大運之流年。

一、在本限大運流年的條件下，產生合沖刑剋的吉凶情況最爲直接，程度也最爲明顯。

二、在非本限大運流年的條件下，產生合沖刑剋的吉凶情況爲間接，程度較不明顯，或多半是影響命造的六親。

三、命局有干合或支合，如見大運或流年有沖剋，則命局會解除原來的合局，以各原干支五行來推論吉凶，並且可以論斷，大運流年對命局的吉凶。

範例：假設天干甲己妒合，如大運流年遇庚、辛金或甲、乙木來剋的話，則解除該妒合的格局。也就是庚、辛金剋甲木，而甲、乙木剋己土。大運或流年如出現甲木，則產生鴛鴦合。地支卯戌六合，如大運或流年遇辰土沖戌土，或酉金沖卯木，則會解除六合的格局。

四、八字原命局沒有沖剋格局，見大運流年有物來沖剋，就會產生沖剋的情況。

五、八字原命局沒有合會格局，見大運流年有物來合，就會產生合會的情況。

六、八字原命局有沖剋格局，見大運流年有物合之，就會解除沖剋格局。

七、八字原命局與流年或大運化合時，必須有化神透干引化，才能叫做合化，不然就只能說是合而不化。有沒有化神可參看原命局的天干，或大運、流年的天干。

八、八字大運流年如果跟原命局出現沖剋與合化的現象，論斷上以合化為主，因為合化的力量大於沖剋，即使合而不化，合力仍大於沖剋。

九、八字大運或流年如跟原命局有合局，而流年或大運天干出現引化之物，就必須參看化神有沒有被合去。如果化神被合去，所以化出的五行剛好又是引化之物，就表示有引化的力量。如果不是的話，就沒有引化的力量。

十、八字命局有沖局或合局，遇到大運流年有相刑的干支，則會解除沖局或合局，變成與大運或流年來相刑的情況。

十一、八字大運跟流年相互遇合者，彼此合而不化，因爲都以原命局爲中心，才產生合化關係。

十二、八字原命局有合的格局，大運流年若出現與原命局合局的干支，表示原命局合局的情況，就不爲合局，而是轉向跟大運流年來合局。

十三、八字原命局有沖剋的格局，但大運或流年再出現與原命局沖剋的干支，則原命局沖剋的情況，就不爲沖剋的情況，而是轉向跟大運流年來沖剋。

十四、八字原命局沒有相刑的格局，遇到大運流年有相刑的情況，就會產生相刑的格局。

論大運流年吉凶看法

一、只要是大運或流年合住原命局的喜用神者論斷爲凶，那麼合住原命局中忌神者論斷爲吉。

二、只要是八字大運或流年沖去原命局的喜用神者論斷爲凶，那麼沖去原命局中忌神者論斷爲吉。

三、只要是八字大運或流年制住原命局的喜用神者論斷爲凶，那麼制住原命局中忌神者論斷爲吉。

四、八字大運或流年爲忌仇神，其干支力量若強旺，可以剋去或沖去原命局喜用神干支的話，爲動態中的凶事，像是降職、交通意外、無故惹禍等等。若是經商買賣的話，應該保持低調不宜進取，越奔波競爭越多麻煩糾紛而損失。

五、八字大運或流年爲喜用神，其干支力量若強旺，可以剋去或沖去原命局忌神干支的話，爲動態中的喜事跟吉事，像是出國、升遷、搬家等等。若是經商買賣的話，應該努力開展不宜守成，越奔波競爭越有財利可圖。

六、只要是八字大運或流年爲喜用神，但是被命局中某神所剋制、沖去，或合住，本來論斷有利的，就變成沒助力，運勢平平。

七、只要是八字大運或流年爲忌仇神，但是被命局中某神所剋制、沖去，或合住，本來論斷凶險的，就變成不凶險，運勢平平。

八、只要是八字大運或流年爲喜用神，其干支卻與原命局合化爲忌神，表示運勢上先吉祥後凶險。

九、只要是八字大運或流年爲忌仇神，其干支卻與原命局合化爲喜神，表示運勢上先凶險後吉祥。

十、只要是八字大運流年遇空亡，原本凶者減輕凶象，原本吉者減少助力。

十一、只要是八字大運流年與原命局合化有成，就以化神來論斷吉凶，化爲喜用神者爲吉，化爲忌仇神者爲凶。

十二、只要是八字大運、流年、原命局之間有相刑的情況，論斷爲凶。

十三、八字流年若是忌仇神，其干支與大運命局合化爲忌神，運勢上推論爲大凶險，尤其是以三會的情況力量最大，其次是三合局的情況，再來是六合局的情況。

十四、八字流年若是喜用神，其干支與大運命局合化爲喜用神，運勢上推論爲大吉祥，尤其是以三會的情況力量最大，其次是三合局的情況，再來是六合局的情況。

十五、八字流年或大運與日柱形成天剋地沖的話，有生命危險的可能。

十六、八字干支與流年形成天剋地沖的話，該流年運勢論斷爲凶。

十七、八字流年干支與原命局日柱干支形成天比地沖的話，表示該年事業不利、財運貧乏。

十八、八字流年干支與原命局日柱干支形成天比地刑的話，表示自己有煩惱憂愁，或配偶有災厄臨身。

十九、八字流年與大運互換空亡，表示該年運勢不佳、一事無成。

二十、八字命局日柱如果跟大運流年形成天剋地沖、天比地沖、天剋地比的話，該流年運勢不佳、災禍臨身。

二十一、八字流年干支與命局干支形成天剋地的話，該流年運勢論斷爲凶。

二十二、八字流年大運組成三地支沖一地支，或三天干剋一天干的話，表示有意外災害發生，有生命的危險，若是二地支沖一地支，或二天干剋一天干的話，災禍較前者輕微。此論斷法不受格局用神影響。

二十三、八字流年大運組成一地支沖三地支，或一天干剋三天干的話，表示有意外災害發生，有生命的危險，若是一地支沖二地支，或一天干剋二天干的話，災禍較前者輕微。此論斷法不受格局用神影響。

二十四、八字原命局、大運、流年、共六柱，若彼此之間沖、剋、刑都出現的話，出現越多越凶險，運勢越不如意。

二十五、八字流年、大運、原命局組成一地支刑三地支，或三地支刑一地支的話，或用神配重疊之刑，表示有意外災害發生，有生命的危險。

二十六、八字流年、大運、原命局組成四地支合一地支，或四天干合一天干的話，或是一地支合四地支，或一天干合四天干的話，表示凶災有隱伏的現象，不能輕易察覺，像是慢性疾病，或表示有感情糾葛，或財務方面的問題。此論斷法不受格局用神影響。

二十七、八字大運或流年有二沖一的現象，沖入日支，表示配偶容易有凶災發生。

二十八、八字大運、流年、原命局組成三會局或是三合局，而有互相沖剋者，表示該流年運勢非常凶險，恐怕有災厄意外臨身。

二十九、八字命局以傷官爲用，大運流年最怕遇見七殺。取正官爲用，大運流年最忌見傷官。若出現的話，必定走楣運無窮，有爭訟、官司等糾紛，女命則婚姻破裂，緣分消逝。

三十、八字大運、流年、原命局組成三刑，而又刑到傷官的話，女命有喪子的徵兆，要小心注意，若是原命局自刑入傷官的話，也有這種情況。

三十一、八字大運、流年、原命局組成三刑，而又刑到七殺的話，男命有喪子的徵兆，要小心注意，若是原命局自刑入傷官的話，也有這種情況。

三十二、八字大運、流年、原命局組成三刑，而又刑到原命局正財的話，男命有喪妻的徵兆，要小心注意，若是原命局自刑入正財的話，也有這種情況。

三十三、八字大運、流年、原命局組成三刑，而又刑到偏財的話，男命有喪父的徵兆，要小心注意，而女命若是刑到正財者的話，也有這種徵兆。

三十四、八字大運、流年、原命局若形成三刑，又刑剋入該大限流年，又再見沖的話，恐怕有嚴重災厄或生命危險。但被刑的干支（柱）有天德貴人、月德貴人、天乙貴人，或其他貴人的話，就可以壓制減輕凶象。如果其中的干支有被合化的話，凶象也能夠減輕。三刑中的干支若被合化，都表示凶象能夠避免或減輕。

三十五、八字大運、流年、原命局若形成三刑，又刑剋入非當運之大限流年，刑入年支的話，表示祖父母有災厄，刑入月支的話，表示父母有災厄，刑入日支的話，表示配偶有災厄，刑入時支的話，表示子女有災厄。若又再見沖的話，恐怕有嚴重災厄或生命危險。但被刑的干支（柱）有天德貴人、月德貴人、天乙貴人，或其他貴人的話，就可以壓制減輕凶象。如果其中的干支有被合化的話，凶象也能夠減輕。三刑中的干支若被合化，都表示凶象能夠避免或減輕。

三十六、八字日犯歲君，就是日干剋流年天干，是偏財的流年，表示有凶災，但若有救星，反而能夠進財。

三十七、八字四柱或大運有官殺剋制日主者爲救星。有天干與流年偏財相合者，如己土偏財遇甲木相合者爲救星。有日主食神、傷官透出，調解日干剋流年天干者爲救星。日主有天德、月德，太歲流年是用神者爲救星。

三十八、八字若日干強，用神爲食傷星或財星或官殺星的話，就不能用印星或比劫星。八字大運流年沒有刑剋沖合的情況下，走正印、比肩的大流年一定比偏印劫財的流年要凶險。而能洩我、盜我、剋我的傷官、偏財、七殺的流年，一定比食神、正財、正官要來得吉祥。

三十九、八字若日干弱，用神為印星或比劫星的話，就不能用財星或食傷星或官殺星。八字大運流年沒有刑剋沖合的情況下，走正印、比肩的大流年一定比偏印、劫財的流年要吉祥。而能洩我、盜我、剋我的傷官、偏財、七殺的流年，一定比食神、正財、正官要來得凶險。

四十、八字流年大運命局組成四正或四生或四庫全沖者大凶。

四十一、八字在正常情況下，應該以喜用神來做為個人名利財富，或事業成就的觀察依據。但觀察個人的吉凶禍福，卻應該以命局、大運、流年的刑沖合會為依據。所以喜用神只能論斷個人大致上的名利跟成就，卻不能保障不發生其他的凶災或刑耗。

四十二、八字大運第六柱與命局月柱反吟或天沖地剋，命理學上叫做「先天死關」。最怕再遇到反吟或天剋地沖的流年，也忌遇見日干之庫地。

四十三、八字命局年柱沖時柱，表示晚年有凶災，可以知道大運第六柱反吟為「必死之關」，或叫做夭折關。

邁向八字大師之路的第二十五天

第二十五天主要是學習認識男命八字身強格，並且教你如何分析，一共有三個案例，從格局的基本判斷，像是否得令、是否得地、是否得勢、有無合化等等，將詳細列出步驟。定出假從勢格局之後，就知道喜神、忌神為何，並排出八柱的大運，分析其中的生剋合化、合沖刑會，藉此來分析八字的好壞、歲運的好壞，以及評論假從勢格八字的家庭、婚姻、事業、財運、健康、子女等等。

男命八字身強格

八字實例演練

案例一：男命八字身強

主星	八字	副星	男命大運			
				主星	大運	副星
正印	壬戌	正財 七殺 食神	第一大運	劫財	甲辰	正財 比肩 偏印
			第二大運	比肩	乙巳	傷官 正財 正官
偏印	癸卯	比肩	第三大運	傷官	丙午	食神 偏財
			第四大運	食神	丁未	偏財 食神 比肩
日主	乙巳	傷官 正財 正官	第五大運	正財	戊申	正官 正印 正財
			第六大運	偏財	己酉	七殺
食神	丁亥	正印 劫財	第七大運	正官	庚戌	正財 七殺 食神
			第八大運	七殺	辛亥	正印 劫財

八字身強或身弱判斷

(1)、乙日主出生於卯月，但卯亥合化木，卯戌也合化火，也都能夠合化，不過三合強於六合，而且天干有印星，能生比劫剋食傷，所以算是有得月令。

(2)、八字地支多為自黨，所以算是有得地。

(3)、八字天干多為自黨，所以算是有得勢。

(4)、八字得令、得地、得勢，因此要算是八字身強格局。

大運喜忌神判斷

(1)、因為八字身強喜異黨、忌自黨，所以喜歡火土（食神、傷官、正財、偏財），不喜歡水木金（比肩、劫財、正印、偏印），天干有印星，正官、七殺也不能用，只能夠用食神、傷官、正財、偏財。但是八字原局無財星，不能夠通關，走食傷運的時候，會被天干印星剋死，因此沒有喜神可用，格局非常的惡劣。

(2)、第一柱大運「甲辰」，甲是劫財為忌神，所以甲是走忌運，辰是正財為喜神，所以辰是走喜運。

(3)、第二柱大運「乙巳」，乙是比肩為忌神，所以乙是走忌運，巳是傷官為喜神，所以巳是走喜運。

(4)、第三柱大運「丙午」，丙是傷官爲喜神，所以丙是走喜運，午是食神爲喜神，又午與戌合化火，大運天干有丙火，所以能夠合化火，火是食神爲喜神，喜神的力量增加，所以午是走喜運。

(5)、第四柱大運「丁未」，丁是食神爲喜神，但丁與壬合化木，八字地支有卯木，所以能夠合化木，木是比肩爲忌神，喜神變忌神，所以丁是走忌運，未是偏財爲喜神，但亥卯未合化木，天干丁壬合化木，化神引化神的緣故，所以能夠合化木，木是比肩爲忌神，喜神變忌神，干支又同爲比局，忌神的力量增加，所以未是走忌運。

(6)、第五柱大運「戊申」，戊是正財爲喜神，又戊與癸合化火，地支有卯戌化火，所以能夠合化火，火是食神爲喜神，所以戊是走喜運，申是正官爲忌神，又申與巳合化水，八字天干有癸水，水是偏印爲忌神，忌神的力量增加，所以申是走忌運。

(7)、第六柱大運「己酉」，己是偏財爲喜神，所以己是走喜運，酉是七殺爲忌神，又巳酉合化金，天干沒有金，所以不能夠合化金，因此酉是走忌運。

整體八字命評

本八字命格爲男命，因爲八字身強，天干有印星，所以只能用財星，但是八字沒有財星，大運也沒有財運，所以沒有喜神可用，八字命局不是很好。一出生的時候，就已經殘廢了，父親藉此抛棄母親，但因為第一大運、第二大運，走比劫運的關係，比劫雖然為忌神，但比劫可以生食傷，所以表現得很聰明，很有學習的念頭。第三大運丙午，食傷干支同氣，應該有好的表現，能夠獲得名氣，藉此賺點收入，但因為喜神孤露，沒有財星來保護，會被天干的印星剋制，所以也要提防意外，或是在喜運中遭受挫折。

案例二：男命八字身強

<table>
<tr><th rowspan="2">主星</th><th rowspan="2">八字</th><th rowspan="2">副星</th><th colspan="4">男命大運</th></tr>
<tr><th></th><th>主星</th><th>大運</th><th>副星</th></tr>
<tr><td rowspan="2">偏印</td><td rowspan="2">乙巳</td><td rowspan="2">劫財
傷官
正財</td><td>第一大運</td><td>七殺</td><td>癸未</td><td>食神
比肩
偏印</td></tr>
<tr><td>第二大運</td><td>正官</td><td>壬午</td><td>比肩
食神</td></tr>
<tr><td rowspan="2">正印</td><td rowspan="2">甲申</td><td rowspan="2">正財
正官
傷官</td><td>第三大運</td><td>偏財</td><td>辛巳</td><td>劫財
傷官
正財</td></tr>
<tr><td>第四大運</td><td>正財</td><td>庚辰</td><td>傷官
偏印
七殺</td></tr>
<tr><td rowspan="2">日主</td><td rowspan="2">丁未</td><td rowspan="2">食神
比肩
偏印</td><td>第五大運</td><td>食神</td><td>己卯</td><td>偏印</td></tr>
<tr><td>第六大運</td><td>傷官</td><td>戊寅</td><td>正印
劫財
傷官</td></tr>
<tr><td rowspan="2">食神</td><td rowspan="2">己巳</td><td rowspan="2">劫財
傷官
正財</td><td>第七大運</td><td>比肩</td><td>丁丑</td><td>食神
七殺
偏財</td></tr>
<tr><td>第八大運</td><td>劫財</td><td>丙子</td><td>七殺</td></tr>
</table>

八字身強或身弱判斷

(1)、丁日主出生於申月，所以沒有得月令。

(2)、八字地支多為自黨，月令申金不透干，財星又被劫財、印星所剋制，所以沒有力量，因此算是有得地。

(3)、八字天干全為自黨，而且都是印星，所以算是有得勢。

(4)、八字失令、得地、得勢，財星秉令不透，天干多為印星，所以八字要算是身強。

大運喜忌神判斷

(1)、因為八字身強喜異黨、忌自黨，所以喜歡火土（食神、傷官、正財、偏財），不喜歡水木（比肩、劫財、正印、偏印）。又天干多為印星，正官、七殺也不能用。而且走財運會被印星所洩，走食傷會被印星剋制，所以幾乎無喜神可用。

(2)、第一柱大運「癸未」，癸是七殺為忌神，所以癸是走忌運，未是食神為喜神，但天干全為印星，喜神被忌神所剋，所以未是走忌運。

(3)、第二柱大運「壬午」，壬是正官為忌神，又丁與壬合化木，八字地支沒有木，因此不能夠合化，所以壬是走忌運，午是比肩為忌神，且午未合化火，八字天干有丁火，因此能夠合化火，火是比肩為忌神，忌神的力量增加，所以午是走忌運。

(4)、第三柱大運「辛巳」，辛是偏財為喜神，所以辛是走喜運，巳是劫財為忌神，又巳與申合化水，八字天干沒有水，因此不能夠合化，所以巳是走忌運。

(5)、第四柱大運「庚辰」，庚是正財為喜神，又乙與庚合化金，八字地支有申金，所以能夠合化金，金是正財為喜神，喜神的力量增加，所以庚是走喜運，辰是傷官為忌神，所以辰是走忌運。

(6)、第五柱大運「己卯」，己是食神為喜神，又甲與己合化土，八字地支有己土，所以能夠合化土，土是傷官為喜神，但全被天干印星剋死，喜神被忌神所剋制，所以己是走忌運，卯是偏印為忌神，又卯未合化木，八字天干有木，所以能夠合化木，木是印星為忌神，忌神的力量增加，所以卯是走忌運。

(7)、第六柱大運「戊寅」，戊是傷官為喜神，但天干多為印星，喜神被忌神所剋，所以戊是走忌運，寅是正印為忌神，所以寅是走忌運。

整體八字命評

本八字命格為男命，八字身強喜異黨、忌自黨，但天干多為印星，無喜神可用，走財運也會被洩盡，走食傷運原本為喜運，但食傷被印星剋制，反而會因此身敗名裂，所以幾乎無喜神可用，格局不是很理想，要看大運來配合。大運前三柱，走的是官殺、刦比大運，官殺星生印星，印星能生刦比星，剛開始還不錯，但會被人拖累，而且較為貧窮。第四柱大運庚辰，因為大運走財，而且合去天干乙木印星，又有食神星來生，所以運勢順遂，而且能發富，但僅曇花一現。第五大運己卯，走食神大運，遇天干印星來剋，形成梟神奪食，因為偽造文書，詐欺他人，所以吃上官司，入獄服刑，後運也不理想，容易招惹是非。

案例三：男命八字身強

主星	八字	副星	男命大運			
				主星	大運	副星
七殺	乙丑	比肩 偏財 食神	第一大運	傷官	庚辰	劫財 七殺 偏財
			第二大運	比肩	己卯	七殺
食神	辛巳	正印 劫財 傷官	第三大運	劫財	戊寅	正官 正印 劫財
			第四大運	偏印	丁丑	比肩 偏財 食神
日主	己未	比肩 偏印 七殺	第五大運	正印	丙子	偏財
			第六大運	七殺	乙亥	正財 正官
傷官	庚午	偏印 比肩	第七大運	正官	甲戌	劫財 食神 偏印
			第八大運	偏財	癸酉	食神

八字身強或身弱判斷

(1)、己日主出生於巳月，所以有得月令。
(2)、八字地支全爲自黨，所以有得地。
(3)、八字天干全爲異黨，所以沒有得勢。
(4)、八字得令、得地、失勢，所以八字要算是身強。

大運喜忌神判斷

(1)、因爲八字身強喜異黨、忌自黨，所以喜歡金水（食神、傷官、正財、偏財），不喜歡土火木（比肩、劫財、正印、偏印、正官、七殺）。天干無財星通關，走官殺運時，將形成兩神相違，所以不能用官殺，避免喜神打喜神，又比劫本爲忌神，但比劫能生食傷，所以仍然能用，只是會稍微窮困。

(2)、第一柱大運「庚辰」，庚是傷官爲喜神，又乙庚合化金，與月令之神相違，所以不能夠合化，因此庚是走喜運，辰是劫財爲忌神，所以辰是走忌運。

(3)、第二柱大運「己卯」，己是比肩爲忌神，所以己是走忌運，卯是七殺爲忌神，所以卯是走忌運。

(4)、第三柱大運「戊寅」，戊是劫財爲喜神，所以戊是走喜運，寅是正官爲忌神，又寅午合化火，天干沒有火，所以不能夠合化，因此寅是走忌運。

(5)、第四柱大運「丁丑」，丁是偏印爲忌神，所以丁是走忌運，丑是比肩爲忌神，所以丑是走忌運。

(6)、第五柱大運「丙子」，丙是正印爲忌神，又丙辛合化水，水是正財爲喜神，所以丙是走喜運，子是偏財爲喜神，但子丑合化土，天干有己土，土是比肩爲忌神，喜神變忌神，所以子是走忌運。

(7)、第六柱大運「乙亥」，乙是七殺爲忌神，又乙庚合化金，與月令相違不能化，所以乙是走忌運，亥是正財爲喜神，所以亥是走喜運。

整體八字命評

本八字命格爲男命，八字身旺透食傷，從小聰明好學，可以學習才華，第二大運己卯，第三大運戊寅，走比劫大運，比劫爲忌神，但比劫能生天干食傷，所以雖然稍微窮困，身體也欠安，但還頗有名聲，才華得以展現，第四大運丁丑，偏印剋食傷的緣故，反而受名聲所累，招惹官非，被捕入獄，第五大運丙子，平反出獄，擔任鄉民代表，官位扶搖直上，連升三級，第六大運乙亥，持續好運，但升官不發財。

邁向八字大師之路的第二十六天

第二十六天主要是學習認識女命八字身強格，並且教你如何分析，一共有三個案例，從格局的基本判斷，像是否得令、是否得地、是否得勢、有無合化等等，將詳細列出步驟。定出假從勢格局之後，就知道喜神、忌神為何，並排出八柱的大運，分析其中的生剋合化、合沖刑會，藉此來分析八字的好壞、歲運的好壞，以及評論假從勢格八字的家庭、婚姻、事業、財運、健康、子女等等。

女命八字身強格

八字實例演練

案例一：女命八字身強

主星	八字	副星	男命大運			
				主星	大運	副星
比肩	己亥	正印 劫財	第一大運	偏財	己卯	比肩
			第二大運	正官	庚辰	正財 比肩 偏印
正財	戊寅	劫財 傷官 正財	第三大運	七殺	辛巳	傷官 正財 正官
			第四大運	正印	壬午	食神 偏財
日主	乙丑	偏財 偏印 七殺	第五大運	偏印	癸未	偏財 食神 比肩
			第六大運	劫財	甲申	正官 正印 正財
食神	丁亥	正印 劫財	第七大運	比肩	乙酉	七殺
			第八大運	傷官	丙戌	正財 七殺 食神

八字身強或身弱判斷

(1)、乙日主出生於寅月，又寅亥合化木，天干有乙木，所以能夠合化木，所以有得月令。
(2)、八字地支多爲自黨，所以有得地。
(3)、八字天干多爲異黨，所以沒有得勢。
(4)、八字得令、得地、沒得勢，所以八字要算是身強。

大運喜忌神判斷

(1)、因爲八字身強喜異黨、忌自黨，所以喜歡火土金（食神、傷官、正財、偏財、正官、七殺），不喜歡水木（比肩、劫財、正印、偏印），原本八字天干有食神，所以走比肩、劫財運時，還可以順生，而不會太差，但最忌印星來剋食神。

(2)、第一柱大運「己卯」，己是偏財爲喜神，所以己是走喜運，卯是比肩爲忌神，所以卯是走忌運。

(3)、第二柱大運「庚辰」，庚是正官爲喜神，又乙與庚合化金，地支沒有金不能化，所以庚是走喜運，辰是正財爲喜神，所以辰是走喜運。

(4)、第三柱大運「辛巳」，辛是七殺爲喜神，所以辛是走喜運，巳是傷官爲喜神，所以巳是走喜運。

(5)、第四柱大運「壬午」，壬是正印爲忌神，但丁壬合化木，八字地支有寅木，所以能夠合化木，木是劫財爲忌神，因此壬是走忌運，午是食神爲喜神，又寅與午合化火，八字天干有丁火，因此能夠合化火，火是食神爲喜神，喜神的力量增加，所以午是走喜運。

(6)、第五柱大運「癸未」，癸是偏印爲忌神，但戊與癸合化火，火是傷官爲喜神，所以癸是走喜運，未是偏財爲喜神，所以未是走喜運。

(7)、第六柱大運「甲申」，甲是劫財爲忌神，所以甲是走忌運，申是正官爲喜神，所以申是走喜運。

整體八字命評

本八字命格爲女命，原本的格局不差，天干有喜神可用，大運很快就走運，第一柱大運己卯，己是財星爲喜神，因此家庭環境不錯，很早就享受富貴，第二柱大運庚辰，官殺代表女命姻緣，官殺爲喜神的話，表示姻緣到來、配偶的條件優秀，很早就會結婚生子。第三柱大運辛巳，雖然爲喜神運，但是婚姻狀況卻不理想，因爲原本八字格局就沒有官殺星，表示與配偶緣分較薄，婚姻比較遲緩，幸好有官殺大運，才得以遇到對象。可是第三柱辛巳，與年柱、時柱天剋地沖，夫（殺）星將嚴重受創，不是丈夫早過世，就是婚姻關係緊張。至於後面大運，仍可保有富貴，但心境較寂寞。

案例二：女命八字身強

主星	八字	副星	男命大運			
				主星	大運	副星
偏印	丙申	食神 偏財 比肩	第一大運	食神	庚寅	七殺 偏印 比肩
			第二大運	劫財	己丑	劫財 正財 傷官
傷官	辛卯	正官	第三大運	比肩	戊子	正財
			第四大運	正印	丁亥	偏財 七殺
日主	戊戌	比肩 傷官 正印	第五大運	偏印	丙戌	比肩 傷官 正印
			第六大運	正官	乙酉	傷官
食神	庚申	食神 偏財 比肩	第七大運	七殺	甲申	食神 偏財 比肩
			第八大運	正財	癸未	劫財 正印 正官

八字身強或身弱判斷

(1)、戊日主出生於卯月，但卯戌合化火，天干有丙火，又丙辛不能合化水，所以能夠合化火，因此有得月令。
(2)、八字地支多為自黨，所以算是有得地。
(3)、八字天干多為異黨，所以算沒有得勢。
(4)、八字得令、得地、失勢，所以八字要算是身強。

大運喜忌神判斷

(1)、因為八字身強喜異黨、忌自黨，所以喜歡金水（食神、傷官、正財、偏財），不喜歡火土木（比肩、劫財、正印、偏印、正官、七殺），天干有偏印，所以正官、七殺也不能用。
(2)、第一柱大運「庚寅」，庚是食神為喜神，所以庚是走喜運，寅是七殺為忌神，所以寅是走忌運。
(3)、第二柱大運「己丑」，己是劫財為喜神，所以己是走喜運，丑是劫財為忌神，所以丑是走忌運。
(4)、第三柱大運「戊子」，戊是比肩為忌神，所以戊是走忌運，子是正財為喜神，又申子合化水，天干沒有水，又與月令之神相違，所以不能夠合化，因此子是走喜運。
(5)、第四柱大運「丁亥」，丁是正印為忌神，所以丁是走忌運，亥是偏財為忌神，又亥卯合化木，天干沒有木，所以不能夠合化，因此亥是走忌運。

(6)、第五柱大運「丙戌」，丙是偏印爲忌神，又丙辛合化水，地支沒有水，又與月令之神相違，所以不能夠合化，因此丙是走忌運，戌是比肩爲忌神，又卯戌合化火，天干有丙火，所以能夠合化火，火是偏印爲忌神，忌神的力量增加，因此戌是走忌運。

(7)、第六柱大運「乙酉」，乙是正官爲忌神，但乙與庚合化金，大運地支是酉金，所以能夠合化金，金是傷官爲喜神，忌神變喜神，因此乙是走喜運，酉是傷官爲喜神，申酉戌、申酉戌三會金，天干有辛金，所以能夠合化金，金是傷官爲喜神，喜神的力量增加，所以酉是走喜運。

整體八字命評

本八字命格爲女命，八字原本卯爲月令，但是卯戌化火，地支合成兩印，所以變成有得令，又日主做印，年干也透印，所以由身弱變身強。原局沒有財星，天干透印根強，所以不適合經商，或從事貿易行業，但是天干丙辛合化水，水爲財星，雖然不能合化，可是表示爲人想做生意，但卻沒有機會做，必須要等大運財星來臨，才有可能實現願望。第一大運庚寅、第二大運己丑，在貧困中撐過去，第三大運戊子、第四大運丁亥，地支有財星出現，表示有些許本錢，所以便開始做生意，不過財星沒透干，因此力量十分有限，很辛苦經營、卻賺不到什麼錢，只是當一下老闆過過癮，後運也只能守成，沒辦法有所突破。

案例三：女命八字身強

主星	八字	副星	男命大運			
				主星	大運	副星
劫財	戊申	傷官 正財 劫財	第一大運	偏財	癸亥	正財 正官
			第二大運	正財	壬戌	劫財 食神 偏印
正官	甲子	偏財	第三大運	食神	辛酉	食神
			第四大運	傷官	庚申	傷官 正財 劫財
日主	己未	比肩 偏印 七殺	第五大運	比肩	己未	比肩 偏印 七殺
			第六大運	劫財	戊午	偏印 比肩
正官	甲子	偏財	第七大運	偏印	丁巳	正印 劫財 傷官
			第八大運	正印	丙辰	劫財 七殺 偏財

八字身強或身弱判斷

(1)、己日主出生於子月，所以沒有得月令。

(2)、八字地支多為異黨，所以算是沒得地。

(3)、八字天干多為異黨，所以算是沒得勢。

(4)、八字失令、失地、失勢，原本八字要算是身弱，但是月令主氣正財星不透干，天干正官星無根虛浮，日主又直坐比星，得天干劫財星相助，所以八字身弱轉強。

大運喜忌神判斷

(1)、因為八字身強喜異黨、忌自黨，所以喜歡火土木（食神、傷官、正財、偏財、正官、七殺），不喜歡水木（比肩、劫財、正印、偏印），但是天干沒有財星，只有兩個正官星，若走食傷大運的話，就形成兩神相違，而引起回剋現象，結果不是很理想。

(2)、第一柱大運「癸亥」，癸是偏財為喜神，又戊癸合化火，地支沒有火，所以不能夠合化，因此癸是走喜運，亥是正財為喜神，所以亥是走喜運。

(3)、第二柱大運「壬戌」，壬是正財為喜神，所以壬是走喜運，戌是劫財為忌神，所以戌是走忌運。

(4)、第三柱大運「辛酉」，辛是食神爲喜神，所以辛是走喜運，酉是食神爲喜神，所以酉是走喜運。

(5)、第四柱大運「庚申」，庚是傷官爲喜神，所以庚是走喜運，申是傷官爲喜神，又申子合化水，天干沒有水，所以不能合化，所以申是走喜運。

(6)、第五柱大運「己未」，己是比肩爲忌神，所以己是走忌運，未是比肩爲忌神，所以未是走忌運。

(7)、第六柱大運「戊午」，戊是劫財爲忌神，所以戊是走忌運，午是偏印爲忌神，又戊未合化火，天干沒有火，所以不能合化，因此午是走忌運。

整體八字命評

本八字命格爲女命，八字天干有喜神，出身於高官子弟，從小生活富裕，本身又很聰明，第一柱癸亥大運、第二柱壬戌大運，因爲財星有透干，所以很有經商頭腦，並到外地去發展，靠著父母的餘蔭，沒有遭遇到困難，做得有聲有色，可是第三柱辛酉大運、第四柱庚申大運，走食神、傷官透干，雖然爲喜神，但是回剋正官星，又正官星都合日主，又合又剋，財運不會有問題，但感情恐怕有挫折，婚姻將亮起紅燈。後運走比劫不佳，要注意身體健康。

邁向八字大師之路的第二十七天

第二十七天主要是學習認識男命八字身弱格，並且教你如何分析，一共有三個案例，從格局的基本判斷，像是否得令、是否得地、是否得勢、有無合化等等，將詳細列出步驟。定出假從勢格局之後，就知道喜神、忌神為何，並排出八柱的大運，分析其中的生剋合化、合沖刑會，藉此來分析八字的好壞、歲運的好壞，以及評論假從勢格八字的家庭、婚姻、事業、財運、健康、子女等等。

男命八字身弱格

八字實例演練

案例一：男命八字身弱格

主星	八字	副星	男命大運			
				主星	大運	副星
偏印	甲辰	食神 正印 正官	第一大運	偏財	庚午	劫財 傷官
			第二大運	正財	辛未	傷官 劫財 正印
傷官	己巳	比肩 食神 偏財	第三大運	七殺	壬申	偏財 七殺 食神
			第四大運	正官	癸酉	正財
日主	丙子	正官	第五大運	偏印	甲戌	食神 正財 劫財
			第六大運	正印	乙亥	七殺 偏印
劫財	丁酉	正財	第七大運	比肩	丙子	正官
			第八大運	劫財	丁丑	傷官 正官 正財

八字身強或身弱判斷

(1)、丙日主出生於巳月，所以有得月令。
(2)、八字地支多為異黨，所以沒有得地。
(3)、八字天干多為異黨，所以沒有得勢。
(4)、八字得令、失地、失勢，所以八字要算是身弱。

大運喜忌神判斷

(1)、因為八字身若喜自黨、忌異黨，所以喜歡火木（比肩、劫財、正印、偏印），不喜歡土金水（食神、傷官、正財、偏財、正官、七殺）。
(2)、第一柱大運「庚午」，庚是偏財為忌神，所以庚是走喜運，午是劫財為喜神，所以午是走喜運。
(3)、第二柱大運「辛未」，辛是正財為忌神，所以辛是走忌運，未是傷官為忌神，所以未是走忌運。
(4)、第三柱大運「壬申」，壬是七殺為忌神，又丁壬合化木，地支沒有木，所以不能夠合化，忌神的力量減弱，因此壬是走忌運，申是偏財為忌神，又申子辰合化水，大運天干為壬水，所以能夠合化水，水是七殺爲忌神，忌神的力量增加，因此申是走忌運。

整體八字命評

本八字命格爲男命，因爲八字身強的關係，喜自黨、忌異黨，原本天干有印星，官殺星可以算喜神，但是甲木被己土合去，合化成爲食局，所以印星不能用，官殺星就成爲忌神。原本八字格局多合，代表人緣佳、桃花多，但要看喜神或吉神，才能決定吉凶情況。而天干印星被合去，只剩下丁火劫財，變成了喜神孤露，所以很怕遇到官殺星來剋制，很容易就形成破局。第一柱庚午大運，偏財坐劫財，看似好實則辛苦，因爲財多身弱，身體健康較差，第二柱辛未大運，傷財異黨干支同氣，日主元氣被洩，顯得更加危險，第三柱壬申大運，殺星干支同氣，地支又爲殺局，剋去天干喜神丁火，同時沖剋日柱，因此重病身亡，英年早逝。

案例二：男命八字身弱格

主星	八字	副星	男命大運			
				主星	大運	副星
傷官	己卯	正印	第一大運	偏財	庚午	劫財 傷官
			第二大運	傷官	己巳	比肩 食神 偏財
正財	辛未	傷官 劫財 正印	第三大運	食神	戊辰	食神 正印 正官
			第四大運	劫財	丁卯	正印
日主	丙子	正官	第五大運	比肩	丙寅	偏印 比肩 食神
			第六大運	正印	乙丑	傷官 正官 正財
正官	癸巳	比肩 食神 偏財	第七大運	偏印	甲子	正官
			第八大運	正官	癸亥	七殺 偏印

八字身強或身弱判斷

(1)、丙日主出生於未月，所以沒有得月令。

(2)、八字地支多爲自黨，所以有得地。

(3)、八字天干全爲異黨，所以沒有得勢。

(4)、八字沒得令、有得地、沒得勢，所以八字要算是身弱。

大運喜忌神判斷

(1)、因爲八字身弱喜自黨、忌異黨，所以喜歡火木（比肩、劫財、正印、偏印），不喜歡土金水（食神、傷官、正財、偏財、正官、七殺）。

(2)、第一柱大運「庚午」，庚是偏財爲忌神，所以庚是走忌運，午是劫財爲喜神，又午與未合化火，八字天干有丙火，所以能夠合化火，火是比肩爲喜神，喜神的力量增加，因此午是走喜運。

(3)、第二柱大運「己巳」，己是傷官爲忌神，所以己是走忌運，巳是比肩爲忌神，所以巳是走忌運。

(4)、第三柱大運「戊辰」，戊是食神爲忌神，但戊與癸合化火，八字地支有巳火，所以能夠合化火，火是劫財爲喜神，忌神變爲喜神，所以戊是走喜運，辰是食神爲忌神，又辰與子合化水，與月令之神相違，所以不能夠合化，因此辰是走忌運。

(5)、第四柱大運「丁卯」，丁是劫財爲喜神，所以丁是走喜運，卯是正印爲喜神，又卯與未合化木，天干沒有木不能化，所以卯是走喜運。

(6)、第五柱大運「丙寅」，丙是比肩爲喜神，但丙與辛合化水，與月令之神相違，所以不能夠合化，喜神的力量減弱，所以丙是走忌運，寅是偏印爲喜神，所以寅是走喜運。

(7)、第六柱大運「乙丑」，乙是正殺爲喜神，所以乙是走喜運，丑是傷官爲忌神，又子與丑合化土，八字天干有己土，所以能夠合化土，土是傷官爲忌神，忌神的力量增加，因此丑是走忌運。

整體八字命評

本八字命格爲男命，八字身弱的情況，喜自黨、忌異黨，但八字天干全爲異黨，全部爲忌神而沒有喜神，所以格局不是很好，表示命主出身低、沒有貴人，才華難以展現，必須依靠自己，但若大運走的理想，還是有辦法補救。大運的前三柱，庚午、己巳、戊辰，喜神都沒有透干，所以力量很有限，而且較爲貧困，必須要辛勤奔波，才能夠糊口飯吃，第四大運丁卯，喜神干支同氣，工作上順利升遷，而且有所進帳，生活逐漸轉好，第五大運丙寅，退休獲得一筆退休金，利用退休金買了房子，後面就適合守成，不宜再強出頭。

案例三：男命八字身弱格

主星	八字	副星	男命大運			
				主星	大運	副星
比肩	丁酉	偏財	第一大運	比肩	丁未	食神 比肩 偏印
			第二大運	劫財	丙午	比肩 食神
傷官	戊申	正財 正官 傷官	第三大運	偏印	乙巳	劫財 傷官 正財
			第四大運	正印	甲辰	傷官 偏印 七殺
日主	丁巳	劫財 傷官 正財	第五大運	七殺	癸卯	七殺
			第六大運	正官	壬寅	正印 劫財 傷官
傷官	戊申	正財 正官 傷官	第七大運	偏財	辛丑	食神 七殺 偏財
			第八大運	正財	庚子	七殺

八字身強或身弱判斷

(1)、丁日主出生於申月，所以沒有得月令。
(2)、八字地支多爲異黨，所以沒有得地。
(3)、八字天干多爲異黨，所以沒有得勢。
(4)、八字失令、失地、失勢，而且日主坐比肩星，天干也有一個比肩星，所以八字要算是身弱，不能算特殊從格。

大運喜忌神判斷

(1)、因爲八字身弱喜自黨、忌異黨，所以喜歡火木（比肩、劫財、正印、偏印），不喜歡土金水（食神、傷官、正財、偏財、正官、七殺）。
(2)、第一柱大運「丁未」，丁是比肩爲喜神，所以丁是走喜運，未是食神爲忌神，所以未是走忌運。
(3)、第二柱大運「丙午」，丙是劫財爲喜神，所以丙是走喜運，午是比肩爲喜神，所以午是走喜運。
(4)、第三柱大運「乙巳」，乙是偏印爲喜神，所以乙是走喜運，巳是劫財爲忌神，又巳申合化水，天干沒有水，所以不能夠合化，巳酉合化金，天干沒有金，所以也不能合化，但忌神的力量增加，所以未是走忌運。

整體八字命評

本八字命格為男命，八字地支多合，但都沒有透干，若是能夠透干，就可以變做從格，情況會比較理想。否則身弱格局，比肩喜神孤露，很容易就被剋死，而產生破局的結果。八字原局喜神較少，表示出身家貧，環境欠佳，第一柱丁未大運，比肩為喜神能夠剋財，所以經濟有所改善，表示家境逐漸好轉，第二柱丙午大運，比劫喜神干支同氣，經濟更上一層樓，能夠賺更多錢財，工作也能夠順遂，第三大柱乙巳大運，乙是偏印為喜神，地支巳也為喜神，運勢原本應該不錯，但可惜巳申、巳申合化水，巳酉合化金，雖然都沒有透干，但四柱地支全動搖，已經隱藏著凶險，只要有流年來沖剋，就會將凶險給引發。在乙巳大運的癸亥流年，因為癸沖丁、亥沖巳，流年沖剋日柱，喜神被剋盡，死於交通意外。

邁向八字大師之路的第二十八天

第二十八天主要是學習認識女命八字身弱格，並且教你如何分析，一共有三個案例，從格局的基本判斷，像是否得令、是否得地、是否得勢、有無合化等等，將詳細列出步驟。定出假從勢格局之後，就知道喜神、忌神為何，並排出八柱的大運，分析其中的生剋合化、合沖刑會，藉此來分析八字的好壞、歲運的好壞，以及評論假從勢格八字的家庭、婚姻、事業、財運、健康、子女等等。

女命八字身弱格

八字實例演練

案例一：女命八字身弱格

主星	八字	副星	男命大運			
				主星	大運	副星
偏印	壬寅	比肩 食神 偏財	第一大運	正印	癸卯	劫財
			第二大運	偏印	壬寅	比肩 食神 偏財
比肩	甲辰	偏財 劫財 正印	第三大運	正官	辛丑	正財 正印 正官
			第四大運	七殺	庚子	正印
日主	甲申	七殺 偏印 偏財	第五大運	正財	己亥	偏印 比肩
			第六大運	劫財	戊戌	偏財 正官 傷官
劫財	己丑	正財 正印 正官	第七大運	傷官	丁酉	正官
			第八大運	食神	丙申	七殺 偏印 偏財

八字身強或身弱判斷

(1)、甲日主出生於辰月，原本沒有得月令，但主氣偏財不透干，餘氣劫財透干，所以應該以劫財星秉令來看，所以甲日主有得月令。

(2)、八字地支多為異黨，但辰寅拱卯、申辰也拱子，且自黨透干、異黨不透干，所以算是有得地。

(3)、八字天干全為自黨，所以算是有得勢。

(4)、八字沒得令、沒得勢，原本要算是身弱。

大運喜忌神判斷

(1)、因為八字身強喜異黨、忌自黨，所以喜歡火土（食神、傷官、正財、偏財），不喜歡水木金（比肩、劫財、正印、偏印、正官、七殺），因為天干有印星，所以正官、七殺也不能用。

(2)、第一柱大運「癸卯」，癸是正印為忌神，所以癸是走忌運，卯是劫財為忌神，又寅卯辰三合會木，八字天干有木，所以合會成木，木是劫財為忌神，忌神的力量增加，所以卯是走忌運。

(3)、第二柱大運「壬寅」，壬是偏印爲忌神，所以壬是走忌運，寅是比肩爲忌神，所以寅是走忌運。

(4)、第三柱大運「辛丑」，辛是正官爲忌神，所以辛是走忌運，丑是正財爲喜神，所以丑是走喜運。

(5)、第四柱大運「庚子」，庚是七殺爲忌神，所以庚是走忌運，子是正印爲忌神，又子與丑合化土，八字天干沒有土，所以不能夠合化，因此子是走忌運。

(6)、第五柱大運「己亥」，己是正財爲喜神，又甲與己合化土，八字地支有土，所以能夠合化土，土是偏財爲喜神，喜神的力量增加，所以己是走喜運，亥是偏印爲忌神，又寅與亥合化木，八字天干有木，所以能夠合化木，木是比肩爲忌神，忌神的力量增加，所以亥是走忌運。

(7)、第六柱大運「戊戌」，戊是偏財爲喜神，所以戊是走喜運，戌是偏財爲喜神，所以戌是走喜運。

整體八字命評

本八字命格爲女命，八字身強喜異黨、忌自黨，天干有印星，所以官殺星不能用。原本應該偏財星秉令，但是主氣偏財不透干，餘氣劫財透干，所以變成劫財星秉令。同樣天干無喜神，所

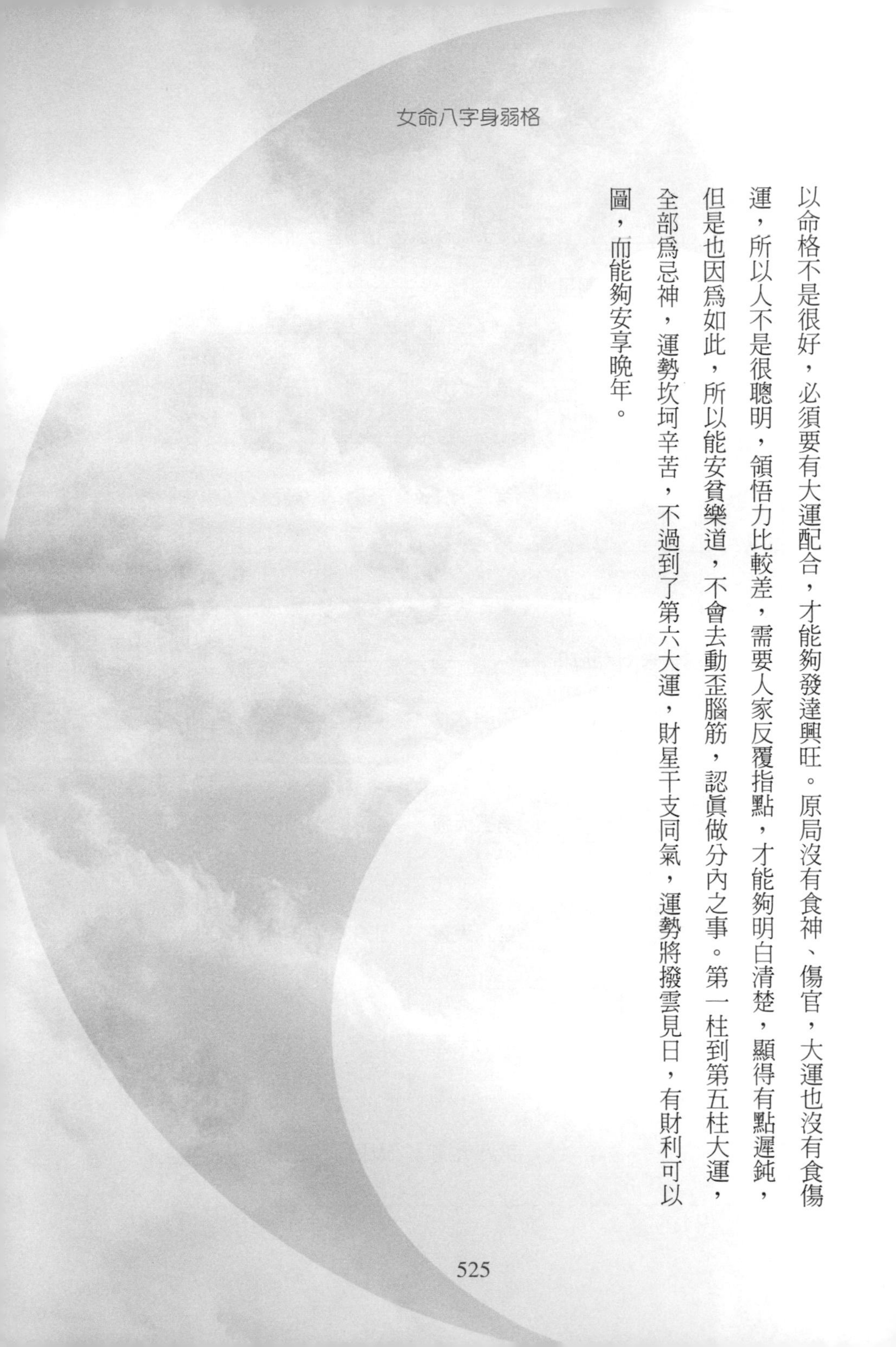

以命格不是很好，必須要有大運配合，才能夠發達興旺。原局沒有食神、傷官，大運也沒有食傷運，所以人不是很聰明，領悟力比較差，需要人家反覆指點，才能夠明白清楚，顯得有點遲鈍，但是也因爲如此，所以能安貧樂道，不會去動歪腦筋，認眞做分內之事。第一柱到第五柱大運，全部爲忌神，運勢坎坷辛苦，不過到了第六大運，財星干支同氣，運勢將撥雲見日，有財利可以圖，而能夠安享晚年。

案例二：女命八字身弱格

<table>
<tr><th rowspan="2">主星</th><th rowspan="2">八字</th><th rowspan="2">副星</th><th colspan="4">男命大運</th></tr>
<tr><th></th><th>主星</th><th>大運</th><th>副星</th></tr>
<tr><td rowspan="2">劫財</td><td rowspan="2">己亥</td><td rowspan="2">偏財
七殺</td><td>第一大運</td><td>偏財</td><td>壬申</td><td>食神
偏財
比肩</td></tr>
<tr><td>第二大運</td><td>正財</td><td>癸酉</td><td>傷官</td></tr>
<tr><td rowspan="2">傷官</td><td rowspan="2">辛未</td><td rowspan="2">劫財
正印
正官</td><td>第三大運</td><td>七殺</td><td>甲戌</td><td>比肩
傷官
正印</td></tr>
<tr><td>第四大運</td><td>正官</td><td>乙亥</td><td>偏財
七殺</td></tr>
<tr><td rowspan="2">日主</td><td rowspan="2">戊午</td><td rowspan="2">正印
劫財</td><td>第五大運</td><td>偏印</td><td>丙子</td><td>正財</td></tr>
<tr><td>第六大運</td><td>正印</td><td>丁丑</td><td>劫財
正財
傷官</td></tr>
<tr><td rowspan="2">正官</td><td rowspan="2">乙卯</td><td rowspan="2">正官</td><td>第七大運</td><td>比肩</td><td>戊寅</td><td>七殺
偏印
比肩</td></tr>
<tr><td>第八大運</td><td>劫財</td><td>己卯</td><td>正官</td></tr>
</table>

八字身強或身弱判斷

(1)、戊日主出生於未月，但亥卯未合化木，天干有乙木，所以能夠合化木，變成正官星秉令，因此沒有得月令。

(2)、八字地支多為異黨，所以沒有得地。

(3)、八字天干多為異黨，所以沒有得勢。

(4)、八字失令、失地、失勢，但是日主坐印星，天干有一個劫財星，所以身弱不從，因此八字要算是身弱。

大運喜忌神判斷

(1)、因為八字身弱喜自黨、忌異黨，所以喜歡火土（比肩、劫財、正印、偏印），不喜歡金水木（食神、傷官、正財、偏財、正官、七殺）。

(2)、第一柱大運「壬申」，壬是偏財為忌神，所以壬是走忌運，申是食神為忌神，所以申是走忌運。

(3)、第二柱大運「癸酉」，癸是正財為忌神，但戊癸合化火，八字地支有午火，所以能夠合化火，火是正印為喜神，忌神變喜神，所以癸是走喜運，酉是傷官為忌神，所以酉是走忌運。

(4)、第三柱大運「甲戌」，甲是七殺爲忌神，但甲己合化土，大運地支有土，所以能夠合化土，忌神變喜神，所以甲是走喜運，戌是比肩爲喜神，又卯戌合化火、午戌合化火，天干沒有火，所以不能夠合化，因此戌是走喜運。

(5)、第四柱大運「乙亥」，乙是正官爲忌神，所以乙是走忌運，亥丑是偏才爲忌神，又亥卯未三合木，大運天干有乙木，所以能夠合化木，木是正官爲忌神，忌神的力量增加，所以亥是走忌運。

整體八字命評

本八字命格爲女命，八字地支亥卯未合化木，因此得令變失令，但日主坐印星，天干有劫財星，因此身弱不能從。八字地支多合，多合則桃花，又合化爲忌神官殺星，所以感情多困擾、婚姻多波折，是所謂的桃花劫。第四柱乙亥大運，異黨干支同氣，官星坐官局，官重則剋身，而且劫財生傷官，傷官剋正官，嚴重引起回剋，忌神打忌神，所以危機四伏、凶險不斷，若遭遇流年來沖剋，那麼就會破局身亡。乙亥大運、流年辛未，月柱剋大運、大運剋年柱，流年剋會時柱、流年剋會大運，八字四柱動搖，官重剋身的緣故，死於情殺事件。

案例三：女命八字身弱格

主星	八字	副星	男命大運			
				主星	大運	副星
七殺	庚辰	偏財 劫財 正印	第一大運	傷官	丁丑	正財 正印 正官
			第二大運	食神	丙子	食神 正印
偏財	戊寅	比肩 食神 偏財	第三大運	劫財	乙亥	偏印 比肩
			第四大運	比肩	甲戌	偏財 正官 傷官
日主	甲申	七殺 偏印 偏財	第五大運	正印	癸酉	正官
			第六大運	偏印	壬申	七殺 偏印 偏財
正財	己巳	食神 偏財 七殺	第七大運	正官	辛未	正財 傷官 劫財
			第八大運	七殺	庚午	傷官 正財

八字身強或身弱判斷

(1)、甲日主出生於寅月，所以有得月令。
(2)、八字地支多為異黨，所以沒有得地。
(3)、八字天干多為異黨，所以沒有得勢。
(4)、八字失令、失地、失勢，月令為寅木比肩星，所以身弱不從，因此八字要算是身弱。

大運喜忌神判斷

(1)、因為八字身弱喜自黨、忌異黨，所以喜歡木火（比肩、劫財、正印、偏印），不喜歡火土金（食神、傷官、正財、偏財、正官、七殺）。

(2)、第一柱大運「丁丑」，丁是傷官為忌神，所以丁是走忌運，丑是正財為忌神，所以丑是走忌運。

(3)、第二柱大運「丙子」，丙是食神為忌神，所以丙是走忌運，子是正印為喜神，又申子辰合化水，但天干沒有水，所以不能夠合化，因此子是走喜運。

(4)、第三柱大運「乙亥」，乙是劫財為喜神，但乙庚合化金，大運地支沒有金，所以不能夠合化金，喜神的力量減弱，所以乙是走喜運，亥是偏印為喜神，又寅亥合化木、大運天干有木，所以能夠合化，木是劫財為喜神，喜神的力量增強，因此亥是走喜運。

(5)、第四柱大運「甲戌」，甲是比肩爲喜神，但甲己合化土，大運地支有土，所以能夠合化土，土是正財爲忌神，因此喜神變忌神，所以甲是走忌運，戌是偏財爲忌神，所以戌是走忌運。

(6)、第五柱大運「癸酉」，癸是正印爲喜神，但戊癸合化火，但地支沒有火，所不能夠合化，喜神的力量減弱，所以癸是走喜運，酉是正官爲忌神，又辰酉合化金，巳酉半合金，忌神的力量增加，所以酉是走忌運。

(7)、第六柱大運「壬申」，壬是偏印爲喜神，所以走喜運，申是七殺爲忌神，但巳申合化水，大運天干有壬水，所以能合化水，水是偏印爲喜神，因此忌神變喜神，申是走喜運。

整體八字命評

原格局的喜神不透干，所以力量有限，即使大運走到喜神，也比較難有所成就，發達的程度有限。加上日柱與月柱爲天沖地剋，家庭的溫暖不足，跟父母親緣分薄，又日柱與時柱相合，形成綁手綁腳的情況，所以無論是男命或女命，感情婚姻阻礙波折較多，都不是很幸福美滿。天干沒有喜神透干，所以得不到幫助，體質會比較虛弱，沒有什麼精神，做事情一波三折，容易遭遇到困難，而產生放棄的念頭，從大運方面來看，只有第三柱跟第四柱較好，其他的運途就不理想，人生過得很艱難辛苦。

邁向八字大師之路的第二十九天

第二十九天主要是學習認識男命真專旺格，並且教你如何分析，一共有三個案例，從格局的基本判斷，像是否得令、是否得地、是否得勢、有無合化等等，將詳細列出步驟。定出假從勢格局之後，就知道喜神、忌神為何，並排出八柱的大運，分析其中的生剋合化、合沖刑會，藉此來分析八字的好壞、歲運的好壞，以及評論假從勢格八字的家庭、婚姻、事業、財運、健康、子女等等。

男命八字專旺格

八字實例演練

案例一：男命八字專旺格

主星	八字	副星	男命大運			
				主星	大運	副星
偏財	甲辰	正財 傷官	第一大運	比肩	庚午	正官 正印
			第二大運	劫財	辛未	正印 正官 正財
正印	己巳	七殺 偏印 比肩	第三大運	食神	壬申	比肩 食神 偏印
			第四大運	傷官	癸酉	劫財
日主	庚辰	偏印 正財 傷官	第五大運	偏財	甲戌	偏印 劫財 正官
			第六大運	正財	乙亥	食神 偏財
正財	乙酉	劫財	第七大運	七殺	丙子	傷官
			第八大運	正官	丁丑	正印 傷官 劫財

八字身強或身弱判斷

(1)、庚日主出生於巳月，原本沒有得月令，但是天干乙庚合化金、甲己合化土，地支巳酉合化金、辰酉合化金，全部都有合化，所以變成專旺格，因此算有得月令。

(2)、八字地支多合化為自黨，所以算是有得地。

(3)、八字天干多合化為自黨，所以算是有得勢。

(4)、八字得令、得地、得勢，全部合化為自黨，沒有任何異黨，所以八字是特殊專旺格。

大運喜忌神判斷

(1)、因為八字專旺格喜自黨、忌異黨，所以不喜歡金土（比肩、劫財、正印、偏印），喜歡土木火（食神、傷官、正財、偏財、正官、七殺）。

(2)、第一柱大運「庚午」，庚是比肩為喜神，所以庚是走喜運，午是正官為忌神，所以午是走忌運。

(3)、第二柱大運「辛未」，辛是劫財為喜神，所以辛是走喜運，未是正印為喜神，所以未是走喜運。

(4)、第三柱大運「壬申」，壬是食神為忌神，所以壬是走忌運，申是比肩為忌神，所以申是走忌運。

整體八字命評

本八字命格爲男命，天干與地支多合化，合化爲自黨，所以形成專旺格。專旺格喜自黨、忌異黨，尤其是異黨干支同氣的大運流年，很容易就會破局。大運前兩柱庚午、辛未，出身於富貴家庭，而且貴人多助，教育程度不錯，才華有所發揮，但是第三大運壬申，異黨干支同氣，食神干支同氣，運勢突然走下坡，健康出現問題，又遇丙寅流年，異黨干支同氣，同時被大運沖剋，身體健康無好轉，最後病逝於醫院。

案例二：男命八字專旺格

主星	八字	副星	男命大運			
				主星	大運	副星
正印	癸亥	偏印 比肩	第一大運	比肩	甲寅	比肩 食神 偏財
			第二大運	正印	癸丑	正財 正官 正印
劫財	乙卯	劫財	第三大運	偏印	壬子	正印
			第四大運	正官	辛亥	偏印 比肩
日主	甲寅	比肩 食神 偏財	第五大運	七殺	庚戌	偏財 正官 傷官
			第六大運	正財	己酉	正官
比肩	甲子	正印	第七大運	偏財	戊申	七殺 偏印 偏財
			第八大運	傷官	丁未	正財 傷官 劫財

八字身強或身弱判斷

(1)、甲日主出生於卯月，所以有得令。

(2)、八字地支全為自黨，所以有得地。

(3)、八字天干全為自黨，所以有得勢。

(4)、八字得令、得地、得勢，全部都是自黨，沒有任何異黨，因此八字要算是特殊專旺格局。

大運喜忌神判斷

(1)、因為八字為特殊專旺格，所以喜自黨、忌異黨，喜歡木火（比肩、劫財、正印、偏印），天干有癸水正印，所以金（正官、七殺）也可以用，不喜歡火土金（食神、傷官、正財、偏財）。

(2)、第一柱大運「甲寅」，甲是比肩為喜神，所以甲是走喜運，寅是比肩為喜神，又寅亥合化木，大運天干有木，所以能夠合化木，喜神的力量增加，所以寅是走喜運。

(3)、第二柱大運「癸丑」，癸是正印為喜神，所以癸是走喜運，丑是正財為忌神，又子丑合化土，但天干沒有土，所以不能夠合化，但亥子丑三會水，大運天干有癸水，所以能夠合會水，因此忌神變喜神，所以丑是走喜運。

(4)、第三柱大運「壬子」，壬是偏印為喜神，所以壬是走喜運，子是正印為喜神，所以子是走喜運。

(5)、第四柱大運「辛亥」，辛是正官為喜神，所以辛是走喜運，亥是偏印為喜神，又寅亥合化木，八字天干有木，所以能夠合化木，喜神的力量增加，因此亥是走喜運。

(6)、第五柱大運「庚戌」，庚是七殺為喜神，又乙庚合化金，但地支沒有金，所不能夠合化，喜神的力量增加，所以庚是走喜運，戌是偏財為忌神，又卯戌合化火，天干沒有火，所以不能夠合化，忌神的力量增加，所以戌是走忌運。

(7)、第六柱大運「己酉」，己是正財為忌神，又甲己合化土，地支沒有土，所以不能夠合化，因此己是走忌運，酉是七殺為喜神，所以酉是走喜運。

整體八字命評

就專旺格局來說，必須要錦上添花，就要用正印、偏印、比肩、劫財，反而不能用食神、傷官、正財、偏財。而正官或七殺，若大運遇見的話，僅能用一個而已，不可以全都用，用多反而不吉，會有健康疾病的問題。此八字格局為男命，大運從甲寅到辛亥，連續四柱都為喜用神，所以出身的環境背景好，可得到良好栽培，很小就少年得志，能闖出一番事業，得到相當的財富。但若走運到庚戌，七殺與偏印同杜，干支又都是異黨，就會造成破局的情況，不是說很理想。

案例三：男命八字專旺格

主星	八字	副星	男命大運			
				主星	大運	副星
比肩	己巳	正印 劫財 傷官	第一大運	劫財	戊辰	劫財 七殺 偏財
			第二大運	偏印	丁卯	七殺
比肩	己巳	正印 劫財 傷官	第三大運	正印	丙寅	正官 正印 劫財
			第四大運	七殺	乙丑	比肩 偏財 食神
日主	己巳	正印 劫財 傷官	第五大運	正官	甲子	偏財
			第六大運	偏財	癸亥	正財 正官
比肩	己巳	正印 劫財 傷官	第七大運	正財	壬戌	劫財 食神 偏印
			第八大運	食神	辛酉	食神

八字身強或身弱判斷

(1)、己日主出生於巳月，所以有得令。
(2)、八字地支全爲自黨，所以有得地。
(3)、八字天干全爲自黨，所以有得勢。
(4)、八字得令、得地、得勢，全部都是自黨，沒有任何異黨，因此八字要算是特殊專旺格局。

大運喜忌神判斷

(1)、因爲八字爲特殊專旺格，所以喜自黨、忌異黨，喜歡木火（比肩、劫財、正印、偏印），不喜歡火土金（食神、傷官、正財、偏財、正官、七殺）。
(2)、第一柱大運「戊辰」，戊是劫財爲喜神，所以戊是走喜運，辰是劫財爲喜神，所以辰是走喜運。
(3)、第二柱大運「丁卯」，丁是偏印爲喜神，所以丁是走喜運，卯是七殺爲忌神，所以卯是走忌運。
(4)、第三柱大運「丙寅」，丙是正印爲喜神，所以丙是走喜運，寅是正官爲忌神，所以寅是走忌運。

(5)、第四柱大運「乙丑」，乙是七殺爲忌神，所以乙是走忌運，丑是比肩爲喜神，因此丑是走喜運。

(6)、第五柱大運「甲子」，甲是正官爲忌神，但甲己合化土，地支全爲印星，因此忌神變喜神，所以甲是走喜運，子是偏財爲忌神，所以子是走忌運。

(7)、第六柱大運「癸亥」，癸是偏財爲忌神，因此癸是走忌運，亥是正財爲喜神，所以亥是走喜運。

整體八字命評

此八字格局爲男命，出生於富貴家庭，受到良好栽培，丁卯、丙寅大運，殺印相生，少年得志，事業運興旺。乙丑大運稍差，但其後甲子大運，跟天干合成八個比星，炒金炒股，賭狗賭馬，無往不利。癸亥異黨干支同氣，與年月日時四柱天沖地剋，六十七歲流年乙亥，也剛好與四柱天沖地剋，駕車失事身亡。

邁向八字大師之路的第三十天

第三十天主要是學習認識女命真專旺格，並且教你如何分析，一共有三個案例，從格局的基本判斷，像是否得令、是否得地、是否得勢、有無合化等等，將詳細列出步驟。定出假從勢格局之後，就知道喜神、忌神為何，並排出八柱的大運，分析其中的生剋合化、合沖刑會，藉此來分析八字的好壞、歲運的好壞，以及評論假從勢格八字的家庭、婚姻、事業、財運、健康、子女等等。

女命八字專旺格

八字實例演練

案例一：女命八字專旺格

<table>
<tr><th rowspan="2">主星</th><th rowspan="2">八字</th><th rowspan="2">副星</th><th colspan="4">男命大運</th></tr>
<tr><th></th><th>主星</th><th>大運</th><th>副星</th></tr>
<tr><td rowspan="2">比肩</td><td rowspan="2">戊戌</td><td rowspan="2">比肩
傷官
正印</td><td>第一大運</td><td>正官</td><td>乙卯</td><td>正官</td></tr>
<tr><td>第二大運</td><td>七殺</td><td>甲寅</td><td>七殺
偏印
比肩</td></tr>
<tr><td rowspan="2">偏印</td><td rowspan="2">丙辰</td><td rowspan="2">比肩
正官
正財</td><td>第三大運</td><td>正財</td><td>癸丑</td><td>劫財
正財
傷官</td></tr>
<tr><td>第四大運</td><td>偏財</td><td>壬子</td><td>正財</td></tr>
<tr><td rowspan="2">日主</td><td rowspan="2">戊寅</td><td rowspan="2">七殺
偏印
比肩</td><td>第五大運</td><td>傷官</td><td>辛亥</td><td>偏財
七殺</td></tr>
<tr><td>第六大運</td><td>食神</td><td>庚戌</td><td>比肩
傷官
正印</td></tr>
<tr><td rowspan="2">比肩</td><td rowspan="2">戊午</td><td rowspan="2">正印
劫財</td><td>第七大運</td><td>劫財</td><td>己酉</td><td>傷官</td></tr>
<tr><td>第八大運</td><td>比肩</td><td>戊申</td><td>食神
偏財
比肩</td></tr>
</table>

八字身強或身弱判斷

(1)、戊日主出生於辰月，所以有得令。
(2)、八字地支多爲自黨，所以有得地。
(3)、八字天干全爲自黨，所以有得勢。
(4)、八字得令、得地、得勢，幾乎都是自黨，僅有一個寅木異黨，但寅午戌合化火，天干有丙火透干，因此八字要算是特殊專旺格局。

大運喜忌神判斷

(1)、因爲八字爲特殊專旺格，所以喜自黨、忌異黨，喜歡火土（比肩、劫財、正印、偏印），天干有丙火印星，所以木（正官、七殺）也可以用，不喜歡金水（食神、傷官、正財、偏財）。
(2)、第一柱大運「乙卯」，乙是正官爲喜神，所以乙是走喜運，卯是正官爲喜神，又卯戌合化火，天干有火透干，所以能夠合化火，火是偏印爲喜神，所以卯是走喜運。
(3)、第二柱大運「甲寅」，甲是七殺爲喜神，所以甲是走喜運，寅是七殺爲喜神，又寅午戌合化火，火是偏印爲喜神，喜神的力量增強，所以寅是走喜運。
(4)、第三柱大運「癸丑」，癸是正財爲忌神，但戊癸合化火，地支寅午戌三合火，化神隱化神合化，因此忌神變喜神，所以癸是走喜運，丑是劫財爲喜神，所以丑是走喜運。

(5)、第四柱大運「壬子」，壬是偏財爲忌神，所以壬是走忌運。子是正財爲忌神，又子辰半合水，大運天干有水，因此能夠合化水，忌神的力量增加，因此子是走忌運。

(6)、第五柱大運「辛亥」，辛是傷官爲忌神，但丙辛合化水，忌神的力量增加，所以辛是走忌運，亥是偏財爲忌神，所以亥是走忌運。

(7)、第六柱大運「庚戌」，庚是食神爲忌神，因此庚是走忌運，戌是比肩爲喜神，又寅午戌合化火，喜神的力量增加，所以戌是走喜運。

整體八字命評

本八字命格爲女命，八字僅有一異黨財星（寅木），但寅午戌三合火，形成偏印格局，全局可以算是自黨而無異黨，因此可以算是特殊專旺格。第一柱大運、第二柱大運因爲殺印相生，所以企圖心強，得到的栽培好，做事情有魄力，懂得爭取成績，基礎相當的穩固。第三柱癸丑大運，畢業後開始找工作，但傾向自行創業，因此開了家貿易公司，原本生意沒多少，但後來經過人家介紹幫忙，業績扶搖直上，賺了不少錢，但到了第四柱壬子大運，因爲投資失敗，加上負債累累，只好賣掉公司、結束經營，四處遷移躲債，第五柱辛亥大運，交通意外身亡。

案例二：女命八字專旺格

主星	八字	副星	男命大運			
				主星	大運	副星
偏印	己丑	偏印 食神 比肩	第一大運	食神	癸酉	比肩
			第二大運	正財	甲戌	正印 比肩 七殺
比肩	辛未	偏印 七殺 偏財	第三大運	偏財	乙亥	傷官 正財
			第四大運	正官	丙子	食神
日主	辛丑	偏印 食神 比肩	第五大運	七殺	丁丑	偏印 食神 比肩
			第六大運	正印	戊寅	正財 正官 正印
比肩	辛卯	偏財	第七大運	偏印	己卯	偏財
			第八大運	劫財	庚辰	正印 偏財 食神

八字身強或身弱判斷

(1)、辛日主出生於未月，所以有得月令。
(2)、八字地支多為自黨，所以有得地。
(3)、八字天干全為自黨，所以有得勢。
(4)、八字得令、得地、得勢，唯一異黨卯木財星，也被同柱比肩所剋死，因此全局可以說是自黨，所以八字要算是特殊專旺格。

大運喜忌神判斷

(1)、因為八字專旺格喜自黨、忌異黨，所以喜歡土金（比肩、劫財、正印、偏印），不喜歡水木火（食神、傷官、正財、偏財、正官、七殺）。
(2)、第一柱大運「壬申」，壬是傷官為忌神，所以壬是走忌運，申是劫財為喜神，所以申是走喜運。
(3)、第二柱大運「癸酉」，癸是食神為忌神，所以癸是走忌運，酉是比肩為喜神，所以酉是走喜運。
(4)、第三柱大運「甲戌」，甲是正財為喜神，又甲己合化土，大運地支有戌土，所以能夠合化土，土是正印為喜神，喜神的力量增加，所以甲是走喜運，戌是正印為喜神，又卯戌合化火，天干沒有火，所以不能夠合化，喜神的力量減弱，所以戌是走喜運。

(5)、第四柱大運「乙亥」，乙是偏財爲忌神，所以乙是走忌運，亥是傷官爲忌神，又亥卯未合化木，大運天干有乙木，所以能夠合化木，木是財星爲忌神，忌神的力量增加，所以亥是走忌運。

(6)、第五柱大運「丙子」，丙是正官爲忌神，又丙辛合化水，大運地支有子水，所以能夠合化水，水是食神爲忌神，忌神的力量增加，所以丙是走忌運，子是食神爲忌神，又子丑、子丑合化土，八字天干有己土，所以能夠合化土，土是食神爲忌神，忌神的力量增加，所以子是走忌運。

(7)、第六柱大運「丁丑」，丁是七殺爲忌神，所以丁是走忌運，丑是偏印爲喜神，所以丑是走喜運。

整體八字命評

本八字命格爲女命，八字僅有一異黨財星（卯木），但財星也被同柱比肩星所剋，全局可以算是自黨而無異黨，因此可以算是特殊專旺格。八字月令未印與卯才，合才而不化，但才爲忌神，月柱代表父母，偏才象徵父親，所以一出生父親就被槍決，而變成孤兒。第一柱壬申大運、第二柱癸酉大運，喜神都沒辦法透干，家中運勢逐漸走下坡，經濟情況很窮困，還遭遇許多災難，像是家中發生火災，燒光所有財物，自己摔進河中，險些被水溺死，婚姻上不順遂，懷孕也都流產，得不到丈夫寵愛，第三柱甲戌大運，情況似乎有起色，經濟能夠有改善，丈夫也開了間工廠，家庭氣氛較和諧，不過第四柱乙亥大運，遭遇金融風暴，經營工廠破產，丈夫又在外面包二奶，夫妻因此而離婚，後運也就一直浮浮沉沉。

案例三：女命八字專旺格

主星	八字	副星	男命大運			
				主星	大運	副星
正印	癸卯	劫財	第一大運	劫財	乙卯	劫財
			第二大運	食神	丙辰	偏財 劫財 正印
比肩	甲寅	比肩 食神 偏財	第三大運	傷官	丁巳	食神 偏財 七殺
			第四大運	偏財	戊午	傷官 正財
日主	甲辰	偏財 劫財 正印	第五大運	正財	己未	正財 傷官 劫財
			第六大運	七殺	庚申	七殺 偏印 偏財
比肩	甲子	正印	第七大運	正官	辛酉	正官
			第八大運	偏印	壬戌	偏財 正官 傷官

八字身強或身弱判斷

(1)、甲日主出生於寅月，所以有得令。

(2)、八字地支多為自黨，又子辰合化水，水為印星為自黨，所以有得地。

(3)、八字天干全為自黨，所以有得勢。

(4)、八字得令、得地、得勢，唯一異黨辰土，也跟子水合化為印星，因此八字要算是特殊專旺局，尚有一異黨辰土，又叫做假專旺格。

大運喜忌神判斷

(1)、因為八字為特殊假專旺格，所以喜自黨、忌異黨，喜歡木水（比肩、劫財、正印、偏印），天干有癸水印星，所以金（正官、七殺）也可以用，不喜歡火土（食神、傷官、正財、偏財）。

(2)、第一柱大運「乙卯」，乙是劫財為喜神，所以乙是走喜運，卯是劫財為喜神，又寅卯辰三會木，大運天干透木，所以能夠合會木，木是劫財為喜神，喜神的力量增加，所以卯是走喜運。

(3)、第二柱大運「丙辰」，丙是食神為忌神，所以丙是走忌運，辰是偏財為忌神，但子辰半合水，八字天干有水，所以能夠合化水，又寅卯辰三會木，八字天干有木透干，所以忌神變喜神，因此辰是走喜運。

(4)、第三柱大運「丁巳」，丁是傷官爲忌神，所以丁是走忌運，巳是食神爲忌神，所以巳是走忌運。

(5)、第四柱大運「戊午」，戊是偏財爲忌神，所以戊是走忌運，午是傷官爲忌神，所以午是走忌運。

(6)、第五柱大運「己未」，己是正財爲忌神，又甲己合化土，大運地支有土，所以能夠合化土，土是正財爲忌神，忌神的力量增加，所以己是走忌運，未是正財爲忌神，又卯未半合木，八字天干有木，所以能夠合化木，所以忌神變喜神，因此未是走喜運。

(7)、第六柱大運「庚申」，庚是七殺爲忌神，因此庚是走忌運，申是七殺爲忌神，但申子辰合化水，八字天干有透水，所以能夠合化水，水是正印爲喜神，所以忌神變喜神，因此申是走喜運。

整體八字命評

本八字命格爲女命，八字僅有一異黨辰土（正財），但子辰半合水，八字天干有透水，所以合化成正印局，全局可以算是自黨而無異黨，因此可以算是特殊假專旺格。八字爲假專旺格，所以多喜神圍繞，出身於富貴家庭，受到相當的照顧，第一柱乙卯大運，喜神劫財星干支同氣，運勢大好，能享受物質生活，凡事不用太煩惱。第二柱丙辰大運，忌神食傷透干，遭遇流年庚申、辛酉，官殺星干支同氣，所以迅速結婚，但結果不太幸福，因爲個性不合、離婚收場，沒有生育小孩。第三柱丁巳大運，異黨干支同氣，對假專旺格最不利，又遇庚午流年，地支子辰水局、沖寅午火局，剛好沖剋到月柱、時柱，因此健康出問題，得了急症而死。

邁向八字大師之路的第三十一天

第三十一天主要是學習認識男命假專旺格，並且教你如何分析，一共有三個案例，從格局的基本判斷，像是否得令、是否得地、是否得勢、有無合化等等，將詳細列出步驟。定出假從勢格局之後，就知道喜神、忌神為何，並排出八柱的大運，分析其中的生剋合化、合沖刑會，藉此來分析八字的好壞、歲運的好壞，以及評論假從勢格八字的家庭、婚姻、事業、財運、健康、子女等等。

男命八字假專旺格

八字實例演練

案例一：男命八字假專旺格

主星	八字	副星	男命大運			
				主星	大運	副星
正印	癸亥	偏印 比肩	第一大運	比肩	甲寅	比肩 食神 偏財
			第二大運	正印	癸丑	正財 正印 正官
劫財	乙卯	劫財	第三大運	偏印	壬子	正印
			第四大運	正官	辛亥	偏印 比肩
日主	甲申	七殺 偏印 偏財	第五大運	七殺	庚戌	偏財 正官 傷官
			第六大運	正財	己酉	正官
比肩	甲子	正印	第七大運	偏財	戊申	七殺 偏印 偏財
			第八大運	傷官	丁未	正財 傷官 劫財

八字身強或身弱判斷

(1)、甲日主出生於卯月，所以有得令。

(2)、八字地支多爲自黨，又唯一異黨申金，與子水半合水，天干有癸水透干，所以能夠合化水，合化成爲正印局，因此有得地。

(3)、八字天干全爲自黨，所以有得勢。

(4)、八字得令、得地、得勢，僅有一個異黨也被合化，沒有任何自黨，因此八字要算是特殊假專旺格局。

大運喜忌神判斷

(1)、因爲八字爲特殊假專旺格，所以喜自黨、忌異黨，喜歡木水（比肩、劫財、正印、偏印），天干有癸水印星，所以金（正官、七殺）也可以用，不喜歡火土（食神、傷官、正財、偏財）。

(2)、第一柱大運「甲寅」，甲是比肩爲喜神，所以甲是走喜運，寅是比肩爲喜神，又寅亥合化木，大運天干有木，所以能夠合化木，木是比肩爲喜神，喜神的力量增加，所以寅是走喜運。

(3)、第二柱大運「癸丑」，癸是正印爲喜神，所以癸是走喜運，丑是正財爲忌神，又子丑合化土，月令爲卯木不能化，但亥子丑三會水，大運天干有水，所以能夠合化水，水是正印爲喜神，忌神變喜神，因此丑是走喜運。

(4)、第三柱大運「壬子」，壬是偏印爲喜神，所以壬是走喜運，子是正印爲喜神，又申子半合水，大運天干有水，所以能夠合化水，水是偏印爲喜神，喜神的力量增加，所以子是走喜運。

(5)、第四柱大運「辛亥」，辛是正官爲忌神，所以辛是走忌運，亥是偏印爲喜神，又亥卯半合木，天干有木透干，所以能夠合化木，木是劫財爲喜神，喜神的力量增加，因此亥是走喜運。

(6)、第五柱大運「庚戌」，庚是七殺爲忌神，又乙庚合化金，地支沒有金，所以不能夠合化，忌神的力量增加，所以庚是走忌運，戌是偏財爲忌神，又卯戌合化火，天干沒有火，所以不能夠合化，忌神的力量增加，所以戌是走忌運。

(7)、第六柱大運「己亥」，己是正財爲忌神，又甲己合化土，月令爲卯木不能化，忌神的力量增加，所以己是走忌運，亥是偏印爲喜神，又亥卯半合木，八字天干有木，所以能夠合化木，木是劫財爲喜神，喜神的力量增加，所以亥是走喜運。

整體八字命評

本八字格局爲男命，僅有一異黨被合化，形成滿盤自黨，因爲原格局天干透印星，所以官殺星可以用，但多用則不吉，反而造成疾病或血光災禍。連續四柱大運都爲喜神，所以順風順水，升學、工作、婚姻，無往不利，而且具有相當的社會地位。不過假專旺格最怕異黨干支同氣的大運，官殺星也只能用一顆，不能夠常用，因此走到第五柱大運庚戌，就因爲交際應酬，身體過於操勞，得到了肝病，最後因此逝世，結束短暫輝煌的人生。

案例二：男命八字假專旺格

<table>
<tr><th rowspan="2">主星</th><th rowspan="2">八字</th><th rowspan="2">副星</th><th colspan="4">男命大運</th></tr>
<tr><th></th><th>主星</th><th>大運</th><th>副星</th></tr>
<tr><td rowspan="2">正印</td><td rowspan="2">辛丑</td><td rowspan="2">正官
劫財
正印</td><td>第一大運</td><td>七殺</td><td>戊戌</td><td>七殺
正印
正財</td></tr>
<tr><td>第二大運</td><td>正財</td><td>丁酉</td><td>正印</td></tr>
<tr><td rowspan="2">正官</td><td rowspan="2">己亥</td><td rowspan="2">比肩
食神</td><td>第三大運</td><td>偏財</td><td>丙申</td><td>偏印
比肩
七殺</td></tr>
<tr><td>第四大運</td><td>傷官</td><td>乙未</td><td>正官
正財
傷官</td></tr>
<tr><td rowspan="2">日主</td><td rowspan="2">壬子</td><td rowspan="2">劫財</td><td>第五大運</td><td>食神</td><td>甲午</td><td>正財
正官</td></tr>
<tr><td>第六大運</td><td>劫財</td><td>癸巳</td><td>偏財
七殺
偏印</td></tr>
<tr><td rowspan="2">正印</td><td rowspan="2">辛丑</td><td rowspan="2">正官
劫財
正印</td><td>第七大運</td><td>比肩</td><td>壬辰</td><td>七殺
傷官
劫財</td></tr>
<tr><td>第八大運</td><td>正印</td><td>辛卯</td><td>傷官</td></tr>
</table>

八字身強或身弱判斷

(1)、壬日主出生於亥月，又亥子丑三會水，所以有得令。
(2)、八字地支兩個異黨，因爲亥子丑三會水，合會成爲比肩局，所以有得地。
(3)、八字天干多爲異黨，所以有得勢。
(4)、八字得令、得地、得勢，天干僅有一個異黨己土，因此八字要算是特殊假專旺格局。

大運喜忌神判斷

(1)、因爲八字爲特殊假專旺格，所以喜自黨、忌異黨，喜歡木水（比肩、劫財、正印、偏印），天干有癸水印星，所以金（正官、七殺）也可以用，不喜歡火土（食神、傷官、正財、偏財）。
(2)、第一柱大運「戊戌」，戊是七殺爲喜神，所以戊是走喜運，戌是七殺爲喜神，所以戌是走喜運。
(3)、第二柱大運「丁酉」，丁是正財爲忌神，又丁壬合化木，地支沒有木，所以不能夠合化，忌神的力量增加，所以丁是走忌運，酉是正印爲喜神，又丑酉半合金，八字天干有金，所以能夠合化金，金是正印爲喜神，喜神的力量增加，所以酉是走喜運。
(4)、第三柱大運「丙申」，丙是偏才爲忌神，但丙辛合化水，地支亥子丑三會水，所以能夠合化水，水是比肩爲喜神，喜神的力量增加，所以丙是走喜運，申是偏印爲喜神，又申子半合水，大運天干丙辛合化水，化神引化神，喜神的力量增加，所以申是走喜運。

(5)、第四柱大運「乙未」，乙是傷官爲忌神，所以乙是走忌運，未是正官爲喜神，所以未是走喜運。

(6)、第五柱大運「甲午」，甲是食神爲忌神，但甲己合化土，忌神的力量增加，所以甲是走忌運，午是正財爲忌神，所以午是走忌運。

(7)、第六柱大運「癸巳」，癸是劫財爲喜神，因此癸是走喜運，巳是偏財爲忌神，所以巳是走忌運。

整體八字命評

本八字格局爲男命，僅有一異黨己土，而其他都是自黨，因爲原格局天干透印星，所以官殺星可以用，但用太多就不好，容易變成疾病纏身或血光災禍。日主透雙印，沒有比劫星，因此最怕財星來剋印星，這樣就不是很理想。第一柱大運戊戌，七殺星干支同氣，身體健康較差，讓家人很煩惱，到處奔波勞碌，幸好安然的度過，第二柱大運丁酉，財星來剋印星，但財星沒有通根，所以運勢尚可，第三柱大運丙申，丙辛合化水，化做比劫星，因此賺了不少錢，事業、婚姻兩得意，好景不常，第四柱大運乙未，異黨干支同氣，最後還是不敵病魔，結束短暫的人生。

案例三：男命八字假專旺格

主星	八字	副星	男命大運	主星	大運	副星
比肩	甲子	正印	第一大運	食神	丙子	正印
			第二大運	傷官	丁丑	正財 正印 正官
劫財	乙亥	偏印 比肩	第三大運	偏財	戊寅	比肩 食神 偏財
			第四大運	正財	己卯	劫財
日主	甲戌	偏財 正官 傷官	第五大運	七殺	庚辰	偏財 劫財 正印
			第六大運	正官	辛巳	食神 偏財 七殺
比肩	甲子	正印	第七大運	偏印	壬午	傷官 正財
			第八大運	正印	癸未	正財 傷官 劫財

八字身強或身弱判斷

(1)、甲日主出生於亥月，所以有得令。
(2)、八字地支多爲自黨，所以有得地。
(3)、八字天干多爲異黨，所以有得勢。
(4)、八字得令、得地、得勢，地支僅有一個異黨戌土，因此八字要算是特殊假專旺格局。

大運喜忌神判斷

(1)、因爲八字爲特殊假專旺格，所以喜自黨、忌異黨，喜歡水木（比肩、劫財、正印、偏印），不喜歡火土金（食神、傷官、正財、偏財、正官、七殺）。
(2)、第一柱大運「丙子」，丙是食神爲忌神，所以丙是走忌運，子是正印爲喜神，所以子是走喜運。
(3)、第二柱大運「丁丑」，丁是傷官爲忌神，所以丁是走忌運，丑是正財爲忌神，又子丑合化土，天干沒有土，所以不能夠合化，亥子丑三會水，天干沒有水，所以不能夠合化，忌神的力量減弱，所以丑是走忌運。
(4)、第三柱大運「戊寅」，戊是偏才爲忌神，所以戊是走忌運，寅是比肩爲喜神，又寅亥合化木，八字天干有木，所以能夠合化木，喜神的力量增加，所以寅是走喜運。

(5)、第四柱大運「己卯」，己是正財爲忌神，又甲己合化土，土是正財爲忌神，忌神的力量增加，所以己是走忌運，卯是劫財爲喜神，又亥卯半合木，八字天干有木，所以能夠合化木，又卯戌合化火，天干沒有火，所以不能夠合化，喜神力量增加，所以卯是走喜運。

(6)、第五柱大運「庚辰」，庚是七殺爲忌神，又乙庚合化金，忌神的力量增加，所以庚是走忌運，辰是偏財爲忌神，又子辰合化水，忌神的力量減弱，所以辰是走忌運。

(7)、第六柱大運「辛巳」，辛是正官爲忌神，因此辛是走忌運，巳是食神爲忌神，所以巳是走忌運。

整體八字命評

本八字格局爲男命，僅有一異黨戌土，而其他都是自黨，所以八字是特殊假專旺格。因爲原格局天干全是比劫星，所以食傷星可以用，但是不能算是好運，因爲天干沒有印星，因此最怕官殺星來剋比劫星。第一柱大運丙子，第二柱大運丁丑，大運天干爲食傷星，所以代表詩書可讀，爲人聰明，但是成就不高，僅有虛名而已。第三柱大運戊寅，第四柱大運己卯，財星出現，姻緣到來，但是財星爲忌神，因此婚姻波折，身心重創，離婚收場，看淡人生，後運庚辰、辛巳孤獨無依，晚景淒涼，也爲疾病所苦。

邁向八字大師之路的第三十二天

第三十二天主要是學習認識女命假專旺格，並且教你如何分析，一共有三個案例，從格局的基本判斷，像是否得令、是否得地、是否得勢、有無合化等等，將詳細列出步驟。定出假從勢格局之後，就知道喜神、忌神為何，並排出八柱的大運，分析其中的生剋合化、合沖刑會，藉此來分析八字的好壞、歲運的好壞，以及評論假從勢格八字的家庭、婚姻、事業、財運、健康、子女等等。

女命八字假專旺格

八字實例演練

案例一：女命八字假專旺格

<table>
<tr><th rowspan="2">主星</th><th rowspan="2">八字</th><th rowspan="2">副星</th><th colspan="4">男命大運</th></tr>
<tr><th></th><th>主星</th><th>大運</th><th>副星</th></tr>
<tr><td rowspan="2">比肩</td><td rowspan="2">乙亥</td><td rowspan="2">正印
劫財</td><td>第一大運</td><td>正官</td><td>庚辰</td><td>正財
比肩
偏印</td></tr>
<tr><td>第二大運</td><td>七殺</td><td>辛巳</td><td>傷官
正財
正官</td></tr>
<tr><td rowspan="2">偏財</td><td rowspan="2">己卯</td><td rowspan="2">比肩</td><td>第三大運</td><td>正印</td><td>壬午</td><td>食神
偏財</td></tr>
<tr><td>第四大運</td><td>偏印</td><td>癸未</td><td>偏財
食神
比肩</td></tr>
<tr><td rowspan="2">日主</td><td rowspan="2">乙未</td><td rowspan="2">偏財
食神
比肩</td><td>第五大運</td><td>劫財</td><td>甲申</td><td>正官
正印
正財</td></tr>
<tr><td>第六大運</td><td>比肩</td><td>乙酉</td><td>七殺</td></tr>
<tr><td rowspan="2">偏印</td><td rowspan="2">癸未</td><td rowspan="2">偏財
食神
比肩</td><td>第七大運</td><td>傷官</td><td>丙戌</td><td>正財
七殺
食神</td></tr>
<tr><td>第八大運</td><td>食神</td><td>丁亥</td><td>正印
劫財</td></tr>
</table>

八字身強或身弱判斷

(1)、乙日主出生於卯月，所以有得令。

(2)、八字地支亥卯自黨，與兩個異黨未土合化木，八字天干透乙木，所以能夠合化比肩局，所以地支全自黨，因此有得地。

(3)、八字天干多爲自黨，所以有得勢。

(4)、八字得令、得地、得勢，地支異黨被合化成自黨，天干僅有一個異黨己土，其他全部是自黨，因此八字要算是特殊假專旺局。

大運喜忌神判斷

(1)、因爲八字爲特殊假專旺格，所以喜自黨、忌異黨，喜歡木水（比肩、劫財、正印、偏印），天干有癸水偏印，所以金（正官、七殺）也可以用，不喜歡火土（食神、傷官、正財、偏財）。

(2)、第一柱大運「庚辰」，庚是正官爲喜神，又乙庚合化金，地支沒有金，所以不能合化，喜神的力量增加，因此庚是走喜運，辰是正財爲忌神，所以辰是走忌運。

(3)、第二柱大運「辛巳」，辛是七殺爲喜神，所以辛是走喜運，巳是傷官爲忌神，所以巳是走忌運。

(4)、第三柱大運「壬午」，壬是正印爲喜神，所以壬是走喜運，午是食神爲忌神，所以午是走忌運。

(5)、第四柱大運「癸未」，癸是偏印爲喜神，所以癸是走喜運，未是偏財爲忌神，但亥卯未三合木，天干有木透干，所以能合化木，木是比肩爲喜神，忌神變喜神，因此未是走喜運。

(6)、第五柱大運「甲申」，甲是劫財爲喜神，但甲己合化土，月令是卯木不能化，喜神的力量減少，所以甲是走喜運，申是正官爲喜神，所以申是走喜運。

(7)、第六柱大運「乙酉」，乙是比肩爲喜神，因此乙是走喜運，酉是七殺爲喜神，所以酉是走喜運。

整體八字命評

本八字格局爲女命，僅有一異黨己土，而其他都是自黨，因爲原格局天干透印星，所以官殺星可以用，但用太多就不好，容易變成疾病纏身或血光災禍。第一柱大運庚辰，第二柱大運辛巳，雖然走官殺喜神運，但是官殺太多，就容易刑剋日主，曾經因此出過交通意外，但大難不死，只是骨折住院一段時間，而後第三大運壬午，第四大運癸未，因爲貴人多助、所以工作順利，也找到理想伴侶，共組幸福家庭，第五大運甲申，投資失利，但損失不大，漸入佳境，第六大運乙酉進帳頗豐，更勝以往，後運雖然不佳，但已經能守成。

案例二：女命八字假專旺格

主星	八字	副星	男命大運			
				主星	大運	副星
偏印	丁未	劫財	第一大運	食神	辛亥	正財 正官
			第二大運	正財	壬子	偏財
傷官	庚戌	比肩 偏印 七殺	第三大運	偏財	癸丑	比肩 偏財 食神
			第四大運	正官	甲寅	正官 正印 劫財
日主	己未	比肩 偏印 七殺	第五大運	七殺	乙卯	七殺
			第六大運	正印	丙辰	劫財 七殺 偏財
劫財	戊辰	劫財 七殺 偏財	第七大運	偏印	丁巳	正印 劫財 傷官
			第八大運	劫財	戊午	偏印 比肩

八字身強或身弱判斷

(1)、戊日主出生於戌月，所以有得令。
(2)、八字地支全爲自黨，因此有得地。
(3)、八字天干多爲自黨，所以有得勢。
(4)、八字得令、得地、得勢，天干僅有一個異黨庚金，其他全部是自黨，因此八字要算是特殊假專旺局。

大運喜忌神判斷

(1)、因爲八字爲特殊假專旺格，所以喜自黨、忌異黨，喜歡土火（比肩、劫財、正印、偏印），天干有丁火偏印，所以金（正官、七殺）也可以用，不喜歡金水（食神、傷官、正財、偏財）。

(2)、第一柱大運「辛亥」，辛是食神爲忌神，所以辛是走忌運，亥是正財爲忌神，所以亥是走忌運。

(3)、第二柱大運「壬子」，壬是正財爲忌神，又丁壬合化木，地支沒有木，所以不能夠合化，因此壬是走忌運，子是偏財爲忌神，又子辰半合水，天干沒有水不能化，所以子是走忌運。

(4)、第三柱大運「癸丑」，癸是偏財爲忌神，但戊癸合化火，忌神變喜神，所以癸是走喜運，丑是比肩爲喜神，又辰戌丑未會土局，喜神的力量增加，所以丑是走喜運。

(5)、第四柱大運「甲寅」，甲是正官爲忌神，但甲己合化土，八字地支有土，所以能合化土，土是劫財爲喜神，忌神變喜神，因此甲是走喜運，寅是正官爲忌神，因此寅是走忌運。

(6)、第五柱大運「乙卯」，乙是七殺爲喜神，但乙庚合化金，喜神變忌神，所以乙是走忌運，卯是七殺爲喜神，但卯未半合木，大運天干有木，所以能後合化木，木是七殺爲喜神，喜神的力量增加，所以卯是走喜運。

(7)、第六柱大運「丙辰」，丙是正印爲喜神，因此丙是走喜運，辰是劫財爲喜神，所以辰是走喜運。

整體八字命評

本八字格局爲女命，僅有一異黨庚金，而其他都是自黨，因爲原格局天干透印星，所以官殺星可以用，但用太多就不好，容易變成疾病纏身或血光災禍。第一柱大運辛亥，異黨干支同氣，照理應破局，但天干比劫能生食傷，又有印星護住日主，所以健康情況糟糕，但因爲有吃藥，所以勉強撐過去，走到第二大運壬子，異黨財星干支同氣，因此剋洩日主及印星，所以不幸早逝，後運雖然不錯，但已經沒有福氣能享受。

案例三：女命八字假專旺格

<table>
<tr><th rowspan="2">主星</th><th rowspan="2">八字</th><th rowspan="2">副星</th><th colspan="4">男命大運</th></tr>
<tr><th></th><th>主星</th><th>大運</th><th>副星</th></tr>
<tr><td rowspan="2">偏印</td><td rowspan="2">戊辰</td><td rowspan="2">偏印
正財
傷官</td><td>第一大運</td><td>比肩</td><td>庚申</td><td>比肩
食神
偏印</td></tr>
<tr><td>第二大運</td><td>正印</td><td>己未</td><td>正印
正官
正財</td></tr>
<tr><td rowspan="2">劫財</td><td rowspan="2">辛酉</td><td rowspan="2">劫財</td><td>第三大運</td><td>偏印</td><td>戊午</td><td>正官
正印</td></tr>
<tr><td>第四大運</td><td>正官</td><td>丁巳</td><td>七殺
偏印
比肩</td></tr>
<tr><td rowspan="2">日主</td><td rowspan="2">庚申</td><td rowspan="2">比肩
食神
偏印</td><td>第五大運</td><td>七殺</td><td>丙辰</td><td>偏印
正財
傷官</td></tr>
<tr><td>第六大運</td><td>正財</td><td>乙卯</td><td>正財</td></tr>
<tr><td rowspan="2">傷官</td><td rowspan="2">癸未</td><td rowspan="2">正印
正官
正財</td><td>第七大運</td><td>偏財</td><td>甲寅</td><td>偏財
七殺
偏印</td></tr>
<tr><td>第八大運</td><td>傷官</td><td>癸丑</td><td>正印
傷官
劫財</td></tr>
</table>

八字身強或身弱判斷

(1)、庚日主出生於酉月，所以有得令。
(2)、八字地支全爲異黨，所以有得地。
(3)、八字天干多爲異黨，所以有得勢。
(4)、八字得令、得地、得勢，地支全部爲自黨，辰酉合化比肩局，而天干僅有一個自黨癸水，因此八字要算是特殊假專旺格局。

大運喜忌神判斷

(1)、因爲八字爲特殊假專旺格，所以喜自黨、忌異黨，喜歡土金（比肩、劫財、正印、偏印），天干有癸水偏印，所以火（正官、七殺）也可以用，不喜歡水木（食神、傷官、正財、偏財）。
(2)、第一柱大運「庚申」，庚是比肩爲喜神，所以庚是走喜運，申是比肩爲喜神，所以申是走喜運。
(3)、第二柱大運「己未」，己是正印爲喜神，所以己是走喜運，未是正印爲喜神，所以未是走喜運。
(4)、第三柱大運「戊午」，戊是偏印爲喜神，但戊癸合化火，大運地支有火，所以能夠合化火，火是正官爲喜神，因此戊是走喜運，午是正官爲喜神，又午未合化火，火是正官爲喜神，所以午是走喜運。

(5)、第四柱大運「丁巳」，丁是正官爲喜神，所以丁是走喜運。巳是七殺爲喜神，但巳申合化水，水是傷官爲忌神，喜神變忌神，因此巳是走忌運。

(6)、第五柱大運「丙辰」，丙是七殺爲喜神，但丙辛合化水，喜神變忌神，所以丙是走忌運，辰是偏印爲喜神，又辰酉合化金，八字天干有金，所以能夠合化金，喜神的力量增加，所以辰是走喜運。

(7)、第六柱大運「乙卯」，乙是正財爲忌神，但乙庚合化金，忌神變喜神，因此乙是走喜運，卯是正財爲忌神，又卯未半合木，木是正財爲忌神，忌神的力量增加，所以卯是走忌運。

整體八字命評

本八字格局爲女命，僅有一異黨癸水，而其他都是自黨，因爲原格局天干透印星，所以官殺星可以用，但用太多就不好，容易變成疾病纏身或血光災禍。出身於富貴之家、家勢背景顯赫，連續四個大運，庚申、己未、戊午、丁巳，運勢扶搖直上，如日中天，沒有任何阻礙，做什麼都心想事成，但凡事物極必反，要懂得提前規劃，否則將遭受變故，第五大運投資失利，一失足成千古恨，後運雖然尚可，但已經無法東山再起，只能求平穩度過。

邁向八字大師之路的第三十三天

第三十三天主要是學習認識男命真從勢格，並且教你如何分析，一共有三個案例，從格局的基本判斷，像是否得令、是否得地、是否得勢、有無合化等等，將詳細列出步驟。定出假從勢格局之後，就知道喜神、忌神為何，並排出八柱的大運，分析其中的生剋合化、合沖刑會，藉此來分析八字的好壞、歲運的好壞，以及評論假從勢格八字的家庭、婚姻、事業、財運、健康、子女等等。

男命八字從勢格

八字實例演練

案例一：男命八字從勢格

主星	八字	副星	男命大運			
				主星	大運	副星
食神	丙戌	偏財 傷官 劫財	第一大運	劫財	乙未	正財 傷官 劫財
			第二大運	食神	丙申	七殺 偏印 偏財
比肩	甲午	傷官 正財	第三大運	傷官	丁酉	正官
			第四大運	偏財	戊戌	偏財 正官 傷官
日主	甲戌	偏財 正官 傷官	第五大運	正財	己亥	偏印 比肩
			第六大運	七殺	庚子	正印
正官	辛未	正財 傷官 劫財	第七大運	正官	辛丑	正財 正官 正印
			第八大運	偏印	壬寅	比肩 食神 偏財

八字身強或身弱判斷

(1)、甲日主出生於午月，所以沒有得月令。

(2)、八字地支全為異黨，所以沒有得地。

(3)、八字天干多為異黨，所以沒有得勢。

(4)、八字沒得令、沒得地、沒得勢，天干只有一個甲木比星，原本要算是身弱，但甲木虛浮無力，全局可以算是異黨，因此算是特殊從格，又地支寅午戌合化火，天干有丙火透干，合化成為食局，所以叫做從兒格。

大運喜忌神判斷

(1)、因為八字從格喜異黨、忌自黨，所以喜歡火土金（食神、傷官、正財、偏財、正官、七殺），不喜歡水木（比肩、劫財、正印、偏印），但天干食神、正官透干，形成兩神相違的情況，若沒有財星來通關，走食傷運或官殺運，都將引起回剋，因此喜神最好用財星，官殺星就不能用。

(2)、第一柱大運「乙未」，乙是劫財為忌神，所以乙是走忌運，未是正財為喜神，又午與未合化火，天干有丙火，所以能夠合化火，火是食神為喜神，喜神的力量增加，因此未是走喜運。

(3)、第二柱大運「丙申」，丙是食神爲喜神，但丙辛合化水，地支沒有水不能化，喜神的力量減弱，所以丙是走喜運，申是七殺爲忌神，所以午是走忌運。

(4)、第三柱大運「丁酉」，丁是傷官爲喜神，所以丁是走喜運，酉是正官爲忌神，所以酉是走忌運。

(5)、第四柱大運「戊戌」，戊是偏財爲喜神，所以戊是走喜運，戌是偏財爲喜神，又午與戌合化火，天干有丙火，所以能夠合化火，火是食神爲喜神，喜神的力量增加，所以戌是走喜運。

(6)、第五柱大運「己亥」，己是正財爲喜神，所以己是走喜運，亥是偏印爲忌神，所以亥是走忌運。

(7)、第六柱大運「庚子」，庚是七殺爲忌神，所以庚是走忌運，子是正印爲忌神，所以子是走忌運。

整體八字命評

本八字命格爲男命，八字爲特殊從格，因此喜異黨、忌自黨，天干食傷、官殺兩神相違，沒有財星來通關，所以喜神打喜神，只能夠用食傷、財星。八字年柱多喜神，所以家庭背景不錯，祖父輩留有產業，但月柱有忌神，所以從父親開始沒落。第一柱乙未大運，劫財生食神，食神回剋正官，所以災厄不斷，但都大難不死。第二柱丙申大運，第三柱丁酉大運，雖然天干為食傷喜神，但地支為官殺星，形成兩神相違，所以空有才華，卻無心唸書，成績不是很理想，而且食傷與官殺對抗，造成健康欠佳，手腳身體幾乎都受過傷，而且開刀動手術，支出不少錢財。第四柱戊戌大運，財星來坐食局，因此一帆風順，工作上升官加薪，人際關係良好，還願意自我進修，拿到了碩士學位，但第五、第六大運，恐怕逐漸走下坡，也只能夠守成，無法再創顛峰。

案例二：男命八字從勢格

<table>
<tr><th rowspan="2">主星</th><th rowspan="2">八字</th><th rowspan="2">副星</th><th colspan="4">男命大運</th></tr>
<tr><th></th><th>主星</th><th>大運</th><th>副星</th></tr>
<tr><td rowspan="2">食神</td><td rowspan="2">庚戌</td><td rowspan="2">比肩
傷官
正印</td><td>第一大運</td><td>偏印</td><td>丙戌</td><td>比肩
傷官
正印</td></tr>
<tr><td>第二大運</td><td>正印</td><td>丁亥</td><td>偏財
七殺</td></tr>
<tr><td rowspan="2">正官</td><td rowspan="2">乙酉</td><td rowspan="2">傷官</td><td>第三大運</td><td>比肩</td><td>戊子</td><td>正財</td></tr>
<tr><td>第四大運</td><td>劫財</td><td>己丑</td><td>劫財
正財
傷官</td></tr>
<tr><td rowspan="2">日主</td><td rowspan="2">戊申</td><td rowspan="2">食神
偏財
比肩</td><td>第五大運</td><td>食神</td><td>庚寅</td><td>七殺
偏印
比肩</td></tr>
<tr><td>第六大運</td><td>傷官</td><td>辛卯</td><td>正官</td></tr>
<tr><td rowspan="2">七殺</td><td rowspan="2">甲寅</td><td rowspan="2">七殺
偏印
比肩</td><td>第七大運</td><td>偏財</td><td>壬辰</td><td>比肩
正官
正財</td></tr>
<tr><td>第八大運</td><td>正財</td><td>癸巳</td><td>偏印
比肩
食神</td></tr>
</table>

八字身強或身弱判斷

(1)、戊日主出生於酉月，所以沒有得令。

(2)、八字地支全爲異黨，且申酉戌三會金，天干有庚金透干，所以合化成傷局，因此沒有得地。

(3)、八字天干全爲異黨，且乙庚合化金，地支有金通根，因此能合化金，所以沒有得勢。

(4)、八字失令、失地、失勢，全部都是異黨，沒有任何自黨，因此八字要算是特殊從勢格。

大運喜忌神判斷

(1)、因爲八字爲特殊從勢格，所以喜異黨、忌自黨，喜歡金水木（食神、傷官、正財、偏財、正官、七殺），不喜歡火土（比肩、劫財、正印、偏印）。

(2)、第一柱大運「丙戌」，丙是偏印爲忌神，所以丙是走忌運，戌是劫財爲忌神，但申酉戌三會金，天干有金透干，且乙庚合化金，所以能夠合會金，金是食神爲喜神，因此忌神變喜神，所以戌是走喜運。

(3)、第二柱大運「丁亥」，丁是正印爲忌神，所以丁是走忌運，亥是偏財爲喜神，又寅亥合化木，喜神的力量增加，所以亥是走喜運。

(4)、第三柱大運「戊子」，戊是比肩爲忌神，所以戊是走忌運，子是正財爲喜神，又申子半合水，天干沒有水，所以不能夠合化，喜神的力量增加，所以子是走喜運。

(5)、第四柱大運「己丑」，己是劫財爲忌神，又甲己合化土，大運地支有土，所以能夠合化土，土是劫財爲忌神，忌神的力量增加，所以己是走忌運，丑是劫財爲忌神，但丑酉半合金，天干有乙庚合化金，所以能夠合化金，金是食神爲喜神，因此忌神變喜神，所以丑是走喜運。

(6)、第五柱大運「庚寅」，庚是食神爲喜神，又乙庚合化金，地支申酉戌三會金，所以能夠合化金，金是食神爲喜神，喜神的力量增加，所以庚是走喜運，寅是七殺爲喜神，所以寅是走喜運。

(7)、第六柱大運「辛卯」，辛是傷官爲喜神，因此辛是走喜運，卯是正官爲喜神，但卯戌合化火，天干沒有火，所以不能夠合化，喜神的力量減少，所以卯是走喜運。

整體八字命評

本八字命格爲難命，八字全爲異黨，一個自黨也沒有，所以是特殊從勢格，其中以食傷星最強勢，就叫做從兒格。原八字天干兩神相違，食傷、官殺兩神相違，又沒有財星通關，所以成爲喜神打喜神的情況，因此傷官見官、爲禍百端。官殺星嚴重受剋，所以事業不佳，經常惹是生非，人際關係不理想。第一柱丙戌大運，第二柱丁亥大運，因爲都是走印運，所以聰明才智有限，讀書成績不高，很快就出社會工作。第三柱戊子大運，第四柱己丑大運，遭遇幾次的災禍，最後都賠錢了事，工作也很不順遂，直到第五柱大運，運勢逐漸開展，跟人借了點錢做小生意，不但沒有賠光，反而有賺錢，晚運還算能夠平穩。

案例三：男命八字從勢格

主星	八字	副星	男命大運			
				主星	大運	副星
正官	甲申	傷官 正財 劫財	第一大運	偏財	癸酉	食神
			第二大運	正官	甲戌	劫財 食神 偏印
正財	壬申	傷官 正財 劫財	第三大運	七殺	乙亥	正財 正官
			第四大運	正印	丙子	偏財
日主	己酉	食神	第五大運	偏印	丁丑	比肩 偏財 食神
			第六大運	劫財	戊寅	正官 正印 劫財
正財	壬申	傷官 正財 劫財	第七大運	比肩	己卯	七殺
			第八大運	傷官	庚辰	劫財 七殺 偏財

八字身強或身弱判斷

(1)、己日主出生於申月，所以沒有得令。
(2)、八字地支全爲異黨，所以沒有得地。
(3)、八字天干全爲異黨，所以沒有得勢。
(4)、八字失令、失地、失勢，全部都是異黨，沒有任何自黨，因此八字要算是特殊從勢格局，以傷官星秉令，所以又叫做從兒格。

大運喜忌神判斷

(1)、因爲八字爲特殊從勢格，所以喜異黨、忌自黨，喜歡金水木（食神、傷官、正財、偏財、正官、七殺），不喜歡火土（比肩、劫財、正印、偏印）。
(2)、第一柱大運「癸酉」，癸是偏財爲喜神，所以癸是走喜運，酉是食神爲喜神，所以酉是走喜運。
(3)、第二柱大運「甲戌」，甲是正官爲喜神，但甲己合化土，大運地支有土，所以能夠合化土，土是比肩爲忌神，因此喜神變忌神，所以甲是走忌運，戌是劫財爲忌神，又申酉戌三會金，天干沒有金，所以不能夠合化，忌神的力量減弱，所以戌是走忌運。

(4)、第三柱大運「乙亥」，乙是七殺爲喜神，所以乙是走喜運，亥是正財爲喜神，所以亥是走喜運。

(5)、第四柱大運「丙子」，丙是正印爲忌神，所以丙是走忌運，子是偏財爲喜神，又申子半合水，天干有水透干，所以能夠合化水，水是偏財爲喜神，喜神的力量增加，因此子是走喜運。

(6)、第五柱大運「丁丑」，丁是偏印爲忌神，但丁壬合化木，地支沒有木，所以不能夠合化，忌神的力量減少，所以丁是走忌運，丑是比肩爲忌神，但丑酉半合金，天干沒有金，所以不能夠合化，忌神的力量減少，所以丑是走忌運。

(7)、第六柱大運「壬寅」，壬是正財爲喜神，因此壬是走喜運，寅是正官爲喜神，所以寅是走喜運。

整體八字命評

本八字命格爲男命，八字全無自黨，身弱至極，因此可以算是特殊從勢格。前四柱大運還算不錯，因爲財官透干，所以不會有食傷回剋的現象，不過要配合大運，才知道運勢好壞，若大運不佳，就無法發達，甚至很快就會異黨干支同氣，造成八字破局的可能。第一柱癸酉大運，財星早現，配合食傷星，代表家境優渥，本身也愛讀書，年紀稍長走第二柱大運甲戌，因爲交了壞朋友，就無法繼續升學，整天在外面鬼混，讓家人非常失望。第三柱乙亥大運，開始學人做生意，頗有成果賺了不少錢，第四柱丙子大運，更上一層樓，買了房子跟車子，累積不少財富，走到第五柱丁丑大運，長期勞累的關係，身體健康就敗壞，住進了醫院治療，運勢就逐漸走下坡，最後因爲手術感染發炎而過世。

邁向八字大師之路的第三十四天

第三十四天主要是學習認識女命真從勢格，並且教你如何分析，一共有三個案例，從格局的基本判斷，像是否得令、是否得地、是否得勢、有無合化等等，將詳細列出步驟。定出假從勢格局之後，就知道喜神、忌神為何，並排出八柱的大運，分析其中的生剋合化、合沖刑會，藉此來分析八字的好壞、歲運的好壞，以及評論假從勢格八字的家庭、婚姻、事業、財運、健康、子女等等。

女命八字從勢格

八字實例演練

案例一：女命八字從勢格

主星	八字	副星	男命大運			
				主星	大運	副星
正財	乙巳	七殺 偏印 比肩	第一大運	偏印	戊子	傷官
			第二大運	正印	己丑	正印 傷官 劫財
正官	丁亥	食神 偏財	第三大運	比肩	庚寅	偏財 七殺 偏印
			第四大運	劫財	辛卯	正財
日主	庚午	正官 正印	第五大運	食神	壬辰	偏印 正財 傷官
			第六大運	傷官	癸巳	七殺 偏印 比肩
七殺	丙子	傷官	第七大運	偏財	甲午	正官 正印
			第八大運	正財	乙未	正印 正官 正財

八字身強或身弱判斷

(1)、庚日主出生於亥月，所以沒有得月令。
(2)、八字地支全爲異黨，所以沒有得地。
(3)、八字天干全爲異黨，所以沒有得勢。
(4)、八字失令、失地、失勢，全局沒有自黨，所以八字要算是特殊從格。

大運喜忌神判斷

(1)、因爲八字身強喜異黨、忌自黨，所以喜歡水木火（食神、傷官、正財、偏財、正官、七殺），不喜歡金土（比肩、劫財、正印、偏印）。但是全局食殺相爭，僅有乙木正財通關，若是乙木被剋或合去，那麼形成兩神相違，情況就十分嚴重。

(2)、第一柱大運「戊子」，戊是偏印爲忌神，所以戊是走忌運，子是傷官爲喜神，所以子是走喜運。

(3)、第二柱大運「己丑」，己是正印爲忌神，所以己是走忌運，丑是正印爲忌神，又子丑合化土，大運天干爲己土，所以能夠合化土，土是印星爲忌神，忌神的力量增加，所以丑是走忌運。

(4)、第三柱大運「庚寅」，庚是比肩爲忌神，又乙庚合化金，地支沒有金，因此不能夠合化，所以庚是走忌運，寅是偏財為喜神，又寅午合化火，八字天干有丁火，所以能夠合化火，火是正官為喜神，而寅亥合化木，八字天干有乙木，所以能夠合化木，木是正財為喜神，喜神的力量增加，所以寅是走喜運。

(5)、第四柱大運「辛卯」，辛是劫財為忌神，但丙辛合化水，八字地支有亥水，所以能夠合化水，水是食神為喜神，忌神變喜神，所以辛是走喜運，卯是正財為喜神，又卯亥合化木，八字天干有乙木，所以能夠合化木，木是正財為喜神，喜神的力量增加，所以卯是走喜運。

(6)、第五柱大運「壬辰」，壬是食神為喜神，又丁壬合化木，木是偏財為喜神，喜神的力量增加，所以壬是走喜運，辰是偏印為忌神，但子辰合化水，大運天干有壬水，所以能夠合化水，水是食神為喜神，忌神變喜神，所以辰是走喜運。

(7)、第六柱大運「癸巳」，癸是傷官為喜神，所以癸是走喜運，巳是七殺為喜神，所以巳是走喜運。

整體八字命評

本八字命格為女命，八字全無自黨，僅有異黨，所以是特殊從格。從格喜異黨、異忌黨，八字食傷、官殺相爭，全賴乙木財星透干，所以沒有形成回剋。最怕遭遇大運流年，異黨干支同氣，並把乙木給剋去或合去，那麼形成兩神相違，就非常的凶險。前面大運，都不是很理想，特別是第二柱己丑大運，異黨印星干支同氣，照道理說要破局，但是幸好地支亥子丑三會成水局，雖然沒有辦法透干，但是削減了印星的氣勢，因此雖然出了車禍，卻大難不死。第三柱大運後全爲喜神，事業平步青雲、財源滾滾而來，將可以名利雙收、富貴雙全。

案例二：女命八字從勢格

<table>
<tr><th rowspan="2">主星</th><th rowspan="2">八字</th><th rowspan="2">副星</th><th colspan="4">男命大運</th></tr>
<tr><th></th><th>主星</th><th>大運</th><th>副星</th></tr>
<tr><td rowspan="2">傷官</td><td rowspan="2">甲寅</td><td rowspan="2">傷官
正財
正官</td><td>第一大運</td><td>傷官</td><td>甲戌</td><td>正官
偏印
偏財</td></tr>
<tr><td>第二大運</td><td>比肩</td><td>癸酉</td><td>偏印</td></tr>
<tr><td rowspan="2">食神</td><td rowspan="2">乙亥</td><td rowspan="2">劫財
傷官</td><td>第三大運</td><td>劫財</td><td>壬申</td><td>正印
劫財
正官</td></tr>
<tr><td>第四大運</td><td>偏印</td><td>辛未</td><td>七殺
偏財
食神</td></tr>
<tr><td rowspan="2">日主</td><td rowspan="2">癸丑</td><td rowspan="2">七殺
比肩
偏印</td><td>第五大運</td><td>正印</td><td>庚午</td><td>偏財
七殺</td></tr>
<tr><td>第六大運</td><td>七殺</td><td>己巳</td><td>正財
正官
正印</td></tr>
<tr><td rowspan="2">正官</td><td rowspan="2">戊午</td><td rowspan="2">偏財
七殺</td><td>第七大運</td><td>正官</td><td>戊辰</td><td>正官
食神
比肩</td></tr>
<tr><td>第八大運</td><td>偏財</td><td>丁卯</td><td>食神</td></tr>
</table>

八字身強或身弱判斷

(1)、己日主出生於亥月，但寅亥合化木，合化成爲傷官局，所以沒有得令。
(2)、八字地支寅亥合化木，其他全爲異黨，所以沒有得地。
(3)、八字天干全爲異黨，所以沒有得勢。
(4)、八字失令、失地、失勢，地支亥水也被合化，因此全部都算是異黨，所以八字要算是特殊從勢格局，合化成爲傷官局，所以又叫做從兒格。

大運喜忌神判斷

(1)、因爲八字爲特殊從勢格，所以喜異黨、忌自黨，喜歡木火土（食神、傷官、正財、偏財、正官、七殺），不喜歡金水（比肩、劫財、正印、偏印）。
(2)、第一柱大運「甲戌」，甲是傷官爲喜神，所以甲是走喜運，戌是正官爲喜神，又寅午戌合化火，天干戊癸合化火，化神引化神，火是偏財爲喜神，喜神的力量增加，所以戌是走喜運。
(3)、第二柱大運「癸酉」，癸是比肩爲忌神，又戊癸合化火，忌神的力量減弱，所以癸是走忌運，酉是偏印爲忌神，所以酉是走忌運。
(4)、第三柱大運「壬申」，壬是劫財爲忌神，所以壬是走忌運，申是正印爲喜神，所以申是走喜運。

(5)、第四柱大運「辛未」，辛是偏印爲忌神，所以辛是走忌運，未是七殺爲喜神，又午未合化火，喜神的力量增加，因此未是走喜運。

(6)、第五柱大運「庚午」，庚是正印爲忌神，又乙庚合化金，忌神的力量增加，所以庚是走忌運，午是偏財爲喜神，又寅午半合火，喜神的力量增加，所以午是走喜運。

(7)、第六柱大運「己巳」，己是七殺爲喜神，又甲己合化土，喜神的力量增加，因此己是走喜運，巳是正財爲喜神，所以巳是走喜運。

整體八字命評

本八字命格爲女命，八字全無自黨，僅有異黨，所以是特殊從格。從格喜異黨、忌自黨，原八字格局食傷、官殺相爭，形成回剋、喜神打喜神，沒有財星來通關，就會比較麻煩，較多波折凶險。特別是事業、婚姻方面，容易起伏不定，與人多衝突是非，夫妻緣分薄弱。第一柱大運甲戌，雖然是走喜運，但傷官見官，就不見得理想，而後連續幾個大運都是忌神，因此默默無聞，抑鬱不得志，婚姻關係亮紅燈，夫妻彼此爭吵，惡言相向，沒多久就離婚，最後在辛未運時，因爲染上了疾病，在醫院裡病逝。

案例三：女命八字從勢格

<table>
<tr><th rowspan="2">主星</th><th rowspan="2">八字</th><th rowspan="2">副星</th><th colspan="4">男命大運</th></tr>
<tr><th></th><th>主星</th><th>大運</th><th>副星</th></tr>
<tr><td rowspan="2">偏財</td><td rowspan="2">辛未</td><td rowspan="2">食神
比肩
偏印</td><td>第一大運</td><td>比肩</td><td>丁酉</td><td>偏財</td></tr>
<tr><td>第二大運</td><td>傷官</td><td>戊戌</td><td>傷官
偏財
比肩</td></tr>
<tr><td rowspan="2">劫財</td><td rowspan="2">丙申</td><td rowspan="2">正財
正官
傷官</td><td>第三大運</td><td>食神</td><td>己亥</td><td>正官
正印</td></tr>
<tr><td>第四大運</td><td>正財</td><td>庚子</td><td>七殺</td></tr>
<tr><td rowspan="2">日主</td><td rowspan="2">丁亥</td><td rowspan="2">正官
正印</td><td>第五大運</td><td>偏財</td><td>辛丑</td><td>食神
七殺
偏財</td></tr>
<tr><td>第六大運</td><td>正官</td><td>壬寅</td><td>正印
劫財
傷官</td></tr>
<tr><td rowspan="2">正財</td><td rowspan="2">庚子</td><td rowspan="2">七殺</td><td>第七大運</td><td>七殺</td><td>癸卯</td><td>偏印</td></tr>
<tr><td>第八大運</td><td>正印</td><td>甲辰</td><td>傷官
偏印
七殺</td></tr>
</table>

八字身強或身弱判斷

(1)、丁日主出生於申月，天干丙辛合化水，地支申子合化水，水是七殺爲異黨，所以沒有得令。

(2)、八字地支全爲異黨，所以沒有得地。

(3)、八字天干僅有一個自黨丙火，但因爲丙辛合化水，所以全部變成異黨，因此沒有得勢。

(4)、八字失令、失地、失勢，天干丙火也被合化，因此全部都算是異黨，所以八字要算是特殊從勢格局，合化成爲七殺局，所以又叫做從煞格。

大運喜忌神判斷

(1)、因爲八字爲特殊從勢格，所以喜異黨、忌自黨，喜歡木火土（食神、傷官、正財、偏財、正官、七殺），不喜歡金水（比肩、劫財、正印、偏印）。

(2)、第一柱大運「丁酉」，丁是比肩爲忌神，所以丁是走忌運，酉是偏財爲喜神，所以酉是走喜運。

(3)、第二柱大運「戊戌」，戊是傷官爲喜神，所以戊是走喜運，戌是傷官爲喜神，所以戌是走喜運。

(4)、第三柱大運「己亥」，己是食神爲喜神，所以己是走喜運，亥是正官爲喜神，所以亥是走喜運。

(5)、第四柱大運「庚子」，庚是正財爲喜神，所以庚是走喜運，子是七殺爲喜神，又申子半合水，天干有丙辛合化水，化神引化神，所以能夠合化水，水是七殺爲喜神，喜神的力量增加，因此子是走喜運。

(6)、第五柱大運「辛丑」，辛是偏財爲喜神，又丙辛合化水，地支申子半合水，所以能夠合化水，水是七殺爲喜神，喜神的力量增加，所以辛是走忌運，丑是食神爲喜神，又亥子丑三會水，喜神的力量減少，所以丑是走喜運。

(7)、第六柱大運「壬寅」，壬是正官爲喜神，但丁壬合化木，大運地支有木，所以能夠合化木，木是正印爲忌神，喜神變忌神，因此壬是走忌運，寅是正印爲忌神，又寅亥合化木，大運天干丁壬合化木，化神引化神，所以能夠合化木，木是正印爲忌神，忌神的力量增加，因此寅是走忌運。

整體八字命評

本八字命格爲女命，八字僅有一個自黨丙火，但被辛金合化水，而形成滿盤異黨，所以是特殊從格。從格喜異黨、忌自黨，天干有財星透干，所以不怕食傷剋官殺，能有通關的作用。出生於良好家庭，第一柱大運丁酉稍差，而後連續四十年好運，第二柱大運戊戌，傷官星干支同氣，從殺格最怕食傷回剋，情況就不是很好，但幸好天干有財星透干，而能夠逢凶化吉，安然度過危機，然後平步青雲，走運至第六柱大運壬寅，異黨干支同氣，印星主健康疾惡，恐怕就無法安然度過。

邁向八字大師之路的第三十五天

第三十五天主要是學習認識女命假從勢格，並且教你如何分析，一共有三個案例，從格局的基本判斷，像是否得令、是否得地、是否得勢、有無合化等等，將詳細列出步驟。定出假從勢格局之後，就知道喜神、忌神為何，並排出八柱的大運，分析其中的生剋合化、合沖刑會，藉此來分析八字的好壞、歲運的好壞，以及評論假從勢格八字的家庭、婚姻、事業、財運、健康、子女等等。

男命八字假從勢格

八字實例演練

案例一：男命八字假從勢格

主星	八字	副星	男命大運			
				主星	大運	副星
偏財	戊子	正印	第一大運	傷官	丁巳	食神 偏財 七殺
			第二大運	偏財	戊午	傷官 正財
食神	丙辰	偏財 劫財 正印	第三大運	正財	己未	正財 傷官 劫財
			第四大運	七殺	庚申	七殺 偏印 偏財
日主	甲戌	偏財 正官 傷官	第五大運	正官	辛酉	正官
			第六大運	偏印	壬戌	偏財 正官 傷官
正財	己巳	食神 偏財 七殺	第七大運	正印	癸亥	偏印 比肩
			第八大運	比肩	甲子	正印

八字身強或身弱判斷

(1)、甲日主出生於辰月，所以沒有得令。

(2)、八字地支多爲異黨，所以沒有得地。

(3)、八字天干全爲異黨，所以沒有得勢。

(4)、八字失令、失地、失勢，僅有一個地支自黨，子辰合化水，天干沒有水透干，所以不能夠合化，因此八字要算是特殊假從格，因爲財星秉令，所以又叫假從財格。

大運喜忌神判斷

(1)、因爲八字爲特殊從勢格，所以喜異黨、忌自黨，喜歡火土金（食神、傷官、正財、偏財、正官、七殺），不喜歡水木（比肩、劫財、正印、偏印）。

(2)、第一柱大運「丁巳」，丁是傷官爲喜神，所以丁是走喜運，巳是食神爲喜神，所以巳是走喜運。

(3)、第二柱大運「戊午」，戊是偏財爲喜神，所以戊是走喜運，午是傷官爲喜神，又午戌合化火，八字天干有火，所以能夠合化火，喜神的力量增加，因此午是走喜運。

(4)、第三柱大運「己未」，己是正財爲喜神，又甲己合化土，大運地支有土，所以能夠合化土，喜神的力量增加，因此己是走喜運，未是正財爲喜神，所以未是走喜運。

(5)、第四柱大運「庚申」，庚是七殺為喜神，所以庚是走喜運，申是七殺為喜神，但申子辰三合水，天干沒有水，所以不能夠合化，喜神的力量減少，因此申是走喜運。

(6)、第五柱大運「辛酉」，辛是正官為喜神，但丙辛合化水，但月令為辰土，所以不能夠合化，喜神的力量減弱，因此辛是走喜運，酉是正官為喜神，巳酉半合金，大運天干有金，因此能夠合化金，所以酉是走喜運。

(7)、第六柱大運「壬戌」，壬是偏印為忌神，因此壬是走忌運，戌是偏財為喜神，所以戌是走喜運。

整體八字命評

本八字命格為男命，八字僅有一個自黨印星（子水），但印星也被鄰柱財星所剋，子辰半合水，雖然不化，但全局可以算是自黨而無異黨，因此可以算是特殊從勢格。原八字喜神多，所以格局不錯，但也要配合大運，才知道運勢好壞。從第一柱大運到第五柱大運都走好運，扶搖直上、平步青雲，直到第六柱壬戌大運，健康亮起了紅燈，動了幾次大手術，才決定退休靜養，後運雖然不理想，但前面已經風光過，只要能懂得靜守，就可以安享天年，但恐怕疾病纏身，跟藥罐子脫不了關係。

案例二：男命八字假從勢格

主星	八字	副星	男命大運			
				主星	大運	副星
正財	戊子	偏印	第一大運	正財	戊午	食神 偏財
			第二大運	偏財	己未	偏財 食神 比肩
食神	丁巳	傷官 正財 正官	第三大運	正官	庚申	正官 正印 正財
			第四大運	七殺	辛酉	七殺
日主	乙巳	傷官 正財 正官	第五大運	正印	壬戌	正財 七殺 食神
			第六大運	偏印	癸亥	正印 劫財
正財	戊子	偏印	第七大運	劫財	甲子	偏印
			第八大運	比肩	乙丑	偏財 偏印 七殺

八字身強或身弱判斷

(1)、甲日主出生於巳月，所以沒有得令。

(2)、八字地支異黨與自黨相當，但異黨位居月支、日支，力量比自黨大，所以沒有得地。

(3)、八字天干全為異黨，所以沒有得勢。

(4)、八字失令、失地、失勢，地支兩個自黨子水，都被天干戊土剋死，因此八字要算是特殊假從格，因為傷官星秉令，所以又叫假從兒格。

大運喜忌神判斷

(1)、因為八字為特殊從勢格，所以喜異黨、忌自黨，喜歡火土金（食神、傷官、正財、偏財、正官、七殺），不喜歡水木（比肩、劫財、正印、偏印）。

(2)、第一柱大運「戊午」，戊是正財為喜神，所以戊是走喜運，午是食神為喜神，所以午是走喜運。

(3)、第二柱大運「己未」，己是偏財為喜神，所以己是走喜運，未是偏財為喜神，因此未是走喜運。

(4)、第三柱大運「庚申」，庚是正官為喜神，又乙庚合化金，大運地支有金，所以能夠合化金，金是正官為喜神，喜神的力量增加，因此庚是走喜運，申是正官為喜神，但申子半合水、巳申合化水，天干沒有水，所以不能夠合化，喜神的力量減弱，因此申是走喜運。

(5)、第四柱大運「辛酉」，辛是七殺爲喜神，所以辛是走喜運，酉是七殺爲喜神，又巳酉半合金，大運天干有金，所以能夠合化金，金是七殺爲喜神，喜神的力量增加，因此酉是走喜運。

(6)、第五柱大運「壬戌」，壬是正印爲忌神，但丁壬合化木，但地支沒有木，所以不能夠合化，忌神的力量減弱，因此壬是走忌運，戌是正財爲喜神，所以戌是走喜運。

(7)、第六柱大運「癸亥」，癸是偏印爲忌神，但戊癸合化火，八字地支有火，所以能夠合化火，火是傷官爲喜神，忌神變喜神，因此癸是走喜運，亥是正印爲忌神，所以亥是走忌運。

整體八字命評

本八字命格爲男命，八字有兩個印星（子水），但印星被同柱財星所剋死，也沒有透干，所以全局可以算是自黨而無異黨，因此可以算是特殊從勢格。原八字喜神多，所以格局不錯，但也要配合大運，才知道運勢好壞。第一柱戊午大運跟第二柱己未大運，喜神財星早現，所以生活環境好，受到良好教育栽培，畢業之後考試，變成了公務人員，由於表現好所以一直升遷，第三柱大運庚申、第四柱大運辛酉，官殺星旺盛，因此表現得不可一世，許多大權在握，第五柱壬戌大運退休移民，身體健康漸漸變差，後運平平。

案例三：男命八字假從勢格

主星	八字	副星	男命大運			
				主星	大運	副星
傷官	乙未	正官 正財 傷官	第一大運	偏印	庚辰	七殺 傷官 劫財
			第二大運	正官	己卯	傷官
正印	辛巳	偏財 七殺 偏印	第三大運	七殺	戊寅	食神 偏財 七殺
			第四大運	正財	丁丑	正官 劫財 正印
日主	壬午	正財 正官	第五大運	偏財	丙子	劫財
			第六大運	傷官	乙亥	比肩 食神
正財	丁未	正官 正財 傷官	第七大運	食神	甲戌	七殺 正印 正財
			第八大運	劫財	癸酉	正印

八字身強或身弱判斷

(1)、壬日主出生於巳月，所以沒有得令。
(2)、八字地支全爲異黨，所以沒有得地。
(3)、八字天干多爲異黨，所以沒有得勢。
(4)、八字失令、失地、失勢，天干僅一個辛金印星，因此八字要算是特殊假從格，因爲偏財星秉令，所以又叫假從財格。

大運喜忌神判斷

(1)、因爲八字爲特殊從勢格，所以喜異黨、忌自黨，喜歡木火（食神、傷官、正財、偏財），不喜歡金水（比肩、劫財、正印、偏印），天干有印星土（正官星、七殺星）也不能夠用。
(2)、第一柱大運「庚辰」，庚是偏印爲忌神，又乙庚合化木，忌神的力量增加，所以庚是走忌運，辰是七殺爲忌神，所以辰是走忌運。
(3)、第二柱大運「己卯」，己是正官爲忌神，所以己是走忌運，卯是傷官爲喜神，又卯未半和木，八字天干透木，所以能透合化木，木是傷官爲喜神，喜神的力量增加，因此卯是走喜運。
(4)、第三柱大運「戊寅」，戊是七殺爲忌神，所以戊是走忌運，寅是食神爲喜神，又寅午半合火，八字天干透火，所以能夠合化火，火是財星爲喜神，喜神的力量增加，所以寅是走喜運。

(5)、第四柱大運「丁丑」，丁是正財爲喜神，所以丁是走喜運，丑是正官爲忌神，所以丑是走忌運。

(6)、第五柱大運「丙子」，丙是偏財爲喜神，但丙辛合化水，大運地支有水，所以能夠合化水，水是劫財爲忌神，喜神變忌神，所以丙是走忌運，子是劫財爲忌神，所以子是走忌運。

(7)、第六柱大運「乙亥」，乙是傷官爲喜神，所以乙是走喜運，亥是比肩爲忌神，所以亥是走忌運。

整體八字命評

本八字命格爲男命，八字僅有一個印星（辛金），而其他都是異黨，因此可以算是特殊假從勢格。原八字喜神多，所以格局不錯，但是天干有印星，官殺星就不能用，而且印星若通根，就會剋傷官星，造成八字破局。第一柱庚辰大運，出身低微、貧窮無依，父母無緣，不受管教，自己遊手好閒，很早就出社會，第三柱戊寅大運，運氣好娶了富家女，開店創業當老闆，好不威風，但第四柱丁丑大運，金屋藏嬌，事蹟敗露，因此離婚被趕出家門，失去經濟後盾，第五柱丙子大運想東山再起，可惜一敗塗地，每天酗酒，最後暴斃而亡。

邁向八字大師之路的第三十六天

第三十六天主要是學習認識女命假從勢格，並且教你如何分析，一共有三個案例，從格局的基本判斷，像是否得令、是否得地、是否得勢、有無合化等等，將詳細列出步驟。定出假從勢格局之後，就知道喜神、忌神為何，並排出八柱的大運，分析其中的生剋合化、合沖刑會，藉此來分析八字的好壞、歲運的好壞，以及評論假從勢格八字的家庭、婚姻、事業、財運、健康、子女等等。

女命八字假從勢格

八字實例演練

案例一：女命八字假從勢格

<table>
<tr><th rowspan="2">主星</th><th rowspan="2">八字</th><th rowspan="2">副星</th><th colspan="4">男命大運</th></tr>
<tr><th></th><th>主星</th><th>大運</th><th>副星</th></tr>
<tr><td rowspan="2">偏財</td><td rowspan="2">庚子</td><td rowspan="2">正官</td><td>第一大運</td><td>偏財</td><td>庚辰</td><td>食神
正印
正官</td></tr>
<tr><td>第二大運</td><td>傷官</td><td>己卯</td><td>正印</td></tr>
<tr><td rowspan="2">正財</td><td rowspan="2">辛巳</td><td rowspan="2">比肩
食神
偏財</td><td>第三大運</td><td>食神</td><td>戊寅</td><td>偏印
比肩
食神</td></tr>
<tr><td>第四大運</td><td>劫財</td><td>丁丑</td><td>傷官
正官
正財</td></tr>
<tr><td rowspan="2">日主</td><td rowspan="2">丙辰</td><td rowspan="2">食神
正印
正官</td><td>第五大運</td><td>比肩</td><td>丙子</td><td>正官</td></tr>
<tr><td>第六大運</td><td>正印</td><td>乙亥</td><td>七殺
偏印</td></tr>
<tr><td rowspan="2">劫財</td><td rowspan="2">丁酉</td><td rowspan="2">正財</td><td>第七大運</td><td>偏印</td><td>甲戌</td><td>食神
正財
劫財</td></tr>
<tr><td>第八大運</td><td>正官</td><td>癸酉</td><td>正財</td></tr>
</table>

八字身強或身弱判斷

(1)、丙日主出生於巳月，但地支辰酉合金、巳酉半合金，天干有透金，所以能夠合化金，地支全合爲異黨，所以沒有得令。

(2)、八字地支辰酉合金、巳酉半合金，天干有透金，所以能夠合化金，地支全合爲異黨，所以沒有得地。

(3)、八字天干多爲異黨，所以沒有得勢。

(4)、八字失令、失地、失勢，地支全合爲異黨，僅剩天干一個劫星自黨，因此八字要算是特殊假從勢格局，合化爲財星局，所以又叫做假從財格。

大運喜忌神判斷

(1)、因爲八字爲特殊從勢格，所以喜異黨、忌自黨，喜歡木火金（食神、傷官、正財、偏財、正官、七殺），不喜歡水木（比肩、劫財、正印、偏印）。

(2)、第一柱大運「庚辰」，庚是偏財爲喜神，所以庚是走喜運，辰是食神爲喜神，又辰酉合化金，大運天干有金，所以能夠合化金，金是偏財爲喜神，喜神的力量增加，因此辰是走喜運。

(3)、第二柱大運「己卯」，己是傷官爲喜神，所以己是走喜運，卯是正印爲忌神，所以卯是走忌運。

(4)、第三柱大運「戊寅」，戊是食神爲喜神，所以戊是走喜運，寅是偏印爲忌神，所以寅是走忌運。

(5)、第四柱大運「丁丑」，丁是劫財爲忌神，所以丁是走忌運，丑是傷官爲喜神，又巳酉丑三合金，八字天干有金透干，所以能夠合化金，金是偏財爲喜神，喜神的力量增加，因此丑是走喜運。

(6)、第五柱大運「丙子」，丙是比肩爲忌神，但丙辛合化水，大運地支有水，所以能夠合化水，水是正官爲喜神，忌神變喜神，所以丙是走喜運，子是正官爲忌神，又子辰半合水，天干丙辛合化水，化神引化神，所以能夠合化水，喜神的力量增加，所以子是走喜運。

(7)、第六柱大運「乙亥」，乙是正印爲忌神，但乙庚合化金，八字地支有金，所以能夠合化金，金是偏財爲喜神，忌神變喜神，因此乙是走喜運，亥是七殺爲喜神，所以亥是走喜運。

整體八字命評

本八字命格爲女命，八字僅有一個劫財星（丁火），而其他都是異黨，因此可算是特殊假從勢格。前三柱大運，第一柱庚辰大運、第二柱己卯大運、第三柱戊寅大運，都是走喜神運，所以還算不錯，只是官星較弱，又無官殺大運，因此感情不順遂，婚姻緣較晚，必須有人幫助，才能找到歸宿。第四大運後，連續幾柱都走忌神運，又遭逢官殺運，身體情況較差，要提防意外發生。

案例二：女命八字假從勢格

主星	八字	副星	男命大運			
				主星	大運	副星
傷官	丙申	正官 正印 正財	第一大運	比肩	癸巳	傷官 正財 正官
			第二大運	傷官	壬辰	正財 比肩 偏印
劫財	甲午	食神 偏財	第三大運	食神	辛卯	比肩
			第四大運	正財	庚寅	劫財 傷官 正財
日主	乙丑	偏財 偏印 七殺	第五大運	偏財	己丑	偏財 偏印 七殺
			第六大運	正官	戊子	偏印
正官	庚辰	比肩 偏印	第七大運	七殺	丁亥	正印 劫財
			第八大運	正印	丙戌	正財 七殺 食神

八字身強或身弱判斷

(1)、乙日主出生於巳月，所以沒有得令。
(2)、八字地支全爲異黨，所以沒有得地。
(3)、八字天干多爲異黨，所以沒有得勢。
(4)、八字失令、失地、失勢，天干僅一個劫財星，因此八字要算是特殊假從格，因爲食神星秉令，所以又叫假從兒格。

大運喜忌神判斷

(1)、因爲八字爲特殊從勢格，所以喜異黨、忌自黨，喜歡火土金（食神、傷官、正財、偏財、正官、七殺），不喜歡水木（比肩、劫財、正印、偏印）。
(2)、第一柱大運「癸巳」，癸是偏印爲忌神，所以癸是走忌運，巳是傷官爲喜神，但巳申合化水，大運天干透水，所以能合化水，水是偏印爲忌神，喜神變忌神，因此巳是走忌運。
(3)、第二柱大運「壬辰」壬是正印爲忌神，所以壬是走忌運，辰是正財爲喜神，因此辰是走喜運。
(4)、第三柱大運「辛卯」，辛是七殺爲喜神，但丙辛合化水，喜神力量減弱，因此辛是走喜運，卯是比肩爲忌神，所以卯是走忌運。

(5)、第四柱大運「庚寅」，庚是正官爲喜神，又乙庚合化金，但月令是午火，所以不能夠合化，因此庚是走喜運，寅是劫財爲忌神，但寅午半合火，八字天干有火，所以能夠合化火，火是傷官爲喜神，忌神變喜神，因此寅是走喜運。

(6)、第五柱大運「己丑」，己是偏財爲喜神，又甲己合化土，大運地支有土，所以能夠合化土，土是偏財爲喜神，喜神的力量增加，因此己是走喜運，丑是偏財爲喜神，所以丑是走喜運。

(7)、第六柱大運「戊子」，戊是正財爲喜神，所以戊是走喜運，子是偏印爲喜神，又子丑合化土，大運天干有土，所以能夠合化土，申子辰合化水，天干沒有水，所以不能夠合化，喜神的力量增加，所以子是走喜運。

整體八字命評

本八字命格爲女命，八字僅有一個劫財星（甲木），而其他都是異黨，因此可以算是特殊假從勢格。原八字喜神多，所以格局不錯，但是天干沒有財星，形成傷官見官、喜神打喜神的情況，對女命來說，官殺星被食傷星所剋，因此除了事業有波動，也代表婚姻的坎坷波折。前兩柱大運，印星早現，因此讀書升學不理想，成績不是很好，第三柱壬辰、第四柱辛卯大運，官殺星出現，所以能夠結婚，但原格局傷官見官，所以婚姻不佳，夫妻經常爭執吵鬧，差一點要鬧離婚。第五柱己丑大運以後，財星出現，具有通關作用，事事平順，能享晚福。

案例三：女命八字假從勢格

主星	八字	副星	男命大運			
				主星	大運	副星
食神	戊申	偏財 七殺 食神	第一大運	正財	辛酉	正財
			第二大運	偏財	庚申	偏財 七殺 食神
七殺	壬戌	食神 正財 劫財	第三大運	傷官	己未	偏財 七殺 食神
			第四大運	食神	戊午	傷官 劫財 正印
日主	丙子	正官	第五大運	劫財	丁巳	比肩 食神 偏財
			第六大運	偏財	丙辰	食神 正印 正官
劫財	丁酉	正財	第七大運	正印	乙卯	正印
			第八大運	偏印	甲寅	偏印 比肩 食神

八字身強或身弱判斷

(1)、丙日主出生於戌月，所以沒有得令。
(2)、八字地支全為異黨，所以沒有得地。
(3)、八字天干多為異黨，所以沒有得勢。
(4)、八字失令、失地、失勢，天干僅一個劫財星，因此八字要算是特殊假從格，因為食神星秉令，所以又叫假從兒格。

大運喜忌神判斷

(1)、因為八字為特殊從勢格，所以喜異黨、忌自黨，喜歡金水木（食神、傷官、正財、偏財、正官、七殺），不喜歡火土（比肩、劫財、正印、偏印）。
(2)、第一柱大運「辛酉」，辛是正財為喜神，又丙辛合化水，與月令相違不能化，喜神的力量減弱，所以辛是走喜運，酉是正財為喜神，又申酉戌三會金，大運天干透金，所以能夠合化金，金是正財為喜神，喜神的力量增加，因此酉是走喜運。
(3)、第二柱大運「庚申」庚是偏財為喜神，所以庚是走喜運，申是偏財為喜神，又申子半合水，與月令相違不能化，因此申是走喜運。
(4)、第三柱大運「己未」，己是傷官為喜神，所以己是走喜運，未是傷官為喜神，所以未是走喜運。

(5)、第四柱大運「戊午」，戊是食神爲喜神，所以戊是走喜運，午是劫財爲忌神，又午戌半合火，八字天干有火，所以能夠合化火，火是比肩爲忌神，忌神的力量增加，因此午是走忌運。

(6)、第五柱大運「丁巳」，丁是劫財爲忌神，所以丁是走忌運，巳是比肩爲忌神，又巳申合化水，與月令相違不能化，所以巳是走忌運。

(7)、第六柱大運「丙辰」，丙是比肩爲忌神，所以丙是走忌運，辰是食神爲喜神，又申子辰合化水，喜神的力量減弱，所以辰是走喜運。

整體八字命評

本八字命格爲女命，八字僅有一個劫財星（丁火），而其他都是異黨，因此可以算是特殊假從勢格。原八字喜神多，所以格局不錯，但是天干沒有財星，形成傷官見官、喜神打喜神的情況，對女命來說，官殺星被食傷星所剋，因此除了事業有波動，也代表婚姻的坎坷波折。前兩柱大運，財星早現，因此家境優渥、生活富裕，爲人強勢愛出風頭，而且懂得投資理財，選擇投入貿易事業，第三柱大運庚申，傷官星干支同氣，照理應該不錯，但天干透官殺星，所以婚姻不理想，離婚再嫁，第五柱大運丁巳以後，異黨干支同氣，就非常危險，必須要注意，恐怕有意外發生。

國家圖書館出版品預行編目資料

大師教你36天學會八字學 / 陳哲毅著.
－－第一版－－臺北市：知青頻道出版；
紅螞蟻圖書發行，2008.5
面　公分－－(五術學院；03)
ISBN 978-986-6643-18-7(平裝)

1.命書 2.生辰八字

293.12　　97007034

五術學院 03

大師教你36天學會八字學

作　　者／陳哲毅
美術構成／劉淳涔
校　　對／周英嬌、楊安妮、陳哲毅
發 行 人／賴秀珍
總 編 輯／何南輝
出　　版／知青頻道出版有限公司
發　　行／紅螞蟻圖書有限公司
地　　址／台北市內湖區舊宗路二段121巷19號(紅螞蟻資訊大樓)
網　　站／www.e-redant.com
郵撥帳號／1604621-1　紅螞蟻圖書有限公司
電　　話／(02)2795-3656（代表號）
傳　　真／(02)2795-4100
登 記 證／局版北市業字第796號
法律顧問／許晏賓律師
印 刷 廠／卡樂彩色製版印刷有限公司
出版日期／2008年 5 月　第一版第一刷
　　　　　2013年11月　　　第二刷

定價 450 元　港幣 150 元

ISBN　978-986-6643-18-7　　Printed in Taiwan